Ontdek
Kaapstad
& de Kaap

Inhoud

Kaapstad – veelgestelde vragen 7
Favorieten 12
In vogelvlucht 14

Reisinformatie, adressen, websites

Informatie	18
Weer en reisseizoen	21
Reizen naar de Kaap	23
Overnachten	27
Eten en drinken	29
Actieve vakantie en sport	32
Feestdagen en evenementen	34
Reisinformatie van A tot Z	36

Kennismaking – Feiten en cijfers, achtergronden

Kaapstad in het kort	44
Geschiedenis	46
Fynbos – het kleinste bloemenkoninkrijk op aarde	52
Pinguïns en bavianen – Kaapse fauna	56
Walvissen – de comeback van zachtaardige reuzen	58
Kaap der goede druif	60
Money talks – de economie bloeit	64
Apartheid – racisme als staatspolitiek	68
De regenboognatie	72
Vredelievend, niet fundamenteel – religieuze verscheidenheid	74
Bidden en werken – Duitse missiestadjes in de Kaapprovincie	76
Gevelhuisjes en wolkenkrabbers – Kaapstadse stijlmix	79
Pieter-Dirk Uys – de bekendste cabaretier van het land	82

Inhoud

Onderweg in Kaapstad en de Kaap

Kaapstad	86
De opwindendste stad van Afrika	88
Wandeling door de historische City	90
Bo-Kaap	106
Victoria & Alfred Waterfront	106
Townships	111
Excursies	112
Het Kaaps Schiereiland	136
Mooie uitzichten rond de Kaap	138
Van Kaapstad naar False Bay	138
Simon's Town	142
Van Simon's Town naar Cape Point	144
Van de Kaap naar Hout Bay	148
Hout Bay	150
Van Hout Bay naar Kaapstad	155
De wijnlanden	160
Het historische hart van de wijnbouw	162
Wijngoederen rond Constantia	162
Somerset West	166
Door de bergen naar Franschhoek	167
Boland Hiking Trail – wandeling	170
Franschhoek	171
Van Franschhoek naar Stellenbosch	176
Stellenbosch	177
Paarl	184
Van Paarl naar Tulbagh	189
De westkust	192
Rustige idylle in het noordwesten	194
Bloubergstrand, Mamre	194
Darling	195
Yzerfontein	195
West Coast National Park	195
Postberg Wildflower Trail – wandeling	199
Langebaan	200
Saldanha, Paternoster	201
St. Helena Bay	205
Elands Bay	205
Lambert's Bay en Vogeleiland	205

Inhoud

Het Cedergebergte — 208
Land van vruchten en bergen — 210
Ceres — 210
Citrusdal, Clanwilliam — 211
Naar Wupperthal — 214
Wupperthal — 216

Langs de Walviskust — 218
Het zuidelijkste puntje van Afrika — 220
Van False Bay naar Walker Bay — 220
Hermanus — 223
Walker Bay — 225
Elim, Bredasdorp — 228
Cape Agulhas, Waenhuiskrans — 229
De Hoop Nature Reserve — 230
Wandeling op de Whale Trail — 230
Malgas — 234
Swellendam — 235
Greyton en Genadendal — 238

Garden Route — 240
Aan de groene kust — 242
Mossel Bay — 242
Wandeling op de Oystercatcher Trail — 246
Botlierskop Private Game Reserve, George — 250
Seven Passes Road en Wilderness — 251
Knysna — 252
Knysna Elephant Park — 255
Plettenberg Bay — 256
Dierenreservaten aan de Garden Route — 258
Nature's Valley — 260
Tsitsikamma & Storms River Mouth — 261

De Karoo — 264
Grandioze bergpassen — 266
Via Route 62 naar de Karoo — 266
Oudtshoorn — 272
Cango Caves — 275
Swartberg Pass — 275
Op de Swartberg Hiking Trail — 276
Prince Albert — 281
Matjiesfontein — 282

Toeristische woordenlijst — 286
Culinaire woordenlijst — 289
Register — 292
Fotoverantwoording en colofon — 296

Inhoud

Op ontdekkingsreis

District Six – op bezoek in een weggevaagd stadsdeel	98
De Tafelberg – hét symbool van Kaapstad	114
Cape Town, Jazz Town – op jazzexcursie door de stad	132
Kaapse vuurtorens – bakens van licht	146
Over historische bergpassen – in het wijnland	186
Robbeneiland – het Alcatraz van Zuid-Afrika	196
Bizarre rotsen – wandeling door het Cedergebergte	212
Op stoom – een rit met historische treinen	244
Slurftastisch – op bezoek bij de olifanten	248
Wandeling op de Otter Trail	262

Uitzicht vanaf de Tafelberg op Lion's Head en Sea Point

Kaarten en plattegronden

Stadsplattegronden

Kaapstad: City	92
Kaapstad: Victoria & Albert Waterfront	109
Stellenbosch	178

Route- en detailkaarten

Kaapstad: District Six	101
Kaapstad: Tafelberg, wandeling	116
Kaaps Schiereiland: vuurtorens	147
Hottentots Holland Nature Reserve: Boland Hiking Trail, wandeling	171
Wijnland: historische bergpassen	187
Robbeneiland	198
West Coast National Park: Postberg Wildflower Trail, wandeling	199
Cederberg Wilderness Area	213
De Hoop Nature Reserve: Whale Trail, wandeling	231
Mossel Bay: Oystercatcher Trail, wandeling	247
Garden Route: Elephant Sanctuary	249
Tsitsikamma National Park: Otter Trail, wandeling	263
Swartberg Nature Reserve: Swartberg Hiking Trail, wandeling	277

▶ Dit symbool verwijst naar de uitneembare kaart

Droombestemming Kaapstad

Kaapstad – veelgestelde vragen

Kennismaking met Kaapstad

Kaapstad is de enige metropool ter wereld die in een nationaal park ligt. Je zit er dus midden in de natuur. De wandeling naar de 'wilderniss' van het **Tafelbergmassief** begint midden in de City. Terwijl op de berg nu en dan mensen in nood raken en met een helikopter gered moeten worden, nippen anderen beneden in de stad aan een espresso of een cocktail.

Als u buiten het centrum logeert, kunt u uw huurauto het best parkeren op **Heritage Square**. Vandaar kunt u dan **Bree Street** ontdekken, met zijn vele gezellige bistro's, cafés en restaurants, en de historische **Long Street**, waar u kunt winkelen in mooie victoriaanse gebouwen. Terwijl men in 1994 voor echte Italiaanse espresso en cappuccino alleen terechtkon bij Giovanni's in **Green Point**, kent Kaapstad tegenwoordig een echte koffiecultuur. U kunt dan ook terecht bij tal van luxe en hippe koffietenten in een van de voornoemde straten. De laatste jaren zijn daar steeds meer terrassen bij gekomen – vanaf vele ervan hebt u een mooi uitzicht op de Tafelberg. De leukste koffietentjes in de City en het trendy winkelgebied **Cape Quarters** worden uitgebreid beschreven in deze gids. Aan de overkant van

Kaapstad: overzicht

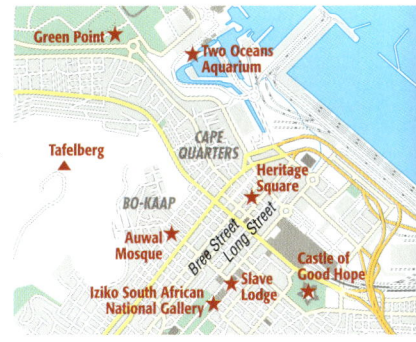

Strand Street ligt de oudste wijk van de stad, **Bo-Kaap**. In de met kinderkopjes geplaveide straten met aan weerszijden bonte huisjes uit de late 18e eeuw wonen voornamelijk moslims. De **Auwal Mosque** in Dorp Street is de oudste moskee van Zuid-Afrika.

Welke bezienswaardigheden mag ik niet missen?

Het **Castle of Good Hope** is het oudste gebouw van de stad en absoluut een bezoek waard. De interessantste musea zijn de **Slave Lodge** en het **District Six Museum**. De **Iziko South African National Gallery** is eveneens een must, net als het **Two Oceans Aquarium** aan de Victoria & Alfred Waterfront.

Kaapstad was in 2014 World Design Capital – waar is de stad het creatiefst?

De focus ligt in Kaapstad voornamelijk op innovatieve township art en het op stijlvolle wijze moderniseren van historische gebouwen. De Mother City trekt creatieven uit de hele wereld, vooral fotografen en designers. Volgens Kaapstedelingen ontspringt de creativiteit aan de Tafelberg, een spirituele natuurkracht zoals Uluru (Ayers Rock) in Australië.

De epicentra van stedelijke vernieuwing zijn **Woodstock**, **Salt River** en **Observatory**. Wat ooit begon met het opknappen van de oude koekjesfabriek **Biscuit Mill**, heeft zich uitgebreid in zowel de richting van de stad als de andere kant, naar **Salt River** en **Observatory**. Overal worden vervallen loodsen, fabriekshallen en historische gebouwen op stijl- en fantasievolle wijze opgeknapt en gerevitaliseerd. Het resultaat is een mix van winkels, restaurants en loftappartementen.

Waar heb ik het mooiste uitzicht?

Naast de klassiekers – de **Tafelberg** en **Lion's Head** – biedt de anderhalf uur durende wandeling naar de top van **Chapman's Peak**, boven de spectaculaire, gelijknamige kustweg, het beste uitzicht.

De twee **restaurants** met het beste uitzicht behoren tot de top 10 van het land: **Roundhouse** (zie blz. 158) in Camps Bay en **Pot Luck Club restaurant** (zie blz. 125). Het eerste bevindt zich in een historisch gebouw onder de Lion's Head met uitzicht op Camps Bay, het andere staat in het trendy Woodstock, boven op een voormalige graansilo. Vanhier hebt u een prachtig uitzicht op de Tafelberg en de haven.

De **Lodge** met het beste uitzicht is **Tintswalo Atlantic**, direct aan zee onder Chapman's Peak Drive in Hout Bay. Verder zijn er drie wijngoederen met een adembenemend uitzicht: **Constantia Glen** in Constantia, **Tokara Wine Estate** bij Stellenbosch en **Waterkloof Wine Estate** in Somerset West.

Waar kan ik goed eten en drinken?

Aan de Victoria & Alfred Waterfront kunt u bij **Harbour House** (zie blz. 126) heerlijk vis eten en bij **La Parada** (zie blz. 124) in de City de beste tapas van de stad. Wie wat verder weg van de stad wil eten, komt bij **Easy Tiger** (zie blz.

Mooie uitkijkpunten rond Kaapstad

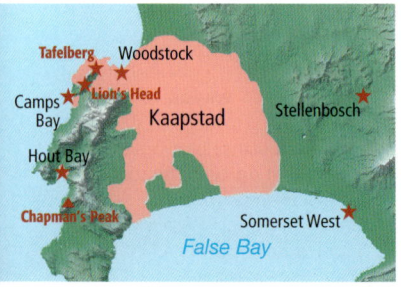

140) in Kalk Bay aan zijn culinaire trekken: heerlijke hamburgers en spareribs in een ontspannen sfeertje, met zicht op de pittoreske haven.

Wat zijn de culinaire specialiteiten?

De gekrulde *boerewors* is een goed gekruide braadworst, die nooit mag ontbreken tijdens een *braai* – de Zuid-Afrikaanse barbecue. Deze braai heeft overigens een cultstatus bij alle lagen van de bevolking, ongeacht de huidskleur. Traditiegetrouw wordt het vlees, net als bij barbecues over de hele wereld, bereid door mannen – een flesje bier in de ene hand, een vleestang in de andere.

Waar moet ik zijn voor een onvergetelijke nacht?

Bij het **Grand Daddy Airstream Trailer Park** (zie blz. 117) in Long Street kunt u slapen in een van de zeven originele Amerikaanse Airstream-caravans – een wat chiquere interpretatie van het *trailerpark*, met uitzicht op de Tafelberg. De zilverkleurige 'sigaren' werden een paar jaar geleden met een kraan op het dak gehesen. Een apartere logeerplek zult u in de Mother City niet treffen.

De landelijke tegenhanger bevindt zich in de buurt van Elgin, ten oosten van Somerset West. Naast eersteklas wijnen (bijvoorbeeld van Iona & Paul Cluver) vindt u hier het **Old Mac Daddy Airstream Trailer Park** (zie blz. 170).

Waar kan ik goed shoppen?

Het **Victoria Wharf Shopping Centre** (zie blz. 107 en 128) aan de Victoria & Alfred Waterfront kent niet voor niets enorme bezoekersaantallen. Hier kunt u alles kopen, in een fijne havenambiance met uitzicht op de Tafelberg en Table Bay. Op de eerste verdieping vindt u naast internationale merken ook boetieks met mode van lokale designers.

Tussen granietrotsen aan het strand van Llandudno

Een ongebruikelijk souvenir is **township art** – uit plastic, metaal of touw gemaakte sculpturen, die vaak ook langs de weg verkocht worden. Een erg leuke winkel voor authentieke kunst uit heel Afrika op het Kaaps Schiereiland is **Red Rock Tribal** (zie blz. 149) tussen Kaap de Goede Hoop en Scarborough. Hier koopt u gegarandeerd geen 'Made-in-China'-troep.

Voor **antiek** en **tweedehands spulletjes** moet u naar **Kalk Bay** en **Simon's Town** op het Kaaps Schiereiland; in Kaapstad zelf vindt u dit soort winkels in **Long Street**.

Moet ik een township bezoeken?

Een Township Tour hoort absoluut bij een bezoek aan Kaapstad. Ver van de trendy Waterfront klopt in de townships het Afrikaanse hart van de stad. Ga beslist niet op eigen houtje, maar alleen met een ervaren, ter plekke bekende gids. Deze zal vaak zelf wonen in de betreffende township, of er op zijn minst zijn opgegroeid.

Kaapstad – veelgestelde vragen

Dagtochtjes op het Kaaps Schiereiland

Als u, zoals veel Kaapstad-bezoekers, liever niet met een busje door het township gereden wilt worden – als in een dierentuin langs de hokken – kunt u beter wat buiten de gebaande paden denken. Er worden ook Township Tours georganiseerd door organisaties die niet (alleen) geld willen verdienen aan toeristen, maar ze ook wat willen bijbrengen over het leven in de townships en de verschillende projecten om de bewoners ervan kans op een beter leven te geven, zie blz. 131.

Wat zijn de mooiste dagtochtjes?

Zuid-Afrika's mooiste dagtocht is natuurlijk het **'Rondje Kaap'**. Na een eerste stop bij de heerlijke **Kirstenbosch Botanical Gardens** rijdt u langs **False Bay** naar de **Kaap**. Onderweg ernaartoe wachten een paar belangrijke vertegenwoordigers van de Zuid-Afrikaanse fauna op uw bewondering: walvissen, witte haaien, pinguïns en brutale bavianen. Lunchen of even de benen strekken kunt u in **Kalk Bay** of **Simon's Town**. In het schitterende middaglicht rijdt u terug via de spectaculaire **Chapman's Peak Drive**, een van de mooiste kustwegen ter wereld – al is **Clarence Drive**, aan de overkant van False Bay tussen Betty's Bay en Gordon's Bay, minstens zo schitterend.

Als u aan de andere kant de stad uit rijdt, komt u meteen in Zuid-Afrika's beroemde **wijnlanden**, met de wijngebieden **Franschhoek**, **Stellenbosch**, **Paarl** en **Robertson**. Wie wijn uitspugen na het proeven zonde vindt, kan in plaats van een dagtochtje beter een overnachting boeken. Naast veel toprestaurants zijn er in het wijnland ook

Bij het Grande Roche Hotel bij Paarl in het wijnland wordt u in de watten gelegd

talloze prachtige overnachtingsmogelijkheden.

Wat zijn de hoogtepunten van de Kaapprovincie?

Vanuit Betty's Bay kunt u via de R 44 en R 43 langs de Walviskust rijden tot het zuidelijkste puntje van Afrika, **Cape Agulhas**. Tussen juni en november laten de vele walvissen zich hier vanaf de kust bewonderen.

Mossel Bay is het officieuze beginpunt van de **Garden Route**, waarlangs de **stranden van de Indische Oceaan** zeer uitnodigend uitzien. Over de bergen gaat het verder naar de **Kleine** en **Grote Karoo**.

De eenzaamheid en stilte van de halfwoestijn **Kleine Karoo** ondergaat u het best op **Route 62**, die in **Montagu** begint en via **Barrydale** (met Zuid-Afrika's beste diner) naar struisvogelhoofdstad **Oudtshoorn** slingert. Vandaar is het nog maar een luipaardsprongetje naar de voet van de historische **Swartberg Pass**, waar u via een onverharde weg naartoe kunt rijden. Aan de andere kant van de bergpas ligt een prachtig Karooplaatsje waar de tijd lijkt te hebben stilgestaan, **Prince Albert**.

Een andere berg-en-zeeweg voert van Kaapstad naar het noorden langs de **westkust** en door **Namaqualand** en de rode kloven van het **Cedergebergte** terug naar de Mother City. In augustus en september verandert het landschap hier in een kleurrijke bloemenzee. Het hele jaar door kunt u aan de westkust terecht voor heerlijke verse visgerechten, en het Cedergebergte is een regelrecht wandelparadijs.

Waar kan ik nog meer goed wandelen?

In Zuid-Afrika zijn talloze wandelroutes; alleen op en rond de **Tafelberg** al meer dan driehonderd uitdagende tot zeer moeilijke. Hier begint ook de Hoe-

Hoogtepunten in de Kaapprovincie

rikwaggo Trail, die loopt tot Kaap de Goede Hoop. In deze gids wordt een aantal meerdaagse wandeltochten beschreven: langs de **kust**, onder andere over het bekendste wandelpad van het land, de **Otter Trail**, maar ook door de bergen, over de **Swartberg Hiking Trail** in de Karoo en door de **Cederberg Wilderness Area** naar Wolfberg Arch.

Waar kom ik in het weekend de Kaapstedelingen tegen?

Op de **Bay Harbour Market** in **Hout Bay** (zie blz. 157). Maak op zaterdag- of zondagochtend eerst een lange strandwandeling en ga dan naar de haven. De loodsen die tot een decennium geleden nog dichtgespijkerd waren, op een plek waar zich destijds weinig Zuid-Afrikanen en al helemaal geen toeristen waagden, werden op fascinerende wijze nieuw leven ingeblazen. Elk weekend (vrijdagavond en zaterdag en zondag overdag) lokt de markt duizenden bezoekers naar de haven van Hout Bay. In de fantasievol uitgedoste loodsen zijn dan tientallen marktkraampjes opgezet, met heerlijk eten en drinken. Van huisgemaakte worst tot lokaal gebrouwen bier en organische koffie – meer *fair trade* dan hier bestaat niet.

Spectaculair 360°-uitzicht vanaf Lion's Head, zie blz. 120

Een smakelijk weekend in Hout Bay: Bay Harbour Market, zie blz. 157

Favorieten

De reisgidsen uit de ANWB-serie Ontdek zijn geschreven door auteurs die hun boek voortdurend actualiseren en daarvoor steeds weer dezelfde plaatsen opzoeken. Dan kan het niet uitblijven dat de schrijver een voorkeur krijgt voor bepaalde plekken, die zijn/haar favorieten worden. Dorpen die buiten de gebaande toeristische paden vallen, een bijzonder strand, een uitnodigend plein waar terrasjes lonken, een stuk ongerepte natuur – gewoon plekken waar ze zich lekker voelen en waar ze steeds weer naar terugkeren.

Witte zandduinen en het Hoop Nature Reserve, zie blz. 232

Diesel and Crème: cultstop langs Route 62, zie blz. 270

Op de Harley over de Franschhoek Pass, zie blz. 168

De boulevard van Langebaan: gegrilde vis en een beachbar, zie blz. 202

Swartberg Pass en Die Hel: spannende rit over smalle bergpassen, zie blz. 278

Stadstour in een authentieke Londense dubbeldekker Matjiesfontein, zie blz. 284

In vogelvlucht

Westkust
Hoogtepunten zijn het Westcoast National Park en een zeevruchtengelag in een van de typische openluchtrestaurantjes direct aan zee. Zie blz. 192

Cedergebergte
In de ruige valleien vindt u de grootste Bosjesmangalerie ter wereld. De meeste kunstwerken hier zijn al vele eeuwen oud. Zie blz. 208

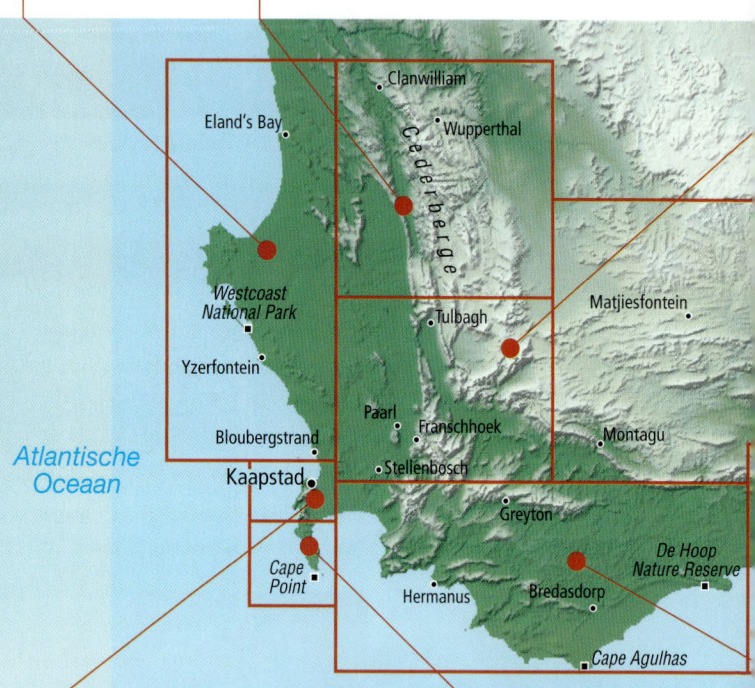

Kaapstad
Of Kaapstad zijn 'titel' mooiste stad ter wereld verdient, moet u zelf uitmaken, maar de ligging tussen de zee en de bergen is in elk geval fantastisch. De Mother City is de oudste stad van het land en met afstand de hipste metropool van het continent. Zie blz. 86

Kaaps Schiereiland
Tijdens de trip om het schiereiland waant u zich in een docu van National Geographic. Onderweg komt u bavianen, pinguïns en walvissen tegen. Zie blz. 136

Wijnland
De fantastische Kaap-Hollandse wijngoederen van Franschhoek, Stellenbosch, Paarl en Tulbagh worden met elkaar verbonden door mooie wijnroutes. Zie blz. 160

De Karoo
De halfwoestijn van de Karoo heeft iets poëtisch. Nergens anders kunt u de Afrikaanse sterrenhemel zo bewonderen als hier. Zie blz. 264

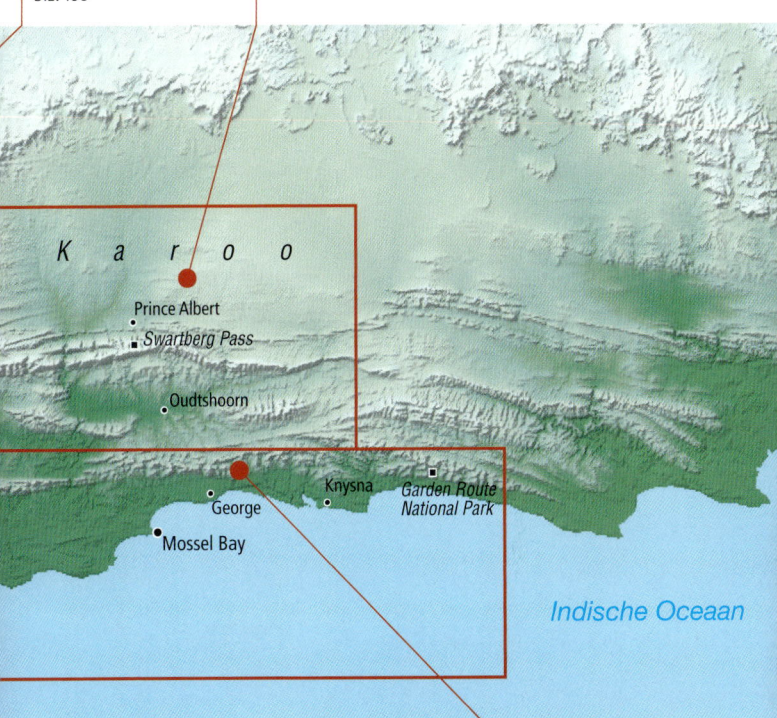

De Walviskust
Zuid-Afrika is een van de beste plekken op aarde om de walvissen vanaf het land te bewonderen. Van walvishoofdstad Hermanus is het maar een klein stukje naar een van de geografische hoogtepunten: Cape Agulhas, het zuidelijkste puntje van Afrika. Zie blz. 218

Garden Route
De beroemde route slingert zich een weg tussen de bergen en de zee. Adrenalinejunkies komen hier net zo aan hun trekken als wandelaars en dierenliefhebbers. Zie blz. 240

Reisinformatie, adressen, websites

Zomerconcert in Kirstenbosch Botanical Gardens

Informatie

Internet

In Zuid-Afrika zijn talloze internetcafé's, en bijna alle accommodaties, bezienswaardigheden en restaurants hebben een website. Veel hoogtepunten hebben daarnaast een Facebookpagina en/of Twitteraccount, waar actuele informatie over bijvoorbeeld openingstijden en bijzondere evenementen te lezen is.

www.capetown.travel

www.tourismcapetown.com
Informatieve site van het toeristenbureau van Kaapstad.

www.places.co.za
www.portfoliocollection.com
Twee sites waar talloze lodges, bed and breakfasts en hotels worden getoond. De eerste is eenvoudig van opzet, de tweede erg luxueus.

www.tablemountain.net
Het symbool van Kaapstad heeft natuurlijk zijn eigen website.

Algemene surftips
Op de onderstaande websites vindt u actuele informatie over Zuid-Afrika in het algemeen en Kaapstad in het bijzonder. Daarnaast kunt u kaapstad.startpagina.nl gebruiken als *gateway* naar (Nederlandstalige) websites over de streek:
www.iafrica.com
www.ananzi.co.za
www.sundaytimes.co.za
www.timeout.com/cape-town
www.kaapstad.org
www.kaapstadmagazine.nl

www.waterfront.co.za
Site van de beroemde Victoria & Alfred Waterfront met veel tips over restaurants en accommodaties.

www.robben-island.org.za
Een virtueel bezoek aan de plek waar Nelson Mandela achttien jaar vastzat.

www.capepoint.co.za
Informatie over en foto's van (de geschiedenis van) het zuidelijkste puntje van Afrika.

www.canalwalk.co.za
Overzicht van de winkels en evenementen in het grootste winkelcentrum van het continent.

www.wine.co.za
Zeer uitgebreide website over Zuid-Afrikaanse wijnen, met een overzicht van wijnhuizen en mooie wijnroutes. Tevens webwinkel (ook internationale verzending).

www.eatout.co.za
www.dining-out.co.za
Bij wijn hoort natuurlijk goed eten. Op deze sites vindt u (bijna) alle restaurants van Kaapstad. Van sommige ervan kunt u ook de menukaart bekijken.

www.africam.co.za
Als u de Afrikaanse dierenwereld wilt bekijken, moet u een van de webcams op deze site aanklikken. Er zijn zelfs haaien te observeren

www.gaysouthafrica.net
Zuid-Afrika's grootste website voor homoseksuelen, met informatie over evenementen, reizen, restaurants en ontmoetingsplaatsen.

www.aquarium.co.za
Het Two Oceans Aquarium aan de Waterfront van Kaapstad stelt zichzelf en zijn bewoners voor.

www.evita.co.za
Grappige site van Evita Bezuidenhout, Zuid-Afrika's beroemdste vrouw, die eigenlijk een man is – de Zuid-Afrikaanse Margreet Dolman.

www.karoo-biking.de
Jürgen Muessen, die net zo gek is op motorrijden als op Kaapstad, biedt op maat gemaakte Enduro-tochten door Zuid-Afrika aan.

www.streetwires.co.za
De van oorsprong uit de townships stammende draadkunst heeft een eigen website.

www.dyna.co.za/cars.htm
www.capetownstreetrods.co.za
Twee websites over auto's. Op de eerste werpt u een blik op de Zuid-Afrikaanse oldtimerscene en vindt u alle klassiekerevenementen en oldtimermarkten. De tweede is de website van de club van liefhebbers van Amerikaanse *streetrods*.

Verkeersbureaus

... in Nederland
South African Tourism
Jozef Israëlskade 48/A
1072 SB Amsterdam
tel. 0900 202 04 33
information@southafrica.net
country.southafrica.net/country/nl/nl
www.facebook.com/mijnzuidafrikareis
twitter.com/mijnza

... in België
Zie hierboven. Het Zuid-Afrikaanse verkeersbureau in Brussel is opgeheven.

Nobel Square in Kaapstad

Informatie ter plekke

Het City Centre Visitor Centre (zie blz. 89) is een modern toeristeninformatiekantoor met informatiestandjes (accommodaties, autoverhuur, restaurants), wifi en een souvenirwinkel. U kunt er terecht voor het reserveren van accommodaties in nationale parken en wijnproeverijen. Hotels worden indien gewenst meteen geboekt. Daarnaast kunt u er kaartjes kopen voor allerlei bezienswaardigheden en evenementen.

Kaarten en plattegronden

De beste detailkaarten van Kaapstad en de Kaap zijn van **The Map**. In deze serie zijn zowel kaarten voor automobilisten en motorrijders als voor fietsers en wandelaars verkrijgbaar (www.slingsbymaps.com). Erg handig zijn de waterdichte kaarten van **Table Mountain National Park:** Table Mountain en Silvermine/Hout Bay (beide 150 rand).

Andere gebieden: Cape Peninsula (150 rand), Garden Route (150 rand), Overberg/Whale Coast (170 rand), Cape Winelands (110 rand), Cederberg (waterdicht, 270 rand), Baviaanskloof Mega Reserve (150 rand) en Wild Coast

Reisinformatie

Tip

De beste kaart

Een van de betere wegenkaarten is de opvouwbare actiefkaart **Table Mountain & Cape Peninsula Activities Map** van Map Studio (www.mapstudio.co.za), die 99,95 rand kost. Op de ene kant staan een gedetailleerde stadsplattegrond van Kaapstad en een net zo goede kaart van de Tafelberg, met alle trails (wandelroutes). Op de andere kant vindt u het Kaaps Schiereiland met heel mooie en overzichtelijke reliëfkaarten en een groot aantal in de kaart aangegeven tips.

(waterdicht, 170 rand). De kaarten zijn behalve online ook te koop in outdoorwinkels, souvenirshops en bij Cape Town Tourism in Burg St.), en in boekwinkels zoals Cape Union Mart, Cape Storm, Exclusive Books, CNA.

De beste overzichtskaarten voor automobilisten biedt de stratenatlas van Map Studio, **Road Atlas South Africa** (www.mapstudio.co.za, 85 rand). Het grootste aanbod kaarten en plattegronden vindt u bij **Exclusive Books** in de Victoria & Alfred Waterfront.

Leestips

Bryce Courtenay: *The Power of One* (1989). Indrukwekkend debuut over wreedheid, verdriet, liefde en trouw in een door haat en racisme verscheurde samenleving.

Adriaan van Dis: *Tikkop* (2010). Twee blanke mannen, een Nederlander en een Zuid-Afrikaan, keren na veertig jaar weer terug naar het land waar ze ooit betrokken waren bij de studentenprotesten tegen apartheid. Maar Zuid-Afrika lijkt in niets meer op de idealistische plek die ze destijds verlieten. Een prachtige roman over vriendschap en de liefde voor Zuid-Afrika (en de Afrikaanse taal).

S. Francis, H. Dugmore & Rico: *Madame & Eve*. Zuid-Afrika's beste cartoon verschijnt niet alleen dagelijks in de *Cape Times*, maar ook in boekvorm (www.madameve.co.za).

Nelson Mandela: *Conversations with Myself* (2010), vertaald als *In gesprek met mijzelf*. Het 'definitieve boek over Nelson Mandela' geeft inzage in zijn leven vanaf het moment dat zijn ideeën zich begonnen te ontwikkelen totdat hij wereldberoemd werd als vastgezette leider van het ANC.

Deon Meyer: Deze Zuid-Afrikaanse thrillerauteur heeft talloze spannende romans geschreven, die zich afspelen in Kaapstad of elders in het land. De boeken, met vaak inspecteur Bennie Griessel in de hoofdrol, doen in niets onder voor die van Britse en Scandinavische thrillerschrijvers, en zijn ook in het Nederlands verkrijgbaar.

James Michener: *The Covenant* (1980), vertaald als *Het Verbond* (1982). Vijf eeuwen Zuid-Afrikaanse geschiedenis, van de eerste blanke ontdekkingsreizigers tot het hoogtepunt van apartheid in 1979. De auteur vermengt op boeiende wijze de feiten met fictieve personages. Pakkend en spannend geschreven, de ideale reislectuur – al is het door het formaat van bijna duizend pagina's beter vooraf te lezen, of als e-book.

Roger Smith: Deze hedendaagse Zuid-Afrikaanse thrillerauteur beschrijft de schaduwzijde van Kaapstad een stuk minder mild (lees: realistischer) dan Deon Meyer (zie boven), en heeft zijn collega inmiddels afgelost als populairste Zuid-Afrikaanse *crime writer*. Zijn keiharde, bijzonder spannende romans, zoals *Mixed Blood*, *Wake Up Dead*, *Dust Devils* en *Capture* zijn niet in het Nederlands vertaald.

Weer en reisseizoen

Het jaar op de Kaap

Aangezien Zuid-Afrika op het zuidelijk halfrond ligt, zijn de seizoenen tegengesteld aan die van ons. Wanneer in Zuid-Afrika de lente begint, kleuren bij ons de blaadjes aan de bomen. Overigens zijn de jaargetijden in Zuid-Afrika niet zo uitgesproken als in ons deel van de wereld.

Kaapstad heeft een mediterraan klimaat zonder extreme temperatuurverschillen. Het kwik komt in de winter (juni-aug.) zelden onder de 5°C, al kan het in de bergen soms sneeuwen. Overdag stijgt de temperatuur dan weer tot een graad of 18. Het is 's winters overwegend zonnig, met van tijd tot tijd flinke regenbuien.

Tussen september en november kan het prachtig weer zijn, maar af en toe waait de beruchte *Southeaster* door de stad. Deze storm kan met windsnelheden van meer dan 120 km/u wedijveren met heel wat Caraïbische orkanen. De Southeaster blaast de uitlaatgassen de stad uit en wordt daarom ook wel liefkozend Cape Doctor (Kaapdokter) genoemd. Een typisch Kaapstad-raadsel: hoe noem je een dag waarop de zon heerlijk schijnt na twee dagen harde wind en regen? Maandag!

Van december tot maart is het zomer en dus heet. De maximumtemperatuur ligt in deze maanden rond de 30°C. Maart en april zijn de mooiste maanden in Kaapstad. Het is dan windstil en de temperatuur is aangenaam.

De wind, die vanaf zee komt, is in de wijnlanden en de Karoo minder aanwezig. Het is daar, vooral 's zomers, dan ook een stuk heter dan aan de kust. Temperaturen van rond de 40°C zijn in de zomermaanden geen uitzondering. Onverwachte, heftige onweersbuien kunnen kleine beekjes transformeren tot agressief kolkende rivieren. Om nare verrassingen te voorkomen, kunt u, voor u met uw huurauto een beekje oversteekt, het best even checken hoe het is gesteld met de diepte en de stroomsnelheid van het water.

Een hoogtepunt: met mooi weer wandelen op Cape Point

Reisinformatie

Reistijd

Rustig natuurgenot

In Kaapstad en aan de Garden Route, de typische winterregengebieden, is het tussen juni en augustus koel – het perfecte weer voor lange strandwandelingen met aansluitend een glas rode wijn voor de open haard. In de bergen op de Kaap kan het dan, vooral 's avonds, erg koud zijn. *Green season*, zo noemen de Capetonians deze rustige, windstille en bijna toeristenloze tijd van het jaar. Het regent overigens niet voortdurend; vaak schijnt dagenlang de zon, en is het met een temperatuur van 20°C en een strakblauwe lucht heerlijk toeven.

Kaapstad en de westelijke Kaapprovincie zijn het mooist van eind september tot eind november en van maart tot begin mei.

Bloemenzee

Liefhebbers van kleurrijke bloemenzeeën moeten naar de Kaap tussen de Zuid-Afrikaanse herfst en lente, wanneer het *fynbos* in volle bloei staat. De meeste toeristen komen in het voorjaar. Dan bereikt de bloemenpracht zijn hoogtepunt. De **Flower Hotline** geeft informatie over de spectaculairste plekken (tel. 072 938 81 86, aug.-half okt. dag. 8-16.30 uur).

Bloeiende bloemenpracht op de Kaap

Bumper Season

Veel reizigers mijden het Kaaps Schiereiland in de periode tussen half december en half januari. Tijdens de Zuid-Afrikaanse zomervakantie is het in Kaapstad en omgeving ontzettend druk. De stranden zijn overvol, voor bezienswaardigheden staan lange rijen en de rit van Hout Bay naar Sea Point duurt in plaats van drie kwartier meer dan twee uur. *Bumper season* – van bumper aan bumper – noemen de Capetonians deze periode. Zij verlaten dan ook in groten getale de stad, nadat ze eerst hun huis voor een flinke smak geld hebben verhuurd aan Gauties (uitgesproken als Chauties), de bewoners van de drukke provincie Gauteng (Johannesburg). Bumperstickers met teksten als 'Welcome to Cape Town – now go back!' zijn tegen het eind van het jaar dan ook erg geliefd.

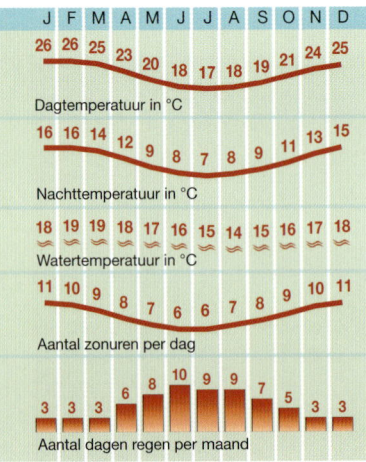
Het klimaat in Kaapstad

J	F	M	A	M	J	J	A	S	O	N	D
26	26	25	23	20	18	17	18	19	21	24	25

Dagtemperatuur in °C

| 16 | 16 | 14 | 12 | 9 | 8 | 7 | 8 | 9 | 11 | 13 | 15 |

Nachttemperatuur in °C

| 18 | 19 | 19 | 18 | 17 | 16 | 15 | 14 | 15 | 16 | 17 | 18 |

Watertemperatuur in °C

| 11 | 10 | 9 | 8 | 7 | 6 | 6 | 7 | 8 | 9 | 10 | 11 |

Aantal zonuren per dag

| 3 | 3 | 3 | 6 | 8 | 10 | 9 | 9 | 7 | 5 | 3 | 3 |

Aantal dagen regen per maand

Reizen naar de Kaap

Douane

EU-burgers hebben voor een reis van minder dan negentig dagen geen visum nodig, maar uw paspoort moet minstens dertig dagen na vertrek uit Zuid-Afrika nog geldig zijn en twee lege pagina's hebben. Kinderen hebben hun eigen paspoort nodig. Voor kinderen die met beide ouders reizen, hebt u geen geboorteakte meer nodig. De in 2015 ingevoerde maatregel werd in 2016 weer geschrapt. Reist een kind met slechts één van de ouders, dan is schriftelijke toestemming van de andere ouder nodig (door een notaris of op het gemeentehuis gevalideerd!), plus diens contactgegevens en een kopie van zijn of haar paspoort. Er kan ook gevraagd worden naar een retourticket of een bewijs dat u over voldoende middelen beschikt voor de reis.

Aan een werkvisum is erg moeilijk te komen. Dit moet u aanvragen bij het Zuid-Afrikaanse consulaat in Nederland respectievelijk België. U kunt uw toeristenvisum niet in een werkvisum laten omzetten wanneer u eenmaal in Zuid-Afrika bent.

Invoerbepalingen

U mag 5000 rand cash invoeren en een onbeperkte hoeveelheid buitenlandse valuta. Volwassenen mogen de volgende producten belastingvrij invoeren: cadeaus tot een waarde van 200 rand, 1 l sterkedrank, 2 l wijn, 400 sigaretten, 50 sigaren, 250 ml eau de toilette en 50 ml parfum.

Heenreis

... met het vliegtuig

KLM vliegt dagelijks rechtstreeks in 11,5 uur van Schiphol naar **Cape Town International Airport** (www.airports.co.za), dat ter gelegenheid van het WK Voetbal van 2010 flink op de schop ging. Als u een tussenstop (en dus een langere reistijd, alles bij elkaar zo'n 14 tot wel 24 uur) geen probleem vindt, zijn er (vooral in het hoogseizoen) goedkopere alternatieven. Bijvoorbeeld met **Lufthansa** via München of Frankfurt, met **Qatar Airways** via Doha of met **Emirates** via Dubai.

Vanuit Brussels Airport zult u altijd minimaal één keer moeten overstappen.

Van het vliegveld naar de stad

Cape Town International Airport ligt 22 km ten oosten van de City. Via de snelweg N 2 duurt de rit naar de stad zo'n 15-20 min. Tijdens de spits (werkdagen 7-9, 16.30-18 uur) kan de reistijd oplopen tot een klein uur. De airportbus A01 van **MyCiti** rijdt elk heel en half uur tussen 5.30 (za. en zo. 6.30) en 21.30 uur in circa 25 min. van het vliegveld naar het Civic Centre (myciti.org.za, 73,90 rand, weekdagen 6.45-8.00 en 16.15-17.30 uur 79,20 rand).

Vervoer ter plekke

... met het vliegtuig

South African Airways (www.flysaa.com) en **South African Express** (www.saexpress.co.za) vliegen meerdere keren per dag tussen Kaapstad en zowel grote als kleinere steden in Zuid-Afrika. Budgetmaatschappijen **Kulula** (www.kulula.com) en **Mango** (www.flymango.com) zorgen voor goedkope tickets op de populaire routes van Kaapstad naar Johannesburg, Durban, Port Elizabeth, Nelspruit en George. **British Airways** (www.britishairways.com) vliegt in samenwerking met **Comair** tussen de belangrijkste steden. Een enkeltje van Kaapstad naar Johannesburg kost, afhankelijk van de maatschappij, de dag van de week en het tijdstip van de vlucht tussen de 1000 en 2500 rand.

... met de bus

Het stadsvervoer in Kaapstad dat niet wordt uitgevoerd door **MyCiti** (zie hieronder) is in handen van **Golden Arrow**. Op de website (www.gabs.co.za) vindt u gedetailleerde routekaarten met alle haltes.

De volgende busmaatschappijen verbinden Kaapstad regelmatig met alle grote steden in het land: **Greyhound Cityliner** (tel. 083 915 90 00, 011 611 80 00, www.greyhound.co.za), **Intercape Mainliner** (tel. 021 380 44 00, www.intercape.co.za) en **Translux Express** (tel. 011 774 83 11, www. translux.co.za).

Tip

MyCiti

Kaapstad heeft een perfect stadsbusnetwerk met moderne bussen en haltes in zowel het centrum als de buitenwijken, inclusief Camps Bay en Hout Bay. Bovendien gaat er een bus van de stad naar het vliegveld. Een enkeltje kost tussen de 10 en 15 rand, afhankelijk van de afstand (kinderen tot 4 jaar en onder de 1 m gratis). Er zijn geen papieren kaartjes; u moet een **Myconnect Card** kopen bij een MyCiti-kiosk, en bij het in- en uitstappen in- en uitchecken. De kaart kost eenmalig 30 rand en kan bij de haltes worden opgeladen. Een wegwerpkaart voor maar één rit kost 35 rand, een maandkaart voor alle lijnen kost ca. 650 rand. Bij de oplaadpunten kunt u ook het actuele saldo van uw kaart bekijken. Fietsen mogen worden meegenomen aan boord. Kijk voor mee info op www.myciti.org.za.

Het goedkoopste busbedrijf is **Baz Bus** (tel. 021 422 52 02, www.bazbus.com). De maatschappij is erg populair onder backpackers, omdat hun bussen veel halteplaatsen hebben langs de Garden Route.

... met de taxi

In Kaapstad zijn meerdere taxicentrales. De taxi's hebben geen eenduidige kleur en niet allemaal een taxibord op het dak. U kunt een taxi nemen bij een standplaats of er eentje (laten) bellen – een taxi aanhouden op straat is in Zuid-Afrika niet gebruikelijk. Een andere optie is een taxi met uw mobiele telefoon bestellen via de **Uber**-app (www.uber.com, van tevoren aanmelden). Voordeel hiervan is ook dat de ritprijs wordt afgeschreven van uw creditcard of Paypal-account en u dus geen cash nodig hebt.

Een ritje met een minibus-taxi kan worden geschaard onder het kopje 'avontuurlijke sporten'. Alleen ervaren en moedige reizigers moeten zich hieraan wagen.

... met de trein

Een regionale trein van **Metrorails** rijdt langs False Bay naar Simon's Town (tel. 0800 65 64 63, www.metrorail.co.za). De **Trans Oranje** vertrekt elke maandag om 18.50 uur richting Bloemfontein (19 uur reistijd), Durban en Pietermaritzburg (36 uur). De **Southern Cross** vertrekt elke vrijdag om 18.15 uur naar George (12 uur), Oudtshoorn (14 uur) en Port Elizabeth (21 uur). De **Trans Karoo** ten slotte rijdt dagelijks om 9.20 uur naar Johannesburg (25 uur), Pretoria (26 uur) en Kimberley (16 uur). Voor informatie en reserveringen: tel. 086 000 88 88, www. spoornet.co.za.

Zuid-Afrika's beroemde en zeer luxueuze **Blue Train** (tel. 021 449 26 72, 012 334 84 59, www.bluetrain.co.za) en **Rovos Rail** (tel. 012 315 82 42, 021 421 40

20, www.rovos.co.za), kunnen ook vanuit Nederland worden geboekt, bijvoorbeeld bij Incento (tel. 035 695 51 11, www.incento.nl). De modern-elegante Blue Train brengt u in slechts 25 uur via Johannesburg van Pretoria naar Kaapstad, terwijl de historische Rovos dik twee dagen over dezelfde route doet.

... met de huurauto en camper

Het is vaak goedkoper of op z'n minst handiger om vooraf in Nederland of België een camper of huurauto te reserveren. Dat kan bij een gespecialiseerd camperreisbureau (bijvoorbeeld Travelhome, www.travelhome.nl) of online via een vergelijkingssite als Sunny Cars (www.sunnycars.nl) of rechtstreeks bij het verhuurbedrijf. Een onbeperkt aantal kilometers is meestal inbegrepen bij de reissom, maar vraag ernaar als het niet helemaal duidelijk is, anders kan het zo aantrekkelijk ogende bedrag uiteindelijk erg oplopen. Loop de huurauto of camper goed na voor u ervoor tekent – ook gemiste schade kan aardig in de papieren lopen. De minimumleeftijd voor autohuur is 23 jaar, een internationaal rijbewijs is niet nodig.

Met zijn vele kampeerterreinen en caravanparken is het Kaaps Schiereiland net zo'n perfecte camperreisbestemming als de Verenigde Staten, Canada, Australië en Nieuw-Zeeland. En door het grote aantal chalets, *rondavels* en cabins kun je een campingreis net zo goed met een gewone auto ondernemen. Er zijn talloze camperverhuurbedrijven, maar ondanks het grote aanbod kan het in het hoogseizoen lastig worden om op het laatste moment nog aan een camper te komen. Op tijd reserveren dus! Voor een camper moet u rekenen op zo'n € 220 per dag.

Aanbevolen verhuurbedrijven:
Atlantic Car Hire: hoek Bahrain Drive/Bradford Rd., tel. 021 385 01 78, www.atlanticcarhire.co.za. Van een kleine Hyundai tot Volkswagenbusjes en enorme SUV's.
Cape Cobra Hire: 33 Buitengracht Street. tel. 083 321 91 93, www.capecobrahire.co.za. Het is met een dagprijs van minstens € 150 geen goedkoop uitje, maar wie wil er nu niet met een Zuid-Afrikaanse replica van de legendarische klassieke Cobra met 5,7-liter langs de kust rijden?
Classic Wheels: 33 Bateleur Crescent, tel. 071 596 13 20, www.classicwheels.co.za. De Duitse uitbater van dit verhuurbedrijf heeft een aantal klassieke cabrio's in het assortiment, van de oer-Kever tot de chique Mercedes-Benz SL 350 en de Porsche 911 Targa.
Scenic Car Hire: 114 Main Rd., Sea Point, tel. 021 439 16 98, www.sceniccarhire.com. Personenauto's, busjes en aanhangers.

... met de motor of scooter

Ook met de motor is het natuurlijk heerlijk toeren in de Kaapprovincie.
Cape Bike Travel: 125 Buitengracht Street, City, tel. 084 606 44 49, www.capebiketravel.com. Organiseert motorritten op Harley-Davidsons en BMW's. Daarnaast verhuurt het bedrijf Harley's Heritage Softail Classic en Electra Glide en diverse BMW-motoren.
Karoo Biking: tel. 082 533 66 55, www.karoo-biking.de. Dit Duitse bedrijf verhuurt BMW-motoren en organiseert

De grote vier

Avis: tel. 0861 02 11 11 en 011 923 36 60, www.avis.com.
Hertz: tel. 021 425 82 82, www.hertz.co.za.
Europcar: tel. 011 479 40 00, www.europcar.co.za.
Budget: tel. 011 398 01 23 of 086 101 66 22, www.budget.co.za.

motorvakanties en -ritten. U kunt hier ook terecht voor volledig verzorgde en uitgestippelde individuele vakanties.

Autorijden en verkeersregels

Zoals in de meeste voormalige Britse koloniën wordt ook in Zuid-Afrika aan de linkerkant van de weg gereden en zit het stuur dus aan de voor ons 'verkeerde' rechterkant. Dat went snel, zeker omdat de meeste huurauto's (op de kleinsten na) een automatische transmissie hebben en u dus niet met links hoeft te schakelen. Gordels zijn verplicht en het maximale alcoholpromillage is 0,5, net als in Nederland en België. Het verkeer in Kaapstad kan behoorlijk hectisch zijn en het is vaak erg moeilijk een parkeerplaats op straat te vinden. U kunt zich de stress beter besparen en van tevoren een parkeergarage uitzoeken.

Parkeermeters zijn er niet, maar er lopen geüniformeerde parkeerwachters rond die het parkeergeld innen en uw kenteken invoeren op hun handcomputers. Als u langer wegblijft dan vooraf gedacht en betaald, is dat geen probleem; u betaalt gewoon extra bij terugkomst.

Buiten de bebouwde kom is het veel minder druk. In het donker rijden wordt afgeraden omdat veel van de minibusjes die fungeren als deeltaxi geen licht hebben, en vaak belabberde remmen – ze zijn dan ook regelmatig betrokken bij ongelukken, niet zelden met dodelijke afloop.

Tankstations, zeker die in Kaapstad, zijn over het algemeen 24 uur per dag geopend. Een liter benzine kost zo'n € 0,75. De Zuid-Afrikanen nemen het, ondanks de vele controles en flinke straffen, niet zo nauw met de maximumsnelheden (120 km/u op de snelweg, 100 km/u op provinciale wegen en 60 km/u binnen de bebouwde kom).

Als je in stijl met oldtimers door de wijnlanden rijdt, moet je onderkomen natuurlijk ook op niveau zijn – Palmiet Valley Estate in Paarl

Overnachten

De Kaapprovincie biedt een heel scala aan overnachtingsmogelijkheden. Het is verstandig om ook buiten het hoogseizoen op tijd accommodatie te reserveren, zeker in de kleine, exclusieve *guest houses*.

Hotels

Hotels in Zuid-Afrika worden net als in de rest van de wereld geclassificeerd met één tot vijf sterren, maar dit zegt niet zoveel over de kwaliteit van de betreffende accommodatie. Waarom een hotel een bepaald aantal sterren krijgt, is namelijk niet te achterhalen. Daarnaast zijn er talloze mooie, vaak historische, landelijk gelegen hotels en *guest houses* die niet meedoen aan het sterrensysteem maar gezien hun persoonlijke service en smaakvolle aankleding kunnen wedijveren met vijfsterrenhotels van bekende ketens. Een paar kleinere hotels presenteren zich naar buiten toe als een soort mini-keten. De websites van deze ketens zijn informatief en geven een goede indruk van de kwaliteit van de diverse onderkomens: **African Pride Hotels** (www.africanpridehotels.com, **Sun International** (www.suninternational.com), **The Collection by Liz Mc Grath** (www.collectionmcgrath.com), **Five StarAlliance** (www.fivestaralliance.com), **The Mantis Collection** (www.mantiscollection.com).

Bed and breakfasts

Er zijn de laatste tien jaar enorm veel nieuwe bed and breakfasts gekomen in Kaapstad en omgeving. In vergelijking met die in Europa zijn ze meestal erg comfortabel, en de B&B's zitten vaak in mooie historische gebouwen. Het leuke aan een B&B is ook dat u er in contact komt met de vaak Zuid-Afrikaanse (soms Nederlandse) uitbaters. Kijk voor meer informatie op:
www.bnbfinder.co.za
www.bedandbreakfast.co.za
www.sleeping-out.co.za

Reserveringen in Kaapstad:
The South African Bed and Breakfast Directory: tel. 011 250 54 94, www.bedandbreakfast.co.za. Minimaal één dag van tevoren boeken.
South African Hostels: www.hisouthafrica.com.
Backpacker Tourism of SA: tel. 021 461 68 92, www.southafricanbackpackers.co.za.

Typisch Zuid-Afrikaanse accommodaties

In tegenstelling tot de oostelijke provincies van Zuid-Afrika zijn er in de Western Cape Province maar weinig Afrikaans-geïnspireerde, lodgeachtige onderkomens. Een aantal van die rietgedekte, ruw gepleisterde of van hout gebouwde plekken zijn er wel, namelijk **Bushmans Kloof Reserve** in het Cedergebergte, **Tsala Treetop Lodge**, **Botlierskop Private Game Reserve** en **Gondwana Game Reserve** aan de Garden Route bij Mossel Bay, en het **Sanbona Private Game Reserve** buiten Montagu aan Route 62.

Ze beschikken allemaal over zogenaamde *bomas*. Dit zijn door een hek of heg afgesloten tuinen met tafels rondom een groot vuur. Hier eet u samen met de andere gasten, onder de blote hemel, het uitgebreide, uit veel gegrild vlees bestaande avondmaal.

Reisinformatie

Vakantiehuizen

In Zuid-Afrika worden huizen en appartementen die aan vakantiegangers worden verhuurd aangeduid met het begrip *self catering*. Voor informatie kunt u zich wenden tot **Cape Town Tourism**, maar er zijn ook diverse makelaars in Kaapstad die bemiddelen bij het huren/verhuren van privéwoningen (www.sa-venues.com/selfcatering, www.sleeping-out.co.za). Daarnaast biedt **AirBnB** vaak uitkomst (www.airbnb.com).

Campings

In de goed geoutilleerde caravanparks kunt u overnachten in een zelf meegenomen tent of uw huurcamper, maar ook in niet al te dure chalets, *rondavels* (comfortabele ronde hutjes met rieten daken) en cabins.

Een plek op een van de circa 120 campings van de Kaapprovincie kunt u reserveren via een van de volgende websites:
Forever Resorts: www.foreversa.co.za.
South African Camping & Caravan Club: tel. 011 954 02 29, www.caravan-club.org.za.
Federation of Caravan and Camping Clubs: tel. 012 543 10 10, www.caravan-parks.com.

Nationale parken en natuurreservaten

In de nationale parken en natuurreservaten van de Kaapprovincie, Bontebok National Park, De Hoop Nature Reserve, Cederberg Wilderness Area, Garden Route National Park (Wilderness en Tsitsikamma Sections) bevinden zich de mooiste kampeerterreinen van de streek. In het hoogseizoen zitten ze vanzelfsprekend altijd vol. Het is dus raadzaam minstens een maand, liever nog langer van tevoren te boeken.

Een onderkomen in een van de nationale parken kunt u het best rechtstreeks bij **SA National Parks (SANP)** boeken via de website www.sanparks.org. De SANP heeft ook een balie in het filiaal van Cape Town Tourism in Burg Street in Kaapstad, tel. 021 426 42 60. Vergeet bij het betreden van het park niet uw boekingsbevestiging!

Informatie over de natuurreservaten (*nature reserves*) van **Cape Nature Conservation** vindt u op www.capenature.co.za. Hier zijn ook onderkomens te boeken.

Accommodaties boeken via internet

Naast de reeds genoemde websites kunt u (onder andere) op de volgende portals een overzicht krijgen van het aanbod aan accommodaties in de Kaapregio en meteen een kamer reserveren: **www.sa-venues. com, www. places.co.za, www.booking.com, www.hotels.com, www.expedia.com**. Als u meer van de spontane beslissingen bent, kunt u uw geluk last minute beproeven op **www.laterooms.com**. Voordeel hiervan is dat u vaak een betere prijs krijgt, omdat de uitbaters graag hun kamers willen vullen. Ook op de websites van de accommodaties zelf staan op het laatste moment vaak heel goede aanbiedingen. Het loont dus zeker de moeite om 'op de bonnefooi' te gaan – al kan het ook zenuwslopend zijn.

Eten en drinken

De menukaart van de Kaapse keuken is een afspiegeling van de culturele diversiteit van het land. Het begon met de Nederlanders en Duitsers, toen kwamen de Portugezen, de Britten en de Fransen, en zeevaarders uit alle windstreken. En allemaal brachten ze hun eigen recepten mee. Oriëntaalse specerijen en smaken werden geïntroduceerd door slaven uit Indonesië, destijds Nederlands-Indië, Madagaskar en India. Franse hugenoten gaven de Kaapse keuken wat finesse, de Britten brachten roastbeef, puddings en high tea met minisandwiches en scones. En immigranten uit Italië en Griekenland zorgden na de Tweede Wereldoorlog voor nog meer culinaire verscheidenheid.

Inmiddels is die nog veel groter geworden. In Kaapstad vind je, zoals overal ter wereld, Chinese, Indiase, Thaise en Peruaanse restaurants. En omdat Capetonians graag de laatste mode uit Los Angeles, New York, Parijs en London volgen, komt er telkens weer een nieuwe culinaire trend opzetten. Zo is er op dit moment een aantal heel hippe Texmex-zaken en stikt het in Kaapstad van de *delis,* die altijd zongedroogde tomaten en pesto op de kaart hebben staan. Cafés, tapas- en espressobars en bistro's zijn vooral te vinden in de Waterfront, Bree, Long en Kloof Street en rond Greenmarket Square en de tot voetgangerszone getransformeerde St. George's Mall.

Tip

Dineren in prijswinnende restaurants – de Eat Out Awards

Ze worden gezien als de culinaire Oscars van Zuid-Afrika en naar de uitreiking wordt elk jaar met spanning uitgekeken: de Eat Out Awards (www.eatout.co.za) voor de tien beste restaurants van het land. Bij de editie van 2015 vielen vier restaurants uit Kaapstad, een uit Franschhoek, een uit Somerset West en twee uit Stellenbosch in de prijzen. Dat betekent dus dat slechts twee restaurants van buiten de Kaapprovincie de top 10 haalden, te weten **Five Hundred** in Johannesburg (dat sinds de prijsuitreiking in december 2015 alweer gesloten is) en **restaurant Mosaic at The Orient** in Elandsfontein in Pretoria (www.restaurantmosaic.com). Restaurant van het jaar werd voor de vierde keer op rij **The Test Kitchen** (www.thetestkitchen.co.za) in Woodstock van *celebrity chef* Luke Dale Roberts, die in 2011 tevens chef-kok van het jaar was. In Kaapstad wonnen daarnaast **The Greenhouse** van chef-kok Peter Tempelhoff (zie blz. 165), **La Colombe** van Scot Kirton (ook een voormalig chef-kok van het jaar, zie blz. 165) en **The Pot Luck Club** (zie blz. 125), dat huist in een oude graansilo in in Woodstock. In Franschhoek viel, zoals altijd, **The Tasting Room** van de Nederlandse chef-kok Margot Janse (zie blz. 175) in de prijzen. In Stellenbosch was de jury vooral onder de indruk van **Jordan Restaurant** van chef-kok George Jardine (zie blz. 183) en **Terroir** van Michael Broughton (www.kleinezalze.co.za). In Somerset West ten slotte, won **The Restaurant at Waterkloof** van chef-kok Gregory Czarnecki (www.waterkloofwines.co.za).

Reisinformatie

Uit eten

Voor de meeste restaurants in Kaapstad en omgeving is het verstandig te reserveren. Het is vaak toegestaan zelf wijn mee te nemen (BYO); er wordt dan wel een kleine *corkage fee* (kurkgeld) op de rekening gezet.

Loop niet zomaar naar de eerste de beste vrije tafel, maar wacht bij de entree tot u er een wordt toegewezen en de host u voorgaat naar uw plek. Capetonians kleden zich *smart casual* voor het avondeten – informeel, maar netjes. Korte broeken, singlets en slippers of sandalen worden niet gewaardeerd, en kunnen ertoe leiden dat u de toegang wordt ontzegd.

De bediening (service) is vaak niet inbegrepen en zal dan apart op de rekening worden vermeld (10%).

Vlees, vis en nagerechten

De populairste traditionele Zuid-Afrikaanse gerechten zijn *sosaties* (spies van schaap en rund), *bobotie* (stoofpot van lamsgehakt met kerrie) en allerlei versies van *bredie* (stoofschotel met vlees en groente). Een heel aparte smaak heeft de tongbreker *waterblommetjie-bredie,* dat wordt bereid met verse waterbloemen. Voor de beste curry's (met rund, lam, kip of vis) moet u naar de moslimwijk Bo-Kaap.

De vaak in strandtentjes verkochte gefrituurde *chili bites* (chilihapjes) zijn er in twee varianten: de sterk gekruide, op aardappel gebaseerde Indiase versie en de Maleise op basis van kikkererwten.

De nog steeds gebruikte manier van het lang houdbaar maken van vlees heeft een lange traditie. *Biltong* is vlees dat is geconserveerd door het eerst te kruiden en dan te drogen. Het gaat meestal om vlees van antilopen (springbok, koedoe, oryx), runderen of struisvogels, soms van olifanten of buffels. De eerste ontdekkingsreizigers maakten op deze manier al reisproviand. Op vlooienmarkten in en om Kaapstad wordt biltong voor u in kleine stukjes gesneden – waarop u dan vaak flink moet kauwen.

Beroemd is de Kaapprovincie om haar uitstekende, altijd verse aanbod *seafood*. Vooral langoesten en rotszeekreeften (*crayfish* of *rocklobster*) zijn populaire delicatessen. Op de menukaart van de meeste seafoodrestaurants staat ook *line fish*. Dat is geen soort, maar betekent dat de vis, meestal kabeljauw (*cod*), *yellowtail* of *cape salmon,* vers uit de netten komt. Iets zeldzamer is de heerlijke, eiwitrijke *butterfish*. Een andere vis met stevig, wit vlees, met een wat krachtiger smaak, is de *white stumpnose* of *steenbras*. De vis wordt meestal geserveerd met citroenboter (*lemon butter*) of knoflooksaus (*garlic sauce*), groente (*veggies*) en gepofte aardappel (*baked potato*), patat (*chips*) of kleine gekookte aardappelen (*baby potatoes*). Voor de beste oes-

Barbecuetraditie – Braai!

De *braai*, de Zuid-Afrikaanse barbecue, heeft een lange traditie en is vooral bij de witte afstammelingen van Afrikaanse Boeren een hele gebeurtenis. Een braai is een zaak voor mannen en lijkt erg op de Amerikaanse barbecue. Toen de *voortrekkers* met hun ossekarren de binnenlanden van Zuid-Afrika in trokken, moesten ze jagen om te overleven. De beesten die ze vingen, grilden ze op open vuur – de 'uitvinding' van braaivleis. Tegenwoordig horen bij een authentieke braai rund-, varkens- en schapenvlees en de ronde *boerewors* (met koriander en andere kruiden aangemaakte braadworst) en *pap* (droge maisbrij).

Eten en drinken

Zoete verleiding: dadelballetjes met kokosrasp

ters *(oysters)* van de Kaapprovincie moet u de Garden Route naar Knysna nemen, de lekkerste mosselen *(mussles)* komen van de westkust.

De lekkerste nagerechten zijn *malva pudding* (een calorierijke cake van melk, suiker, slagroom en abrikozenjam) en *melktart* (een soort Boeren-kwarktaart). Kan het u niet zoet genoeg zijn? Probeer dan de in siroop 'verdronken' *koeksisters*.

Dranken

Kaapdrank nummer één is zonder twijfel wijn. De kwaliteit van de Kaapse wijn is tegenwoordig zeker zo goed als die van de traditionele Europese wijnlanden, al is dat natuurlijk altijd een kwestie van persoonlijke smaak.

Wie van bier houdt, komt in Kaapstad en omgeving eveneens goed aan zijn trekken. Meer en meer lokale brouwerijen bieden smakelijke alternatieven voor de 'fabrieksbieren' van grote merken als Castle, Lion en Carling Black Label. Uit buurland Namibië komen de volgens het Duitse *Reinheitsgebot* gebrouwde Windhoek en Tafel-Lager-bieren.

Van de *micro breweries* zijn Mitchells in de Waterfront van Kaapstad (www.mitchellsbrewery.com), Foresters uit Knysna, Birkenhead uit Stanford (zie blz. 226), Darling Brew Slow Beer (www.darlingbrew.co.za) en Union Craft Beers (www.andunion.com) aan te bevelen. In november vindt elk jaar het driedaagse Cape Town Festival of Beer (www.capetownfestivalofbeer.co.za) plaats, waarop alle microbrouwerijen hun biertjes tappen. De volgens velen beste biertjes van Zuid-Afrika worden door de Duitser Wolfgang Ködel gemaakt in de buurt van wijnstad Paarl. Zijn op de Spice Route Winery (www.spiceroute.co.za) onder de naam Cape Brewing Company (www.capebrewing.co.za) geproduceerde biertjes zijn niet te versmaden. Ködel brouwt kristalhelder én troebel witbier, pilsener en lager, maar ook seizoensbiertjes als meibok en speciaal *oktoberfestbier*. Veel kroegen in de Kaapprovincie hebben al een CBC-tap laten installeren.

Een van de beste adressen om diverse soorten bier te proeven is Beerhouse (zie blz. 122) in de levendige Long Street.

Actieve vakantie en sport

De Kaapprovincie biedt vakantiegangers een overvloed aan sportieve activiteiten – variërend van rustig tot adrenalineverhogend. Naast abseilen van de Tafelberg, canyoning in Kamikaze Canyon, parachutespringen of mountainbiken (zie hierna) kunt u ook kiezen voor een duikcursus of -excursie naar een scheepswrak of zich laten opsluiten in een haaienkooi in Gansbaai (zie blz. 228).

Abseilen

Iedereen kan abseilen, ook zonder voorkennis, bijvoorbeeld van de 1063 m hoge Tafelberg (afhankelijk van de weersomstandigheden, zie blz. 130).

Bridge swinging en bungeejumping

Met je hoofd naar beneden en een elastiek aan je voeten de diepte in springen of gezekerd met een riem om je middel van brug naar brug slingeren – in Zuid-Afrika zijn beide excercities ervaringen van topniveau, met de natuurpracht altijd op de achtergrond. Spring eens van de 65 m hoge Gouritz Bridge aan de Garden Route (zie blz. 246) of maak de hoogste bungeejump ter wereld, van de maar liefst 216 m hoge Bloukrans Bridge (zie blz. 260).

Fietsen

Er zijn in de Kaapprovincie talloze routes voor wielrenners of mountainbikers. Door de steeds grotere populariteit van mountainbiken in Zuid-Afrika worden in Nature Reserves en parken steeds meer fietspaden aangelegd. De Cape Town Cycle Tour, die elk jaar in maart plaatsheeft, is de grootste wielerwedstrijd ter wereld. Informatie over mountainbikewedstrijden vindt u op www.pedalpower.org.za. Adembenemende mountainbiketochten, onder andere van de Tafelberg omlaag, worden georganiseerd door **Downhill Adventures**, 10 Overbeek Building, tel. 021 422 03 88, www.downhilladventures.com (zie fietskaarten blz. 19). Een wat gemakkelijker route is die door het Cape of Good Hope Nature Reserve (zie blz. 145, als dagtocht of met een huurfiets, bijvoorbeeld via www.capetowncyclehire.co.za, www.rentabicycle.co.za). Interessant is de website **www.capetownbicyclemap.co.za**, met alle fietspaden van de stad.

Golf

Er zijn in Kaapstad en op het Kaaps Schiereiland meer dan voldoende schitterende golfbanen. Het stadje George heeft een lange golftraditie: sinds 1886 wordt hier al afgeslagen (zie blz. 251). Ook bij Hermanus is een Golf Estate (zie blz. 223). Op www.golfinsouthafrica.com vindt u allerlei informatie over golfen in Kaapstad.

Avontuurlijk?

Aanbieders van *adventure sports*:
www.downhilladventures.com
www.abseilafrica.co.za
www.daytrippers.co.za
www.southafrica.info/travel/adventure
www.cape-xtreme.com

Actieve vakantie en sport

Kloofing

Kloofing is het Zuid-Afrikaanse woord voor canyoning. Hierbij wordt klimmend, zwemmend, springend en wandelend, al naar gelang de omstandigheden, een canyon overbrugd. **Xtreme Adventures** organiseert kloofingtrips door de Suicide Gorge bij Kaapstad (zie blz. 131 en 170). Een overzicht van de mogelijkheden is te vinden op www.sa-venues.com/activities/kloofing.htm.

Parachutespringen

Bij wijnhuis Robertson, 147 km ten oosten van Kaapstad, mag u na een cursus van een dag al op eigen houtje uit het vliegtuig springen. U hoeft niet zelf aan het touwtje te trekken; na een vrije val van enkele seconden opent de veiligheidslijn waarmee u aan het vliegtuig vastzit uw parachute. Bij een tandemsprong kunt u na een korte uitleg al – hangend aan een instructeur – uit het vliegtuig springen! **Skydive Robertson:** tel. 083 462 56 66, www.skydive.co.za.

Paragliden en deltavliegen

In en om Kaapstad zijn talloze adembenemende plekken voor zowel beginners als gevorderde piloten. Populaire plekken om te vliegen in Kaapstad zijn de Tafelberg (zeer moeilijk), Signal Hill (moeilijk) en Lion's Head (voor zeer ervaren piloten). Beginners oefenen in de duinen bij Wildernis aan de Garden Route. Hermanus is de beste keus voor paragliders met een beetje ervaring, die boven zee in het seizoen vaak walvissen van bovenaf kunnen observeren. Wel oppassen bij de landing: vlakbij is een golfbaan! In Kaapstad zijn meerdere goede aanbieders: zie blz. 131.

Sandboarding

De nog redelijk nieuwe 'sport' sandboarden wordt beoefend in het indrukwekkende zandduingebied aan de westkust in de buurt van Atlantis. Met aangepaste snowboards wordt van duinen naar beneden gegleden.

Vergeet bij het proberen niet dat zand er misschien zacht uitziet, maar harder is dan sneeuw – een spijkerbroek en lange mouwen zijn aan te bevelen!

Surfen

Het Kaaps Schiereiland biedt fantastische surfmogelijkheden. De hotspots zijn op de Kaap Muizenberg Beach en Olifantsbos en Scarborough, en Misty Cliffs, Noordhoek en Dungeons bij Hout Bay. Ook bij Llandudno is het prima surfen. Zeer populair vanwege de goede omstandigheden – water zo warm als thuis in bad en een perfecte wind – is Muizenberg Beach, waar vooral beginners goed uit de voeten kunnen.

De eigenaar van de plaatselijke **Gary's Surf School** (34 Beach Rd., tel. 021 788 98 39, www.garysurf.co.za) is een lokale legende (zie blz. 141). De oudste surfschool in de stad is **Downhill Adventures** (Blouberg, Big Bay, Long Beach en Cool Bay): tel. 021 422 03 88, www.downhilladventures.com.

Wandelen

Ook wandelliefhebbers kunnen in de Kaapprovincie paradijselijke routes vinden. Info: **Mountain Club of South Africa,** tel. 021 465 34 12, www.mcsa capetown.co.za.

Feesten en evenementen

Voor alle zintuigen

Carnaval in de Mother City

Het **Cape Minstrel Carnival** of **Coon Carnival** is Kaapstads versie van het Braziliaanse carnaval van Rio de Janeiro. De festiviteiten beginnen op 2 januari, *Tweedenuwejaar,* en duren ongeveer drie weken. Muziekgroepen van de *coloureds,* elk in een andere bonte uitdossing, trekken dan luid zingend door de straten (zie blz. 134). De traditie heeft zijn wortels in de tijd van de slavernij. 1 januari was de enige dag in het jaar dat de slaven vrij hadden en konden zingen en dansen. Hoewel de slaventransporten op de Kaap verboden werden in 1807, kregen de circa 39.000 slaven op het Kaaps Schiereiland pas op 1 januari 1834 hun vrijheid. Sindsdien wordt 2 januari gevierd als een bevrijdingsdag.

Muziek & film

Het tweedaagse **Cape Town International Jazz Festival** (eind maart/begin april in het Convention Centre) combineert internationale jazz met Afrikaanse ritmes. Kaarten zijn te koop bij Computicket (www.computicket.com), verdere info en het programma kunt u vinden op www.capetownjazzfest.com.

Tijdens de zondagavondconcerten in de **Kirstenbosch Botanical Gardens** is naast jazz ook rock, pop en klassiek te horen (zie blz. 142).

Bij het Zuid-Afrikaanse documentairefestival **Encounters: South African International Documentary Film Festival** (juli/aug.) ligt onder het motto 'Africa Focus' de nadruk op films van Afrikanen over Afrika (zie blz. 135).

In juli/augustus wordt tevens de **Cape Town Book Fair** gehouden, in samenwerking met de Frankfurter Buchmesse (zie blz. 135).

Culturele verscheidenheid

Het driedaagse **Cape Town Festival** (zie blz. 135) wordt gevierd rond de Zuid-Afrikaanse Dag van de Mensenrechten (21 maart) en heeft tot doel alle culturele groepen van Kaapstad bij elkaar te brengen. De entree tot de Company Gardens is gratis, zodat ook minder bedeelde Capetonians het feest mee kunnen vieren. Er worden concerten en dans- en theatervoorstellingen gegeven en er zijn tal van eetkraampjes met Kaapse specialiteiten.

Het **MCQP Mother City Queer Project** (december, www.mcqp.co.za) is Afrika's grootste homofestival – een gigantisch gekostumeerd bal met elk jaar een ander thema (circus, striphelden, space cowboys, et cetera). Ook veel hetero's nemen deel aan dit spetterende feestje.

Om kostuums van een heel andere orde gaat het bij de **Cape Town Fashion Week** (augustus), waar je bij Zuid-Afrikaanse designers hun kijk op de mode laten zien middels hun voorjaars- en zomercollecties (zie blz. 135).

Lokale en internationale stand-up-comedians zorgen in mei/juni voor talloze lachsalvo's op het **Cape Town Funny Festival**. Een aantal evenementen is alleen toegankelijk voor volwassenen – in de zogenaamde Danger Zone worden de grappen onder de gordel gemaakt (zie blz. 135).

Lokale festivals

In de hele Kaapprovincie vinden talloze plaatselijke festivals en jaarmarkten plaats, waar je bij kraampjes al dan niet lokale lekkernijen kunt eten, maar waar ook kunsthandwerken te koop zijn, zoals de **Paarl Show** eind januari (zie blz. 189). Eind mei vindt het **Calitzdorp Port Festival** plaats. Ook hier staan standjes, maar ook allerlei leuke voorstellingen, een portproeverij en een oldtimertreffen (zie blz. 272).

Een hoogtepunt voor fans van oldtimers en snelle auto's is het jaarlijkse **Knysna Speed Festival** in mei – een populair autosportevenement met de sfeer van een volksfeest (zie blz. 255).

In de derde week van september vindt het **Hermanus Whale Festival** plaats, met een week lang kunstnijverheidstandjes en theatervoorstellingen. De walvissen voor de kust zijn uiteraard de hoofdattractie (zie blz. 225).

In juli wordt tijdens het **Bastille Festival** in Franschhoek (zie blz. 176) de bestorming van de Bastille gevierd, voornamelijk culinair. De stad wordt een weekend *bleu-blanc-rouge*, er wordt gejeu-de-bould, kaas gegeten en rode wijn gedronken.

Het **Klein Karoo National Arts Festival** (zie blz. 275) in Oudtshoorn is uitgegroeid tot een van de belangrijkste culturele evenementen van het land.

Sportevenementen

De fietsbeurs **LifeCycle Week** wordt half maart gehouden in de Victoria & Alfred Waterfront, een week voor de 105 km lange **Cape Town Cycle Tour** (zie blz. 134), met meer dan 35.000 deelnemers het grootste wielerevenement ter wereld.

Tijdens de **Two Oceans Marathon** (Pasen, zie blz. 134) lopen de deelnemers maar liefst 56 km rondom het Kaaps Schiereiland.

Feestagenda

Januari/februari
Coon Carnival: 3 weken lang vanaf 2 januari.
Paarl Show: Paarl, eind januari.

Maart
LifeCycle Week: Kaapstad, half maart.
Cape Town Festival: Kaapstad, half/eind maart.
Cape Town International Jazz Festival: Kaapstad, eind maart/begin april.

April/mei
Klein Karoo Arts Festival: Oudtshoorn, begin april.
Two Oceans Marathon: Kaaps Schiereiland, Pasen.
Calitzdorp Port Festival: Calitzdorp, begin mei.

Juli/augustus
Knysna Oyster Festival: Knysna, juli.
Bastille Festival: Franschhoek, juli.
Cape Town Book Fair: Kaapstad, eind juni/begin augustus.
Encounters: Kaapstad, juli/augustus.
Cape Town Fashion Week: Kaapstad, begin augustus.

September
Nando's Cape Town International Comedy Festival: Kaapstad, begin september.
Hermanus Whale Festival: Hermanus, eind september.

November
Cape Town International Kite Festival: Kaapstad, begin november.
Cape Town Festival of Beer: Kaapstad, eind november.

December
MCQP: Kaapstad, half/eind december.

Reisinformatie van A tot Z

Apotheek

Apotheken, in Zuid-Afrika *chemists* of *apteek* genoemd, zijn tegelijkertijd drogisterijen en hebben meestal een hulpdienst.

Belastingteruggave

De omzetbelasting (VAT = *value added tax*) van 14% is meestal inbegrepen. Buitenlandse toeristen kunnen deze VAT bij het verlaten van het land terugvorderen, mits de totale waarde van de gekochte goederen boven de 250 rand uit komt en van de afzonderlijke producten boven de 50 rand. Denk er bij het shoppen aan dat de verkopende partij naast de rekening ook het formulier VAT 255 invult, met het adres van de winkel erop. Bij de balie op het vliegveld kan u worden gevraagd de gekochte producten te tonen. Als aan alle eisen is voldaan, wordt de belasting in de vertrekhal cash uitbetaald in euro's – handig voor de taxi naar huis (www.taxrefunds.co.za).

Consulaten

Nederlands consulaat:
Strandstraat 100
Kaapstad 8001
tel. 021 421 56 60
kaa@minbuza.nl
zuidafrika.nlambassade.org
ma., wo.-vr. 9-12 uur

Belgisch consulaat:
1 Thibault Square, 19e verdieping
Kaapstad 8001
tel. 021 419 46 90
capetown@diplobel.org

southafrica.diplomatie.belgium.be
ma.-vr. 9-13 uur

Elektriciteit

De spanning bedraagt 220 volt. Vanwege de driepolige Zuid-Afrikaanse stopcontacten hebt u een adapter nodig. Deze is in Zuid-Afrika in vrijwel alle elektriciteitszaken te koop of ligt in de hotelkamer klaar. Toch kunt u er het best zelf een meenemen.

Feestdagen

1 januari – Nieuwjaar (New Year's Day).
21 maart – Dag van de Mensenrechten (Human Rights Day); ter herinnering aan het bloedbad van Sharpeville van 1960, waarbij 69 zwarten door de politie werden gedood.
Goede Vrijdag – Good Friday.
Tweede paasdag – Family Day.
27 april – Freedom Day; ter herinnering aan Zuid-Afrika's eerste democratische verkiezingen in 1994.
1 mei – Dag van de Arbeid (Worker's Day).
16 juni – Youth Day; gedenkt de scholieren die in 1976 in Soweto tijdens een protest tegen de invoering van Afrikaans als onderwijstaal werden gedood door de politie.
9 augustus – Nationale Vrouwendag (National Women's Day).
24 september – Heritage Day; geboortedag van Zoeloekrijger Shaka.
16 december – Dag der Verzoening (Day of Reconciliation, voorheen Day of the Vow, Dag der Gelofte); ter herinnering aan de Slag bij Blood River, waar in 1838 een klein Boerencommando duizenden Zoeloekrijgers versloeg, wat de dag tot

belangrijkste feestdag van de Boeren maakte.
25 december – Kerstmis.
26 december – Dag van de Welwillendheid (Day of Goodwill).
Als een feestdag op een zondag valt, is de maandag erna een vrije dag.

Fooi

Aangezien het basissalaris van obers en serveersters erg laag is – als ze überhaupt een basisloon krijgen – is het bedienend personeel in restaurants afhankelijk van fooien. 10-15% van het totaalbedrag op de rekening is gebruikelijk, als u erg tevreden bent, mag dat natuurlijk meer zijn. Een piccolo in een hotel geeft u 5 rand per koffer, in de taxi rondt u het bedrag net als thuis af.

Fotograferen

Het fotograferen van mensen is in Zuid-Afrika geen probleem. Zoals overal in de wereld is het netjes vooraf om toestemming te vragen. In tegenstelling tot wat u wellicht denkt, gaan bewoners van townships graag met of voor u op de foto – ze zijn allang blij dat iemand zich voor hen interesseert. Fototoebehoren als geheugenkaarten en accu's zijn in Zuid-Afrika overwegend duurder dan in Europa.

Geld

De Zuid-Afrikaanse munteenheid is de rand (ZAR). De biljetten (R 10, R 20, R 50, R 100, R 200) hebben verschillende kleuren en dragen op de voorkant een portret van Nelson Mandela (zodoende worden ze gekscherend randela's genoemd) en op de achterkant een van de big five – leeuw, luipaard, neushoorn, olifant en buffel. Travellercheques, die bij banken op vertoon van uw paspoort kunnen worden ingewisseld voor rands, zijn een niet te skimmen alternatief voor creditcards en uw pinpas, maar ze zijn ook duurder.

Met uw pinpas of creditcard (mits voorzien van pincode) kunt u geld pinnen bij de meeste geldautomaten (let op het Maestro-logo), die hier ATM (Automatic Teller Machine) heten en in ruime mate aanwezig zijn in de stad.

De volgende geldwisselkantoren aan Kaapstads Waterfront zijn dagelijks geopend:
American Express: Shop 6228, Victoria Wharf Shopping Centre, tel. 021 421 47 48, www.americanexpress.co.za, ma.-vr. 9-19, za., zo. 9-17 uur
Rennies Travel: Shopping Centre, 22 Riebeeck Street, City Centre, tel. 021 410 36 00, www.renniestravel.com, ma.-vr. 9-19, za. 9-17, zo. 10-17 uur
Let op: sommige tankstations accepteren geen creditcards.
Wisselkoers augustus 2016:
€ 1 = 15,75 rand, 100 rand = € 6,75. Actuele wisselkoersen vindt u op www.oanda.com.

Gezondheid

Voor Zuid-Afrika zijn geen vaccinaties nodig als de reiziger direct uit Europa komt. Ook malariapillen zijn voor de gehele westelijke Kaapprovincie niet nodig.

Teken (Engels: *ticks*) komen vooral daar voor, waar het gras erg hoog is. Een tekenbeet kan leiden tot het gevaarlijke *tick fever* of zelfs de ziekte van Lyme. Bij een *hike* door dicht struikgewas is het dan ook raadzaam een lange broek en dichte schoenen te dragen.

Dat het gat in de ozonlaag nog steeds niet is gedicht, is in de Kaapprovincie goed te merken – wie met z'n witte snoet de Europese winter ontvlucht, moet een zonnebrandcrème met een flinke beschermingsfactor (minstens SPF 25) meenemen.

Het aantal aidsgeïnfecteerden neemt in Zuid-Afrika, ondanks allerlei overheidscampagnes, nog steeds toe.

Kraanwater kan in de Kaapprovincie zonder problemen worden gedronken.

Kinderen

Het 'kinderbeleid' in Zuid-Afrikaanse hotels en bed and breakfasts is heel relaxed. De in de hele wereld doorzettende trend dat 'oudere', welvarende echtparen met jonge kinderen en baby's op vakantie gaan, mist zijn uitwerking niet in Zuid-Afrika. Bijna elk groot hotel biedt tegenwoordig een babysitservice aan. Uiteraard zijn alle babyproducten en elke soort babyvoeding gewoon te koop in de stad. In winkelcentra en casino's is kinderopvang per uur te boeken en overal zijn goed gesorteerde speelgoedwinkels. Baby- en kinderkleding is in Zuid-Afrika beduidend goedkoper dan in Europa.

Over het geheel genomen is Zuid-Afrika, vooral in de malariavrije provincies Western en Eastern Cape, een paradijs voor kleine vakantiegangers. Zee, strand, bergen, dolfijnen, walvissen en andere dieren in alle soorten en maten, die ze anders alleen op de televisie zien, bieden volop afwisseling, en in de talloze baaitjes kunnen de kids veilig zwemmen. Kaapstads Waterfront biedt activiteiten voor kinderen (info: tel. 021 418 23 69) en veel bibliotheken hebben wekelijkse kinderuurtjes. En wilt u een keer uitgaan zonder de kleintjes: er zijn in Kaapstad voldoende babysitbureaus.

Een paar topattracties voor kinderen: **World of Birds** (zie blz. 151) in Hout Bay; **Grootbos Nature Reserve** (zie blz. 226); **Ratanga Junction Theme Park** (Century Blvd., Century City, tel. 021 550 85 04, www.ratanga.co.za, dag. 10-17 uur, 172/83 rand) bij Kaapstad; **Gondwana Private Game Reserve** (zie Tip blz. 246), **Monkeyland** (zie blz. 259), **Birds of Eden** (zie blz. 259) en **Elephant**

Een paradijs voor kleine vakantiegasten: natuur en dieren in Zuid-Afrika

Sanctuary (zie blz. 260) bij Plettenberg Bay; **Owl and Eagle Encounters** (zie blz. 182) bij Spier Wine Estate in Stellenbosch.

Media

Radio en televisie

De beste radiozenders in de Kaapprovincie zijn Good Hope FM (www.goodhopefm.co.za), P 4 Radio en KFM (www.kfm.co.za). Die laatste is binnen de stad soms wat minder goed te ontvangen. SAFM (www.safm.co.za) zendt nieuws, talkshows, klassieke muziek, sport en hoorspelen uit. Andere aanraders zijn 5FM (www.5fm.co.za) en Cape Talk (www.567.co.za).

De meeste hotels hebben tegenwoordig satelliettelevisie en vaak staat BVN ook in de zenderlijst (www.bvn.tv, ook via app) – u kunt dus gewoon het *Achtuurjournaal* en *Studio Sport* kijken. De publieke zenders in Zuid-Afrika zijn SABC 1, 2 en 3 (www.sabc.co.za). Engelstalig nieuws (*News at 7*) kunt u dagelijks om 19 uur zien op SABC 3 en op de eveneens gratis te kijken zender E-tv (www.etv.co.za). M-Net (www.mnet.co.za) zendt recente films uit, maar is als betaalkanaal alleen met een decoder te bekijken.

Kranten

In Kaapstad verschijnen twee Engelstalige dagbladen, avondkrant *Argus* (www.capeargus.co.za) en de *Cape Times* (www.capetimes.co.za), die 's ochtends verschijnt. Eens in de week komt ook de eveneens Engelstalige *The Mail & Guardian* uit, die bekendstaat om zijn goede onderzoeksjournalistiek en waar ook artikelen uit de Britse *Guardian*, de Franse *Le Monde* en de Amerikaanse *Washington Post* in staan. Nederlandse kranten en tijdschriften zijn nauwelijks te krijgen in Kaapstad, of een vorige Nederlandse gast moet toevallig een tijdschrift hebben laten liggen op uw hotelkamer.

Medische verzorging

U kunt voor uw reis naar Zuid-Afrika het best een reisverzekering met goede medische dekking afsluiten. De meeste (nood)behandelingen in het buitenland worden immers niet gedekt door uw Nederlandse ziektekostenverzekering.

De medische verzorging in Zuid-Afrika, en zeker in de Western Cape Province, is uitstekend. Artsen zijn hoogopgeleid, privéziekenhuizen zijn kwalitatief van hetzelfde niveau als ziekenhuizen in Europa. Medische behandelingen zijn echter een stuk voordeliger dan bij ons.

Noodgevallen

Bij acuut gevaar (bijvoorbeeld een inbraak or *carjacking*): tel. 10 111; met de mobiele telefoon: 112.
Ambulance: nationale nummer, tel. 10 177.

Reiskosten en bespaartips

Hoewel de prijzen de laatste jaren flink gestegen zijn, is een vakantie in Zuid-Afrika nog altijd niet duur (de kosten voor de vliegtickets uiteraard niet meegerekend). Wat opvalt is dat alcohol in de horeca niet enkele malen 'over de kop' gaat zoals bij ons vaak het geval is – drank is geen *cash cow*. Zelfs in toprestaurants kost een fles wijn vaak niet veel meer dan wat u ervoor zou betalen bij de wijnhandel. En wanneer u uw huurauto voltankt, zult u bij het afrekenen aangenaam verrast zijn.

Reisinformatie

In Kaapstad:
Toeristenpolitie: tel. 021 418 28 53 (dag. 7.30-23 uur, anders noodhulp via 10 111).
Brandweer: tel. 021 590 19 00.
Kustwacht: tel. 021 449 35 00.
Gifcentrum (onder andere slangenbeten): Red Cross Children Hospital, Rondebosch, tel. 021 689 52 27 of Tygerburg Hospital, Bellville, tel. 021 931 61 29.
Blokkeren van bankpas en creditcard: + 31 88 385 53 72 (www.pasblokkeren.nl).

Openingstijden

Winkels zijn over het algemeen geopend op werkdagen 8.30-17, za. 8.30-13, zo. 9-12 uur. Winkelcentra hebben vaak ruimere openingstijden.

Post

Postkantoren zijn ma.-vr. 8.30-16.30, za. 8-12 uur geopend. Wilt u dat uw brief of ansichtkaart voor u thuis aankomt, verstuur hem dan per luchtpost (kaarten 8 rand, brieven vanaf 10 rand).

Roken

In Zuid-Afrika zijn strenge antirookwetten. In openbare gebouwen (ook winkelcentra) is roken verboden. In restaurants moeten rookruimtes volledig gescheiden zijn van niet-rookruimtes. In de praktijk betekent dit dat u buiten zult moeten roken.

Reizen met een handicap

Bijna alle nieuwe hotels, restaurants en musea in Kaapstad en de Western Cape Province zijn ingesteld op mensen met een handicap. Ook winkelcentra zoals de Waterfront zijn handicapvriendelijk.

De meeste (grotere) huurauto's hebben een automaat.
Gehandicaptenorganisaties:
The Association for the Physically Disabled, tel. 021 637 12 04.
The SA National Council for the Blind, tel. 012 452 38 11.

Souvenirs

Houtsnijwerken, maskers en andere kunstnijverheid uit heel Afrika is het voordeligst op een van de zondagse vlooienmarkten, op Greenmarket Square in de oude stad of bij de ambulante verkopers op de parkeerplaatsen tussen Camps Bay en Llandudno, direct aan zee.

Taal

Met Engels komt u in Kaapstad en omgeving een heel eind. Zuid-Afrika heeft elf officiële talen. Drie ervan worden gesproken op de Westkaap: Engels, Afrikaans en Xhosa. Als gevolg van de grote immigrantenstroom in de laatste 200 jaar is Duits in deze streek de vierde taal.

Telefoon

Er zijn in Zuid-Afrika twee soorten openbare telefoons: blauwe waar muntjes in moeten en groene kaarttelefoons. Voor de eerste moet u wat 50-cent- en 1-randmuntjes in uw broekzak hebben. Telefoonkaarten zijn op veel plekken te koop; de dichtstbijzijnde verkoopplek is vaak vermeld op de telefoon. Een lokaal telefoongesprek van 3 minuten kost circa 1,80 rand. Interlokale en internationale gesprekken kunt u beter met een telefoonkaart betalen, anders blijft u muntjes inwerpen. Ook als u binnen de stad belt, moet u het netnummer gebruiken, in Kaapstad dus 021 plus het zevencijferige abonneenummer.

Op de luchthaven van Kaapstad kunt u bij aankomst een simkaart voor uw mobiele telefoon huren. Dat kost bij de Zuid-Afrikaanse providers Vodacom (www.vodacom.co.za), MTN (www.mtn.co.za), Cell C (www.cellc.co.za) en Virgin Mobile (www.virginmobile.co.za) zo'n 30 rand per dag en circa 15 rand per minuut (www.rentafone.net; www.cellhire.com). Het nadeel hiervan is dat u een nieuw, Zuid-Afrikaans nummer krijgt. Afrekenen doet u met uw creditcard.

U kunt natuurlijk ook uw eigen mobiele telefoon gebruiken, met uw Nederlandse of Belgische simkaart. De kosten zijn echter enorm – u zit met een paar telefoontjes en wat Facebookposts zo op 50 euro, met wat minder discipline op een veelvoud daarvan. Een buitenlandbundel, die u bij elke provider kunt afsluiten, is voordeliger, maar bellen en (vooral) internetten buiten de EU is simpelweg een dure hobby. U kunt *roaming* beter uitzetten op uw telefoon en pas online gaan als u bent ingelogd op het wifinetwerk van uw hotel.

Tijd

's Winters is het in Zuid-Afrika één uur later dan in de Benelux, tijdens onze zomertijd is er geen tijdverschil.

Veiligheid

De criminaliteitcijfers in Zuid-Afrika zijn hoog. Een groot deel van de criminaliteit vindt echter plaats in de townships van de grote steden. Die moet u, net als afgelegen stadsdelen, dan ook niet op eigen houtje bezoeken. Verder geldt de standaardlogica: niet te opzichtig met juwelen en camera's (of iPhones) rondlopen, niet hulpeloos naar de stadsplattegrond staren in een stil straatje, maar in een winkel of café naar de weg vragen.

Door de installatie van een heel netwerk van camera's in de binnenstad is de criminaliteit in Kaapstad drastisch afgenomen. De pakkans van tasjesdieven en zakkenrollers is erg groot – het controlecentrum meldt de vluchtweg aan de surveillerende politiemensen, die de dader binnen een paar minuten in de kraag vatten. Zodoende is een wandeling in Long en Kloof Street ook na zonsondergang mogelijk. Veilig zijn ook de Victoria & Alfred Waterfront, Canal Walk, amusementspark Ratanga Junction en het complex van het Grand West Casino.

Neem absoluut geen lifters mee! U wilt liever gezien worden als een botte buitenlander dan slachtoffer van een *carjacking* worden. Laat niets zichtbaar achter in uw huurauto en open het lege handschoenenvakje. Die huurauto is overigens veiliger dan de gedeelde taxibusjes – vaak wrakken met chauffeurs die levensmoe lijken – en de overvalgevoelige forensentreinen. Van uw hotel naar een restaurant kunt u 's avonds beter een taxi nemen – duur zijn deze niet.

Een speciaal toeristen-politiebureau (Police Tourist Assistance Unit) vindt u op de hoek van Riebeeck Street en Tulbagh Square en is tussen 7.30-23 uur te bereiken onder telefoonnummer 021 418 28 53 of 021 421 51 15. Buiten deze tijden moet u het algemene noodnummer 10 111 bellen. In de St. George's Mall bevindt zich eveneens een politiepost. Het hoofdbureau kunt u vinden op Buitenkant Street tussen Albertus Street en Barrack Street. Op het centraal station en bij de Waterfront patrouilleren ook altijd politieagenten.

Kennismaking – Feiten en cijfers, achtergronden

Uitzicht op de Tafelberg vanaf het strand van Blouberg

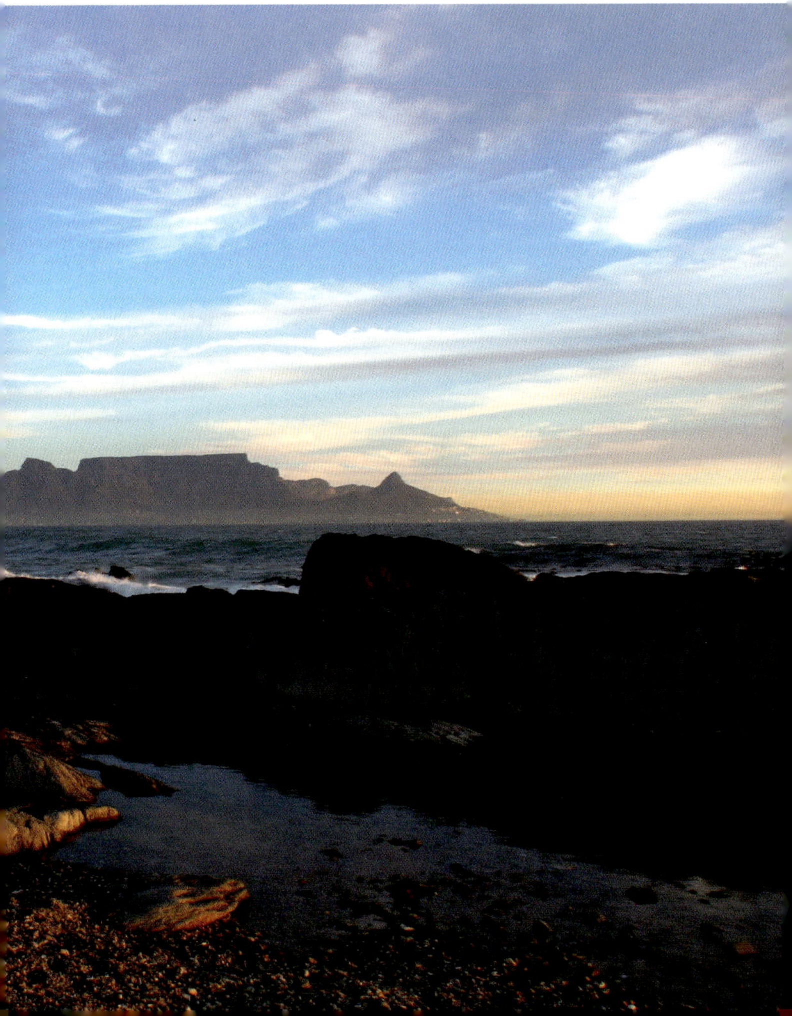

Kaapstad in het kort

Feiten en cijfers

Ligging en oppervlakte: Kaapstad en de Kaapprovincie liggen in het meest zuidwestelijke deel van Zuid-Afrika, aan de Atlantische Oceaan in het zuiden en westen en de Indische Oceaan in het zuiden en oosten. De geografische ligging is tussen 32° en 35° zuiderbreedte en 17° en 23° oosterlengte. De oppervlakte bedraagt 129.462 km², wat overeenkomt met 10,6% van de totale oppervlakte van Zuid-Afrika. De Western Cape Province (WP) is de vierde grootste van de negen provincies van het land.

Hoofdstad: Kaapstad (Cape Town) is één van de drie hoofdsteden van Zuid-Afrika – *trias politica* is in dit land ver doorgevoerd. De andere twee zijn Pretoria en Bloemfontein.

Inwoners: 6.016.900 miljoen (schatting 2014), bevolkingsdichtheid: 46/km². Heel Zuid-Afrika: 54 miljoen (schatting 2014).

Munteenheid: Zuid-Afrikaanse rand (ZAR).

Tijdzone: MET (CET) + 1 uur, tijdens de zomertijd geen tijdverschil.

Officiële talen: van de elf officiële talen van Zuid-Afrika worden er drie gesproken in de Western Cape Province: Afrikaans (moedertaal van 49,7% van de inwoners), Xhosa (24,7%) en Engels (20,2%). De officieuze vierde taal op de Kaap is Duits. Dit heeft alles te maken met de vele immigranten die zich in het mooiste stukje van Zuid-Afrika hebben gevestigd.

Geografie en natuur

De Western Cape Province is de meest diverse en aantrekkelijkste provincie van Zuid-Afrika, en niet alleen omdat haar hoofdstad een van de mooiste steden ter wereld is. De Mother City – Kaapstad – is de oudste stad van het land en op zichzelf al een vakantie waard. De stad strekt zich uit over het noordelijke deel van het Schiereiland, dat in het zuiden wordt gemarkeerd door Kaap de Goede Hoop. Het oudste deel en het centrum van Kaapstad (*city bowl*) liggen tussen de Tafelberg, Signal Hill en de Tafelbaai, waar de eerste Europese kolonisten in 1652 aan land gingen. De kustlijn en de oude haven bevonden zich vroeger dichter bij de stad – het tegenwoordig Foreshore genoemde gebied werd pas in de jaren 30 en 40 uit zee aangewonnen.

Een vooral in het namiddaglicht spectaculaire bergketen, die bij de Tafelberg begint en zich via de Twelve Apostles voortzet, strekt zich uit van de City tot aan Cape Point. De voorsteden aan de Atlantische Oceaan en langs False Bay liggen op een relatief smalle kuststrook. Ten oosten van de bergketen ligt de kustvlakte Cape Flats, die zich uitstrekt tot aan de stranden van False Bay. Aan de oostkant dáárvan ontstaat weer een heuvellandschap, met in de bossen ervan de beroemde wijnlanden. Nog verder in oostelijke richting volgen de halfwoestijn-plateaus van de Kleine en Grote Karoo.

Ten noorden van de wijnlanden gaat het Cedergebergte over in de uitlopers van de Kalahari-woestijn. De westkust bestaat uit kilometerslange zandstranden, die tot nog toe nauwelijks zijn ontdekt door toeristen.

Bij een bezoek aan Kaapstad en de Western Cape Province is de natuur nooit ver weg. Table Mountain National Park begint praktisch in de stad en strekt zich zoals gezegd van de Tafelberg uit tot aan de Kaap. Tussen juni en november bezoeken grote groepen walvissen de kust. Dat het er steeds meer zijn – terwijl ze bijna uitgestorven waren – verrast zelfs biologen. Daarnaast zijn hier zeehonden, pinguïns, witte haaien en bavianen – net zo fascinerend als Rwandese berggorilla's, maar een stuk makkelijker te observeren.

Overheid en bestuur

Zuid-Afrika heeft sinds 1997 een van de meest liberale grondwetten ter wereld en is een democratie naar Westers voorbeeld. Sinds de eerste democratische verkiezingen in 1994 wordt het land bestuurd door een ANC-regering. Nelson Mandela was de eerste zwarte president van het land. In 1999 nam de voormalige vicepresident Thabo Mbeki het stokje over en werd in 2004 herkozen. Een voortdurende machtsstrijd met Jacob Zuma vanaf het moment dat die in 2007 werd gekozen tot ANC-voorzitter, dwong Mbeki in 2008 tot aftreden. In de transitieperiode (25 september 2008 tot 9 mei 2009) was ANC-vicevoorzitter Kgalema Mothlanthe president. De omstreden, en in talloze corruptieschandalen verwikkelde Jacob Zuma werd in 2009 de vierde zwarte president van Zuid-Afrika. Bij de verkiezingen van mei 2014 werd hij herkozen.

Economie en toerisme

De import van goedkope kleding uit China heeft ervoor gezorgd dat de kledingindustrie is ingestort. Daarentegen zit er groei in de hightechsector, worden steeds meer internationale callcenters in Zuid-Afrika gevestigd en wordt het land steeds vaker gezien als goed alternatief voor Amerika en Europa bij de opnames van commercials en speelfilms.

Naast de financiële (banken en verzekeringsmaatschappijen) en agrarische sectoren (wijn, fruit) is toerisme een zeer belangrijke economische pijler van de Kaapprovincie. Toerisme is de snelst groeiende sector in het land. Het WK Voetbal van 2010 heeft daar zeker aan bijgedragen.

Levensstandaard

Het jaarinkomen per hoofd van de bevolking (Western Cape Province) bedraagt circa 65.000 rand. Het bruto nationaal product is zo'n 438,7 miljard rand, ongeveer 19% van het BNP van Zuid-Afrika. Het werkloosheidspercentage is circa 20 (Zuid-Afrika: 25).

Steden

Kaapstad is de oudste nederzetting in het land en de hoofdstad van de Western Cape Province. De tweede oudste stad van Zuid-Afrika is Stellenbosch, op de derde plek staat Swellendam – beide liggen eveneens in de Western Cape.

Bevolking

In de Western Cape Province wonen zo'n 6 miljoen mensen, de bevolkingsdichtheid is 46 inw./km². De bevolking bestaat uit Engels- en Afrikaanssprekende blanken (15,7%), coloureds (48,8%), Aziaten (1%) en zwarten (32,8%, voornamelijk Xhosa). Zie ook blz. 72.

Religie

De meeste inwoners van de Kaapprovincie zijn christen (76,6%), gevolgd door moslims (9,7%), joden (0,5%) en hindoes (0,2%). Alle geloven wonen hier vredig zij aan zij met elkaar en met Zuid-Afrikanen zonder geloof (10,7%).

Geschiedenis

Prehistorie

30.000 v. Chr. — Skelettenvondsten en Bosjesmantekeningen bewijzen dat de Kaapprovincie oorspronkelijk door San en Khoi werd bewoond.

De eerste Europeanen op de Kaap

1487 — De Portugese kapitein Bartolomeu Dias navigeert zijn zeilschip succesvol rond de kaap die nu Kaap de Goede Hoop heet, en noemt deze op grond van zijn ervaringen Kaap der Stormen.

1497 — Vasco da Gama zeilt op weg naar Indië om het zuidelijkste puntje van Afrika.

1503 — De eveneens Portugese zeevaarder Antonio de Saldanha zeilt de Tafelbaai binnen en beklimt als eerste Europeaan de Tafelberg.

De Nederlandse kolonisatie begint

1652 — Op 6 april landt de Nederlandse koopman Jan van Riebeeck in de Tafelbaai. Hij moet een verversingsstation inrichten voor Nederlandse schepen, groente- en fruittuinen aanleggen en een veestapel beginnen. Uit dit tijdelijke tussenstation halverwege Amsterdam en Batavia ontwikkelt zich de eerste Europese nederzetting in Zuid-Afrika.

1657 — De eerste slaven worden verscheept vanuit de Kaap. Tot 1834 is er een constante toevoer, vooral uit Afrika, Indië en Zuidoost-Azië.

1659 — Het eerste ernstige conflict tussen blanke kolonisten en Khoi.

1662 — Van Riebeeck wordt van de Kaap naar Maleisië overgeplaatst. De Europese nederzetting bestaat intussen uit 75 mensen – burgers met hun families. Het fundament voor de stad aan de Tafelberg is gelegd.

1671 — Weer een oorlog tussen de kolonisten en de Khoi. Oorzaak is de steeds maar groeiende vraag naar vlees door de blanken ten gevolge van de explosieve bevolkingsgroei. Het vee dat de kolonisten nodig hebben, is van de Khoi, die er geen afstand van willen doen.

1679 — De nieuwe gouverneur van de Kaap, Simon van der Stel, probeert het mannenoverschot in de kolonie terug te dringen door de 'import' van Nederlandse weesmeisjes.

1688 — Door de opheffing van het Edict van Nantes, dat zorgde voor vrijheid van religie voor alle protestanten in Frankrijk, staan de Hugenoten in eigen land bloot aan vervolging. De Nederlanders helpen 164 van hen vluchten naar de Kaap. De vluchtelingen nemen zowel wijnstokken als knowhow op het gebied van wijnbouw mee – de geboorte van Zuid-Afrika als wijnland.

1717	Het aantal slaven op de Kaap is groter dan het aantal vrije burgers.

De Britten komen aan de macht

1795	De Britten bezetten de omgeving van Kaapstad. Het Kaapse tijdperk van de Nederlanders komt hiermee ten einde.
1814	Het land rond Kaapstad wordt een Britse kroonkolonie.
1820	5000 Engelse kolonisten vestigen zich in Algoa Bay, het huidige Port Elizabeth.
1827	De nieuwe machthebbers laten in de rechtbanken van de Kaapkolonie alleen nog hun taal toe, Engels.
1834	De Britten schaffen de slavernij af. De Boeren weigeren te gehoorzamen, geven hun boerderijen aan de Kaapprovincie en vertrekken naar het noordoosten. De Boeren kunnen hun enorme boerderijen alleen maar runnen door het uitbuiten van slaven; met de afschaffing van de slavernij wordt winst maken onmogelijk. Ook de toenemende verengelsing op de Kaap is hen een doorn in het hoog. De Boeren willen ergens in het binnenland weer vrij en onder elkaar zijn.
1835	Tijdens de zogenaamde Grote Trek trekken zo'n 10.000 *Voortrekkers* naar gebieden in het binnenland, die al eeuwen bewoond worden door zwarte stammen. Het komt tot bloedige conflicten.

Oorlog tussen de Boeren en de Britten

1880	Er breekt een oorlog uit tussen de Boeren en de Britten, omdat die laatsten de sinds 1852 onafhankelijke Boerenrepubliek Transvaal annexeren. De Britten willen de daar in 1867 ontdekte diamantvelden uitbaten. De Boeren winnen deze eerste oorlog van de Britten (*First Anglo-Boer War*).
1882	In Kaapstad wordt elektrisch licht geïnstalleerd.
1886	Aan de Witwatersrand wordt de grootste goudader ter wereld ontdekt. Dit zorgt voor een hernieuwde belangstelling van de Britten voor de Boerenrepubliek Transvaal.
1899-1902	De tweede oorlog tussen Groot-Brittannië en de Boeren (*Second Anglo-Boer War*) is een feit. Ondanks een grote overmacht van de Britten lukt het ze niet de Boeren, die steeds maar weer aanvallen in kleine guerilla-eenheden, te verslaan. Om het tij te keren, passen de Britten de tactiek van de verschroeide aarde toe. Pas wanneer de bevelhebber van de Britten, Lord Kitchener, de boerderijen van de strijders in brand laat steken en hun vrouwen en kinderen laat opsluiten in con-

Geschiedenis

centratiekampen, waar 25.000 van hen (voornamelijk kinderen onder de 16 jaar) omkomen, geven de Boeren hun verzet op. Tot op de dag van vandaag speelt de zege van de Britten een rol in de manier waarop Engels- en Afrikaanssprekende Zuid-Afrikanen met elkaar omgaan.

1910	Door de samenvoeging van Oranje-Vrijstaat, Transvaal, Natal en de Kaapkolonie ontstaat de Unie van Zuid-Afrika.
1912	In Bloemfontein wordt het African National Congress (ANC) opgericht.

Het begin van apartheid

1913	Zuid-Afrika voert de Homeland-politiek in: zwarten worden onder dwang verplaatst naar onvruchtbare 'stamgebieden'. De Natives Land Act verbiedt het de zwarte bevolking land te bezitten buiten deze kunstmatige reservaten en de Native Labour Regulation Act verbiedt ze te staken.
1914	Oprichting van de National Party (NP).
1914-1918	Zuid-Afrika vecht tijdens de Eerste Wereldoorlog mee aan de kant van de geallieerden.
1923	In de Urban Areas Act wordt de onderverdeling van stadsdelen naar ras vastgelegd. Alle stedelijke gebieden worden toegewezen aan blanken; zwarten mogen er alleen komen om te werken. Er wordt een pasjessysteem ingevoerd: wie zijn identiteitskaart niet kan laten zien of geen reden heeft om in een blank gebied te zijn, wordt onherroepelijk gearresteerd en naar het platteland gestuurd.
1924	De National Party wint de verkiezingen, de nieuwe premier James Barry Munnik Hertzog maakt de apartheidwetgeving nog strenger.
1925	Afrikaans wordt de tweede officiële taal van het land. Ook in de tot dan toe liberale Kaapprovincie wordt zwarten hun stemrecht ontnomen.
1927	De Immorality Act verbiedt seksuele relaties tussen Zuid-Afrikanen met verschillende huidskleuren. Overtreders van de wet kunnen rekenen op gevangenisstraffen. In de Immorality Act was een specifieke paragraaf opgenomen die het zwarte vrouwen verbood blanke mannen te 'lokken' tot het hebben van geslachtsgemeenschap.
1939	Zuid-Afrika verklaart Duitsland de oorlog en strijdt tijdens de Tweede Wereldoorlog mee aan de kant van de geallieerden.

1948	De National Party wint wederom de verkiezingen, Daniel François Malan wordt premier. Apartheid wordt de officiële staatspolitiek.
1949	De Prohibition of Mixed Marriages Act maakt huwelijken tussen Zuid-Afrikanen met verschillende huidskleuren illegaal.
1950	De Group Areas Act legt woongebieden vast voor elke bevolkingsgroep. *Non-whites* worden met geweld verwijderd van plekken waar ze jaren woonden, maar die ineens alleen bestemd zijn voor blanken.
1952	Het ANC en het SAIC (South African Indian Congress) roepen de bevolking op vreedzaam tegen het regime te protesteren.
1953	De regering roept na protesten de noodtoestand uit; elke oppositie tegen het beleid wordt in de kiem gesmoord.

De weerstand neemt toe

1956	Op 25 juni roept het Congress of the People de Freedom Charter uit. Vertegenwoordigers van alle rassen eisen een democratisch Zuid-Afrika. 156 personen worden aangeklaagd wegens hoogverraad. Ook de *coloureds* verliezen hun stemrecht op de Kaap.
1960	Tijdens een antiapartheidsdemonstratie in Sharpeville bij Johannesburg op 21 maart raken politiemensen in paniek en openen het vuur. 69 demonstranten worden gedood. Het ANC en het Pan African Congress (PAC) worden verboden. Hun leden gaan in ballingschap of zetten hun strijd ondergronds voort.
1961	De blanke Zuid-Afrikanen beslissen middels een referendum voor uittreding uit de Commonwealth. Zuid-Afrika wordt een republiek.
1962	Op 5 augustus wordt Nelson Mandela gearresteerd. Samen met Walter Sisulu en anderen wordt hij tijdens het Rivoniaproces eerst veroordeeld tot de dood, later tot levenslang op het voor Kaapstad gelegen gevangeniseiland Robbeneiland.
1970	Miljoenen zwarten worden gedenaturaliseerd en onder dwang gerepatrieerd in tien Homelands.
1976	Het begin van het einde van apartheid. In Soweto demonstreren scholieren tegen Afrikaans als enige onderwijstaal. De politie vuurt op de menigte en doodt talloze kinderen. Massale protesten in het hele land dwingen de regering voor het eerst tot concessies.
1977	Studentenleider Steve Biko wordt door de politie doodgemarteld. De VN vaardigt een wapenembargo uit tegen Zuid-Afrika.

Geschiedenis

Protesten en noodtoestand

1984-1986 Politici van het ANC vragen de jeugd Zuid-Afrika onregeerbaar te maken. Meer dan 2300 mensen komen bij de volgende confrontatie om het leven, ruim 50.000 worden gearresteerd. Wanneer de regering soldaten de townships in stuurt, staat het land op de drempel van een burgeroorlog. De Verenigde Staten vaardigen tal van economische sancties uit tegen Zuid-Afrika.

1986 Staatspresident Pieter Willem Botha roept de noodtoestand uit in heel Zuid-Afrika. Politie en leger treden meedogenloos op tegen demonstranten. Maar wereldwijde sancties en de aanhoudende protesten beginnen hun vruchten af te werpen. Voor het eerst spreekt de regering, in het geheim, met de nog steeds opgesloten Nelson Mandela.

1989 In februari wordt Frederik Willem de Klerk partijvoorzitter van de National Party. Op 5 juli spreekt dan nog staatspresident Botha voor het eerst met Nelson Mandela. In augustus wordt de Klerk staatspresident; hij kondigt meteen het afschaffen van de apartheid aan.

Het einde van apartheid

1990 De Klerk heft het verbod op de ANC en 32 andere oppositiepartijen op en kondigt onderhandelingen over een nieuwe grondwet aan. Op 11 februari wordt Mandela na 27 jaar vrijgelaten. In zijn eerste toespraak, voor honderdduizenden mensen, roept hij op tot verzoening. De Klerk belooft de afschaffing van alle apartheidswetten binnen twee jaar en heft de noodtoestand op.

1993 De Klerk benoemt drie coloureds tot minister in zijn regering. Mandela roept blanke Zuid-Afrikanen op het land niet te verlaten. Toch komt het tot een enorme kapitaalvlucht. Zuid-Afrika's wereldwijde isolatie eindigt. Een meerpartijenconferentie onder leiding van Mandela's ANC en de Klerks NP levert een nieuwe grondwet op, met gelijke rechten voor alle rassen. Mandela en de Klerk ontvangen op 10 december gezamenlijk de Nobelprijs voor de Vrede.

De democratische wedergeboorte

1994 Meer dan 7 miljoen in de Homelands levende zwarten krijgen hun Zuid-Afrikaanse nationaliteit terug. Eind april vinden de eerste democratische verkiezingen plaats. Van de 23 miljoen stemgerechtigde Zuid-Afrikanen zijn 18 miljoen zwart. Voor de stembureaus vormen zich kilometerslange rijen. Zoals verwacht, wint het ANC met gemak. De partij van Mandela krijgt 62,7% van de stemmen. Nelson Mandela wordt op 10 mei de eerste zwarte president van Zuid-Afrika.

1996 Na twee jaar onderhandelen wordt de nieuwe grondwet op 8 mei met een overweldigende meerderheid aangenomen door het parlement.

1997	Op 4 februari treedt de nieuwe grondwet in werking. De beroemde kabelbaan op de Tafelberg wordt gemoderniseerd. In december neemt Thabo Mbeki zoals gepland het ANC-partijvoorzitterschap over van Nelson Mandela.
1999	Bij nieuwe verkiezingen wordt het ANC weer de grootste partij, Thabo Mbeki wordt president.

Kaapstad en Zuid-Afrika vandaag

2004	Zoals verwacht wint het ANC ook de derde democratische verkiezingen van Zuid-Afrika met meer dan twee derde van de stemmen. Mbeki blijft president. Alle negen Zuid-Afrikaanse provincies worden nu bestuurd door het ANC. Het WK Voetbal van 2010 wordt aan Zuid-Afrika toegewezen – een van de belangrijkste prestaties van Nelson Mandela, die zich hier enorm voor heeft ingezet.
2006	Helen Zille, voorzitter van de Democratic Alliance (DA), kaapt bij de provinciale verkiezingen met een wankele coalitie van splinterpartijen het burgemeesterschap van Kaapstad weg voor de neus van het ANC.
2009	Het ANC wint ook de volgende verkiezingen. Jacob Zuma wordt president. Kaapstads ambitieuze burgemeester Helen Zille wint met haar oppositiepartij Democratic Alliance (DA) meer dan 50% van de stemmen in de Western Cape Province en wordt premier van de Kaap.
2010	Voor het eerst vindt er een WK Voetbal plaats in Afrika. Zuid-Afrika en vooral Kaapstad maken indruk op de wereld met een fantastisch georganiseerd toernooi.
2011	In december wordt Kaapstad uitgeroepen tot World Design Capital 2014. De Tafelberg wordt verkozen tot een van de zeven 'nieuwe natuurlijke wereldwonderen'.
2013	Het overlijden op 95-jarige leeftijd van de ernstig zieke Nelson Mandela op 5 december roept wereldwijd diep medeleven op. De gezondheidstoestand van de oud-president was sinds juni kritiek.
2014	Bij de verkiezingen krijgt het ANC aanzienlijk minder stemmen dan voorheen, maar het blijft de grootste partij. De enige provincie die niet door het ANC wordt geregeerd, is wederom Western Cape, waar de DA van Helen Zille een overweldigende meerderheid behaalt.
2016	De protesten tegen president Jacob Zuma, die beschuldigd wordt van corruptie en wanbeleid, zwellen aan. Ook uit de eigen gelederen wordt hij steeds meer bekritiseerd.

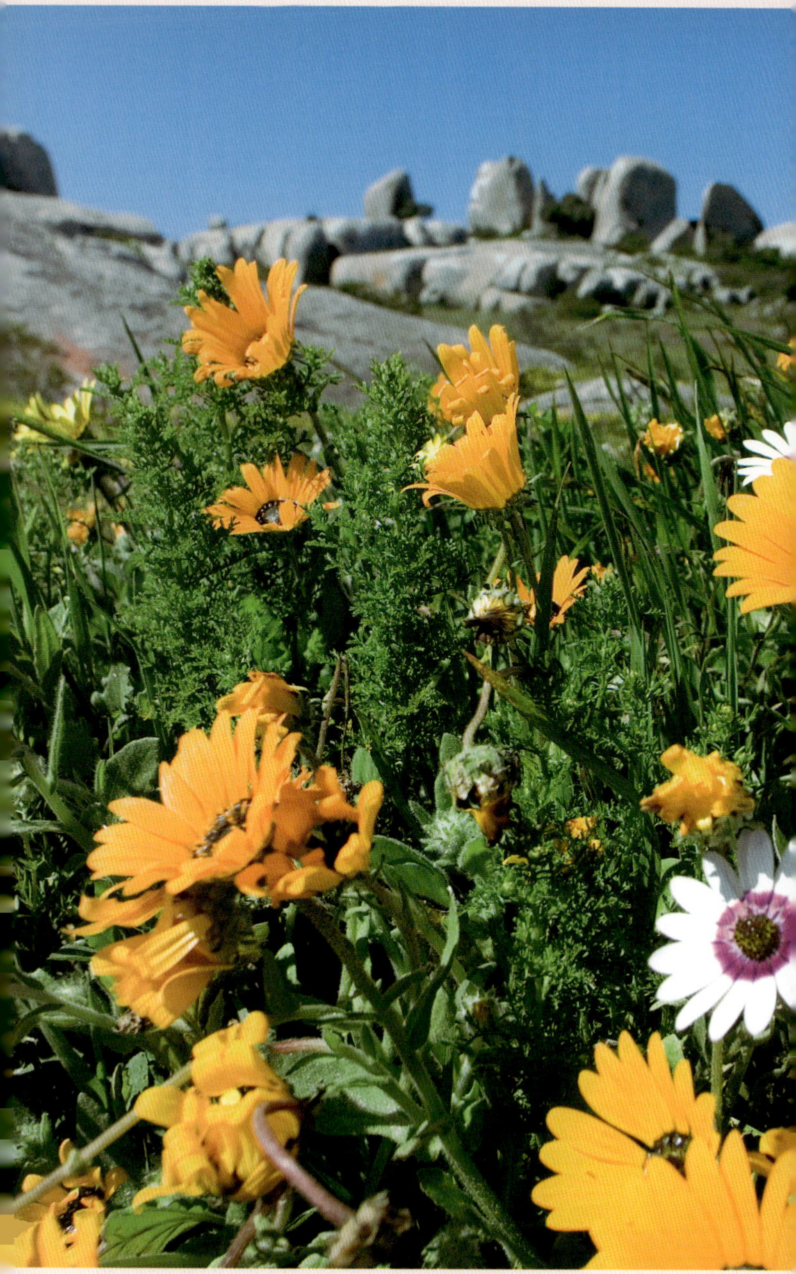

De Kaapprovincie is beroemd om haar unieke fynbosvegetatie. Het zogenaamde Kaap-florarijk (Cape Floral Kingdom), waarvan het centrum in het Overberg-gebied ligt, is een van de in totaal zes botanische regio's in de wereld. En hoewel het slechts 0,04% van het aardoppervlak uitmaakt, is de verscheidenheid hier met 8500 soorten het grootst. de rest van de wereld moet het doen met slechts 26! Een voor ons typische balkonplant, de geranium, behoort eveneens tot de fynbosvegetatie.

De beste tijd van het jaar om het fynbos in de Western Cape in al zijn pracht te ontdekken, ligt tussen de herfst en het voorjaar, wanneer veel plantensoorten in volle bloei staan. De bloeitijd in het voorjaar trekt vanzelf-

Fynbos – het kleinste bloemenkoninkrijk op aarde

Dit unieke en karakteristieke plantenrijk wordt fynbos (inderdaad van fijn bos) genoemd. Het gedijt op voedingsstofarme bodem, heeft maar heel weinig water nodig en bestaat uit altijdgroene, langzaam groeiende struiken met kleine, harde bladeren en de beroemde geslachten *protea* en *erica*. 6000 soorten zijn endemisch – ze groeien alleen in een bepaald, klein gebied, vaak niet groter dan een voetbalveld. Terwijl sommige fynbossoorten zeer zeldzaam zijn, bloeien andere overvloedig: op een oppervlakte van nog geen 100 m^2 kun je zomaar 121 soorten tegenkomen.

Ondersoorten

Karakteristieke fynbosplanten zijn cypergrassen en ericaceae, de grootste families zijn de madeliefjes (meer dan 1000 verschillende soorten), irissen (600 soorten) en lelies (400 soorten). Een typische fynbosbijzonderheid zijn de 600 verschillende soorten heidebloemen –

Fynbosbloemen op de Kaap

sprekend grote aantallen bezoekers. De bruin-geel 'verbrande' heide explodeert dan spreekwoordelijk in een kleurrijke bloemenzee.

Vuur hoort erbij – zonder vlammen geen leven

Vuur is niet altijd destructief: in het Kaapse florarijk van het fynbos zijn bosbranden een terugkerend en belangrijk deel van de levenscyclus. Ze beschadigen het fynbos niet. Integendeel: voor de meer dan 8000 plantensoorten van het fynbos is vuur noodzakelijk om te overleven door een fenomeen dat brandkieming heet. Hierbij kiemen de planten pas nadat ze zijn blootgesteld aan hoge temperaturen en de bij een brand ontstane rook. De as van de verbrande vegetatie dient daarna als voedingsstof voor de nieuwe zaadjes, die meestal al een jaar na de brand ontkiemen.

Natuurlijke bosbranden in het fynbos, meestal veroorzaakt door bliksem-inslag of vallend gesteente, zijn 'snelle', 'koele' branden. De vegetatie brandt onmiddellijk weg, wat de overlevingskansen van de meeste dieren vergroot. Antilopen en andere grote zoogdieren 'voelen' de bosbrand al vroeg aan en kunnen zichzelf zodoende in veiligheid brengen. Schildpadden en slangen graven zich in in de bodem of verstoppen zich in spleten in gesteente, terwijl het vuur alles om hen heen vernietigt.

De wonderschone oranje-rode vuurlelies bloeien alleen direct na een bosbrand. Dan komen ze tevoorschijn uit de zwarte bodem, om na een tijdje weer 'uit te gaan rusten', soms wel 30 of 40 jaar lang.

Mensen die in de natuurlijke fynbosvegetatie wonen, hebben van natuurlijke bosbranden niet zo veel te vrezen. Ze bewegen zich, aangewakkerd door een harde zuidoostenwind, meestal zo snel, dat ze voor huizen geen problemen opleveren. En de temperatuur is meestal niet hoog genoeg om gebouwen in lichterlaaie te zetten.

Fynbos voor thuis

U moet geen fynbosplanten kopen bij kraampjes op straat, want dat leidt tot het ongecontroleerd uitgraven van natuurlijke vegetatie. Wilt u toch zo'n bijzonder souvenir mee naar huis nemen, dan kunt u beter naar de fynbosmarkt van de Kirstenbosch Botanical Gardens (Indigenous Plant Sales) gaan, die regelmatig wordt gehouden.
Een virtueel voorproefje van de florapracht biedt www.finebushpeople.com. Op deze website vindt u niet alleen allerlei interessante wetenswaardigheidjes over het fynbos, maar ook een online boerderijwinkel met prachtige foto's van hetgeen u kunt bestellen. Bijvoorbeeld een protea-starterkit, maar ook zaken als zaden en bloembollen. Alles wat op de Kaap groeit, is hier te koop – tot aan de beroemde rooibosthee.

Zo'n driehonderd fynbosplanten, inclusief honderd verschillende protea en een soort erica, overleven de bosbranden alleen als zaadjes. Ze geven per jaar maar een paar zaadjes af, de rest blijft in de keiharde, houten pennen aan de stam. Als de plant sterft door de bosbrand, droogt de hitte de pennen, die uiteindelijk barsten en het zaad verspreiden in het verbrande gebied, waar weinig concurrentie is omdat de omliggende planten verbrand zijn; tegelijkertijd fungeert de as als natuurlijke voedingsstof. Als er lange tijd geen bosbrand is, dan sterven juist deze planten uit.

Het gevaar van uitheemse vegetatie

Aan de andere kant is te veel vuur natuurlijk ook niet goed. Zoals gezegd zijn de relatief 'koele' bosbranden, in de late zomer en vroege herfst (februari, maart, april), en in intervallen van twaalf tot vijftien jaar, prima. Door mensen veroorzaakte bosbranden kunnen het fynbos daarentegen behoorlijk wat schade toebrengen.

Wat eveneens slecht is voor het fynbos, is de aanwezigheid van vegetatie die er eigenlijk niet thuishoort, zoals naald- en eucalyptusbomen. Deze branden langer en ontwikkelen daarbij een grotere hitte. Dat heeft tot gevolg dat niet alleen huizen in de as worden gelegd en talloze dieren worden gedood, maar ook dat de fynbosbollen verbranden. De vegetatie wordt daardoor langdurig beschadigd.

Milieumaatregelen

Om dat laatste tegen te gaan, worden grote en dure campagnes in het leven geroepen om uitheemse vegetatie (*alien vegetation*), die het fynbos 'de adem beneemt' te verwijderen. Tot die uit-

Blushelikopter op weg naar een bosbrand

heemse vegetatie behoren naast de eerder genoemde sparren en eucalyptusbomen de treuracacia (Port Jackson) en een aantal snel groeiende boomsoorten, die op de Kaap worden gebruikt als duinversteviging en bij de productie van hout. Deze soorten ontstonden hier echter zonder enig toezicht en verspreiden zich continu. De nationale parken zijn inmiddels bijna *alien free*. Een speciale wet verplicht particuliere landeigenaren ertoe hun erf vrij te houden van uitheemse vegetatie. Als er dan tijdens een bosbrand schade ontstaat door de als brandgevaarlijk aangemerkte soorten, zoals naald- en eucalyptusbomen, dan kunnen de eigenaren van het stuk grond met *aliens* verantwoordelijk worden gehouden.

Ook andere onderwerpen staan op de milieuagenda van het ANC. Zo worden natuurreservaten steeds groter en talrijker, en is het algehele rijverbod op stranden, waar streng toezicht op wordt gehouden, een zegen voor de gevoelige duinvegetatie en de zeldzame, in het zand broedende *oystercatcher*.

De meest recente grote strijd van de milieubeschermers was die tegen de officieuze 'nationale bloem' van Zuid-Afrika, de plastic zak. Voorheen werd deze in bulk verspreid door supermarkten, tegenwoordig kost elk tasje geld, wat ertoe heeft geleid dat de Zuid-Afrikanen de oude tasjes hergebruiken – een kleine overwinning, maar alle beetjes helpen. Het gescheiden inzamelen van afval heeft de laatste jaren ook een vlucht genomen. Papier, plastic en glas wordt in de steden tegenwoordig netjes in verschillende bakken gegooid en apart ingezameld.

Op de stadsrand van Kaapstad, 'urban edge' genoemd, kunt u bijna dagelijks live meemaken wat u normaal gesproken alleen ziet op YouTube of bij programma's als 'Animal Crackers': er waggelt een pinguïn door de tuin, een baviaan sprokkelt zijn lunch bij elkaar uit de kliko en een (giftige) pofadder ligt te zonnen naast het zwembad.

Biodiversiteit ter land ...

De voorheen zo overvloedige dierenwereld van de Kaap is sinds de komst van de blanken flink uitgedund, ook net buiten de stad. Grote zoogdieren worden in het gebied van de fynbosvegetatie steeds minder gezien. Dat heeft ermee te maken dat de voedingswaarde van de oliehoudende, altijdgroene blaadjes maar zeer gering is.

Typisch Kaaps en veel te zien zijn de kleine, alleen in het fynbos voorkomende grijsbokjes (cape grysbok) en de reebokantilope, die geen verwantschap heeft met onze ree, in kleine kuddes leeft en te herkennen is aan zijn witte, pluizige staart. In wat meer steenachtige gebieden kunt u nog andere antilopensoorten tegenkomen, zoals de

Pinguïns en bavianen – Kaapse fauna

Op Boulder's Beach kunt u zwemmen met zwartvoetpinguïns

klipspringer, maar ook bavianen (baboons) en – wat zeldzamer – de *caracal* (ook wel woestijnlynx genoemd).

Het luipaard is het grootste nog in het wild op de Kaap levende roofdier. Het 's nachts jagende beest is echter zo schuw, dat u er normaal gesproken alleen sporen van zult zien. Vooral in het Cedergebergte leven nog veel van deze prachtig gevlekte katachtigen. De op een groot gebied levende honingdassen *(honey badgers)*, genetkatten *(genets)* en stekelvarkens *(porcupines)* zijn eveneens nachtdieren en zodoende zelden te observeren.

Bezoekers van de Tafelberg maken in elk geval kennis met de Kaapse klipdas *(rock dassie)*, die altijd ligt te zonnen op de berg en zich graag door toeristen laat bewonderen (opgepast: scherpe tandjes!). Het is moeilijk te geloven, maar deze diertjes, die nog het meest weg hebben van een marmot, zijn verwant aan de olifant.

... in de lucht ...

Voor vogelspotters is de Kaap een waar paradijs – en ze hoeven de stad niet eens uit. Al in de parken van Kaapstad kunt u typische fynbosvogels zien: de Victorins struikzanger *(victorin's warbler)*, de Kaapse suikervogel met zijn lange staart *(cape sugarbird)*, de felgekleurde emerald- en oranjeborsthoningzuiger *(orangebreasted/malachite sunbird)*, die met zijn lange snavels aan een kolibrie doet denken, de Kaapse kanarie *(cape siskin)*, die hoge, metaalachtige geluiden maakt, en de schuwe witbandkanarie *(protea canary)*.

... en in zee

Maar u kunt op het Kaapse schiereiland niet alleen kleine zangvogels zien. Ten zuiden van Simon's Town heeft zich een kolonie zwartvoetpinguïns *(African penguins)* gevestigd, die daar een veilige broedplaats hebben gevonden. Op Boulders Beach kunt u de zich op het land nogal koddig bewegende vogels observeren vanaf een houten uitkijkplatform. In het water zijn de dieren pijlsnel en sierlijk als robben.

Die laatste soort kunt u overigens ook bewonderen, maar is voornamelijk te vinden op de eilanden voor de kust. Bijvoorbeeld op Duiker Island bij Hout Bay, waar het wemelt van de pelsrobben. Het eiland is met diverse chartermaatschappijen in de haven van Hout Bay te bezoeken. Een enorme attractie zijn de walvissen, die elk jaar in de baaien van de Kaapprovincie terugkomen om te paren en hun jongen ter wereld te brengen (zie blz. 58 en 223).

Beschermd

In talloze reservaten en nationale parken hebben allerlei zeldzame en beschermde diersoorten een veilige thuishaven gevonden: steppezebra's *(Burchell's zebra)*, zeer zeldzame bergzebra's *(mountain zebra)*, springbokken, elandantilopen *(eland)*, bontebokken *(bontebok)* en de door boeren bijna uitgeroeide Afrikaanse wilde hond *(cape hunting dogs)*.

Dieren kijken

Goede plekken om dieren te observeren in hun natuurlijke habitat zijn het De Hoop Nature Reserve (zie blz. 230), het Table Mountain National Park (zie Ontdekkingstocht blz. 114), het Bontebok National Park (zie blz. 238) en het Gondwana Private Game Reserve (zie Tip blz. 246).

Tussen juni en oktober verhuizen walvissen vanuit het planktonrijke, ijskoude water van het poolgebied naar de subtropische wateren van het 8000 km verderop gelegen False Bay en de andere baaien in de omgeving. In de voor Hermanus gelegen Walker Bay, onder de kliffen in de buurt van de oude haven en voor het 40 km verderop gelegen stadje De Kelders bevinden zich de lievelingsplaatsen van de zuidkapers (Southern Right Whales). Soms krioelen daar wel zeventig walvissen door elkaar – een fenomeen dat door de lokale bevolking schertsend wordt aangeduid als walvissoep.

Walvissenpraat

De walvissen vertonen bepaald, typisch gedrag. Beroemd is natuurlijk de waterfontein die uit het spuitgat komt

Walvissen – de comeback van de zachtaardige reuzen

Op de Kaap kunt u vaak walvissen van dichtbij bewonderen

wanneer de dieren 'uitademen' (*blowing*). Walvisonderzoekers spreken van *breaching* wanneer een walvis ruggelings uit het water schiet en met veel kabaal weer op het wateroppervlak landt. Deze handeling, die meestal vier of vijf keer achter elkaar wordt uitgevoerd, kan gezien worden als een soort spel of een vorm van communicatie, maar wordt soms ook vertaald als een teken van agressie. Het met de staart op het water slaan – *lobtailing* – is op vele kilometers afstand te horen en informeert andere walvissen over bijvoorbeeld gevaar. Om hun omgeving beter te kunnen observeren, staan de walvissen soms verticaal in zee, tot aan hun vin uit het water stekend (*spyhopping*).

Het paren is een zeer liberale aangelegenheid. Meerdere mannetjes proberen tijdens een zogenaamde *mating session* een enkel vrouwtje te bevruchten.

Gisteren vangen, vandaag beschermen

Tussen 1908 en 1925 werden zo'n 25.000 bultruggen (sinds 1963 een beschermde soort) in de wateren rond zuidelijk Afrika gedood. Ook de tegenwoordig weer in groten getale te bewonderen echte walvis (sinds 1935 beschermd) stond niet zo lang geleden nog op de rand van uitsterven. Professionele walvisjagers joegen er sinds het einde van de 18e eeuw genadeloos op, vooral vanwege de traan, die werd gebruikt als brandstof en als grondstof voor geneesmiddelen, en de baleinen, die gebruikt werden in corsetten. De Nederlandse naam van het dier is een afgeleide van het Engelse *right whale*. Dit was namelijk de juiste walvis om op te jagen, omdat hij langzaam zwemt en zodoende makkelijk te raken was met een harpoen. Bovendien zinkt hij na zijn dood niet naar de bodem zoals andere soorten, maar blijft hij op het wateroppervlak drijven.

Volgens schattingen waren er, toen de walvisvangst werd verboden, nog maar 10 tot 30 geslachtsrijpe vrouwtjes in leven. Tegenwoordig zijn dat er weer zo'n 400, op een totale populatie aan deze kusten van ongeveer 1600 dieren.

Lokale walvisbevolking

De enige geregistreerde walvisomroeper ter wereld, Eric Davalala, patrouilleert volledig in stijl met een zeehoorn tussen juni en november door de straten van Hermanus. Elke keer dat er een walvis wordt gezien, blaast hij op zijn hoorn en noteert hij de locatie waar het dier is gezien. Eric is ook op Facebook te volgen (zoek op 'Hermanus Whale Crier'). Om zijn vaardigheden te verfijnen, doet hij elk jaar mee aan de in Londen gehouden conferentie voor stadsomroepers.

Een 12 km lang klifpad dat het verloop van de walviskust volgt, biedt talloze mogelijkheden om de majestueuze oceaanreuzen, die de kust soms tot wel 10 m naderen, te bewonderen.

Zien en gezien worden

De **MTN Whale Hotline** (gecombineerd met de Flower Hotline) is te bereiken op telefoonnummers 083 910 10 28 en 0800 22 82 22. Informatie over het jaarlijkse walvisfestival kunt u vinden op www.capetownmagazine.com/whale-watching-hermanus en www.satourismonline.com. Daarnaast is er een lijst met alle gelicenseerde aanbieders van walvisobservatietochten langs de kust. Deze is in te zien bij de *tourist office* van Hermanus, Checkers Building, Mitchel Street, tel. 028 312 38 46 en op de website www.hermanus-whale-cruises.

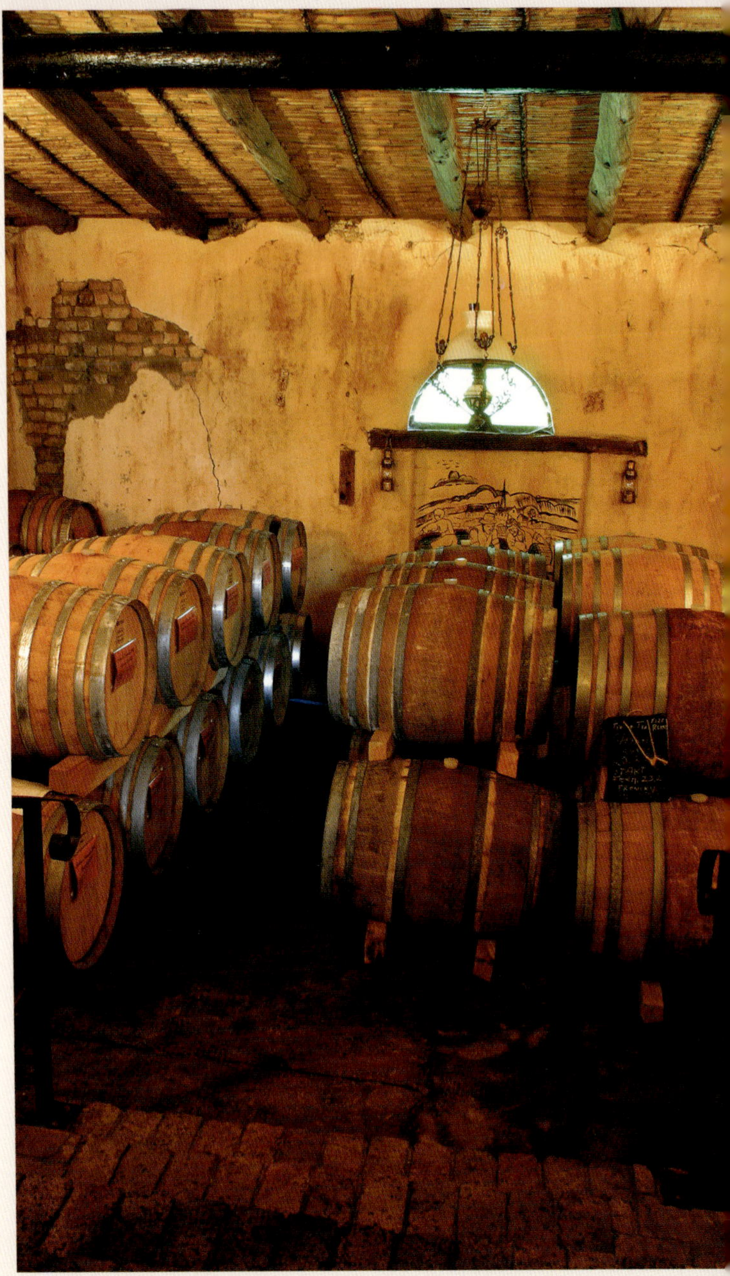

Omgeven door hoge bergen met kloven waar tot op de dag van vandaag nog luipaarden leven, behoren de wijngebieden van Zuid-Afrika tot de landschappelijk en klimatologisch meest diverse ter wereld – van het Kaaps Schiereiland tot de westkust en van Walker Bay tot de beduidend drogere Karoo.

De beginnend wijnmaker wordt daarbij geholpen door tragische feiten. Terwijl de vloot van wijnproducerende landen als Frankrijk, Spanje en Portugal nauwelijks te kampen heeft met sterfgevallen aan boord, sterven de Nederlanders bij bosjes aan scheurbuik. De reden is volgens Van Riebeeck dat de zeelui van de wijnlanden dagelijks een

Kaap der goede druif

Hoe werd de Kaap een wijnbouwgebied?

De geschiedenis van de Zuid-Afrikaanse wijnbouw begint met de komst van Jan van Riebeeck in 1652. De jonge koopman wordt door de Vereenigde Oostindische Compagnie (VOC) op de Kaap gestationeerd (we zouden het nu weggepromoveerd noemen, Van Riebeeck had ongeoorloofd privévracht vervoerd uit Indië en dit was zijn straf) met de opdracht een verversingsstation te bouwen voor de schepen die op weg zijn naar Indië. De Kaap is in de 17e eeuw een wild, onherbergzaam gebied, maar Van Riebeeck heeft al snel in de gaten dat het mediterrane klimaat met vochtige, vorstvrije winters en lange, hete zomers met een constante temperatuur ideaal is voor wijnbouw. Hij vraagt de 'hoofddirectie' van de VOC, de zogenaamde Heeren XVII, hem wijnstokken te sturen. De VOC-bazen zijn sceptisch over Van Riebeecks plannen, maar hij weet ze toch te overtuigen.

De wijnkelder van wijngoed Klein Rhebokskloof in Wellington

rantsoen jonge rode wijn krijgen, en de eigen manschappen niet. Wijn heeft bovendien het voordeel dat het aan boord langer houdbaar is dan water.

Niet gehinderd door enige kennis

Anderhalf jaar na zijn aanvraag krijgt Van Riebeeck zijn eerste wijnstokken. De takjes met kluit zijn verpakt in juten zakken. Onderweg wordt de aarde vochtig gehouden door de zeelui, maar die gaan daarbij iets te enthousiast te werk – bij aankomst in Kaapstad zijn de wijnstokken allemaal verrot. Het duurt wederom maanden voor de eerste gezonde planten aankomen.

Aangenomen wordt nu dat de eerste zaailingen afkomstig zijn uit Frankrijk. In 1656 landen twee Nederlandse schepen op de Kaap – de Dordrecht en de Pavel. Beide hebben Franse wijnstokken aan boord. Het is waarschijnlijk dat het ging om de druivensoort chenin blanc. Welke soort het ook was, de hoofdzaak is dat de wijnstokken gezond waren. Van Riebeecks hoofdtuinman Hendrik Boom en zijn assistent Jacob Cloete van

Kempen planten de wijnstokken naast de groente in de Company's Garden (de huidige botanische tuin van Kaapstad: The Gardens, zie blz. 90) – mediterrane vreemdelingen tussen Hollandse augurken en tomaten.

De wind waaide, de jonge stokken hielden stand en overleefden zelfs de tuinmannen, die net als Van Riebeeck geen flauw benul hadden van wijnbouw. Nog voor de eerste druiven werden geperst, was de wijn de gouverneur al naar het hoofd gestegen. Hij vroeg zijn superieuren in Amsterdam telkens weer om nieuwe stokken en hij zocht binnen 'zijn' kolonie steeds maar weer naar nieuwe en betere plekken om ze aan te planten. De eerste grote wijnboerderij, Wijnbergen, ontstond aan wat nu de Liesbeek River heet – door de Nederlandse kolonisten oorspronkelijk Amstel genoemd. Later werd de boerderij hernoemd naar Bosheuvel.

De kwekerij in de Company's Garden werd tevens aangehouden. Van de planten hier werden nieuwe zaailingen afgeleid. In augustus 1658 schreef Van Riebeeck het volgende in zijn dagboek: 'Met de hulp van vrije burgers en slaven hebben we een groot deel van Bosheuvel beplant met jonge wijnstokken.' Binnen vier dagen werden toen tegen de 1200 stokken geplant.

De wijnbijbel

Wilt u zich echt verdiepen in de wijnen van Zuid-Afrika, dan is het raadzaam een exemplaar aan te schaffen van *Platter's*, de vinoculturele 'bijbel' van Zuid-Afrika. Het dikke boekwerk met wijnbeoordelingen en omschrijvingen van alle wijngoederen wordt elk jaar uitgebracht; updates zijn te vinden op www. wineonaplatter.com. Een andere goede website is www.wine.co.za.

De eerste wijnboer

De contracten van medewerkers van de Vereenigde Oostindische Compagnie liepen na vijf jaar af. Daarna konden ze een nieuw contract krijgen, naar Nederland terugkeren of als vrije burgers (*free burgher*) een stuk land op de Kaap krijgen en bewerken. De eerste negen vrije burgers worden in 1657 ontslagen, later volgen er (veel) meer. Elk van hen kreeg een aantal wijnstokken mee, die rechts en links van de Liesbeek River werden geplant.

Op 2 februari 1659 schrijft Jan van Riebeeck wederom een interessante passage in zijn dagboek: 'Vandaag, de Heer zij geprezen, werd voor het eerst wijn geperst uit Kaapse druiven.' Over de kwaliteit van het product zegt de gouverneur echter niets, maar zijn tijdgenoten berichtten van een smaak die een combinatie is van azijn en rei-

De wieg van de Zuid-Afrikaanse wijnbouw: Basse Provence bij Franschhoek

nigingsmiddel. In 1662 verliet Van Riebeeck de Kaap – hij zeilde nieuwe avonturen tegemoet in het huidige Indonesië. De wijnbouw werd echter voortgezet. Om te vermijden dat vogels ervandoor gingen met de rijpe druiven, werd steeds veel te vroeg geoogst – iets wat de kwaliteit van de wijn bepaald geen goed deed.

Zonder de strenge hand van Van Riebeeck viel de organisatie van de kolonie steeds verder uit elkaar, en de VOC verloor langzamerhand zijn interesse in de Kaap. Zeventien jaar na het vertrek van Van Riebeeck kwam de ommekeer. De nieuwe gouverneur Simon van der Stel zag tijdens een inspectietocht een langgerekt, groen dal, dat hem ideaal leek voor een agrarische nederzetting. In november 1679 stichtte hij daar Stellenbosch, de eerste *free-burgher*-stad in het binnenland en heden ten dage een belangrijk wijnbouwcentrum.

De wijn achterna rijden

Op bijna alle *wine estates* van Zuid-Afrika – meer dan 400 – is het mogelijk wijn te proeven, meestal gratis. Er zijn diverse wijnroutes, die u, afhankelijk van de tijd die u hebt, kunt combineren. Veel wijngoederen zijn historische, Kaap-Hollandse huizen, maar er zijn ook nieuwe, hypermoderne *estates* met fascinerende futuristische architectuur en wijnhuizen die juist een 'Afro-chic' thema hebben. Kijk voor info op de website van Stellenbosch Wine Route (www.wineroute.co.za), Helderberg Wine Route (Somerset West, www.swest.info/somerset-west-attractions/helderberg-wine-route.html), Franschhoek Wine Route (www.franschhoek.org.za), Paarl Wine Route (www.paarlwine.co.za), Elgin Valley Wine Route (www.elginwine.co.za) en Robertson Wine Route (www.robertsonwinevalley.com).

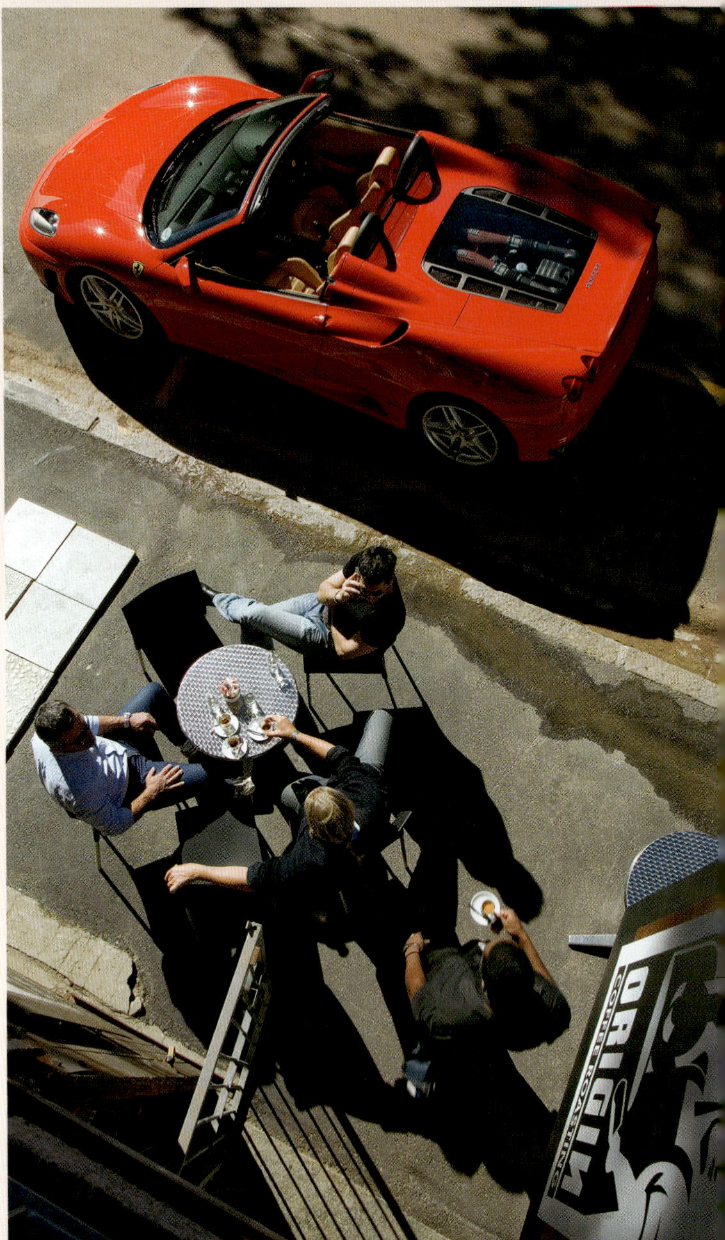
ORIGIN
COFFEE ROASTING

Kaapstad heeft enorm geprofiteerd van de enorme infrastructurele verbeteringen in de aanloop naar het WK Voetbal van 2010, voornamelijk op het gebied van forensenverkeer en wegenbouw. Met name de toeristensector heeft er nog steeds veel voordeel van. Het WK was bovendien een vier weken durende reclamefilm voor de Mother City en Zuid-Afrika. wikkelde financiële sector, een zeer gunstige stroomprijs en efficiënte telecommunicatie. Geen wonder dat de Kaap zo hoog op het wensenlijstje staat van buitenlandse investeerders. Volgens Wesgro, een non-profitorganisatie ter bevordering van de economische groei in de regio, komen de investeerders op dit moment voornamelijk uit Europa en de Verenigde Staten, maar

Money talks – de economie bloeit

Kaapstad is Zuid-Afrika's financiële en economische centrum. Steeds meer bedrijven verhuizen hun hoofdkantoor van Johannesburg en Durban naar de Kaap, omdat hier de kwaliteit van leven beduidend hoger is dan in de rest van het land. Dit zorgt voor een *boom* in de hele provincie. Halverwege de jaren 80 was dat wel anders. Toen stelde de Western Cape Province economisch gezien weinig voor. Maar dat veranderde in het volgende decennium – de economie explodeerde. Van alle negen provincies heeft de Western Cape nu de hoogste economische groei- en de laagste werkloosheidscijfers. Het aantal analfabeten is het laagste van het land en door het hoge opleidingsniveau zijn er altijd goede arbeidskrachten voorhanden. De Western Cape heeft, na de provincie Gauteng, het hoogste inkomen per hoofd van de bevoking.

Buitenlandse investeerders

De provincie profiteert daarbij van een gediversifieerde economie, een uitstekende infrastructuur, een goed ontwikkelde financiële sector, een zeer Azië is in opkomst. Buitenlanders investeren vooral in traditionele sectoren als de kleding- en textielindustrie, de voedingsmiddelensector en het toerisme.

Land- en wijnbouw

De regionale landbouwsector is groots in zowel kwaliteit als kwantiteit. Zodoende wordt de Western Cape vaak ook de graanschuur van Zuid-Afrika genoemd. De sector, waarin 14% van de beroepsbevolking actief is, is dus een belangrijke inkomstenbron voor de provincie.

Na de politieke ommekeer in het land, en het opheffen van de wereldwijde economische sancties, maakte de wijnbouw een enorme boost door. In de Kaapprovincie zijn tegenwoordig 13 wijn producerende gebieden met bij elkaar zo'n 560 wijngoederen. Zuid-Afrikaanse wijn, vooral merlot en sauvignon blanc, is populair in de hele wereld. De twee landen waar Zuid-Afrikaanse wijn het populairst is, Groot-Brittannië en Duitsland, zijn verantwoordelijk voor bijna de helft van de totale wijnexport.

Ook wat betreft fruitteelt is de provincie Western Cape een voorloper. Rond Ceres en tussen Elgin en Grabouw groeien de appels, peren en sinaasappels die ons Europeanen helpen de koude winters vitaminerijk te overleven. Bovendien worden hier enorme aantallen krenten, rozijnen en andere vruchten gedroogd. De voedingsmiddelenindustrie is een van de snelst groeiende sectoren in de regio en een van de grootste werkgevers. En uiteraard wordt in deze sector ook veel geïnvesteerd door buitenlandse geldschieters.

Textielindustrie en overige handel

In de textielindustrie is de kledingindustrie van het grootste belang. De sector is op dit moment alleen nog niet echt concurrerend, omdat hij ten tijde van de apartheid en buitenlandse sancties flink door de staat werd beschermd en gesubsidieerd. Veel grote namen uit de kledingindustrie (zoals Levi Strauss) hebben fabrieken op de Kaap. U kunt in de Levi's Store in de Waterfront dus een 501 *Made in South Africa* kopen – voor een stuk minder dan bij ons.

Verder worden in de Kaapprovincie onder andere chemicaliën, rubber, plastic en kool- en petroleumproducten gemaakt. Een derde van alle in Zuid-Afrika gemaakte schoenen komt uit de regio. De secundaire sector wordt steeds verder uitgebouwd. In Saldanha Bay is een grote staalfabriek gebouwd – een investering van circa 6,3 miljard rand. En in de buurt van Muizenberg ontstond het Capricorn Hi-tech Industrial Park, het Silicon Valley van Zuid-Afrika, waar zich elektronica- en informatietechnologiebedrijven hebben gevestigd.

Toerisme, film en televisie

Toerisme is de belangrijkste economische pijler van de Kaapprovincie. Het apartheidsregime heeft Zuid-Afrika decennialang geïsoleerd van de rest van de wereld. De sancties verlamden elke ont-

Bouwboom op de Kaap

Goede tijden voor bouwbedrijven: in geen enkele andere provincie van Zuid-Afrika worden zo veel nieuwe huizen gebouwd als in de Western Cape en vooral in de City van Kaapstad zelf. De vierkantemeterprijs rond Kaapstad is veel hoger dan in de rest van het land. Door de zo gunstige wisselkoers komen veel kopers uit Europa, en dan vooral uit Duitsland. Veel makelaars, zeker de grotere, hebben inmiddels dan ook kantoren in de grote steden van onze oosterburen.

Zuid-Afrika's indrukwekkende natuur is een mooi decor voor speelfilms en commercials

wikkeling en de bezoekersaantallen bleven gering. Maar sinds de democratische ommekeer in de jaren 90 is het land een favoriete reisbestemming geworden. Onder andere door tragische ontwikkelingen als terrorisme en natuurgeweld in andere delen van de wereld, en het voor Europeanen lage prijsniveau, heeft Zuid-Afrika de laatste jaren andere populaire vakantiebestemmingen ingehaald – voor de zoveelste keer op rij kwamen er in het seizoen 2015/2016 weer meer toeristen naar het land.

Tussen november en maart stikt het in Kaapstad en omgeving van de internationale productiemaatschappijen. Commercials en persmateriaal van nieuwe producten, voornamelijk op het gebied van mode en auto's, worden steeds vaker in de Western Cape Province geproduceerd. Tussen de Cape Flats en Stellenbosch aan de N 2 ontstonden moderne filmstudio's, waarvan de uitrusting niet onderdoet voor die van Hollywood. Het licht op de Kaap is ideaal, de lucht bijna altijd prachtig blauw en helder, en de landschappelijke verscheidenheid is, zeker gezien het kleine oppervlak, enorm. Bovendien schijnt in Kaapstad bijna altijd de zon, terwijl in Europa Koning Winter regeert. De City, met zijn steile straten, die bij Bo-Kaap de stad uit voeren, worden vaak 'getransformeerd' naar die van New York of San Francisco. Kijk, daar hapt Godzilla in een uit New York ingevlogen hotdogstand, en daar rijdt een *yellow cab* met piepende banden de hoek om. De populairste filmlocatie in de binnenstad is al jarenlang Long Street, met zijn talrijke oude gebouwen en de aan New Oreans herinnerende balkons.

Of het nu gaat om Mercedes-Benz, Porsche of BMW, in de reclamefolders en -films van de grootste autofabrikanten ter wereld fungeert de Kaap vaak als decor. Maar niet alleen commercials worden hier opgenomen, ook speelfilms en televisieseries ontdekken Kaapstad als alternatief voor Hollywood.

Apartheid – racisme als staatspolitiek

Niet alleen werd in Zuid-Afrika de gescheiden ontwikkeling van bevolkingsgroepen tot politiek gemaakt, maar dit door de staat uitgevaardigde racisme kreeg ook nog een naam – apartheid. In het dagelijks leven nam de uitvoering van die politiek een vaak groteske, soms tragikomische vorm aan.

De weg naar apartheid

De onmenselijke apartheidspolitiek begon in 1913 onder de Britten: de *Natives Land Act* verbood zwarten land te bezitten buiten reservaten, zogenaamde *homelands*. Bij de parlementsverkiezingen van 1948 won de National Party van de Boeren en werd apartheid een officieel politiek-programmaonderdeel. Alles werd voortaan gescheiden naar zwart en blank: van brievenbussen, liften, restaurants en bioscopen tot aan stranden, de bloedbank en zelfs ambulances. Door de staat opgelegde waanzin die het mensen van verschillende rassen die verliefd op elkaar waren, verbood elkaar te kussen, laat staan met elkaar naar bed te gaan – ze konden er de gevangenis voor in draaien. Ouders lieten hun kinderen bij verkeersongevallen sterven terwijl er zwarte ziekenbroeders ter plekke waren. Kinderen, lekker bruin na een dagje strand, mochten niet in een blanke treincoupé zitten, voordat duidelijk was dat ze daadwerkelijk blank waren. Blanke kinderen mochten hun zwarte kindermeisjes niet in het openbaar knuffelen – ook niet als ze getroost moesten worden. Zelfs de beroemde eerste harttransplantatie in Kaapstad moest worden uitgesteld, omdat professor Christiaan Barnard slechts een 'zwart' hart ter beschikking had.

Elk individu werd onderverdeeld in een bepaald ras, een commissie besloot in welke categorie men werd ingedeeld – en waar men dus mocht wonen.

Waanzin van alledag

In de *Sunday Tribune* van 9 juli 1989 schreef ene Norman Peters, die geclassificeerd was als blanke , maar door al zijn buren voor *coloured* werd aangezien, het volgende: 'Ik ben opgegroeid in de buurt van het strand van Muizenberg. Ik lag elke dag in de zon, en mijn huid was altijd donker. Op een dag ging mijn vader bezorgd met me naar de dokter, omdat mijn haar door het zoute water keihard was geworden. De dokter bevool hem aan mij nooit meer te laten zwemmen.'

Vaak werden omwille van de strikte rassenscheiding waanzinnige maatregelen genomen, of op z'n minst overwogen. Zo suggereerde een afgevaardigde van de National Party in mei 1950 'bloedapartheid' in te voeren. Artsen moesten maar eens uitzoeken of opgeslagen bloed van zwarten geen biologische reactie opwekt bij blanken, alvorens het daadwerkelijk te gaan gebruiken.

In een bericht van de politie van Durban uit 1961 is te lezen dat er tijdens een controle in het kader van de *Immorality Act* was geschoten. Niemand werd echter verwond of veroordeeld. Wat was er gebeurd? Een blanke man en een 'inheemse' vrouw hadden zich volgens de hoeder van de wet verdacht gedragen. Ze zaten namelijk naast elkaar in een auto (de man reed), niets meer en niets minder. De politie had de auto een stopteken gegeven, maar hij reed door. Dat vond de politie reden om te schieten. De inzittenden werden gearresteerd, medisch onderzocht en mochten vervolgens hun weg vervolgen.

Lachwekkend pijnlijk

Soms waren de politieberichten ongewild erg lachwekkend, al werd er ook pijnlijk duidelijk door hoezeer de overheid zich bemoeide met het leven van haar burgers. In een politiebericht van maart 1962 staat: 'Sergeant Swardt zei dat hij door een sleutelgat had gekeken en een naakte Indiër van het bed naar de kast had zien lopen. Dat was Pillay. Daarnaast kon hij de benen van een blanke vrouw zien, die op bed lag. Daarop werd de deur ingetrapt, en sergeant Swardt en *constable* Stonier betraden de kamer. Pillay was verdwenen, maar ze vonden Sutcliffe naakt op bed. Ik vroeg Sutcliffe naar een verklaring, en ze zei dat Pillay de *garden boy* was, die thee had gebracht. Maar er stonden geen theekopjes op tafel.'

In maart 1969 berichtte ene majoor Coetzee dat hij bij het doorzoeken van een verdacht huis onder het dekbed twee warme plekken had ontdekt. Daarnaast vertoonden beide hoofdkussens drukpunten. Dit was voldoende om een blanke universitaire professor en een vrouwelijke Indische dokter te arresteren.

Kussen verboden

In 1975 verklaarde Frederik Willem de Klerk – de latere staatspresident die apartheid met zijn toespraak op 2 februari 1990 beëindigde – waarom het verbod op gemengde huwelijken noodzakelijk was: 'De politiek van de National-Party-regering is die van een gescheiden ontwikkeling. Als een blanke man en een zwarte vrouw uit Transkei (een voormalige township) met elkaar trouwen, zal de man stemmen voor het blanke parlement, de vrouw voor de Transkei-regering en de kinderen voor de Representative Council van de coloureds. Ik denk niet dat dat zorgt voor een goed familieleven.'

Ook buitenlandse bezoekers van Zuid-Afrika kregen te maken met de absurde apartheidswetten. Zo kregen Japanners in 1961 van de Zuid-Afrikaanse regering de status van blanke. Japanners die het land bezochten of er woonden, mochten dus met blanke vrouwen omgaan, maar niet met gekleurde of Chinese dames – dat zou volgens de *Immorality Act* namelijk een strafbaar feit zijn.

Eén zwarte, om de honden af te richten

In 1966 werd een jonge blanke man die een zwarte vrouw gekust had, veroordeeld tot een jaar gevangenisstraf. De rechter: 'Naar mijn mening is het kussen van een niet-blanke persoon in een auto in een donker steegje een handeling die absoluut in strijd is met de goede zeden.'

In mei 1980 zei een gemeenteraadslid van Pretoria het volgende over de faciliteiten voor zwarten in de binnenstad: 'Er zijn drie toiletten in de City, die door alle rassen gebruikt mogen worden. Maar we maken de adressen ervan niet openbaar, omdat dat wel eens zou kunnen leiden tot overstromingen.'

In het najaar van 1989 werd een aantal journalisten rondgeleid op de atoomcentrale Koeberg. Hen werd uitgelegd dat er slechts één zwarte werkte op het complex, 'uit veiligheidsoverwegingen'. Pas toen de verslaggevers aan het eind van de tour de waakhonden te zien kregen, die het terrein bewaakten, zagen ze ook die ene zwarte medewerker. Hij werd gebruikt als 'ijkpersoon' om de honden mee af te richten.

Leestips

Nelson Mandela: *De lange weg naar de vrijheid* (2014). Uitstekend geschreven autobiografie van de ANC-voorman en president; een must voor iedereen die meer wil weten over de recente geschiedenis van Zuid-Afrika.

Rian Malan: *My Traitor's Heart* (1990). Een Afrikaner die is opgegroeid tijdens het apartheidsregime vertelt wat zijn volk heeft aangericht. De bestseller is zowel briljant als racistisch genoemd.

Mike Nicol: *The Waiting Country: A South African Witness* (1995). Interessante achtergrondverhalen over de democratische handel en wandel in Zuid-Afrika.

Ben Maclennan: *apartheid – The Lighter Side* (1991). Een humoristische deconstructie van het apartheidsregime door middel van citaten van mensen die de racistische politiek proberen te rechtvaardigen.

Allister Sparks: *Tomorrow is Another Country* (1996). Een Zuid-Amerikaanse journalist beschrijft de 'geheime revolutie' in zijn land.

Product van de apartheid:
het township Gugulethu

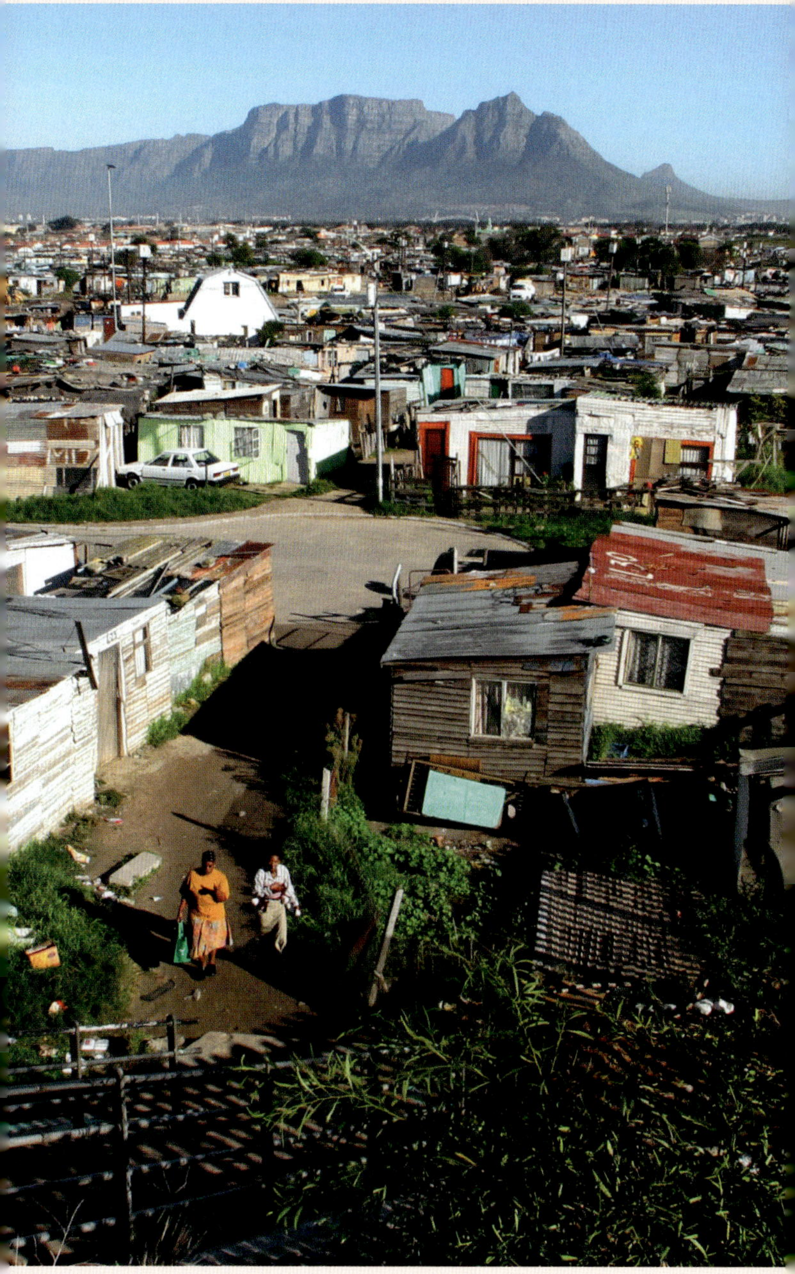

De regenboognatie

De termen zwart, coloured (gekleurd) en blank, die nog stammen uit de tijd van de apartheid, moet u in dit boek niet zien als racistische onderverdeling naar huidskleur, maar als een afbakening van verschillende culturele groepen. Veel Zuid-Afrikanen duiden zichzelf namelijk nog steeds aan als zwart, coloured of blank.

Zuid-Afrika's bevolkingsgroepen

Hoewel ze tijdens het apartheidsregime allemaal werden aangeduid als 'zwart', was en is de zwarte bevolking van Zuid-Afrika verre van homogeen. Er zijn negen etnische groepen, die allemaal een andere taal spreken. Inclusief Engels en Afrikaans heeft Zuid-Afrika dus maar liefst elf officiële talen. De zwarten in Kaapstad en de Kaapprovincie zijn voornamelijk Xhosa, een volk dat ook weer is onderverdeeld in vele clans. De Xhosa kwamen op zoek naar werk vanuit de voormalige Homelands Transkei en Ciskei naar Kaapstad, waar ze woonden in huisjes van karton, hout en golfplaten in een van de één vierkante kilometer grote townships. Naar schatting wonen nu circa 1 miljoen Xhosa in Kaapstad.

De volgende generatie kent apartheid gelukkig alleen uit de geschiedenisboeken

Coloureds en blanken

De tweede grootste bevolkingsgroep in Kaapstad en omgeving zijn de coloureds, die Afrikaans spreken. Deze groep stamt af van de eerste blanke zeevaarders, zwarte slaven uit West-Afrika en Mozambique en leden van de Bosjesmanvolkeren San, Khoi en Nama.

Bij de blanken is er een onderverdeling naar voorvaderen: Engelsen of Boeren. De Boeren, of Afrikaner, die vaak de 'witte stam van Afrika' worden genoemd, waren de eerste blanken die voet zetten op Zuid-Afrikaanse bodem: voornamelijk Nederlanders en Duitsers, maar ook Fransen, Britten en mensen uit andere landen. Wat dat laatste betreft, zijn de meningen verdeeld. Volgens veel historici zaten er bij die 'anderen' namelijk ook zwarten en coloureds uit andere delen van Afrika – een feit (Boeren spreken van een mening) dat door Afrikaner ook vandaag de dag nog als uiterst beledigend wordt gezien. De Boeren spreken Afrikaans, de enige Germaanse taal die buiten Europa is ontstaan.

Soutpiels

De tweede grote groep 'Europese' Zuid-Afrikanen stamt uit Groot-Brittannië. De spanningen tussen beide blanke bevolkingsgroepen zijn ook nu nog onderhuids te voelen. Terwijl de 'Engelsen' theoretisch nog steeds de mogelijkheid hebben 'terug te keren' naar Groot-Brittannië, hebben de Boeren maar één thuis: Afrika. Om deze reden wordt die eerste groep ook wel *soutpiels* (zoutpiemels) genoemd. Ze staan immers met één been in Afrika en het andere in Engeland – een enorme spagaat, met de edele delen in de (zoute) oceaan.

Rastafari's

Een culturele subgroep die je vaak ziet in Kaapstad is die van de rastafari (*rastafarians*). Rastafari aanbidden Haile Selassie, de voormalige keizer van Ethiopië, onder zijn vroegere naam Ras (prins) Tafari. Ze zien hem als de messias van de zwarten. Ze geloven dat zwarten gereïncarneerde Israëlieten zijn, die als straf voor hun zonden in een vorig leven door de blanken onderdrukt worden. Zodra ze verlost zijn, moeten de blanken voor hén werken. De rastafari hebben lange haren met de karakteristieke dreadlocks, die ze vaak onder enorme, kleurrijke gebreide mutsen verbergen. Rastafari zijn vegetariërs en roken om religieuze redenen marihuana (*dagga*). Ze gaan dan ook steeds weer de straat op om te demonstreren voor het legaal maken van de verboden drugs.

Vredelievend, niet fundamenteel – religieuze verscheidenheid

Zoals te verwachten valt in een culturele smeltkroes als Zuid-Afrika is er ook op religieus gebied een enorme verscheidenheid. De diverse geloofsgemeenschappen vallen vooral op om de manier waarop ze vreedzaam naast en tussen elkaar leven. In Kaapstads Long Street staan kerken, synagogen en moskeeën zonder problemen vlak bij elkaar.

Van het christendom ...

Meer dan driekwart van de Zuid-Afrikaanse bevolking is christen, zij het behoorlijk gediversificeerd. Onder het christendom vallen namelijk ook zo'n 4000 Afrikaanse mini-kerkgemeenschappen en allerlei sekten, die zich hebben afgescheiden van de Nederlands-hervormde kerk, en deels nog verankerd zijn in de 'apartheids-kerken' van de vorige eeuw. De Afrikaanse kerken zijn voor en door zwarten opgericht, onafhankelijk van de blanke 'mainstreamkerken'. Ze hangen voor een groot deel de Ethiopische lijn aan, de oudste christelijke geloofsgemeenschap van Afrika, die is ontstaan uit de vroegere, methodistische missiekerken of uit de zionistische lijn, die weer zijn oorsprong vindt in de Amerikanse Pentecoastal-missie van begin 20e eeuw.

De Nederlands-hervormde kerk omvat minstens drie afsplitsingen van Afrikaanssprekende Zuid-Afrikanen, die alle conservatief van aard zijn. De grootste en invloedrijkste is de Nederduitse Gereformeerde Kerk (NG Kerk), die op grond van zijn regeringsgezinde houding tijdens het apartheidsregime 'de biddende National Party' werd genoemd. De Church of England wordt eveneens vertegenwoordigd in Zuid-Afrika. De Zuid-Afrikaanse tak van de Anglicaanse kerk werd beroemd door de antiapartheidsbetogingen van aartsbisschop Desmond Tutu.

... via 'voodoo'

Een minderheid van de zwarten is aanhanger van traditionele religies, vaak ten onrechte allemaal als voodoo betiteld. Geloven en gebruiken zijn bij elke etnische groepering weer anders, maar ze hebben allemaal een bepaalde mate van voorouderverering. Magische krachten spelen een rol in het geloof en in de rituelen. Vaak worden christelijke en traditionele rituelen vermengd, vergelijkbaar met de 'heidense' elementen die nog steeds te vinden zijn in het Europese christendom.

... tot de islam

Als stichter van de moslimgemeenschap op de Kaap wordt Sheikh Yusuf gezien, die in 1694 op 68-jarige leeftijd door de Nederlanders van Ceylon (het huidige Sri Lanka) naar Kaapstad werd verbannen wegens opruiende activiteiten – lees: het uitoefenen van het islamitische geloof. Samen met 49 andere religieuze geleerden die eveneens naar de Kaap verbannen waren, zette hij zijn verzet tegen de Nederlanders voort door gezamenlijke religieuze diensten te houden en door 'inheemsen' en slaven te bekeren tot de islam.

Zijn landgenoten en volgelingen vestigden zich buiten Kaapstad op de boerderij Zandvliet aan de Eerste Rivier. Het uitdragen van de islamitische identiteit was op de Kaap een gevaarlijke aangelegenheid. Tot in 1804 de vrijheid van religie gegarandeerd werd, was de Nederlands-hervormde kerk namelijks de enige toegestane geloofsgemeenschap in Kaapstad en omgeving.

De bekendste imam van de Kaapse moslimgemeenschap is Tuan Guru, een van de eerste imams en een invloedrijke moslim in de regio, tevens de stichter van de eerste moskee. Tijdens de dertien jaar dat hij gevangen zat op Robbeneiland, schreef hij de Koran uit zijn hoofd op. Tuan Guru betekent 'heer leraar', eigenlijk heette de imam Abdullah Kadi Abdus Salaam. Toen hij in 1793 uit de gevangenis werd ontslagen, zag hij het als zijn roeping de eerste moslimschool op de Kaap te stichten. Op de plek waar die school stond, werd later de Auwal-moskee gebouwd. Toen Tuan Guru in 1807 stierf, studeerden op de school al 375 mannen.

De invloed van de moslims in Zuid-Afrika is heden ten dage groter dan ooit tevoren, terwijl slechts 2% van de bevolking de islam aanhangt. Veel belangrijke ministersposten in de ANC-regering worden bezet door moslims en ongeveer een tiende van de regeringsleden en parlementariërs hangt de islam aan.

Kaapse moslims

Kaapse moslims, door de blanken vaak foutief Kaap-Maleiers genoemd, wonen al heel lang in Zuid-Afrika. Vele kwamen als slaven naar Kaapstad, andere waren politieke gevangenen of ballingen uit de Oost-Indische kolonies van de Nederlanders. Omdat de handelstaal tussen India en het huidige Indonesië Maleis was, ontstond de term Kaap-Maleiers. De gemeenschappelijke taal en religie zorgde voor een groot saamhorigheidsgevoel bij deze vooral in Bo-Kaap woonachtige bevolkingsgroep.

Bidden en werken – Duitse missiestadjes in de Kaapprovincie

De verschillende missieposten van de Evangelische Broedergemeente droeg bij aan het versterken van het zelfvertrouwen van de lokale gekleurde gemeenschappen. De 'inboorlingen' leerden er ambachten als schoenmaker en rietdekker, beroepen die hun nazaten ook nu nog uitoefenen.

De eerste missieposten

Toen de eerste missionaris in 1737 in Kaapstad aankwam, toonde hij zich niet erg onder de indruk van de plaatselijke bevolking. In een brief naar Duitsland schreef Georg Schmidt: 'Die De goddeloosheid is in dit land erg groot en er wordt onbeheerst gedronken. Veel mensen klagen over me, maar ik schenk ze geen aandacht, want zij weten niet wat ze doen.' De Nederlands-hervormde kerk koesterde wantrouwen jegens de zendelingen. Het dopen van Khoisan (Bosjesmannen) vonden zij tijdverspilling, en bovendien gevaarlijk en subversief. Ondanks alle problemen en tegenwerkingen stichtte Schmidt een missiepost met de bewoners van de Baviaanskloof, dat later Genadendal ging heten, omdat Gods genade Zuid-Afrika's oudste missiestad ten deel viel (in 1995 veranderde Nelson Mandela de naam van zijn voormalige hoofdkwartier in Kaapstad om dezelfde reden overigens ook van Westbrooke in Genadendal).

De oudste missiestad van Zuid-Afrika bestaat nog steeds en heeft een mooi bewaard gebleven kerkplein met 25 beschermde monumenten en een klein, interessant museum (www.museums.org.za, Genadendal intikken).

Georg Schmidts nalatenschap

Terug naar Georg Schmidt. Toen hij aankwam, waren de Khoi een arm volk van analfabeten zonder toekomst. De missionaris leerde zijn kleine christelijke gemeente lezen en schrijven. Toen hij een aantal van hen had gedoopt, gingen de Nederlands-hervormden de barricaden op. Zij vonden dat Schmidt geen echte priester was en dus geen sacrementen mocht toedienen. In 1744, zeven jaar nadat hij zich vestigde in Baviaanskloof, moest hij het land verlaten.

In 1909 werd een wet aangenomen die het bewoners van missiesteden verbood land te bezitten. In 1926 werd de lerarenopleiding gesloten omdat 'kleurlingen geen verdere opleiding nodig hebben'. Dit ontmoedigingsbeleid leidde tot een uitputting van de kerkgemeenschappen: huizen en kerken raakten in verval.

De missiesteden nu

Een van de mooiste door Duitsers gestichtte missiestadjes is Elim (vanuit Pearly Beach bereikbaar via de R 317 richting Bredasdorp). Het stadje is sinds 1824 nauwelijks veranderd: nog steeds straten vol met rijen rietgedekte, witgepleisterde huizen, en de kerkklok is nog net zo punctueel als in 1764, toen hij werd geïnstalleerd. Logisch, het ding is *Made in Germany*.

Pas 48 jaar later, in 1792, kregen drie andere missionarissen van de Evangelische Broedergemeente toestemming het werk van Schmidt voort te zetten. Bij aankomst werden ze begroet door een oude gebochelde vrouw. Magdalena, zo begrepen ze, was door Schmidt gedoopt. Uit haar jurk haalde ze een kleine Bijbel tevoorschijn – een afscheidscadeau van Georg Schmidt. De ervaren missionarissen waren volledig overrompeld, en hun verbazing groeide toen de blinde Magdalena haar dochter riep, en die toen een deel van het Nieuwe Testament ging voorlezen. De kleine Bijbel is het waardevolste object in het Mission museum van Genadendal.

Veel boeren uit de omgeving protesteerden tegen de missie. Zij zagen de post als een schuilplaats voor dieven en moordenaars. In werkelijkheid waren het toevluchtsoorden voor arbeiders die op de boerderijen werden mishandeld en uitgebuit.

Missiestad Wupperthal – in 1830 door twee missionarissen uit een dorp

Missieposten

Informatie over de missieposten: Elim (zie blz. 228, tel. 028 482 18 06), Genadendal (zie blz. 239, tel. 028 251 81 96), Goedverwacht (ten westen van Piketberg, tel. 022 912 49 24), Mamre (zie blz. 194, tel. 021 576 11 17), Wupperthal (zie blz. 216, tel. 027 492 34 10, www.wupperthal.co.za). Mission Museum: www.museums.org.za, naar Genadendal zoeken, tel. 028 251 85 82.

in het dal van de Duitse Wupper gesticht – wordt tot op de dag van vandaag bewoond door de nazaten van zon 4000 slaven, Khoisan en blanke zeelui. In de destijds door de Duitsers geopende schoenenfabriek ontstonden de nu nog bekende, comfortabele *Veldskoene*: leren wandelschoenen die zijn gemaakt zonder lijm of spijkers. Het deels slechts via gravelweg bereikbare Wupperthal ligt in het Cedergebergte, 70 km van Clanwilliam.

Mamre, een lieflijke oase onder eikenbomen, ligt tussen Darling en Atlantis, aan de westkust, op ongeveer een uur rijden van Kaapstad. In 1808, toen de Kaap-kolonie door de Britten werd bestuurd, werd het gebied overgedragen aan twee missionarissen van de Evangelische Broedergemeente, Kohrhammer en Schmidt. Door de jaren heen ontwikkelde zich hier een bloeiende missie. Alle gebouwen uit die tijd zijn gerestaureerd en staan onder toezicht van monumentenzorg.

De missiepost van Goedverwacht, in de buurt van Piketberg, werd in 1881 eveneens door de Evangelische Broedergemeente gesticht. De geschiedenis van deze missie is fascinerend. Het land was eigendom van weduwnaar-boer Hendrik Schalk Burger. Toen de afschaffing van de slavernij in zicht was, vroeg hij zijn Indische slavin Maniesa en haar vijf kinderen of ze bij hem op de boerderij wilden blijven om hem tot aan zijn dood te verzorgen. Ze stemden toe en werden in zijn testament opgenomen. Maniesa en haar kinderen kregen de boerderij. Wanneer de kinderen gestorven waren, stond in het testament, zouden de buren de boerderij en het land verkopen. Iedereen hield zich aan Burgers laatste wens en de boerderij werd uiteindelijk voor 750 pond verkocht aan de Evangelische Broedergemeente.

De jonge generatie in Elim

Gevelhuisjes en wolkenkrabbers – Kaapstadse stijlmix

Niet alleen architecten komen bij een wandeling langs eeuwenlange bouwtechnische ontwikkeling aan hun trekken. Van de traditionele Kaap-Hollandse stijl van de eerste nederzettingen tot de tegenwoordig bij de stedelingen zo populaire art-decojuweeltjes trekken aan u voorbij.

Kaap-Hollandse stijl

Kaap-Hollandse stijl (*Cape Dutch*) wordt de oorspronkelijke architectuur van Kaapstad en de Kaapprovincie genoemd. Typisch voor deze eind 17e eeuw gebouwde huizen zijn de witgekalkte muren, het rietgedekte dak en de rijkversierde siergevel. De vaak prachtige huizen geven de Kaapprovincie haar karakteristieke uitstraling.

De siergevel was in eerste instantie puur functioneel. Het raam dat erin zat, zorgde voor licht op de eerste verdieping. Daarnaast was de voordeur zo beter beschermd tegen de regen – anders hadden er druppels op kunnen vallen vanaf het dak. En bij een brand zorgde de gevel ervoor dat er geen brandend riet naar beneden viel. Waar de eerste gevels gewoon halfronde onderbrekingen van het rieten dak waren, werd de stijl door de jaren heen steeds verfijnder. Europese stukadoors en Aziatische kunstenaars creëerden samen steeds gracieuzere gevels.

De huizen van de eerste kolonisten uit Nederland pasten goed in het mediterrane klimaat van de Kaap: de dikke, gepleisterde muren zorgden ervoor dat de temperatuur binnen constant bleef – het was er 's zomers koel en 's winters, met dank aan de open haarden, behaaglijk warm. De blauwdrukken van de huizen veschillen: er zijn I-, U-, L-, T-, TT- en H-vormen. Wel hebben ze alle een grote *voorkamer,* zoals de royale entree heet. De deuren bestaan bijna altijd uit twee delen. Enerzijds om het vee te verhinderen in huis te komen, anderzijds om wel licht en lucht door de bovenste, geopende deurhelft naar binnen te laten stromen.

Art deco

Naast Kaap-Hollandse gebouwen bevinden zich in Kaapstad een paar erg mooie voorbeelden van art-decoarchitectuur – een stijlrichting die Zuid-Afrikaanse architecten leerden kennen in de Verenigde Staten. Een prachtig voorbeeld hiervan is het oude postkantoor (General Post Office) in Darling Street. Het werd tussen 1938 en 1940 gebouwd uit Transvaal- en Kaapgraniet. Ertegenover staat het in de jaren 30 gebouwde Old Mutual Building, dat enigszins doet denken aan het beroemde Chrysler Building in New York. Grote sculpturen stellen de geschiedenis, flora, fauna en inwoners van Zuid-Afrika voor. Alleen de begane grond is geopend voor het publiek, maar daar is genoeg moois te zien. Een juweel van art-decoarchitectuur is het gebouw van Muller & Sons Optometrists met zijn chromen elementen. De grootste concentratie art-decogebouwen vindt u rond Greenmarket Square (zie blz. 104).

Art deco is de voor architectuurliefhebbers interessantste en aantrekkelijkste bouwstijl in Kaapstad. De laatste jaren is er een duidelijke trek terug de stad in gekomen. Dat heeft ertoe geleid dat veel art-decopareltjes prachtig worden opgeknapt om er zeer luxueuze appartementen van te maken. Een goed voorbeeld hiervan is het eerder genoemde Mutual-Heights-gebouw op Darling Street, het mooiste art-decogebouw van Afrika. De woningen in het voormalige bankgebouw met de indrukwekkende marmeren hal behoren tot de duurste van de stad. Een ander mooi voorbeeld, dat makkelijk te missen is, is het Holyrood-appartementencomplex op Queen Victoria Street.

Moderne architectuur

Een aantal van de wolkenkrabbers die de laatste jaren zijn gebouwd in Kaapstad kunnen met hun glimmende gevels prima wedijveren met die in Amerikaanse steden. Bij nieuwe grote bouwprojecten wordt getracht een en ander in te passen in de omgeving. Dat is bij bijvoorbeeld het Table Bay Hotel (victoriaanse pracht) aan de Waterfront of het Victoria Junction Hotel (koel industrieel) in Green Point erg goed gelukt. Een geniale combinatie van historisch en modern is het Mandela-Rhodes-gebouw op de hoek van Wale Street en St. George's Mall.

Maar ook de typische bouwzonden uit de jaren 70 moeten hier besproken worden. Een van de lelijkste bouwdozen is het Golden Acre Centre in Adderley Street, dat bovendien een trend

Kaap-Hollands op z'n best

De mooiste voorbeelden van Kaap-Hollandse architectuur ziet u in de wijnlanden (Groot Constantia Manor House, zie blz. 163), Vergelegen Wine Estate, zie blz. 166), in Kaapstad (Old Town House, zie blz. 105), in Hout Bay (Kronendal Estate, tegenwoordig restaurant Kitima, zie blz. 154), in Stellenbosch (aan de historische Dorp Street, zie blz. 181), Lanzerac Wine Estate, zie blz. 182), in Prince Albert (langs Church Street, zie blz. 281) en in Swellendam (Drostdy en binnenstad, zie blz. 235).

Architectonisch hoogtepunt in Kaapstad: het Cape Town Stadium

heeft gezet door het leven van de straat te verschuiven naar neonverlichte shopping malls. Dit proces is gelukkig niet onomkeerbaar – op straat zijn weer vele venters actief. Andere voorbeelden van slechte architectuur zijn de Reserve Bank, de centrale bank met zijn blanke gevel, en het net zo monstrueuze, onpersoonlijke Civic Centre.

Cape Town Stadium

Een aantal andere nieuwe stedenbouwkundige projecten maken de stad nog aantrekkelijker. Nadat het land van de tijdens de apartheid platgewalste wijk Distric Six (zie Ontdekkingstocht blz. 98) aan zijn oorspronkelijke bewoners c.q. hun kinderen werd teruggegeven, zijn daar weer huizen in oude stijl gebouwd.

Sinds 2003 is er weer een verbinding tussen de City en de zee. Roggebaai Canal stroomt van het International Convention Centre naar de Victoria & Alfred Waterfront (hier varen taxiboten). De kunstmatige waterweg voert langs de chique Waterfront Marina met appartementen en een jachthaven vol jaloersmakend spul.

Veel van de historische gebouwen in de City zijn uitvoerig gerestaureerd en inmiddels omgetoverd tot luxueuze appartementen of chique hotels. Het Cape Town Stadium in stadsdeel Green Point, opgetrokken tussen de Atlantische Oceaan en de Tafelberg, kan met die laatste wedijveren om de toeristische aandacht. Het stadion werd gebouwd in slechts 33 maanden en kostte dik 4,4 miljard rand (een kleine 500 miljoen euro). Maar het is zijn geld meer dan waard. Wanneer het aan het eind van de dag in het kunstlicht baadt, ziet het bouwwerk er vanuit Signal Hill bezien uit als een ruimteschip dat net aan het opstijgen is. Het futuristische design is sinds het WK Voetbal van 2010 net zo beroemd als het operahuis van Sydney.

De beroemdste blanke Zuid-Afrikaanse is een man. De in 1945 in Kaapstad geboren Pieter-Dirk Uys (zijn vader is een Afrikaner, zijn moeder joods-Duits) is met zijn niet op haar mondje gevallen typetje Evita Bezuidenhout Zuid-Afrika's bekendste cabaretier geworden.

een blanke minderheid zonder enig gevoel voor humor.'

De absurditeit van de Zuid-Afrikaanse Homeland-politiek leidde ertoe dat Pieter-Dirk Uys Evita Bezuidenhout benoemde tot ambassadrice van het niet-bestaande Homeland Bapetikosweti.

Pieter-Dirk Uys – de bekendste cabaretier van het land

Hoe het allemaal begon

Tijdens de ergste periode van het apartheidsregime onttrok Uys zich aan de censuur door zich te transformeren in Evita, die verbaal flink tekeer ging op het podium. Evita zag aan het eind van de jaren 70 het levenslicht als columniste van de *Johannesburger Sunday Express*. In april 1981 werd ze een 'vrouw' van vlees en bloed. Uys plakte een setje nepwimpers op, liet zich flink toetakelen door een visagiste en zette een pruik op. Het publiek wilde steeds meer van hem/haar zien, dus de anti-apartheidscabaretier creëerde een familie voor haar: echtgenoot Hasi, een politicus van de National Party, en hun drie kinderen.

Ambassadrice

Het publiek verwelkomde de vele sneren naar het Boerenregime met veel enthousiasme. Uys noemde de leden van de National Party zijn scriptschrijvers: 'Ze hebben me meer materiaal geleverd dan ik ooit zelf had kunnen bedenken. Die geen enkel normaal mens had kunnen bedenken. Ik was gezegend met

Humor als sterkste wapen

Gaandeweg werd Evita ook beroemd buiten de grenzen van Zuid-Afrika. Pieter-Dirk Uys reisde met haar naar Australië, Europa en de Verenigde Staten.

Sinds de democratische renaissance van Zuid-Afrika neemt Uys de nieuwe ANC-regering op de hak. Ook president Nelson Mandela was een groot fan van Evita. Hij heeft haar zelfs vereeuwigd in zijn autobiografie *De lange weg naar de vrijheid*. De cabaretier vindt dat humor Zuid-Afrika zal helpen zich los te maken van de stank van apartheid: 'We hebben ons zo lang afgezonderd van elkaar ontwikkeld, dat het nog zeker honderd jaar zal duren voor we de rest van de mensheid ontdekken. Maar er is een kortere weg naar verlossing: humor.'

Uys kreeg in 1997 een eredoctoraat van de Rhodes University in Kaapstad. Hij woont in het plaatsje Darling aan de westkust, waar hij zijn eigen theater heeft (zie Tip blz. 195). Daarnaast treedt hij regelmatig op in Kaapstads Artscape Theatre en in het amfitheater van Spier Wine Estate in Stellenbosch.

Evita Bezuidenhout

83

Onderweg in Kaapstad en de Kaap

Aan de Victoria & Alfred Waterfront

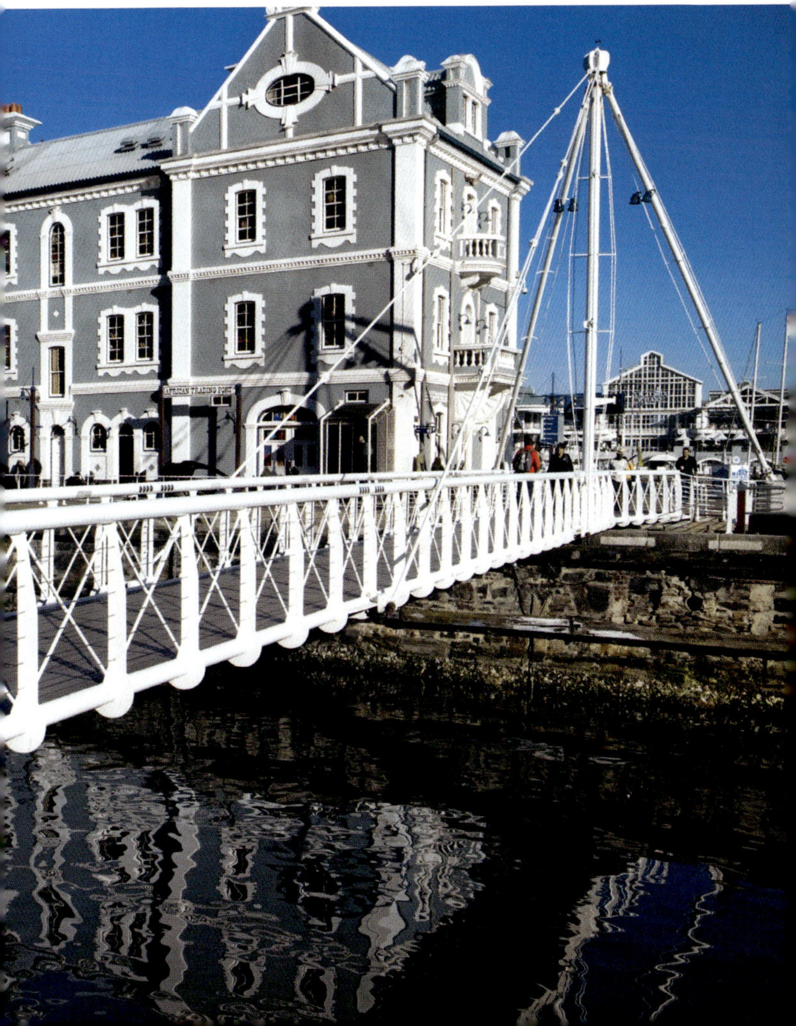
AFRICAN TRADING POST

IN EEN OOGOPSLAG

Kaapstad

Hoogtepunten ✸

Victoria & Alfred Waterfront: de voorheen vervallen haven is al jarenlang een van de grootste publiekstrekkers van Zuid-Afrika. Dat heeft er voornamelijk mee te maken dat dit geen openluchtmuseum is, maar een *working harbour* – een levendige haven. Zie blz. 106

Tafelberg: het symbool van Kaapstad steekt meer dan 1000 m boven de Mother City uit en het bijbehorende nationale park begint al in de stad. Het uitzicht vanaf de top is prachtig, vooral in het laatste licht van de dag. Zie blz. 112

Op ontdekkingsreis

District Six – op bezoek in een weggevaagd stadsdeel: Kaapstads eerste multiculturele woonwijk was de apartheidsregering een doorn in het oog en moest worden vernietigd. Tijdens een rondleiding met een gids door District Six en het bijbehorende museum 15 komt het gebied weer tot leven. Zie blz. 98

Table Mountain – meer dan alleen een berg: vanaf de Kirstenbosch Botanical Gardens voert een prachtige wandelroute door de Plattekloof Gorge naar de Tafelberg en terug. Zie blz. 114

Cape Town, Jazz Town – een jazztour door de stad: net als in New Orleans zit jazz in het Kaapstadse DNA. Een bezoek aan een jazzclub is dus een must. Zie blz 132

Bezienswaardigheden

The Gardens: de voormalige groentetuin van de eerste kolonisten op de Kaap is tegenwoordig een romantische oase midden in de stad. **1** Zie blz. 90

Slave Lodge: In het op een na oudste gebouw van Kaapstad woonden vroeger de slaven van de Kaapkolonie. Nu is er een interessant cultuurmuseum in gevestigd. **12** Zie blz. 96

Actief onderweg

Wandelen op de Lion's Head: de karakteristieke top ligt recht tegenover de Tafelberg. De wandeling naar de top is niet zo inspannend, maar biedt grandioze uitzichten. Zie blz. 113 en 120

Duiken met haaien: in het Two Oceans Aquarium in de Waterfront kunnen heldhaftige toeristen de fascinerende schepsels van dichtbij bekijken. **30** Zie blz. 130

Georganiseerde Townshiptour: beleef de andere kant van Kaapstad. Zie blz. 131

Sfeervol genieten

Cool logeren in het Protea Hotel Fire & Ice. Hippe aankleding en lekkere milkshakes en hamburgers. **6** Zie blz. 117

De beste espressobars: bij Tribe Coffee **20**, Origin **23**, een filiaal van Vida e Caffe, Truth Coffeecult **24**, Giovanni's **25** en Espresso Lab Microroasters **30** komen koffieliefhebbers aan hun trekken. Zie blz. 123

Uitgaan

Club 31: zijn ligging op de 31e verdieping is het *unique selling point* van deze club, maar ook met zijn interieur maakt Club 31 indruk. **4** Zie blz. 134

Shimmy Beach Club: hier komt chic Kaapstad bij elkaar, direct aan zee tussen de Waterfront en de haven. Eigen strand, cool zwembad, uitzicht op de Tafelberg en een uitstekend restaurant. **9** Zie blz. 134

De meest opwindende stad van Afrika

De oudste stad van Afrika behoort tot de mooiste ter wereld. Schertsend wordt weleens gezegd dat Afrika's meest zuidelijke metropool Mother City heet omdat alles hier negen maanden duurt. Een ironische, maar treffende beschrijving van de volksaard. Capetonians zijn relaxed, *laid-back*, zoals ze in het Engels zeggen. Zo laid-back zelfs – letterlijk 'achterover geleund' – dat ze bijna liggen, aldus criticasters uit industrieprovincie Gauteng, waarin de grote steden Johannesburg en Pretoria (Tshwane) liggen.

In Gauteng in het noorden wordt gewerkt, terwijl in Kaapstad wordt geleefd. De stad heeft circa 3,5 miljoen inwoners, maar slechts een paar ervan, zo lijkt het althans, werken op vrijdag tot 17 uur. De rest vleit zich, na een lange lunch met flink wat wijn, al vroeg in de middag op het strand neer. Wie in de stad blijft en nog even naar de winkel wil, stuit regelmatig op gesloten deuren waarop een bordje hangt met de tekst *'Gone fishing'*, het Kaapse synoniem voor 'geen zin meer'. Zuidelijke siëstasfeer in combinatie met de Afrikaanse benadering van tijd. Dat er in Kaapstad toch nog zo veel eersteklas restaurants zijn, en tophotels, is eigenlijk een wonder.

De bruisende metropool Kaapstad is Afrika's opwindendste en hipste stad. Capetonians weten dat ze in een van de mooiste steden ter wereld wonen – een houding die door Zuid-Afrikanen uit andere streken vaak wordt gezien als arrogant. Hedonisme is hier een *way of life*, en die sfeer is aanstekelijk – vooral Europese toeristen worden erdoor geïnfecteerd. Ze vinden hier ondanks de exotische sfeer een cultuur die te vergelijken is met de hunne, een ongelooflijke kwaliteit van leven, grandioze landschappen en een aangenaam subtropisch klimaat. Geen wonder dat tienduizenden van hen hier de laatste decennia zijn blijven hangen, en inmiddels bijdragen aan de culturele mix van de stad.

Nog iets over de bijzondere relatie die Zuid-Afrikanen hebben met de tijd. *Just now* en *now now* zijn twee tijdsaanduidingen die vrij vertaald 'straks' en 'binnenkort' betekenen, maar dat kan in de praktijk alles tussen twee uur en twee weken zijn. *In a minute* kan een hele dag beslaan – als iemand *'He's just gone out for a minute'* zegt, komt de betreffende persoon vandaag waarschijnlijk niet meer terug. Toch zijn de Zuid-Afrikanen verrassend punctueel, al zijn *dinner partys* in Kaapstad een bekende uitzondering op die regel. Aanbellen op precies de afgesproken tijd, is niet cool. De gastheer/-dame staat dan meestal nog onder de douche, de groente moet nog worden gesneden. Is het etentje eenmaal begonnen, dan zijn de favoriete gespreksonderwerpen sport (hoe slecht de Zuid-Afrikaanse ploegen zijn en wiens schuld dat is), televisie (wat er is gebeurd in de laatste aflevering van *Masterchef South Africa* of *Survivor*), criminaliteit (dat het steeds erger wordt), seks (wie doet het met wie, hoe vaak en op welke manier), politiek (waarom een sterke of juist zwakke oppositie noodzakelijk is en hoeveel vrouwen en kinderen president Jacob Zuma echt heeft), corruptie (veel Zuid-Afrikanen klagen erover, om in één adem te bespreken hoe je de verzekeringsmaatschappij kunt bedonderen) en emigratie (wie waar is gaan wonen en waarom).

Zuid-Afrika is wereldkampioen feestdagen, in elk geval wat betreft het aantal ervan. Bovendien gaat een feestdag hier nooit 'verloren'; als er een valt op een zaterdag of zondag, is de maandag erop een vrije dag. In Zuid-Afrika, en vooral in Kaapstad, wordt woensdag vaak gezien als 'kleine zaterdag', wat donderdag vanzelf 'kleine zondag' maakt. Dat laatste betekent dat veel Capetonians die dag met een kater naar hun werk gaan. Of helemaal niet.

Sinds zuidelijk Afrika werd ontdekt, keken zeelui reikhalzend uit naar de dag dat ze de Tafelberg zouden zien opdoemen. Voor hen was het een soort enorm reclamebord dat riep: 'Hier moet je zijn, hier word je met open armen ontvangen!'

Nog steeds is de zich een kilometer boven de stad uit verheffende Tafelberg een 'uithangbord' voor bezoekers, een altijd zichtbaar oriëntatiepunt. De eerste gouverneur van de Kaap, Jan van Riebeeck, landde in 1652 na 104 dagen op zee in de Tafelbaai met drie schepen: Goede Hoop, Dromedaris en Reiger. In het dal aan de voet van de Tafelberg plantte hij groente, dreef hij vee van de Khoi-nomaden en bouwde hij een ziekenhuis (Van Riebeeck was van huis uit chirurg), de fundamenten van de vesting en een scheepsdok. Bovendien was hij de eerste wijnboer van Zuid-Afrika.

Uit de kleine groentetuin ontstond een bruisende metropool: de moederstad, Mother City, van Zuid-Afrika. Waar vroeger kruiden en bieten groeiden, ligt nu Kaapstads groene long, The Gardens – het historische hart van de

INFO

Kaart: ▶ B 5 en kaart 3

Info

Cape Town Tourism: City Centre Visitor Centre, The Pinnacle, hoek Burg/Castle St., tel. 086 132 22 23, www.capetown.travel, oktober-maart ma.-vr. 8-18, za. 8.30-14, zo. 9-13 uur, april-september ma.-vr. 8-17.30, za. 8.30-13, zo. 9-13 uur. Zeer vriendelijke service; u kunt hier ook terecht voor accommodatie en eventueel een huurauto. Veel informatie over Kaapstad en omgeving, internetcafé, souvenirshop, boekingen voor nationale parken.

Reis en vervoer

Om van Kaapstad naar andere grote steden in Zuid-Afrika te reizen, kunt u het best het vliegtuig nemen. Goedkoop, maar ook veel langzamer, zijn de comfortabele bussen en treinen (een eersteklaskaartje wordt aanbevolen). In Kaapstad kunt u prima reizen op het nieuwe stadsbusnet van MyCiti (zie Tip blz. 24). Reizen met de trein is in de stad en omgeving niet aanbevelenswaardig vanwege de grote kans op ongevallen en overvallen. Gezien de lage prijzen is het handig en verstandig tijdens uw verblijf een auto te huren.

Informatiecentra Waterfront

In het winkelcomplex van de Victoria Wharf zijn twee infokiosken. Daar kunt u onder andere terecht voor de gratis *visitor's guide* met een uitstekende plattegrond.

Informatiecentrum Townships

Sivuyile Tourism Centre: hoek NY 1 en NY 4, tel. 021 637 84 49. Bij het toeristenkantoor in Gugulethu kunt u terecht voor allerhande informatie over de townships. Daarnaast is er een groot aanbod kunstnijverheid uit de townships.

stad en een goed startpunt van een wandeling door de City. Hiervoor moet u, zeker als u alle musea en bezienswaardigheden wilt zien, op z'n minst twee dagen uittrekken.

Wandeling door de historische City

The Gardens 1

Entree op de plek waar Adderley St. overgaat in Government Av.

Op zoek naar rust in de bruisende stad? Ga dan naar The Gardens, de tuinen. Op een steenworp afstand van de drukke Adderley Street hoort u hier vogels zingen en fonteinen kabbelen, en kunt u de hitte ontvluchten op een van de grasvelden, in de schaduw van machtige eiken. De grijsbruine, tamme eekhoorntjes die graag uit de handen van bezoekers eten, zijn overigens geen echte Zuid-Afrikanen. Cecil Rhodes, de voormalige Kaappremier, zakenman, diamantmagnaat en visionair (hij wilde de Engelse kolonie uitbreiden van Kaapstad tot Caïro), bracht eind 19e eeuw een paartje van de oorspronkelijk uit Amerika stammende knaagdieren mee. Inmiddels horen de *grey squirrels* tot de vaste bewoners van de bossen van de Kaap. En de beestjes kunnen letterlijk opkijken naar hun 'vader' – in de Gardens staat sinds 1909 een **bronzen beeld** van Rhodes, de rechterarm verlangend naar het noorden uitgestrekt, met eronder de tekst *'Your hinterland lies there'.*

in de tijd van Van Riebeeck heette het park de Company's Garden. Een klein deel ervan wordt nog steeds zo genoemd. Hier werd door de Vereenigde Oostindische Compagnie groente en fruit gekweekt om de zeelui die op weg waren van of naar Indië te voorzien van de nodige vitaminen. Tegenwoordig worden hier geen augurken en wortels meer gekweekt, maar ziet u netjes aangeharkte bloemperken – een kleine botanische tuin midden in de stad. Een tuinman in vaste dienst zorgde voor stekjes, die later aan de eerste vrije burgers werden uitgedeeld om te planten op hun eigen grondgebied.

Iziko South African Museum en Planetarium 2

Museum: 25 Queen Victoria St., tel. 021 481 38 00, www.iziko.org.za/museums/south-african-museum, dag. 10-17 uur, 30 rand, kinderen 6-18 jaar 15 rand, op sommige feestdagen gratis entree; Planetarium: tel. 021 481 39 00, www.iziko.org.za/museums/planetarium, 40 kinderen 6-18 jaar 20 rand, dag. shows

Government Avenue voert door de Gardens naar Zuid-Afrika's oudste museum, het **Iziko South African Museum**, dat ook museumhaters absoluut niet moeten overslaan. Het museum kreeg grote bekendheid door zijn levensgrote, zeer omstreden modellen van Bosjesmannen. De figuren stonden in een kunstmatige Kalahariwoestijn en zagen er ongelooflijk levensecht uit. Dat laatste had er overigens alles mee te maken dat ze in 1911 op basis van gipsafdrukken van levende mensen waren vervaardigd – een feit dat in het verleden tot heel wat controverse leidde. De San-tentoonstelling is (onder andere om die reden) tegenwoordig niet meer toegankelijk; wat er uiteindelijk mee gaat gebeuren, is nog niet besloten. Erg indrukwekkend zijn de in een vier verdiepingen hoge ruimte hangende walvisskeletten en de bijbehorende soundtrack van walvisgeluiden.

In een bijgebouw zit het **Planetarium**, dat onder andere de sterrenhemel van het zuidelijk halfrond laat zien in een indrukwekkende voorstelling.

Wandeling door de historische City

Imposante walvisskeletten in het Iziko South African Museum

Bertram House [3]

Hiddingh Campus, Orange St. (hoek Government Av.), tel. 021 424 93 81, www.iziko.org.za/museums/bertram-house, ma.-za. 10-17 uur, gratis entree

Als u Government Avenue verder volgt, ziet u na een paar meter rechts de ingang van Bertram House, dat tegenwoordig eveneens een museum is. In tegenstelling tot andere gebouwen uit de georgiaanse tijd is het huis niet gepleisterd, maar liggen de bakstenen gewoon bloot. Dat heeft ermee te maken dat de gebruikte bakstenen geïmporteerd werden, en niet zoals de kwalitatief inferieure Kaapse variant elk jaar opnieuw gepleisterd moesten (en moeten) worden. De geschiedenis van het Britse stadhuis gaat terug tot het jaar 1794, toen de VOC de grond overdroeg aan ene Andreas Momsen. Het exacte bouwjaar van het huis kan niet worden vastgesteld, en of John Barker, die het tussen 1839 en 1854 in eigendom had, het ook liet bouwen, is onduidelijk. Wat we in elk geval wel weten, is dat hij het huis ter ere van zijn in 1838 gestorven vrouw Ann Bertram Findlay Bertram House doopte. Door de jaren heen had het gebouw vele eigenaren, en de sporen van een kleine 200 jaar intensief gebruik waren goed te zien. In 1984 werd Bertram House dan ook vakkundig gerestaureerd en heropend als museum. Het mooiste in originele staat behouden element in het huis is het chique trappenhuis. In de kamers kwam Engels meubilair uit de tweede helft van de 18e eeuw te staan en kunt u zien hoe rijke Britten hier tweehonderd jaar geleden leefden.

Loop door de heerlijk geurende kruidentuin weer verder over Government Avenue, waar links de imposante ingang van **The Gateways** opvalt, geflankeerd door twee gipsen leeuwen. Daarachter is een groot sportterrein. Het doel op het grasveld was in de victoriaanse tijd de ingang naar een vogel- en antilopenpark en een roofdierenvertrek. ▷ blz. 94

Strand Street

Detail map (inset):

- Buitengracht
- Castle Street
- Hout Street
- Loop Street / Long Street
- Castle Street
- Hout Street
- St. Georges Mall
- Shortmarket Street
- Longmarket
- Church Street
- Adderley St.
- Wale Street
- Dorp Street
- Leeuwen Street
- Pepper Street
- Keerom Street
- Queen Victoria Street
- Bloem Street
- Buiten Street
- Green Street
- Vredenburg Lane
- Orphan Street
- Bree Street
- New Church Street
- Dean St.
- Buitensingel
- The Gardens
- Government Ave
- Burg Street
- Church Street

0   100   200 m

Main map

- Beach Rd
- Cape Town Stadium
- Granger Bay Boulevard
- Portswood Road
- Victoria & Alfred Waterfront
- Basin
- GREEN POINT
- Helen Suzman Boulevard
- Upper Portswood Rd
- Vesperdene Rd
- Boundary Rd
- Ebenezer Rd
- Strand St
- Somerset
- De Smit St
- Napier St.
- Alfred St.
- Dixon St.
- Hudson St.
- Waterkant St.
- Strand St.
- Waterkant
- Longmarket St.
- Voetboog Rd
- Yusuf Dr.
- SCHOTSCHE KLOOF
- Wale St.
- Shortmarket St.
- Loop
- BO-KAAP
- Upper Bloem St.
- Buitengracht St.
- Longmarket St.
- Dorp St.
- Leeuwen St.
- Pepper St.
- Bloem St.
- Bree St.
- Buitensingel
- Wale
- Long
- Loop St.
- St. George (Krotoa)
- Queen Victoria Ave
- Government Ave
- Parliament St.
- The Gardens
- Leekloof Dr.
- Devonport Rd
- Carstens St.
- zie detailkaart
- Woodside Rd
- TAMBOERSKLOOF
- Tamboerskloof St.
- Belle Ombre Rd
- Warren Rd
- U. Buitengracht St.
- New Church St.
- Hastings St.
- Camp St.
- Kloof St.
- Wilkinson St.
- GARDENS
- Bay View Ave.
- St. Michael's Rd
- Orange
- Annandale
- Hatfield St.
- Dunkley St.
- St. Johns Rd
- Wandel St.

92

Kaapstad: City

Bezienswaardigheden

1. The Gardens
2. Iziko South African Museum en Planetarium
3. Bertram House
4. Dunkley Square
5. S. A. Jewish Museum
6. Great Synagogue
7. Cape Town Holocaust Centre
8. Iziko South African National Gallery
9. Rust en Vreugd Historic House and Garden
10. De Tuynhuys
11. Houses of Parliament
12. Slave Lodge
13. St. George's Cathedral
14. Groote Kerk
15. District Six Museum
16. Cape Technikon (Peninsula University of Technology/CPUT)
17. Cape Archives
18. Castle of Good Hope
19. City Hall
20. Trafalgar Place
21. Ruïne drinkwaterreservoir
22. Cape Town International Convention Centre
23. Koopmans-De Wet House
24. Bree Street
25. S. A. Slave Church Museum
26. Greenmarket Square
27. Old Town House
28. Auwal Mosque
29. Bo-Kaap Museum
30.-38. zie kaart blz. 108

Overnachten

1. Belmond Mount Nelson
2. Cape Heritage Hotel
3. The Westin Cape Town

▷ blz. 94

93

Kaapstad: City (vervolg legenda blz. 93)

- **4** Hotel Verde
- **5** The Grand Daddy & Airstream Trailer Park
- **6** Dysart Boutique Hotel
- **7** Victoria Junction
- **8** Protea Hotel Fire & Ice
- **9** Parker Cottage
- **10** Cactusberry Lodge
- **11** Daddy Long Legs Art Hotel
- **12** Urban Chic Boutique Hotel & Café
- **13** Fritz Hotel
- **14** Cape Victoria Guest House
- **15** Cat & Moose Backpackers
- **16**-**19** zie kaart blz. 108

Eten & drinken
- **1** Carne on Kloof
- **2** The Bombay Bicycle Club
- **3** Ocean Basket
- **4** Perseverance Tavern
- **5** Sababa
- **6** Royale Eatery & Kitchen
- **7** 95 Keerom
- **8** Beerhouse on Long
- **9** Jason's Bakery
- **10** Mama Africa Restaurant and Bar
- **11** Yours Truly
- **12** Bukhara
- **13** Café Mozart
- **14** Dear Me
- **15** Fork
- **16** La Parada
- **17** Gourmet Burger
- **18** Simply Asia
- **19** The Africa Café
- **20** Tribe Coffee
- **21** Biesmiellah
- **22** Noon Gun Tea Room
- **23** Origin Coffee Roasting
- **24** Truth Coffeecult
- **25** Giovanni's Deliworld
- **26** Bizerca Bistro
- **27** Sidewalk Café
- **28** The Test Kitchen
- **29** The Pot Luck Club & Gallery
- **30** Espresso Lab Microroasters
- **31**-**36** zie kaart blz. 108
- **37** Mzoli's
- **38** Igugu Le Africa
- **39** Eziko

Winkelen
- **1** Long Street
- **2** Pan African Market
- **3** Imagenius
- **4** African Music Store
- **5** African Image
- **6** Carrol Boyes Functional Art
- **7** Canal Walk
- **8**-**9** zie kaart blz. 108
- **10** Church Street Market
- **11** The Grand Parade
- **12** Cape Town Station
- **13** Neighbourgoods Market
- **14** Association for Visual Arts Metropolitan Gallery
- **15** Worldart
- **16** The Cape Gallery
- **17** Brundyn+

Uitgaan
- **1** The Waiting Room
- **2** The Dubliners
- **3** Chrome
- **4** Club 31
- **5** Straight no Chaser
- **6** Hanover Street Jazz Club/ Grand West Casino
- **7** Winchester Mansions
- **8** Club Fever
- **9** zie kaart blz. 108

De wijk Gardens

Aan de overkant is in Orange Street de indrukwekkende oprijlaan van het meer dan honderd jaar oude **Belmond Mount Nelson Hotel** **1** te zien – een in smetteloos wit geklede portier met een tropenhoed op zijn hoofd wijst gasten de weg in het art-decogebouw, dat als een roze paleis verrijst vanuit de groene omgeving.

We verlaten nu even het park en gaan door Annandale Road en Hatfield Street naar de wijk Gardens, waar vroeger geen huizen stonden, maar sla en spinazie groeide. **Wandel Street** voert naar de oude kern van het stadsdeel met mooie, kleurrijke victoriaanse rijtjeshuizen. Ook hier werd de laatste jaren flink gerenoveerd en openden classy cafés, exclusieve restaurants en stijlvolle guesthouses hun deuren. Vooral de revitalisering van **Dunkley Square** **4** is erg goed gelukt: een paar mooie hotels en cafés wachten in deze oase van rust met Zuid-Europese sfeer op gasten die op zoek zijn naar ontspanning. Hier

Wandeling door de historische City

maakt u overigens ook de meeste kans een parkeerplaats te vinden. Bent u met de auto onderweg, dan kan de wandeling het best hier beginnen.

S. A. Jewish Museum en Great Synagogue

88 Hatfield Rd., tel. 021 465 15 46, www.sajewishmuseum.co.za, zo.-do. 10-17, vr. 10-14 uur, 40 rand, kinderen tot 16 jaar 25 rand

Via Dunkley Street komt u weer terug in de Company's Garden. Bij het oversteken van de straat ziet u Zuid-Afrika's eerste en oudste synagoge, die in 1863 werd gebouwd en waar vanaf 1958 het oorspronkelijke Jewish Museum was ondergebracht. Sinds 1996 behoort dit oude deel bij het nieuwe, in 2000 geopende **South African Jewish museum** [5].

Het had niet veel gescheeld of de in 1905 opgetrokken **Great Synagogue** [6] was een wereldlijker plek geworden. Toen de hypotheek voor het rijkelijk versierde gebouw niet betaald kon worden, wilde de bank er een bioscoop van maken, maar uiteindelijk werd toch een geldschieter gevonden. De synagoge met zijn enorme koepel is zodoende tot op de dag van vandaag in gebruik bij de joodse gemeente van Kaapstad.

Cape Town Holocaust Centre [7]

Albow Centre, 88 Hatfield Rd., tel. 021 462 55 53, www.ctholocaust.co.za, zo.-do. 10-17, vr. 10-13 uur, gratis entree

Vlak bij zowel de oude sjoel als de Great Synagogue ligt het hightech interactieve Holocaust Centre, een van de meest indrukwekkende musea van het land. Het verhaalt over de geschiedenis van de Zuid-Afrikaanse Joden, die voornamelijk uit Litouwen kwamen. Op de begane grond is een Joodse sjtetl, een Litouws dorp nagebouwd.

Iziko South African National Gallery [8]

Government Av., tel. 021 467 46 60, www.iziko.org.za/museums/south-african-national-gallery, dag. 10-17 uur, 30 rand, kinderen 6-18 jaar 15 rand

Verder lopend in de richting van de City duikt aan uw linkerhand de **Iziko South African National Gallery** op, waar sinds het einde van apartheid ook werken van zwarte en couloured kunstenaars te zien zijn. Naargeestig stemmende olieverfschilderijen hangen hier naast verfrissende recyclingkunst uit de townships. De bonte schilderijen van de Ndebele komen net zo goed aan bod als kunstwerken van Xhosa, Zoeloe en andere Zuid-Afrikaanse volkeren. Er vinden ook regelmatig fototentoonstellingen plaats. Het leuke **Gallery Café** serveert drankjes en kleine gerechten, de **Gallery Shop** verkoopt ansichtkaarten en prints van geëxposeerd werk en township art en andere souvenirs.

Rust en Vreugd Historic House and Garden [9]

78 Buitenkant St., tel. 021 481 39 03, www.iziko.org.za/museums/rust-en-vreugd, ma.-vr. 10-17 uur, 20 rand, kinderen 6-18 jaar 10 rand

Een korte wandeling voert naar het in 1778 gebouwde **Rust en Vreugd Historic House and Garden**, een voorbeeld van de 'voordelen' van corruptie: als de koloniale ambtenaar Willem Boers namelijk niet zo druk bezig was geweest met het met gemeenschapsgeld vullen van zijn eigen zakken, had dit stadspaleis uit de 18e eeuw er niet gestaan. De architectuur werd beïnvloed door het werk van de jonge, getalenteerde Louis Thibault, die vol frisse ideeën uit Europa naar de Kaap kwam. De barokke versieringen van de ramen, deuren en balkons zien eruit als kleine suikertaartjes – werken van de Kaapse beeldhouwer Anton Anreith. Rust-en-Vreugd was een tijdje een school, maar herbergt nu een deel van de aquarelverzameling van de William Fehr Collection (het andere staat in het Castle of Good Hope). Interessant zijn vooral de oude aanzichten van Kaapstad.

De Tuynhuys en de Houses of Parliament

90 Plein St., bezoekersingang Parliament St., tel. 021 403 22 66 of 021 403 33 41, www.parliament.gov.za, tours@parliament.gov.za, rondleidingen: ma.-vr. 9-12 uur (op elk heel uur), gratis entree, een week van tevoren boeken, paspoort meenemen

De Zuid-Afrikaanse president resideert in het prachtig gerestaureerde **De Tuynhuys** 10, dat in 1680 werd gebouwd als lodge voor bezoekers die het Castle of Good Hope niet mochten betreden. Zijn huidige verschijningsvorm kreeg het in 1795.

De **Houses of Parliament** 11 ernaast zijn eveneens geopend voor het publiek. Buitenlandse toeristen moeten wel hun paspoort laten zien. De georganiseerde, gratis rondleidingen door het parlementsgebouw vinden het hele jaar door plaats.

Slave Lodge 12

hoek Adderley/Wale St., tel. 021 467 72 29, www.iziko.org.za/museums/slave-lodge, ma.-za. 10-17 uur, 30 rand, kinderen 6-18 jaar 15 rand

Wanneer u Adderley Street volgt richting de haven, stuit u op de **Slave Lodge**. Het op de Castle of Good Hope na oudste gebouw van Kaapstad, in 1679 opgetrokken, diende ooit als slavenkwartier van de Vereenigde Oostindische Compagnie. Tussen 1679 en 1811 verbleven in het huis tot zo'n duizend slaven tegelijk. De leefomstandigheden waren abominabel, en elk jaar stierf zo'n 20% van de bewoners. In het voorheen Cultural History Museum hetende gebouw wordt een deel van de geschiedenis van de Kaap geïllustreerd aan de hand van talrijke exposities. Erg interessant zijn de vroegere poststenen (*postal stones*), waaronder de eerste zeelui brieven achterlieten in de hoop dat ze zouden worden meegenomen door een schip dat de andere kant op voer. Boven op de stenen stond meestal de naam van het schip, de geplande route, vertrek- en aankomstdatum en de naam van de kapitein.

Een andere tentoonstelling laat de geschiedenis zien van de Zuid-Afrikaanse valuta en het postsysteem, met een interessante postzegelverzameling. Andere ruimten worden gevuld door antiek meubilair, glas, keramiek en wapentuig uit de hele wereld, muziekinstrumenten en speelgoed uit de vele landen waaruit naar de Kaap is geëmigreerd. Een archeologische afdeling toont Egyptische, Griekse en Romeinse artefacten, in de Japanse zaal ziet u een volledig uitgeruste samoeraikrijger en op de eerste verdieping kunt u in speciale, geklimatiseerde ruimtes historische gewaden bewonderen. Op de binnenplaats ten slotte ligt de gereconstrueerde grafsteen van Jan van Riebeeck.

St. George's Cathedral 13

5 Wale St., tel. 021 424 73 60, www.sgcathedral.co.za

Schuin tegenover de Slave Lodge staat **St. George's Cathedral**. Binnen in de in 1897 door de bekende Zuid-Afrikaanse architect Herbert Baker ontworpen anglicaanse kathedraal hangt dezelfde sfeer als in soortgelijke Europese kerken. Bisschopsgraven en met kaarsen versierde altaren versterken deze indruk. Dat de houten Madonna hier zwart is, is weer een reminder dat u zich in Afrika bevindt. Dat en het feit dat aartsbisschop en Nobelprijswinnaar Desmond Tutu hier telkens weer fel tegen de apartheidspolitiek predikte. Tutu stond bekend om zijn humor, waarmee hij de afstand tussen de Kerk en het volk verkleinde. Op een van de vele bonte T-shirts waarmee hij in de openbaarheid verscheen, stond '*Just call me Arch*' te lezen. Het is al moeilijk voor te stellen dat een Nederlandse aartsbisschop een T-shirt draagt, laat staan dat er zoiets als 'Noem mij maar Aarts' op gedrukt is. Kaapstads relaxte sfeer slaat dus ook over op de geestelijke macht.

Groote Kerk 14

43 Adderley St., tel. 021 422 05 69, www.grootekerk.org.za

Een andere belangrijke kerk bevindt zich onder het Cultural History Museum. De in 1841 gebouwde **Groote Kerk** is de hoofdvestiging van de Nederlands-hervormde Kerk en werd door de Afrikaners ooit de '*moeder van ons almal*' genoemd. De Groote Kerk is het oudste gebedshuis van het land en bestaat sinds 1841 in deze vorm, al stammen de kerktoren en andere elementen nog van de originele kerk uit 1704. Bezienswaardig zijn het door de Duitse beeldhouwer Anton Anreith handgesneden preekgestoelte met indrukwekkende leeuwenbeelden, het gewelfde houten plafond en de grafstenen die dienen als vloerbedekking.

Op het plein voor de kerk, **Church Square**, werden tot 1834 slaven van de ertegenover gelegen Slave Lodge onder een boom geveild. Een klein gedenkteken markeert de plek waar ooit de boom stond.

District Six Museum 15, CPUT 16

Zie Op ontdekkingsreis blz. 98.

Cape Archives 17

72 Roeland St., tel. 021 462 40 50, ma.-wo., vr. 8-16, do. 8-19 uur, bezichtiging mogelijk na aanmelding, gratis entree

Wie echt geïnteresseerd is in de geschiedenis van de Kaap, moet absoluut de **Cape Archives** bezoeken. Het archief heeft een omvangrijke ▷ blz. 102

Tip

Bijzondere stadsrondrit

Met de informatieve, twee uur durende stadsrondrit met de dubbeldekker van **City Sightseeing Cape Town** (www.citysightseeing.co.za, dagkaart online 160 rand, kinderen 5-17 jaar 90 rand, twee dagen 260 rand, kinderen 5-17 jaar 180 rand) krijgt u een uitstekende eerste indruk van wat er in Kaapstad allemaal te zien en te ondernemen is. U wordt rondgereden in nieuwe dubbeldekkers waarvan het bovenste dek open is. U kunt de hele rondrit in één keer doen of uitstappen en later weer instappen op een van de haltes van de **rode route** (onder andere Victoria & Alfred Waterfront, Clock Tower, Cape Town Tourism, Iziko South Africa Museum, Greenpoint, Castle of Good Hope, Gold Museum, Jewel Africa, Cableway, Camps Bay en Sea Point). De stadsrondrit kan ook telefonisch worden geboekt via tel. 021 511 60 00. Naast de rode is er ook een **blauwe route** met zeventien haltes, die rijdt naar de voorsteden en verder over het Kaaps Schiereiland tot Hout Bay. **Rikkis** (www.rikkis.co.za) onderhoudt een vloot nieuwe, ruime originele Londense taxi's, die telefonisch geboekt kunnen worden via tel. 086 174 55 47.

Op ontdekkingsreis

District Six – op bezoek in een weggevaagd stadsdeel

In tegenstelling tot de historische wijk Bo-Kaap werd Kaapstads zesde district, ten oosten van de binnenstad, tijdens het apartheidsregime met de grond gelijkgemaakt. In de wijk Woodstock, dat er destijds pal naast lag, geeft een aantal oude gebouwen een impressie van hoe District Six er ooit uit moet hebben gezien.

Kaart: zie blz. 92
Duur: museum ca. 30 min., rondleiding door de wijk 2,5 uur
Informatie: District Six Museum 15, 25a Buitenkant St., tel. 021 466 72 00, www.districtsix.co.za, ma. 9-14, di.-za. 9-16 uur, zo. na aanmelding, 30 rand. Interessant zijn de rondleidingen, die door een voormalige bewoner worden gegeven op de meeste zondagen. Op

tijd aanmelden, mimimale groepsgrootte 10 personen, 45 rand per persoon.

Kaapstads eerste multiculturele wijk

Het stadsdeel District Six ontstond in 1867 en was van oorsprong een levendige, multiculturele gemeenschap van bevrijde slaven, koop- en ambachtslieden, arbeiders en immigranten. Al aan het begin van de 20e eeuw kwam het tot de eerste gedwongen verhuizingen: in 1901 werden de zwarten uit het district verbannen. Toen later meer en meer wat vermogender bewoners naar andere wijken togen, verarmde en verpauperde District Six.

Politiek van gescheiden ontwikkeling

In 1966 verklaarde de apartheidsregering het kosmopolitische stadsdeel op grond van de *Group Area Act* van 1950 tot 'blank woongebied' en liet de bulldozers aanrukken. Het liberale leven in de wijk was de conservatieve Boeren een doorn in het oog. Vijftig jaar geleden werd in District Six namelijk al in de praktijk gebracht wat tegenwoordig in Kaapstad heel vanzelfsprekend is: de vredige co-existentie van verschillende bevolkingsgroepen. In 1982 was het gemeenschappelijke leven voorgoed voorbij. District Six was slechts een van de vele gebieden waaruit mensen op gewelddadige wijze uit hun thuis werden verdreven, omdat de wijk was toebedeeld aan een andere bevolkingsgroep. In totaal zijn er minstens 42 van zulke *areas* in en om Kaapstad.

In heel Zuid-Afrika werden tijdens de apartheid 3,5 miljoen mensen gedwongen te verhuizen. Alleen al in District Six moesten 70.000 mensen huis en haard verlaten, omdat de regering vond dat ze te dicht bij het witte Kaapstad woonden. Veel van hen kwamen terecht in Mitchell's Plain, de enorme, troosteloze sloppenwijk 30 km buiten de stad. Alleen kerken en moskeeën, alle vandaag de dag nog actief, bleven op de verder lege vlakte staan, als gedenktekens aan een andere tijd. De gebedshuizen neerhalen ging zelfs de verder meedogenloze machthebbers te ver – dat zou wel eens tot een revolte kunnen leiden.

De toenmalige regering rekende erop dat de sloop van District Six ongeveer 1 miljoen rand zou kosten en twee jaar zou duren. Maar aanhoudende protesten zorgden ervoor dat District Six pas na 16 jaar en 25 miljoen rand volledig leeg en platgewalst was. De regering doopte het gebied toen Zonnebloem, naar de ooit hier gelegen boerderij. Midden in het voormalige stadsdeel ontstond het plompe Cape Technikon (zie blz. 101), wat tegenwoordig de Cape Peninsula University of Technology is. Het braakliggende land rond de universiteitsgebouwen is nog steeds een monument van het onmenselijke beleid. Er liggen hier hele straten en oneindig veel herinneringen begraven.

District Six Museum 15

Deze worden weer tot leven gewekt in het District Six Museum, in 1994 eigenlijk bedoeld als tijdelijke tentoonstelling, maar uitgegroeid tot een van de interessantste musea van de stad. Hier hangen onder andere de 75 oude **straatnaamborden** van het gesloopte stadsdeel aan de muren – de man die als opdracht had ze allemaal in zee te gooien, heeft ze meer dan twintig jaar in zijn huis verstopt.

Een hoogtepunt van het museum is het **Memory Cloth** (herinneringsdoek) waarop voormalige bewoners van District Six mededelingen, nieuwtjes en persoonlijke herinneringen hebben geschreven. Het is meer dan 300 m lang en 'groeit' voortdurend. Op een ander doek kunnen bezoekers hun indrukken achterlaten. Prominente 'auteurs' zijn Al Gore, prinses (toen koningin) Beatrix, de koningin van Zweden, de Ierse president Mary Robinson en haar Zwitserse collega Cotti.

De **Photographic Collection** bestaat uit circa 8500 afdrukken, 1000 dia's en 4500 nagatieven. De foto's zijn tot honderd jaar oud en documenteren het proces van de gedwongen verhuizingen en de daarmee verband houdende persoonlijke tragedies. Familiefoto's geven intieme indrukken van hoe het leven toen was.

Het museum is veel meer dan een statische tentoonstelling. Het is een plek waar iets wat verloren is gegaan, weer levendig wordt. Voormalige bewoners van Distric Six wordt gevraagd herinneringen aan hun huizen en hun omgeving op te schrijven en in te voeren op een enorme **plattegrond** die op de grond is uitgespreid.

In het oude kerkgebouw spelen zich telkens weer hartverscheurende taferelen af en komen mooie, zij het diep treurige verhalen naar boven. Zoals dat van Dougie Erasmus. In 1949, de hoogtijdagen van de jazz, woonde hij in Windsor Street in District Six, waar hij ook zijn eerste band oprichtte, de in de hele stad bekende Latijns-Amerikaanse Copacabana Band. In 1978 werd Dougie gedwongen naar Mitchell's Plain te verhuizen en het huis waarin hij vanaf zijn geboorte woonde te verlaten. Het leven zo ver weg van de stad was niet eenvoudig, en Dougie werd taxichauffeur om te overleven. In juni 1995 nam Vincent Kolbe, een medeoprichter van het museum, stom toevallig Dougie's taxi naar zijn werk. Zo bracht hij de muzikant terug naar zijn oorsprong. In de kerk ging Dougie meteen naar de oude piano, ging zitten en speelde *They can't take that away from me*. Hij overleed niet veel later.

Of het verhaal van de oude mr. Petersen, wiens dochter hem op zijn 82e verjaardag meenam naar het museum. Ze liepen samen over de plattegrond op de vloer, en met zijn wandelstok wees hij het blok aan waar hij was geboren: Queen Anna's Place. Door emoties overmand kuste hij het kartonnen schaalmodel van een van de gebouwen: 'Wat een mooie plek was de National Cinema.'

Te voet door District Six

Misschien komt u in het museum de slanke, sierlijke man met de witte fez tegen, die er werkt. Hij heeft de gedwongen verhuizingen zelf meegemaakt en daarover een in de museumwinkel vekrijgbaar boek geschreven: *Noor's Story*. Noor Ebrahim is een moslim die in 1944 werd geboren op Caledon Street 247 in District Six. In tegenstelling tot veel andere verdrevenen had zijn familie genoeg geld om in 1975 een huis te kopen in Athlone, niet ver van de City, in plaats van naar de troosteloze, door wind gegeselde Cape Flats uit te moeten wijken. Noor biedt nu rondleidingen aan door District Six. Onderweg vertelt hij over zijn kindertijd in de multiculturele wijk. 'Het was er veilig, en we renden de Tafelberg op, waren 's nachts op pad en sliepen buiten. Iedereen kende elkaar.' – dat was lang geleden ...

De gids wijst naar lege plekken, naar zaken die in het niets zijn opgegaan: de voormalige **kraamkliniek**, de aan blanke Zuid-Afrikanen verkochte woonblokken van **Bloemhof**, en blokken die werden gesloopt om plaats te maken voor parkeergarages en een zwembad. Dan volgt braakliggend terrein. Enorme open vlaktes dure grond, vlak bij de binnenstad. De door de toenmalige regering verwachte populariteit van Bloemhof bleef uit. Blijkbaar wilde op dit oord van verdrijving en vernietiging niemand wonen – zelfs geen National Party-aanhangers.

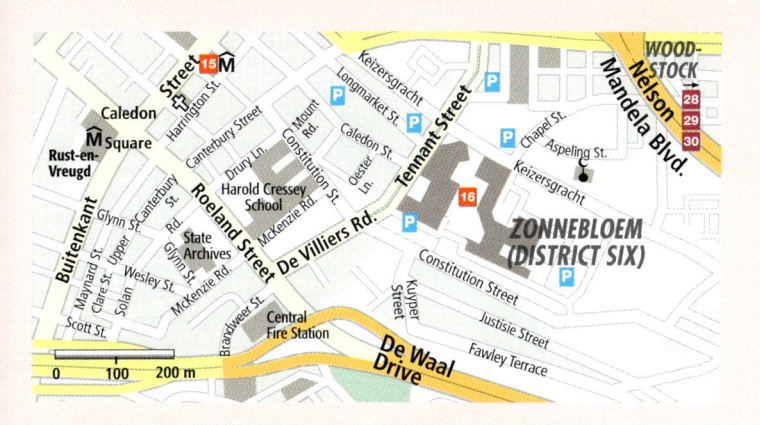

Hier en daar steken buitentrapjes of stukjes terras uit het groen naar boven. Een indrukwekkende **palm** staat eenzaam in het door gras overwoekerde puin. In 1948 brachten Mekkagangers zaden mee, die ze voor hun huis in de grond stopten. Het huis is verdwenen, de palm is nu een gedenkteken. De met kinderkopjes geplaveide **Richmond Street** gaat steil omhoog richting Tafelberg. Op een zwart-witfoto in het museum is de straat te zien, omzoomd door kleine huisjes met lieflijke gevels, de trottoirs vol flanerende mensen. Nu staat er geen enkel gebouw meer. Tussen de straatstenen woekert onkruid. De sfeer is die van het einde der tijden.

Dan doemt het terrein van **Cape Technikon** 16 op, dat tegenwoordig hoort bij de Cape Peninsula University of Technology (CPUT). Veel Zuid-Afrikanen weigerden mee te bouwen aan het Technikon, omdat het opgericht werd op door bloed doordrenkte aarde en er alleen blanke studenten mochten studeren. Hoewel iedereeen er tegenwoordig welkom is, is het gebouw nog steeds omstreden, niet in de laatste plaats omdat er hele straten onder begraven liggen – ook het huis van Noor. Caledon Street bestaat in het huidige Kaapstad nog steeds, maar nummer 247 van Noors familie niet meer.

Kerken en moskeeën werden nooit gesloten en hebben al die tijd gewoon hun diensten gehouden. Bezoekers zijn welkom.

De toekomst van District Six

Aan het slot van de rondleiding voert Noor ons door het onderste deel van District Six, tussen de **Keizersgracht**, voorheen Hanover Street, de drukke **Eastern Boulevard** en **Chapel Street**. Daar staan de eerste nieuwe huizen en wordt driftig gebouwd. Want in het jaar 2000 was het eindelijk zo ver. District Six werd officieel door de regering teruggegeven aan de oorspronkelijke bewoners of hun kinderen. En na jarenlange bureaucratische vertraging werden in 2007 de eerste, sterk gesubsidieerde huizen gebouwd. Tientallen Zuid-Afrikanen wonen nu weer in hun oude wijk. De wachtlijst voor mensen die terug willen, is met meer dan 12.000 namen erg lang. Ook Noor staat erop. Samen met hem hopen duizenden mensen ooit terug te kunnen keren naar hun *roots*.

verzameling documentatie en foto's, die teruggaan tot de begintijd van Kaapstad. U ziet hier onder meer brieven van Jan van Riebeeck en koopcontracten van Simon van der Stel.

Castle of Good Hope 18
Hoek Darling/Castle St., tel. 021 787 12 49, dag. 9-16, rondleidingen ma.-za. 11, 12, 14 uur, 30 rand, kinderen 5-16 jaar 15 rand

We blijven bij de begintijd van Kaapstad. Het **Castle of Good Hope** is het oudste gebouw van Zuid-Afrika. Jan van Riebeecks eerste fort stond echter een stukje ten westen van de huidige stenen constructie, die tussen 1666 en 1679 werd opgetrokken. De indrukwekkende vesting heeft nooit een aanval hoeven afwenden, hoewel ze meer dan goed op die taak was voorbereid. De pentagonconstructie met bastions aan elk van de vijf hoeken is typisch voor Nederlandse vestingwerken uit de 17e eeuw. De soldaten konden zo elke meter van de buitenmuur in de gaten houden. De wachttorens werden vernoemd naar de hoofdtitels van de prins van Oranje: Nassau, Oranje, Leerdam, Buren en Catzenellenbogen. Kort nadat het kasteel klaar was, liet gouverneur Simon van der Stel de ingang aan de zeekant sluiten, omdat de golven tijdens de stormvloed steeds weer tot de poort en zelfs het gebouw in kwamen. De nieuwe hoofdingang, die nog steeds in gebruik is, werd de zijpoort tussen de bastions Buren en Leerdam.

In de vesting zijn drie musea ondergebracht. De **Good Hope Gallery**, een van de grootste kunstgaleries van Kaapstad, presenteert hedendaagse Zuid-Afrikaanse kunst. In het **Military Museum** kunnen wapen- en uniformliefhebbers hun ogen de kost geven. En de **William Fehr Collection** is een van Zuid-Afrika's belangrijkste openbaar toegankelijke kunstverzamelingen. De collectie is een erfenis van zakenman William Fehr (1892-1967) en omvat meubels, keramiek, metaalnijverheid, glas uit de periode tussen de 17e en 19e eeuw en Chinees porselein uit de 17e en 18e eeuw. De schilderijen en tekeningen zijn beroemd om hun portrettering van de begintijd van Kaapstad en brengen de manier van leven van de eerste kolonisten tot leven. De toegang tot de musea en tentoonstellingen is bij de entreeprijs van het kasteel inbegrepen, ze kunnen onafhankelijk van de vestingrondleiding worden bezocht (tel. 021 469 11 60, 021 462 37 51).

Het kasteel is tegenwoordig het lokale hoofdkwartier van het Zuid-Afrikaanse leger. De bezienswaardige **Changing of the Guards** (wisseling van de wacht) in uniformen die zijn gebaseerd op die van de historische ceremonie, vindt elke werkdag om 12 uur plaats, de **Key Ceremony** (sleuteloverdracht) om 10 en 12 uur.

City Hall en Trafalgar Place
Darling St., tel. 021 400 22 30

Ten westen van het kasteel, met de Tafelberg als prachtige achtergrond, staat de eveneens imposante **City Hall** 19. Het in 1905 gebouwde stadhuis is een indrukwekkende combinatie van Italiaanse renaissance en Brits-koloniale bouwstijl. Zeer bezienswaardig is de enorme marmeren trap in de ontvangsthal. In City Hall is de centrale bibliotheek gehuisvest, en op donderdag en zondag geeft het Cape Town Symphonic Orchestra er concerten (tel. 021 462 12 50 en 021 421 41 75).

De grote parkeerplaats voor het gebouw, de **Grand Parade** 11, was ooit Kaapstads militaire paradeplaats. Hier werd Nelson Mandela in 1990 met en na zijn vrijlating toegejuicht door een onvoorstelbare mensenmassa. En op dezelfde plek werd het Zuid-Afrikaanse rugbyteam in 2007 gehuldigd nadat het wereldkampioen was geworden in Frankrijk. Op woensdag en zaterdag vindt hier een rommelmarkt plaats.

Bloemverkopers stallen hun waar al generatieslang uit in de altijd sterk naar bloesem ruikende **Trafalgar Place** 20, een smalle doorgang naar Adderley Street. In lelijke cementen troggen staan prachtige, kleurrijke bloemen, goedkoper dan waar ook in Kaapstad. Luid kletsend en charmant lachend lukt het de coloureds om bijna iedereen een boeketje te verkopen.

Op de begane grond van het **Golden Acre Shopping Centre**, een groot, lelijk winkelcentrum in Adderley Street, kunt u door een glazen paneel de bij de bouw ontdekte **ruïne van een drinkwaterreservoir** 21 bekijken. De uit het Duitse Dresden afkomstige Zacharias Wagner, opvolger van Jan van Riebeeck als gouverneur van de Kaap, liet het in 1663 bouwen.

Heerengracht Street

Op de plek waar Adderley Street overgaat in Heerengracht Street staan **Jan en Maria van Riebeeck in brons gegoten** – precies daar waar hij voor het eerst voet op Zuid-Afrikaanse bodem zette. Het land achter hun ruggen werd pas in de jaren 30 en 40 gewonnen. De oude haven met zijn kleine, mooie wandelpromenade en een strandje werden daarbij begraven. Op het voetgangersvriendelijke midden van de met palmen omzoomde Heerengracht Street kunt u lopen tot aan het congrescentrum, **Cape Town International Convention Centre** 22 (CTICC, 1 Lower Long St., tel. 021 410 50 00, www.cticc.co.za). Dit grootste congrescentrum van het zuidelijk halfrond heeft 20.000 m² tentoonstellingsruimte, een balzaal van 2000 m² en plek voor 600-1500 gedelegeerden. In het complex bevindt zich tevens het hotel **The Westin Cape Town** 2 met 483 kamers.

St. Georges Mall

Loop van het CTICC weer terug over de Heerengracht, sla rechts Riebeeck Street in en loop aan de overkant van de straat het met bakstenen geplaveide voetgangersgebied **St. Georges (Krotoa) Mall** in. Het 'marktstraatje', waar het altijd wemelt van de straatmuzikanten en -verkopers, loopt verder aan de overkant van Strand Street. Hier vindt u zowel de oude, statige gebouwen van de grote Zuid-Afrikaanse banken als kleine, gezellige cafés en winkelcentra, waarin alles te koop is wat uw hartje begeert. Het is leuk om even een blik te werpen in de etalage van dagblad Cape Argus, waar de beeldredacteuren de mooiste foto's van Kaapstad laten zien.

Koopmans-De Wet House 23

35 Strand St., tel. 021 481 39 35, www.iziko.org.za/museums/koopmans-de-wet-house, ma.-vr. 10-17 uur, 20 rand, kinderen 6-18 jaar 10 rand

In Strand Street, voor de landwinning daadwerkelijk de straat van het strand, is, ingeklemd tussen moderne gebouwen, een architectonisch hoogtepunt behouden gebleven: het in 1701 opgetrokken **Koopmans-De Wet House** met een van de elegantste gevels van de stad. Het vanbuiten zo klein lijkende gebouw blijkt aan de binnenkant behoorlijk ruim. De grote kamers met hoge plafonds zijn ingericht in laat-18e-eeuwse stijl. Zo leefden rijke, modebewuste stedelingen in de laatste jaren van het Nederlandse bewind – en toen nog met onbelemmerd zeezicht. Er hangen hier portretten en ansichtkaarten van Kaapstad, er staan Europese en Kaapse meubels (*stink- en yellowwood*), Duits en Nederlands glaswerk alsmede zeldzaam porselein. In dit huis woonde Maria Koopmans-De Wet (1838-1906), een vooraanstaand lid van de toenmalige high society, mecenas, Afrikaner-nationalist en politicus. Koopmans-De Wet werd onder huisarrest geplaatst toen ze protesteerde tegen de door de Britten opgetrokken concentratiekampen, waarin tijdens de Boerenoorlog duizenden Afrikanervrouwen en -kinderen omkwamen.

Bree Street 24

Informatie op www.first-thursdays.co.za

Deze parallel aan Long Street lopende straat heeft zich ontwikkeld tot hét uitgaansgebied. Hier is voor ieder wat wils, en op elke eerste donderdag van de maand barst de straat helemaal uit zijn voegen. Tientallen kunstgaleries zijn dan tot diep in de nacht geopend. In Bree Street kunt u dan kunst mooi combineren met het culinaire aanbod. Kom wel op tijd, want hoe later op de avond, hoe drukker het wordt – er komen duizenden mensen op de **First Thursdays** af.

S. A. Slave Church Museum 25

40 Long St., tel. 021 423 67 55, ma.-vr. 9-16 uur, gratis entree

Het **S. A. Slave Church Museum** zit in een missiekerk uit 1802, het oudste onaangepaste godshuis van Kaapstad. Het interieur is prachtvol, met galerijen van *yellowwood* en *stinkwood* die rusten op Ionische zuilen, een prachtige Chinese Chippendale-kansel, eiken banken, teakhouten balkons en een Duits Ladegast-orgel uit 1903. Bezoekers die dat kunnen en willen bespelen, zijn van harte uitgenodigd. De beide zuilen bij de ingang zijn gemaakt van een scheepsmast. Een kopie van het Nederlandse koopcontract hangt aan de rechter zuil. De vloer van de kerk is bedekt met de laatste stukken leisteen die uit de steengroeve op Robbeneiland werden gehaald. U kunt hier veel te weten komen over de geschiedenis van de missieposten van de Kaapprovincie.

Long Street 1

De meer dan driehonderd jaar oude **Long Street**, Kaapstads oudste straat, is één grote bezienswaardigheid. In de grotendeels gerestaureerde victoriaanse huizen, met smeedijzeren balustrades die aan New Orleans doen denken, zitten antiek- en rommelwinkels, restaurants, cafés, guesthouses, backpackershostels en prachtige boetiekhotels. U kunt de straat het best in zigzagpatroon doorlopen, om zo veel mogelijk van de mooie gevels te zien vanuit verschillende invalshoeken. Vele jaren geleden stond Long Street bekend als 'de oude hoer van Kaapstad' – hier woonden en werkten de dames van lichte zeden. Maar de tijden zijn veranderd en inmiddels stralen de prachtige historische gebouwen weer in hun weelderige pracht.

Greenmarket Square 26

De met kinderkopjes geplaveide Greenmarket Square is een van de mooiste pleinen van de stad en tegelijk een van de oudste. In 1834 werd hier de afschaffing van de slavernij aangekondigd. Behalve op zondag is hier dagelijks een kunstnijverheidsmarkt. Behalve voor *airport art* – goedkoop, en masse geproduceerde souvenirs – kunt u hier ook terecht voor originele 'schatten'. Oude hippies in wapperende gewaden en sandalen verkopen hun zelfgemaakte sieraden, verderop worden uit ijzerdraad gebogen auto's en motorfietsen aangeboden. Het ruikt naar wierookstokjes en *dagga,* de Zuid-Afrikaanse marihuana, in grote hoeveelheden geconsumeerd door Kaapstads rastagemeenschap, die ook regelmatig protesteren voor de legalisering van het bedwelmende kruid.

Wandeling door de historische City

Op Greenmarket Square

Parkeren is hier niet gratis en bovendien is de ruimte schaars. Hebt u uiteindelijk een plekje gevonden, dan komt meteen een geüniformeerde parkeerwacht naar u toe om af te rekenen. U moet hem of haar vertellen hoe lang u van plan bent te blijven en uw kenteken wordt na betaling genoteerd in de handcomputer.

Ook de *bergies*, Kaapstads tegenhangers van de Franse clochards, zijn dol op dit plein. U herkent ze aan hun winkelwagentjes, waar hun hele hebben en houden in zit. In hun gemeenschap bestaan geen rassen; aan de onderkant van de maatschappij leven blanken, coloureds en zwarten in harmonie samen.

Een rustpunt op de altijd bruisende Greenmarket Square is het in 1755 gebouwde **Old Town House** 27. In het voormalige politiestation is tegenwoordig de **Michaelis Collection** (tel. 021 481 39 33, www.iziko.org.za/museums/michaelis-collection-at-the-old-town-house, ma.-za. 10-17 uur, 20 rand, kinderen 6-18 jaar 10 rand) gevestigd, met Nederlandse en Vlaamse olieverfschilderijen. Idyllisch is het kleine tuinrestaurant op de binnenplaats. Vanaf het balkon op de eerste verdieping kunt u het reilen en zeilen op Greenmarket Square mooi in de gaten houden. Ook Kaapstads mooiste, rijkelijk versierde art-decogebouwen laten zich zo veel beter bewonderen dan van onderaf. Bijzonder prachtvol is het indrukwekkende **Shell-huis** (10 Greenmarket Square) met klassieke elementen, dat in twee periodes tussen 1929 en 1941 werd gebouwd. Tegenwoordig is het een hotel, Three Cities Inn on the Square. Schuin ertegenover staat het **Namaqua Building** (hoek Burg/Shortmarket St.), een mooi gerestaureerd hoekhuis met een zachtroze-beige voorgevel.

Loop via de 'antiekstraat' van Kaapstad, **Church Street** 10, terug naar Long Street, die eindigt bij het oude, gerestaureerde Turkse badhuis. Vanhier is het niet meer ver naar de Gardens, het eindpunt van deze Wandeling door de historische City.

Bo-Kaap

Bo-Kaap (Top Cape) strekt zich hoog boven de City uit tussen Signal Hill en Buitengracht Street. Het ene na het andere oude gebouw werd hier gerestaureerd of op stijlvolle wijze herbouwd.

Een paar passen verderop hebt u het gevoel terug te zijn in de begindagen van Kaapstad. Steile, smalle straten en steegjes met kinderkopjes voeren naar de moslimwijk. Net als het gesloopte District Six (Zie Op ontdekkingsreis blz. 98) was ook Bo-Kaap de blanke machthebbers tijdens de apartheid een doorn in het oog. Gelukkig zette monumentenzorg zich in voor het behoud van de wijk. Zo bleef een van de oudste (sinds 1780!) woonwijken van Kaapstad, met de mooie kleine huisjes en de moskee, behouden. Het eerste huis in Bo-Kaap werd in 1794 gekocht door een vrijgelaten slaaf. Een bijzonder pittoreske fotolocatie is het **Rose Corner Café**, een oude zaak tegenover het Bo-Kaap Museum.

Wanneer u de muezzin hoort roepen, terwijl u tussen vrouwen met hoofddoek en mannen met fez loopt, denkt u in een Arabisch land te zijn. Uit geopende ramen komt de geur van wierook u tegemoet, uit een andere richting een sterk koffiearoma. Een paar mannen liggen wild gebarend onder een opgekrikte auto. De mensen zijn vriendelijk, de meeste voordeuren staan open, buren kletsen met elkaar – het leven speelt zich hier op straat af.

De laatste jaren hebben steeds meer blanke, welgestelde Capetonians hun intrek genomen in het charmante, traditierijke Bo-Kaap. De toenemende 'yuppieficering' begint de oorspronkelijke bewoners van de wijk te verontrusten. Bo-Kaap kunt u, net als de townships, beter bezoeken middels een georganiseerde tour. Vraag ernaar bij de Tourist Information in Burg Street.

De **Auwal Mosque** 28 in Dorp Street is de oudste moskee van Zuid-Afrika.

Bo-Kaap Museum 29

71 Wale St., tel. 021 481 39 39, www.iziko.org.za/museums/bo-kaap-museum, ma.-za. 10-17 uur, 30 rand, kinderen 6-18 jaar 15 rand

Een wandeling door de wijk kunt u het best beginnen met een bezoek aan het **Bo-Kaap Museum**. In het gebouw uit de 18e eeuw ziet u hoe een welvarende moslimfamilie leefde in de 19e eeuw. Sommige bronnen vermelden dat het huis eigendom was van de Turkse leraar Abu Bakr Effendi, die naar de Kaap kwam om een geschil in de moslimgemeenschap te slechten. Effendi bezat wel een aantal huizen, maar dit was er niet een van. De ronde tafel in de woonkamer was echter wel degelijk ooit van hem – aan deze tafel moet hij hebben gezeten toen hij het eerste Afrikaanstalige boek schreef. In de kamer hangen geen schilderijen of foto's aan de wand – de islam verbiedt afbeeldingen van mensen of dieren. In een V-vormige houten standaard, een *koersie*, ligt een in leer gebonden koran. De slaapkamer is ingericht als bruidskamer. De traditionele hoofdbekleding van een moslimbruid is een *medora,* die bestaat uit een rijkelijk met gouden en zilveren borduursels versierde witte stof en wordt gedragen als een tulband. Onder het bed staan een paar traditionele houten sandalen, *Kaaparrangs* genoemd.

Victoria & Alfred Waterfront ✺

In tegenstelling tot wat velen dachten, was de Tafelbaai geen ideale natuurlijke haven. De wind uit het zuidoosten in de zomer was geen probleem, maar de stormen uit het noordwesten in de wintermaanden hadden vrij spel.

Victoria & Alfred Waterfront

Wale Street in het kleurrijke Bo-Kaap

Honderden schepen liepen averij op of werden compleet vernield, veel mensenlevens gingen verloren. Er was geen kade waar goederen konden worden gelost. Kleinere schepen haalden ze op en dragers, tot aan hun schouders in het koude water, moesten ze aan land tillen. De steiger die Jan van Riebeeck liet bouwen, werd tot ver in de 19e eeuw gebruikt.

Pas in 1860 legde prins Alfred, de tweede zoon van de Britse koningin Victoria, de fundering voor de meer dan een kilometer lange golfbreker. Een deel ervan is tegenwoordig rechts en links van de indrukwekkende entree van luxehotel **The Table Bay at the Waterfront** 17 te zien. De in 1870 voltooide, eerste beschermde haven van Kaapstad werd ter ere van de prins Alfred Basin genoemd. Zijn moeder kwam een paar decennia later ook aan bod: het tweede waterbekken kreeg in 1905 de naam Victoria Basin.

Verder naar het westen ligt achter het New Basin Zuid-Afrika's eerste 'zessterrenhotel', het One & Only van Sol Kerzner. Het prachtige wellnesscentrum ligt op een kunstmatig eiland in een kanaal dat met het Victoria Basin verbonden is. Hier bevinden zich ook de twee toprestaurants **Reuben's at the One and Only** 32 en **Nobu** 33.

Aan de andere kant, ten oosten van het historische waterbekken, bevinden zich de winkels en restaurants van het **Victoria Wharf Shopping Centre** 8, met afstand de bestbezochte toeristische attractie van Zuid-Afrika. Het werfkwartier is wereldwijd een van de succesvolste voorbeelden van een revitalisering van een oud havengebied. Elk

Victoria & Alfred Waterfont

Bezienswaardigheden
- **1**-**29** zie kaart blz. 92
- **30** Two Oceans Aquarium
- **31** Maritime Centre
- **32** Dock Road Complex
- **33** Nobel Square
- **34** Port Captain's Building
- **35** Nelson Mandela Gateway
- **36** Clock Tower
- **37** Chavonnes Battery
- **38** Waterfront Marina
- **39** Silo District

Overnachten
- **1**-**15** zie kaart blz. 92
- **16** Cape Grace Hotel

- **17** The Table Bay at the Waterfront
- **18** The Victoria and Alfred Hotel
- **19** The Breakwater Lodge

Eten & drinken
- **1**-**30** zie kaart blz. 92
- **31** Shoreline Café
- **32** Reuben's at the One & Only
- **33** Nobu
- **34** Harbour House
- **35** Balducci's
- **36** Ferryman's Tavern
- **37**-**39** zie kaart blz. 92

Winkelen
- **1**-**7** zie kaart blz. 92
- **8** The Victoria Wharf Shopping Centre
- **9** Vaughan Johnson's Wine & Cigar Shop
- **10**-**17** zie kaart blz. 92

Actief
- **1** Tafelbaai-excursie
- **2** Taxiboot Canal Cruise

Uitgaan
- **1**-**8** zie kaart blz. 92
- **9** Shimmy Beach Club & restaurant

weekend parkeren duizenden mensen hier hun auto om over de pieren en kades te wandelen. De gebouwen zijn tot in de kleinste details gerestaureerd of herbouwd in oude stijl. De Waterfront dijt steeds verder uit in de richting van Mouille Point en Sea Point, telkens worden weer nieuwe hotel- en restaurantprojecten uit de grond gestampt – steeds weer luxer en groter. De Waterfront is echter geen steriele plek die alleen voor toeristen is gebouwd. Vissersbootjes en plezierjachten leggen er nog steeds aan en in een gigantisch droogdok naast het beroemde **Cape Grace Hotel 16** worden nog steeds schepen onderhouden en geschilderd.

Sinds het WK van 2010 is de Waterfront direct verbonden met het Cape Town Stadium in Green Point. Zodoende is er nu een rechtstreekse verbinding tussen de City en de zee.

Two Oceans Aquarium 30

Victoria & Alfred Waterfront, Dock Rd., tel. 021 418 38 23, www.aquarium.co.za, dag. 9.30-18 uur, online/aan de kassa 135/150 rand, kinderen 14-17 jaar 100/110 rand, 4-13 jaar 65/70 rand, voedertijden: haaien zo. 15 uur, pinguïns dag. 11.45, 14.30 uur

In het Two Oceans Aquarium zwemmen op een oppervlakte van zo'n 4 km² ongeveer 3000 zeebewoners uit de Indische en Atlantische Oceanen – van zeepaardjes tot pinguïns. In de **I&J Predator Exhibit**, met 2 miljoen liter water de grootste tank in het complex (met 28 cm heeft het ook de dikste wanden), leven de roofdieren van de zee, zoals vijf *ragged tooth sharks* en een paar reuzemanta's. Durfals met duikervaring mogen samen met een instructeur of *shark tank* in, zie blz. 130. Dit kan uiteraard niet als de beesten worden gevoederd.

Andere diersoorten die het bekijken waard zijn, zijn de gigantische *giant spider crabs* uit Japan en een olifantsvis van de Zuid-Afrikaanse westkust. Fijnproevers zullen hun lippen aflikken bij het kreeftenaquarium.

Maritime Centre 31

Union-Castle House, Dock Rd., tel. 021 405 28 80, www.iziko.org.za/museums/maritime-centre, dag.

10-17 uur, 20 rand, kinderen 6-18 jaar 10 rand

In het **Maritime Centre** naast het Two Oceans Aquarium gaat het, zoals de naam al een beetje verraadt, om de maritieme geschiedenis van Kaapstad. De Tafelbaai-diorama's en de enorme verzameling modelschepen uit alle hoeken van Zuid-Afrika zijn leuk om te zien.

Dock Road Complex 32

In het **Dock Road Complex** begon ooit de industrialisering van Kaapstad: een deel ervan was een elektriciteitscentrale en lichtstation. Hier werden op 25 april 1882 de eerste elektrische lichten van Zuid-Afrika ingeschakeld, Kimberley volgde vier maanden later. De centrale zou in eerste instantie alleen de kades en loodsen verlichten, maar niet veel later werden ook het parlementsgebouw en Somerset Hospital aangesloten. Tegenwoordig bevindt zich hier op twee verdiepingen de **V&A Market on the Wharf** (tel. 021 276 02 00, www.waterfrontfoodmarket.com, juni-okt. dag. 10-17.30, nov.-mei dag. 10-19 uur, eind april-mei ma., di. gesl.). Behalve talloze standjes met heerlijke lekkernijen zijn er ook mooie souvenirs te koop, allemaal *Made in South Africa*, niet in China. Interessant zijn ook de regelmatig aangeboden kookcursussen in de **Demo Kitchen**. Op de website vindt u een actuele evenementenagenda en een lijst en uitgebreide beschrijving van de diverse kraampjes.

Nobel Square 33

Het plein tussen de V&A Market on the Wharf en het Victoria & Alfred Hotel heet sinds 16 december 2005 **Nobel Square**. Hier staan bronzen versies van vier beroemde Nobelprijswinnaars. De beelden zien er wat karikaturaal uit, her viertal lijkt dikker dan in het echt, maar toch maken bezoekers graag selfies met Zoeloevoorman Albert Luthuli, die in 1960 de prijs kreeg toegekend, met de coole aartsbisschop Desmond Tutu (1984), en met de twee ex-presidenten Frederik de Klerk en Nelson Mandela, die de prijs in 1993 tezamen kregen uitgereikt in Oslo.

Port Captain's Building 34

Het imposante, lichtblauwe **Port Captain's Building**, dat te zien is op de meeste Waterfront-foto's, was ooit het hoofdkwartier van de havenmeester.

De Waterfront met op de achtergrond de Tafelberg

Het mooie gebouw met de dubbele gevel werd gebouwd in 1904, in een tijd waarin de haven zich razendsnel ontwikkelde. In de Captain's Building zit nu de Victoria & Alfred Waterfront Company, de firma die verantwoordelijk is voor alle ontwikkelingen in de Waterfront.

De **Penny Ferry** transporteert al meer dan honderd jaar zeelui – tegenwoordig natuurlijk voornamelijk toeristen – in vier minuten van de Pierhead naar de South Quay, waar ook de draagvleugelboten naar Robbeneiland aanmeren. Wilt u niet met het veerpontje, dan kunt u de aanlegplaats ook bereiken via de 24 uur per dag bemande draaibrug over het kanaaltje. Bij de aanlegsteiger leeft een kolonie pelsrobben. U kunt de dieren hier van dichtbij bekijken.

Clocktower Precinct

Het Clocktower Precinct is een stijlvolle uitbreiding van de Waterfront, met restaurants, bars, winkels en de indrukwekkende **Nelson Mandela Gateway** 35. Hier leggen de toeristenboten aan voor de overtocht naar Robbeneiland (zie Op ontdekkingsreis blz. 196). Hier is ook een **museum**, dat verhaalt over het leven op het eiland in vroeger tijden.

Het centrum van het Precinct is sinds 2001 de achthoekige, in gotische stijl uitgevoerde **Clock Tower** 36, een van de oudste gebouwen van de haven. Voor hij zijn eigen stek kreeg in het Captain's Building was de havenmeester hier gevestigd. Het bouwwerk werd in 1882 voltooid en in 1997 op het nippertje gered van de sloophamer en mooi gerestaureerd. De klokkentoren werd in het kader van de uitverkiezing van Kaapstad tot Wereld Designhoofdstad in 2014 (www.wdccapetown2014.com) tijdelijk felgeel geschilderd – dat was voor de Capetonians wel even wennen.

Tijdens de bouwwerkzaamheden aan de klokkentoren werden in 1999 de kanonnen van de **Chavonnes Battery** 37 ontdekt, die deel uitmaken van de Nederlandse verdedigingslinie uit 1715. De geborgen kanonnen zijn ter plekke te bewonderen in een klein **museum** (www.chavonnesbattery.co.za, tel. 021 416 62 30, dag. 9-16 uur, 35 rand, kinderen 10-18 jaar 20 rand).

Waterfront Marina 38

Tegenover het aan drie kanten door water omgeven Cape Grace Hotel staat het exclusieve woongebied **Waterfront Marina**, waar een penthouse zo'n € 10 miljoen moet kosten. Van de particuliere aanlegsteiger kunnen de bewoners hetzij richting zee, hetzij met een taxiboot het **Roggebaai Canal** op richting Cape Town International Convention Centre. De Tafelbaai heette overigens in eerste instantie Roggebaai, naar de vissen die de Nederlandse zeelui zo veel zagen. De naam Tafelbaai is pas later in zwang geraakt.

Silo District 39

Met zijn 57 m was de graansilo na drie jaar bouwtijd bij zijn opening in 1924 het hoogste gebouw ten zuiden van de Sahara. Na bijna tachtig jaar in het industriële hart van Kaapstad werd de silo gesloten. Inmiddels is het het epicentrum van het coole nieuwe Silo District aan de Waterfront (www.siloblog.co.za).

Boven op het in september 2017 openende **Zeitz Museum of Contemporary Art Africa** zal min of meer tegelijkertijd het zes verdiepingen tellende hotel The Silo zijn deuren openen. De 28 kamers en het spectaculaire penthouse zullen alle een fantastisch uitzicht hebben. De Silo zal dan zeker het meest bijzondere hotel van de stad zijn (www.royal portfolio.com/the-silo/overview).

Townships

Tijdens een rit van de binnenstad van Kaapstad naar de Cape Flats, waar de zwarte en 'gekleurde' Zuid-Afrikanen wonen, rijdt u van de eerste naar de derde wereld. Wilt u de ambivalentie van het land van dichtbij meemaken, dan is een bezoek aan de 'andere kant' een must. Zo'n bezoek moet u beslist niet individueel afleggen, maar alleen met een professionele gids. Die *guide* kunt u boeken bij het toeristenbureau.

Athlone

Na het in werking treden van de *Group Areas Act* in 1950 en de sloop van District Six (zie Op ontdekkingsreis blz. 98) werd **Athlone** de eerste *Coloured Area* en tevens een belangrijk commercieel centrum. In 1985 werd het township een synoniem voor burgeroorlogachtige omstandigheden.

Tegenwoordig ziet u daar niets meer van. Door middel van veel *labour of love*, samenwerking in de hechte gemeenschap, worden oude gebouwen gerestaureerd. De bewoners hebben nu ook veel meer vertrouwen in de toekomst en zijn er zeker van dat ze nooit meer verdreven zullen worden. In de vroeger West London genaamde wijk vestigen zich sinds alle apartheidswetten zijn afgeschaft steeds meer 'blanke' bedrijven, gelokt door de koopkracht van de nieuwe middenklasse.

Rylands

In **Rylands** wonen vooral Indiërs en staan veel kleine zaakjes. Hindoes en moslims leven hier vreedzaam naast elkaar. Op het plein voor de moskee, in de schaduw van de hindoestaanse tempel, praat een groepje moslims met elkaar. Osman's Store for Spices, de kleine kruidenwinkel, zou ook ergens in India of Maleisië kunnen staan.

Gugulethu

In **Gugulethu** wonen voornamelijk Xhosa, die uit de voormalige homelands Transkei en Ciskei naar Kaapstad zijn gekomen op zoek naar werk. De naam Gugulethu komt uit hun taal en betekent 'onze trots'. De bewoners hebben voor het grootste deel vastgehouden aan hun tradities, wat soms zorgt voor bizarre taferelen. Bijvoorbeeld wanneer de jonge mannen na hun besnijdenis, op een lendedoek na naakt, volledig wit beschilderd, de drukke autoweg N 2 langs hun township aflopen. Een erfenis van de apartheid zijn de straatnaamaanduidingen NY 1, NY 2, NY 3, et cetera. NY staat voor Native Yard, wat zoveel betekent als 'inboorlingengebied'.

Hier heeft het huisvestingsprogramma van de regering zijn vruchten al afgeworpen: er zijn grote huizen gebouwd voor de zwarte middenklasse. De voorheen illegale particuliere bierketen, *shebeens* genoemd, hebben nu officiële licenties en heten *taverns*.

Crossroads

Het township **Crossroads** was met 500.000 in hutten zonder water, stroom en riolering ondergebrachte mensen ooit een enorme krottenwijk. En nog steeds zijn er duizenden 'huisjes' van golfplaten, oude straatnaamborden, houten planken en karton die, dicht op elkaar geplakt, de hete zomers en klamme winters van de Cape Flats moeten trotseren. Maar er zijn inmiddels ook straten geasfalteerd, de wijk wordt ontsloten door een aantal buslijnen, er is elektriciteit en stromend water en het afval wordt opgehaald. In Crossroads zijn, net als in andere township, steeds vaker buitenlandse organisaties betrokken bij woningbouwprogramma's.

Khayelitsha

Dit township is de 'gekleurde' tegenhanger van het zwarte Crossroads. Ook hier worden naast de *informal dwellings*, de tochtige golfplaathutten, permanente, stenen huizen gebouwd. Khayelitsha was ooit bedoeld voor 30.000 mensen, maar er wonen er intussen naar schatting 600.000.

Excursies

Tafelberg ✸ ▶ B 5

Kabelbaan: Table Mountain Aerial Cableway, Lower Cableway Station (u 3, D 8), Tafelberg Rd., www.tablemountain.net, tijden afhankelijk van seizoen, bij slecht weer kan de kabelbaan worden stopgezet, eerste rit bergop dag. 8, mei-15 sept. 8.30 uur, laatste rit bergaf tussen 18 en 21.30 (zie website), enkele reis 125 rand, kinderen 4-17 jaar 115 rand, retourtje 240 rand, kinderen 125 rand.

Het symbool van Kaapstad reikt meer dan 1000 m boven de City uit. Een prachtige foto van de Tafelberg maakt u van het Bloubergstrand. Met meer dan driehonderd routes naar boven is de berg een paradijs voor wandelaars (zie Op ontdekkingsreis blz. 114). U kunt het Tafelbergplateau echter ook per kabelbaan bereiken; boven kunt u dan een wandelroute volgen.

Lion's Head en Signal Hill ▶ B 5

Tegenover de Tafelberg liggen Lion's Head – de leeuwenkop – en Signal Hill.

Een prachtige wandeling voert van de top van **Lion's Head**, vanwaar u een geweldig uitzicht hebt (zie Favoriet blz. 120). Ook het uitzicht vanaf **Signal Hill** is de rit waard. Vanaf Kloof Nek rijdt u zo naar de 350 m hoge top, die u een panorama over de City, de Waterfront, Robbeneiland en de Tafelberg biedt. Tip: dit is de perfecte plek voor een sfeervolle *sundowner*!

Ook vanaf Signal Hill kunt u schitterende foto's maken van de Tafelberg. Als u een stukje terugloopt van het houten uitkijkplatform, hebt u daarnaast een mooi uitzicht op het nieuwe symbool van de stad, het Cape Town Stadium in Green Point.

Tip

Cab of Good Hope

Een bijzondere excursie: in een originele gele New Yorkse taxi over het Kaaps Schiereiland rijden, met een wijnproeverij met bijpassende hapjes op wijngoed Constantia Glen. De exclusieve dagtocht met een echte insider duurt zo'n 5 uur en kost € 395 voor twee personen en € 50 per extra persoon. Vooraf reserveren via tel. 082 343 32 29, www.lossis.com of Facebook (zoeken op 'Checker Cab of Good Hope').

Overnachten

Kaapstad heeft behalve klassieke luxehotels die u in elke grote stad vindt ook een hoop kleine, knusse guesthouses en bed & breakfasts, vaak in historische huizen. Meestal wonen de uitbaters in hetzelfde gebouw; zij kunnen u veel vertellen over de stad en het land en serveren uiteraard een lekker ontbijtje. Daarnaast zijn er in Kaapstad steeds meer zogenaamde boetiekhotels: kleine designhotels die door hun prachtige interieur vaak al een bezienswaardigheid op zich zijn.

... in de City/Gardens/Green Point/Tamboerskloof

De grote, oude dame – **Belmond Mount Nelson** **1**: 76 Orange St., Gardens, tel. 021 483 10 00, www.mountnelson.co.za, 2 pk met ontbijt vanaf 6000 rand. Kaapstads bekendste, meer dan honderd jaar oude tophotel. Art deco, zeer Engels (lees: zwaar) interieur.
Historisch – **Cape Heritage Hotel** **2**: 90 Bree St., Heritage Square, City, tel. 021 424 46 46, www.capeheritage.co.za, 2 pk met ontbijt vanaf 2390 rand. Aan de zuidelijke rand van Bo-Kaap op het stijlvol gerenoveerde Heritage Square. Elke van de zeventien kamers in het uit 1771 stammende gebouw is individueel ingericht.
Luxe met uitzicht – **The Westin Cape Town** **3**: Convention Square, Lower Long St., City, tel. 021 412 99 99, www.westincapetown.com, 2 pk met ontbijt vanaf 1990 rand. Vijfsterrenluxe in het Convention Centre aan de Foreshore. Vanuit bijna alle kamers hebt u een adembenemend uitzicht over Kaapstad, de Waterfront, de bergen en de haven. Op het dak zit een uitstekend wellnesscenter, Altira Spa.
Afrika's duurzaamste hotel – **Hotel Verde** **4**: Cape Town International Airport, 15 Michigan Street, tel. 021 380 55 00, www.hotelverde.co.za, 2 pk met ontbijt vanaf 1655 rand. Geen enkele Kaapstadbezoeker zou op het idee komen in de buurt van het vliegveld te overnachten, tenzij hij heeft gehoord van Hotel Verde. Het milieuvriendelijkste hotel van Afrika heeft al meerdere internationale 'groene' prijzen gewonnen. Het ziet er gelukkig niet al te biologisch uit, voor dit soort projecten is de term eco-chic ▷ blz. 117

Op ontdekkingsreis

De Tafelberg – hét symbool van Kaapstad

De Khoi, de oorspronkelijke bewoners van de Kaap, noemden het reusachtige, vlakke zandsteenmonument dat op imposante wijze boven de Tafelbaai uitsteekt Hoeri 'Kwaggo – zeeberg. In 1503 noemde de Portugese zeevaarder admiraal Antonio de Saldanha de berg Taboa do Cabo, en zo heet het meest herkenbare symbool van Kaapstad tot op de dag van vandaag: Table Mountain, Tafelberg.

Kaart: ▶ B 5
Planning: informatie over het weer, café/bistro, et cetera via tel. 021 424 81 81, www.tablemountain.net. Bereid uw bezoek goed voor! Neem warme kleren mee, een goede zaklamp, proviand, voldoende water en een goede kaart (Table Mountain, 150 rand, www.slingsbymaps.com). Zet in uw telefoon het nummer van de bergreddingsdienst (021 948 99 00) en van Table Mountain National Park (021 957 47 00). Dat laatste moet u bellen als u 'criminele activiteiten ziet', een brandje of een dier in nood.

Admiraal De Saldanha moest zich tijdens zijn eerste beklimming van de Tafelberg nog moeizaam een weg omhoog banen, maar tegenwoordig kunt u kiezen uit meer dan driehonderd routes naar de 1087 m hoge top – van een inspannende wandeling tot een uitdagende klimpartij

Het kan ook eenvoudiger: met de in 1929 gebouwde **kabelbaan** (zie blz. 112), die sinds zijn ingebruikname meer dan 18 miljoen passagiers naar boven en weer terug heeft getransporteerd. De twee ronde cabines, die onderweg één keer helemaal ronddraaien, bieden plek aan 65 passagiers en kunnen per uur zo'n 900 mensen vervoeren. Boven op de berg is een wandelroute uitgezet en als de hongerklop toeslaat, kunt u bijtanken in het Table Mountain Café. Dit opent de deuren om 8.30 uur, de keuken sluit een uur, het café een halfuur voor de laatste kabelbaanrit omlaag.

Het tafelkleed van de duivel

Het karakteristieke wolkendek op de Tafelberg, die doet denken aan overkokende melk, is een teken dat de beruchte Southeaster door de stad waait. De wolken komen opzetten vanaf de Atlantische Oceaan en lossen, wanneer ze de berg eenmaal gepasseerd zijn, weer op aan de warmere City-kant. Beide natuurfenomenen hebben een naam. De soms wel drie dagen ononderbroken waaiende zuidoostenwind heet *Cape Doctor*, omdat hij de smog uit de stad jaagt en die vervangt door frisse lucht. De dichte bewolking wordt door de Capetonians *Devil's Tablecloth* genoemd – het tafelkleed van de duivel. Volgens de legende heeft het fenomeen zijn oorsprong in een rookwedstrijdje tussen de duivel en een Nederlandse kolonist.

Gevaarlijke berg

Dat de stad zo dichtbij is, wil niet zeggen dat het beklimmen van de Tafelberg een eitje is. Elk jaar komen er weer mensen om die zich hebben laten verrassen door een plotselinge verslechtering van de weersomstandigheden. En dat ondanks een perfect functionerende bergreddingseenheid, het alleen uit vrijwilligers bestaande Wilderness Search and Rescue (WSAR, www.wsar.co.za). Komt er plots mist op, wacht dan absoluut tot die is opgetrokken. De Tafelberg wordt vaak onderschat en geldt om die reden als een van de gevaarlijkste bergen ter wereld – een op het eerste gezicht eenvoudige wandeling naar boven kan dramatisch eindigen.

Naast natuurlijke gevaren moet u op de vele wandelroutes op de Tafelberg, net als bij Lion's Head en Signal Hill, ook rekening houden met criminele elementen – waar toeristen zijn, zijn boeven. Er patrouilleren rangers en politieagenten in burger, maar wandel indien mogelijk niet alleen en let op uw spullen. En ziet u iets gebeuren, een overval bijvoorbeeld, bel dan meteen het in uw telefoon geprogrammeerde noodnummer.

Plattekloof-Gorge-wandeling

De meest directe route de Tafelberg op is ook de populairste, en een van de meest inspannendste – al noemen Capetonians hem op grond van zijn populariteit ook wel Adderley Street (een drukke straat in de City). De route is maar 3 km lang, maar afstand zegt niet alles; wie fit is, beklimt de berg via deze route in een uurtje, minder sportieve types doen drie uur over de wandeling.

Het pad is prima begaanbaar en gevuld met natuurlijke stenen trappen en rotsblokken om erosie te voorkomen. Om bij het beginpunt te komen, parkeert u uw auto bij de bewaakte **parkeerplaats** 1,5 km voorbij het dalstation van de kabelbaan. U kunt ook de bus pakken, die regelmatig vertrekt bij de tourist office in Burg Street. Het wandelpad begint eenvoudig, voert langs een paar bomen en een beekje, dat bij regen een razende rivier kan worden. Na 10-20 min. komt u bij de **Breakfast Rock** (ontbijtrots) op de kruising met het **Contour Path** (aangegeven). In de zomer is dit de laatste plek waar u nog wat schaduw kunt 'pakken' voor het bergopwaarts gaat.

Vervolgens gaat u links Contour Path op, zo'n 100 m op een erg rotsige ondergrond. Bij de volgende kruising gaat u rechts (duidelijk aangegeven). Vanaf hier gaat het erg steil omhoog. Korte adempauzes zijn de moeite waard vanwege het fantastische uitzicht over de stad en de Tafelbaai erachter.

Het pad leidt zigzaggend bergop. Geef niet toe aan de verleiding stukken af te snijden, want de bodem is hier erosiegevoelig. Wanneer de kloof zich vernauwt, bent u er bijna. Een klein stukje verderop bereikt u de indrukwekkende zandsteenrotsen die het einde van de beklimming markeren. Nog een paar natuurstenen trappetjes en u bent bij het **War Memorial** op het plateau. Het laatste stukje door het dramatische decor van de kloof is het mooiste van de hele wandeling. Bovenaan houdt u rechts aan voor het **bergstation van de kabelbaan**.

Mooi uitzicht

De top van de Lion's Head, de leeuwenkop, is net als Signal Hill – vaak Lion's Rump genoemd, het leeuwenlijf – prima te zien vanaf de Tafelberg. Boven op Signal Hill staat de Noon Gun, die zowel nietsvermoedende toeristen als duiven de stuipen op het lijf jaagt. Elke dag behalve zondag, klokslag 12 uur, doet het met de atoomklok in het stadsdeel Observatory verbonden kanon uit de 18e eeuw waar het voor bedoeld is: knallen! Wat sinds de 17e eeuw arriverende schepen signaleerde (vandaar de naam Signal Hill), luidt tegenwoordig op luide wijze de lunchpauze in.

Een kleinood van de natuur

Op de 6000 ha grote Tafelberg groeien een kleine 1500 verschillende planten – meer dan in heel Groot-Brittannië. Vele ervan zijn endemisch; ze gedijen nergens anders op aarde. Ook de fauna heeft zich aangepast aan het leven op de berg. In de verweerde zandsteenkloven leven Kaapse klipdassen en kraaien. Bij het zoeken naar voedsel vertrouwen ze in het seizoen vooral op toeristen, die het zo leuk vinden dat ze fotogeniek uit hun handen eten.

bedacht. Het hotel is ingericht met hergebruikte materialen en het heerlijke zwembad staat tussen het riet – ongelooflijk dat het vliegveld maar 8 minuten lopen is. Het eten is net zo top als de service.

Geheel in stijl– **The Grand Daddy & Airstream Trailer Park** 5: 38 Long St., City, tel. 021 424 72 47, www.grand daddy.co.za, 2 pk met ontbijt 1650-2865 rand, caravan vanaf 2315-2995 rand. Dit boetiekhotel startte een paar jaar geleden een trend. Vervolgens werd het overgenomen door de eigenaren van Daddy Long Legs, eveneens in Long Street (zie verderop), die het hotel Grand Daddy noemden en restyleden. Het resultaat: 25 überhippe kamers. De grap: overnachten in een van de zeven historische Airstreamcaravans, die met een kraan op het dak van het hotel werden gehesen en vanwaar u een prachtig uitzicht hebt op de Tafelberg. De zilverkleurige Amerikaanse caravans werden in 2014 uitvoerig gerenoveerd.

Smaakvol en elegant – **Dysart Boutique Hotel** 6: 17 Dysart Rd., Green Point, tel. 021 439 28 32, www.dysart. de, 2 pk met ontbijt 1480-2400 rand. Prachtige guesthouse op een steenworp afstand van het Cape Town Stadium, de City en het Waterfront. Flatscreen en wifi zijn uiteraard gratis. Overal in het hotel is smaakvolle kunst te zien. Topkwaliteit beddengoed en matrassen en een 24-uursservice. Dysart voelt inderdaad meer aan als een boetiekhotel dan als een guesthouse. Absoluut een van de beste overnachtingsmogelijkheden in de City.

Manhattansfeer – **Victoria Junction Hotel** 7: hoek Somerset/Ebenezer St., Green Point, tel. 021 418 12 34, www. marriott.com, 2 pk met ontbijt vanaf 1500 rand. Designhotel in coole Manhattanstijl. Ruime loft-appartementen met eigen kookgelegenheid, op alle kamers staat een cd-speler.

Klein maar voordelig – **Protea Hotel Fire & Ice** 8: New Church St., Tamboerskloof, tel. 021 488 25 55, www. proteahotels.com/fireandice, 2 pk vanaf 1420 rand. 189 trendy ontworpen hightechkamers en 12 suites. Relaxed, cool hotel met kleine, maar daardoor ook erg voordelige kamers – zeker voor de locatie. De hamburgers en milkshakes van het restaurant zijn niet te versmaden. Goede prijs-kwaliteitverhouding

Knus en groen – **Parker Cottage** 9: 1 & 3 Carstens St., Tamboerskloof, tel. 021 424 64 45, www.parkercottage. co.za, 2 pk met ontbijt 1250-2650 rand. Twee knusse, in 1895 gebouwde victoriaanse stadsvilla's werden 'milieuvriendelijk' (zie website voor details) gerenoveerd en met elkaar verbonden.

Gezellig en stijlvol – **Cactusberry Lodge** 10: 30 Breda St., Oranjezicht, tel. 021 461 97 87, www.cactusberrylodge. com, 2 pk met ontbijt vanaf 1200 rand. Gezellig, met smaak ingerichte kleine B&B met prima prijzen. Rustig gelegen, wat in de stad niet per se vanzelfsprekend is. Tip: bestel bij het ontbijt de heerlijke pannenkoeken. De prachtige, levensgrote foto's aan de muren (voornamelijk zwart-wit) zijn te koop.

Heel trendy – **Daddy Long Legs Art Hotel** 11: 134 Long St., City, tel. 021 422 30 74, www.daddylonglegs.co.za, 2 pk 925-1375 rand, ontbijt 50 rand. Elk van de dertien kamers van dit boetiekhotel is gestyled door een andere Kaapstadse kunstenaar, muzikant of dichter. Elke kamer is dan ook een bezienswaardigheid op zich. Ook het gebouw, een vier verdiepingen tellend victoriaans huis uit 1903, is een kunstwerkje.

Centraal en hip – **Urban Chic Boutique Hotel & Café** 12: 172 Long St., hoek Long/Pepper St., City, tel. 021 426 61 19, www.urbanchic.co.za, 2 pk met ontbijt vanaf 980 rand. Verbazingwekkend goedkoop, cool en comfortabel boetiekhotel met twintig lichte, gezellige kamers midden in Long Street, waar het nachtleven zich afspeelt. Veilige parkeerplaats. Viersterrenhotel met vijfsterrenservice.

Bij de City – **Fritz Hotel** 13: 1 Faure St., Gardens, tel. 021 480 90 00, www. fritzhotel.co.za, 2 pk met ontbijt 750-1450 rand. Mooi klein hotel, een geslaagde combinatie van art deco en hightech. Satelliet-tv met buitenlandse zenders, vanuit sommige kamers uitzicht op de Tafelberg en Lion's Head. Vlak bij de City en toch rustig.

Victoriaans – **Cape Victoria Guest House** 14: hoek Wigtown/Torbay Rd., Green Point, tel. 021 439 77 21, www.capevictoria.co.za, 2 pk met ontbijt 650-1600 rand. Aan de voet van Signal Hill, stijlvol gerestaureerd, luxueus uitgeruste kamers. Kinderen onder 12 jaar worden niet toegelaten.

Voordelig en centraal – **Cat & Moose Backpackers** 15: 305 Long St., City, tel. 021 423 76 38, www.catandmoose.co.za, 2 pk vanaf 490 rand. Eenvoudig, maar erg goedkoop backpackershostel in de levendige Long Street. Behalve slaapzalen zijn er ook tweepersoonskamers. Vanaf het balkon kunt u het reilen en zeilen op straat goed in de gaten houden.

... in de Victoria & Alfred Waterfront

Ontspannen luxe – **Cape Grace Hotel** 16: West Quay Rd., tel. 021 410 71 00, www.capegrace.com, 2 pk met uitgebreid ontbijtbuffet vanaf 5900 rand. Zeer stijlvol geïntegreerd in de victoriaanse sfeer van de Waterfront. Kaapstads fijnste luxehotel biedt vanzelfsprekend topservice. De kamers hebben een schitterend uitzicht: hetzij op de Tafelberg, hetzij over de Tafelbaai.

Bombastisch – **Table Bay at the Waterfront** 17: Quay Six, tel. 021 406 50 00, www.suninternational.com/tablebay, 2 pk met ontbijt 3280 rand. Kaapstads luxueuze antwoord op het Palace Hotel in Sun City bij Johannesburg. Het prachtige wellnesscenter is ook toegankelijk voor niet-gasten.

Havenzicht – **The Victoria and Alfred Hotel** 18: The Pierhead, Dock Rd., tel. 021 419 66 77, www.vahotel.co.za, 2 pk met ontbijt vanaf 3240 rand. Hotel in victoriaanse stijl in het gerenoveerde havenkwartier. U ontbijt met uitzicht op de haven.

Bajessfeer– **The Breakwater Lodge** 19: Portswood Rd., tel. 021 406 19 11, www.breakwaterlodge. co.za, 2 pk met ontbijt vanaf 1995 rand. Het meest voordelige hotel in de Victoria & Alfred Waterfront is een voormalige gevangenis. 191 kleine, maar schone kamers.

... in de townships

Een overnachting in een bed and breakfast in een van de townships is een avontuur. De onderkomens zijn vanzelfsprekend eenvoudig, maar altijd blinkend schoon, en de gastgevers zullen er alles aan doen om het u naar de zin te maken.

De regel dat u niet op eigen houtje een township moet bezoeken, geldt ook wanneer u er overnacht. Verkeerd rijden is nog het kleinste risico dat u loopt – overvallen of zelfs ontvoerd worden, behoort ook tot de gevaren. Ook wanneer u vanuit uw B&B naar een restaurant in het township wilt, kunt u zich beter laten begeleiden. Kijk voor meer informatie op de website van Cape Town Tourism.

Majoro's B & B: Khayelithsa, 69 Helena Crescent, Graceland, tel. 021 361 34 12, 600 rand per persoon in een 2 pk.

Kopanong: Khayelitsha, C329 Velani Crescent, tel. 021 361 20 84, 082 476 12 78, www.kopanong-township.co.za, vanaf 400 rand per persoon in een 2 pk.

Lungi's B & B: Khayelitsha, 42426 Sivivane Street, tel. 071 005 88 17, www.lungis.co.za, 2 pk vanaf 425 rand.

Eten & drinken

... in de City/Bo-Kaap/Foreshore/Gardens/Green Point/Vredehoek/Woodstock

Mediterraan lunchbuffet – **Oasis Bistro** 1: Belmond Mount Nelson Hotel, 76 Orange St., Gardens, tel. 021 483 19 48, www.mountnelson.co.za, dag. 7-15 uur, ontbijt, mediterraan lunchbuffet (365 rand, niet in de winter) en kleine kaart, hoofdgerecht 190 rand. Luchtige omgeving, terras.

Weelderig en sexy – **Planet Bar & Restaurant** 1: Belmond Mount Nelson Hotel, 76 Orange St., Gardens, tel. 021 83 10 00, www.planetbarandrestaurant.co.za, diner dag. 18.30-22.30 uur, hoofdgerecht 120-320 rand. Restaurant in de weelderige ambiance van de beroemde 'Nellie'. Enorme kroonluchters en eindeloze rijen wijnflessen. Fantastische creaties zoals met rooibosthee bereide springbok. Ook vegetarisch menu, met onder andere paddenstoelenrisotto en gefrituurde kikkererwten.

Steakparadijs – **Carne on Kloof** 1: 153 Kloof St., Gardens, tel. 021 426 55 66, www.carne-sa.com, ma.-za. 12-15, 18.30 uur tot laat, hoofdgerecht ca. 170 rand. De Italiaanse *celebrity chef* Giorgio Nava gebruikt alleen vlees van dieren die op zijn eigen boerderij in de Karoo zijn gefokt. Tip: carpaccio, gevolgd door steak. Aan de wanden hangen originele drinkbakken van *yellowwood*, die Giorgio op veilingen op de kop heeft getikt.

Bollywoodsfeertje – **The Bombay Bicycle Club** 2: 158 Kloof St., Gardens, tel. 021 423 68 05, www.thebombay.co.za, hoofdgerecht 90-180 rand. Het decor hier is volledig over the top. Achter zo'n fantastisch interieur zitten uiteraard de mensen van Madame Zingara (www.madamezingara.com), die inmiddels talloze zaken in Kaapstad middels een grondige restyling hebben behoed voor het predikaat vergane glorie (bijvoorbeeld Café Paradiso en Café Mozart). Eten is hier een hele belevenis.

Vissig – **Ocean Basket** 3: 75 Kloof St., City, tel. 021 422 03 22, www.oceanbasket.com, hoofdgerecht vanaf 55 rand. Ketenrestaurant in Griekse sferen. Goede, verse visgerechten, erg lekkere gegrilde calamari.

Oudste pub – **Perseverance Tavern** 4: 83 Buitenkant St., Gardens, tel. 021 461 24 40, www.perseverancetavern.co.za, ma.-za. 12-22 uur, borrelhapjes en kleine kaart 32-84 rand. In de oudste pub van Kaapstad (anno 1808) klinkt altijd sixtiesmuziek. Prima *pub lunches* (in het weekend absoluut reserveren, doordeweeks is het ook verstandig).

Lekkernijen uit het Midden-Oosten – **Sababa** 5: 231 Bree St., City, tel. 021 424 74 80, www.sababa.co.za, ma.-vr. 7-16, do. 18-21 uur, falafel vanaf 55 rand. Heerlijke kleine gerechten uit de Arabische keuken: smakelijke salades, met spinazie of kaas gevulde pasteitjes, schnitzels met een laagje sesamzaadjes en natuurlijk falafel. Tip: bewaar een plekje voor de *cherry and frangipane tart* – een heerlijke kersentaart. Populaire lunchplek bij kantoormedewerkers uit de buurt.

Salma's lievelings – **Royale Eatery & Royale Kitchen** 6: 273 Long St., City, tel. 021 422 45 36, www.royaleeatery.com, ma.-za. 12-23.30 uur, hamburger 73-130 rand. Hollywoodster Salma Hayek riep deze tent toen ze in Kaapstad was voor filmopnames uit tot het beste hamburgerrestaurant van de wereld. Of dat zo is, moet u zelf beslissen, maar de vijftig verschillende, in een opvallend gestyled interieur geserveerde gourmetburgers zijn in elk geval niet te versmaden.

Top-Italiaan – **95 Keerom** 7: Gardens, 95 Keerom St., parallel aan Long St., City, tel. 021 422 07 65, www.95keerom.com, ma.-za. 19-22 uur, ▷ blz. 122

Favoriet

Lion's Head ▶ kaart 3, B 6

De één tot anderhalf uur durende wandeling naar de 669 m hoge top, vanwaar u een prachtig uitzicht rondom hebt, is een van de spectaculairste van het Kaaps Schiereiland. Voorzichtig bij volle maan! Half Kaapstad bevindt zich dan op het plateau, een glas *vonkelwijn* in de hand. De combinatie van duisternis, alcohol en steile afgronden is geen gezonde, zeker niet op de 'snelle route', waar u zich aan kettingen omhoog trekt ...

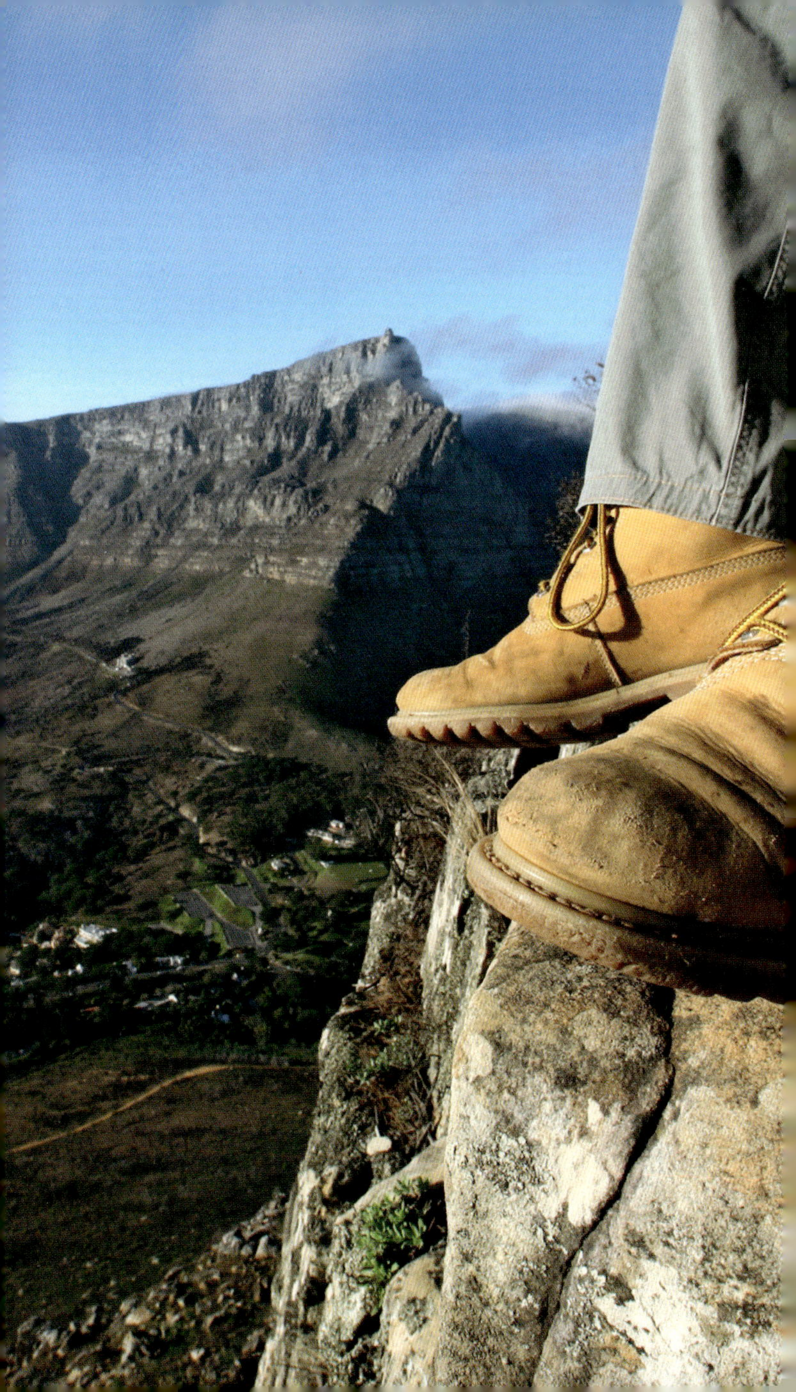

lunch do., vr. hoofdgerecht ca. 150 rand. Deze klassieke Italiaan, de beste van de stad, zit in een gerenoveerd historisch gebouw, dat vanbinnen een geniale architectonische mix is van driehonderd jaar oude bakstenen muren en extreem modern design. Uitstekende en creatieve keuken, een van de toprestaurants van Kaapstad. Absoluut reserveren!

Honderd soorten bier – **Beerhouse on Long** 8: 223 Long St., City, tel. 021 424 33 70, www.beerhouse.co.za, www.facebook.com/BeerhouseSA, dag. 12-2 uur, 's winters ma. gesl., lunch vanaf 60 rand (met 350 ml bier). Veruit het grootste bieraanbod van de Mother City: 25 van het vat en 99 op fles, zowel van lokale microbrouwerijen als de grote internationale jongens, zowel zeldzaam als bekend en duur als goedkoop. Daarbij lekkere borrelhapjes als *flammkuchen* uit bierbeslag. U kunt deze knalgele tent met groot balkon aan het einde van Long Street niet missen. Cool interieur, met kroonluchters die uiteraard zijn gemaakt van lege bierflesjes. De 99 bieren die per fles zijn te bestellen, zijn met hun bestelnummer te zien achter een glasplaat bij de bar.

Eenvoudig en goed – **Jason's Bakery** 9: hoek Bree/Bloem St., City, tel. 021 424 56 44, www.jasonbakery.com, ma.-vr. 7-15.30, za. 8-14 uur, ca. 60 rand. De kale muren zijn bekleed met hout, onderbroken door doorgeefluikjes. Lekker zijn de croissantjes met spek en de zachte chocolate chip cookies. Opvallend: er is ook bier van de tap.

Opzichtig decor – **Mama Africa restaurant and Bar** 10: 178 Long St., City, tel. 021 426 10 17, www.mamaafricarestaurant.co.za, di.-vr. 12-15, 18.30 uur tot laat, ma., za. alleen vanaf 18.30 uur, bar ma.-za. 18 uur tot laat, hoofdgerecht ca. 180 rand. Aparte inrichting, goede Zuid-Afrikaanse keuken. Probeer de struisvogelsteak! 15 rand entree als er een bandje speelt, wat vaak voorkomt.

Waar kunstenaars samenkomen – **Yours Truly** 11: 175 Long St., City, tel.

Afrikaans eten in een folkloristische omgeving – Africa Café

Tip

Verwenaroma – Kaapstads beste bonen

Er zijn meerdere titelkandidaten, waarvan de 'echte Italiaan' **Giovanni's Deliworld** 25 in Green Point (103 Main Rd., dag. 7.30-21 uur) in elk geval veruit het langst bestaat. De op een New Yorkse *deli* lijkende zaak is vooral een lunchplek. Italofiele toeristen met kookgelegenheid kunnen hier ook terecht voor verse Italiaanse ingrediënten. **Origin Coffee Roasting** 23 (28 Hudson St., De Waterkant, www.originroasting.co.za, ma.-vr. 7-17, za., zo. 9-14 uur) roostert, zoals de naam al doet vermoeden, de bonen ter plekke in de zaak (meer dan twintig soorten!). Volgens het gerenommeerde magazine *Eat Out* serveren **Tribe 112 & Tribe Woodstock** 20 (112 Buitengracht St., en 160 Albert Rd., The Foundry, Woodstock, www.tribe-coffee.co.za, ma.-vr. 7-16, za. 9-14 uur) de beste cappuccino van de stad. **Vida e Caffe** (www.caffe.co.za) heeft zo veel rood-witte filialen dat u er altijd wel eentje tegenkomt. **Truth Coffeecult** 24 (1 Somerset Rd., Green Point, www.truthcoffee.com, ma.-vr. 7-18, za. 8-18, zo. 8-14 uur) roostert bonen van topkwaliteit in kleine hoeveelheden, zodat het niveau hoog blijft. De steampunk-stijl is übercool, net als de outfits van het personeel. Naast koffie zijn er ook kleine lunchsnacks te koop. In Woodstocks Old Biscuit Mill bevindt zich **Espresso Lab Microroasters** 30 (www.espressolabmicroroasters.com, ma.-vr. 8-16, za. 8-14 uur), waar barista's interessante brouwsels creëren.

---

021 422 37 88, www.yourstrulycafe.co.za, ma.-vr. 6-16, za. 9-14 uur, sandwich vanaf 40 rand. De muren zijn in grote zwarte en witte letters beschreven met tegeltjeswijsheden. In dit eenvoudige, maar stijlvolle restaurant kunt u terecht voor koffie, eten en kunst – elke maand van een andere lokale kunstenaar. Gebak en erg lekkere sandwiches. Voor de deur staat een antieke barbiersstoel.

Beste Indiër – **Bukhara** 12: 33 Church St., City, tel. 021 424-00 00, www.bukhara.com, dag. 12-15, 18-23 uur, hoofdgerecht 80-320 rand. Noord-Indiase keuken, een van de beste Indiase restaurants van Zuid-Afrika. Alle kruiden en vele andere ingrediënten worden geïmporteerd uit India. De sauzen zijn legendarisch. Absoluut reserveren (en de butter chicken bestellen)!

Funky-historisch – **Café Mozart** 14: 37 Church St., City, tel. 021 424 37 74, www.themozart.co.za, ma.-vr. 8-15.30, za. en feestdagen 9-15 uur, hoofdgerecht 42-88 rand. Door het creatieve team van Madame Zingara verhipte klassieker in een historisch gebouw. Niet te dure, opvallende gerechten, tafeltjes in de openlucht met uitzicht op de antiekmarkt van Church Street.

Stijlvol gezond – **Dear Me** 14: 165 Longmarket St., City, tel. 021 422 49 20, www.dearme.co.za, ma.-vr. 7-11, 12-15, do. diner 19 uur, hoofdgerecht ca. 65-125 rand. Fijne locatie, typisch Kaapstad, licht en luchtig. Verse ingrediënten, ook gerechten voor vegetariërs en veganisten en mensen met een tarwe-, lactose- of zetmeelintolerantie.

Tapas – **Fork** 15: 84 Long St., City, tel. 021 424 63 34, www.fork-restaurants.co.za, ma.-za. 12-23 uur, tapas 42-65 rand. De tapas worden hier per vier geserveerd. Ideaal om te delen en om allerlei verschillende smaken/gerechten te proberen. De gefrituurde geitenkaas is net zo hemels als de Marokkaanse vleesballetjes.

Cool interieur – Thirty Ate [5]: The Grand Daddy, 38 Long St., City, tel. 021 424 72 47, www.granddaddy.co.za, ma.-vr. 6.30-22, za., zo. 7.30-22 uur, pasta 80-150 rand, hoofdgerecht 80-240 rand. U eet hier onder ronde, gouden lampen, naast van parels gemaakte schapenbeelden. De keuken weet op geslaagde wijze Europese en Afrikaanse invloeden te combineren tot heerlijke gerechten. Het zwaartepunt ligt op de uitstekende vleessoorten die Zuid-Afrika te bieden heeft. Behalve steaks die op uw tong smelten, staan op de kaart onder andere mezze, calamari, gourmetburgers en decadente desserts. Plus voordelige dagmenu's.

Coole sfeer – La Parada [16]: 107 Bree St., City, tel. 021 426 03 30, www.laparada.co.za), dag. 12-22 uur, tapas ca. 60 rand. La Parada is een stukje Spanje in Kaapstad. Prima geprijsde wijnen per glas en per fles, uitgebreid tapasmenu met heerlijke gerechtjes, die door Spaanse koks worden bereid. Van patatas bravas met soms letterlijk de adem benemende scherpe tomatensaus tot garnalenkroketjes. De Iberische, ter plekke gesneden gedroogde hammen zijn legendarisch. In de zomer is de voorgevel van het restaurant naar Bree Street open en ontstaat er zo een groot terras, waar u op leren banken en fauteuils met een glaasje cava en wat tapas mensen kunt kijken.

Burger-meesters – Gourmet Burger [17]: 98 Shortmarket St., City, tel. 021 424 60 99, www.gourmetburger.co.za, ma.-za. 11.30-22.30 uur, hamburger 70-120 rand. Cool interieur met veel felrood, wit en zwart, topburgers met een grote keus toppings. Ook de milkshakes zijn niet te versmaden!

Goedkope Thai – Simply Asia [18]: 96 Shortmarket St., City, tel. 021 426 43 47, www.simplyasia.co.za, dag. 11-22.30 uur, hoofdgerecht ca. 60-100 rand. Op het historische Heritage Square, met terras. Lekker en goedkoop Thais restaurant met alle klassiekers met eend, kip en noedels en een grote keus vegetarische gerechten.

Culinaire reis door het continent – The Africa Café [19]: 108 Shortmarket St., Heritage Square, City, tel. 021 422 02 21, www.africacafe.co.za, ma.-za. *healthy breakfast* (gezond ontbijt) 9-16, *communal feast* (gemeenschappelijk feestmaal) 18-23 uur, menu 280 rand (plus 10% fooi). Een must voor toeristen: het etnisch-Afrikaans ingerichte restaurant zit in een gerestaureerd huizenblok op Heritage Square en biedt een uitgebreid menu met zestien verschillende Afrikaanse gerechten uit het hele continent. Voor een vast bedrag mag u zoveel van een bepaald gerecht eten als u maar wilt.

Kaapstads beste bonen 1 – Tribe Coffee [20]: zie Tip blz. 123.

Kaapmaleis – Biesmiellah [21]: 2 Upper Wale St., Bo-Kaap, tel. 021 423 08 50, www.biesmiellah.co.za, hoofdgerecht ca. 100 rand. Kaapmaleise tent met veel traditionele gerechten als biryani met kip en schaap en diverse curry's. Geen alcohol.

Bij de grote knaller – Noon Gun Tea Room [22]: 273 Longmarket St., Bo-Kaap, tel. 021 424 05 29, 424 59 06, ma.-za. 10-16, 19-22 uur, hoofdgerecht 110 rand. Typische Kaapmaleise gerechten, reserveren noodzakelijk, geen alcohol.

Kaapstads beste bonen 2 – Origin Coffee Roasting [23], Truth Coffeecult [24], Giovanni's Deliworld [25]: zie tip blz. 123.

Bon Appetit – Bizerca Bistro [26]: Jetty St., Foreshore, tel. 021 418 00 01, www.bizerca.com, ma.-vr. 11-15, 18.30-22 uur, hoofdgerecht ca. 170 rand. Eersteklas Franse keuken met goede ingrediënten en opmerkzame bediening. Karoo-lam

Adressen

Bij Giovanni's Deliworld kunt u terecht voor heerlijke koffie

en buikspek zijn twee van de culinaire hoogstandjes.

Populair bij de lokalo's – **Sidewalk Café** 27: 33 Derry St., Vredehoek, tel. 021 461 28 39, www.sidewalk.co.za, ma.-za. 8-22, zo. 9-14 uur, hoofdgerecht 75-175 rand. Iets buiten de City, op een helling en zodoende met een voortreffelijk uitzicht op de stad. Het bijzondere interieur en goede eten lokken veel Capetonians naar het gezellige restaurant. Lekkere hamburgers, risotto en fantastische salades. Ook een goede ontbijttent.

Zuid-Afrika's topchef – **The Test Kitchen** 28: Unit 104A, Old Biscuit Mill, 375 Albert Rd., Woodstock, tel. 021 447 23 37, www.thetestkitchen.co.za, di.-za. 12.30-14, 19-21.30 uur, *gourmand menu* 1200 rand, met wijnarrangement 1600 rand, met theearrangement 1500 rand, *lunch discovery* 625 rand, met wijnarrangement 925 rand. De voormalige chef-kok van het chique La Colombe, Luke Dale-Roberts, is in 2010 voor zichzelf begonnen met The Test Kitchen. Sindsdien kookt hij wat hij zelf wil, en met groot succes. Zijn tent is maanden van tevoren volgeboekt (soms is er nog een gaatje voor de lunch) en werd vanaf 2012 vier maal op rij tot restaurant van het jaar gekozen. In de ranglijst van beste restaurants ter wereld staat The Test Kitchen op een zeer verdienstelijke plaats 22 (2016). Qua design is het restaurant, in een oude koekjesfabriek in Woodstock, oud-industrieel te noemen, en de sfeer is ondanks de kwaliteit van het eten en de vele loftuitingen heel relaxed. U kunt kiezen voor een plek aan de bar, met uitzicht op de keuken, of aan een van de kleine tafeltjes.

Zwijnen – **The Pot Luck Club & Gallery** 29: Old Biscuit Mill, 375 Albert Rd., Woodstock, tel. 021 447 08 04, www.thepotluckclub.co.za, di.-za. 18-

22, za. 12.30-14 uur, gerechtjes 75-160 rand. Vanuit dit restaurant, eveneens van sterrenchef Luke Dale-Roberts (zie hiervoor) hebt u 's avonds het allerbeste uitzicht op de Tafelberg, de City en de Tafelbaai. De constructie van glas en staal werd boven op het dak van een enorme, oude graansilo gezet, hoog boven de Biscuit Mill. Gasten gaan naar boven via een glazen lift. Het knapperige buikspek met de *signature* XO-dressing van Dale-Roberts is gedenkwaardig, net als de loempia's met eend en de ganzenlever met champagnechutney. Niet goedkoop, maar elke cent dubbel en dwars waard!

Kaapstads beste bonen 3 – **Espresso Lab Microroasters** 30: zie tip blz. 123.

... in de V&A Waterfront

Relaxed en kindvriendelijk – **Shoreline Café** 31: The Aquarium, tel. 021 419 90 68, 9.30-18 uur, hoofdgerecht 60-80 rand. Ideale pleisterplaats na een bezoek aan het aquarium, zeer kindvriendelijk met een grote speeltuin. Specialiteit van het huis zijn de vegetarische gerechten. Mooi uitzicht op de Victoria Jetty, vanaf het terras kijkt u uit op de Tafelberg en Signal Hill.

Local Hero – **Reuben's at the One & Only** 32: Dock Road, tel. 021 431 45 11, www.reubens.co.za, dag. 12-15, 18-23 uur, hoofdgerecht 205-275 rand. In 2011 verving het restaurant van de in Franschhoek geboren Reuben Riffel met groot succes de Maze geheten flop van Gordon Ramsay in het One & Only Hotel. Creatieve, met lokale ingrediënten bereide landelijke keuken. Erg intiem is het niet in het uit drie verdiepingen bestaande etablissement. Voor een romantisch diner kunt u beter naar Reubens eerste restaurant in wijnstadje Franschhoek.

Beste Japanner van het land – **Nobu** 33: One & Only Hotel, Dock Road, tel. 021 431 51 11, www.noburestaurants. com, dag. 18-22.30 uur, hoofdgerecht 95-580 rand (wagyu 950 rand). Veelvuldig bekroond Japans restaurant. De zeer omvangrijke kaart omvat alles wat de Japanse keuken zo beroemd maakt: sashimi, tempura, teriyaki, kushiyaki, alsmede ceviche en oesters. Van de manier van bereiden tot de ingrediënten (groente, vis, vlees, schaaldieren, gevogelte), u mag als gast alles zelf bepalen – al is het in de houtoven gegaarde buikspek (*pork belly*) een aanrader. Bijzondere gerechten die fenomenale smaakervaringen teweegbrengen, zeer goede wijnkaart. Er is een groot nadeel: het is hier zo groot (twee verdiepingen) dat het nooit echt gezellig is.

Filiaal in de Waterfront – **Harbour House** 34: Quay 4, tel. 021 418 47 44, www.harbourhouse.co.za, dag. 12-16, 18-22 uur, hoofdgerecht ca. 160 rand. Het beroemde visrestaurant in Kalk Bay op het Kaaps Schiereiland heeft een zusterrestaurant geopend in de Waterfront. Lichte, luchtige sfeer met een hoog Ikeagehalte en veel licht hout en glas. Op tafel komt verse vis uit het havenstadje, u kijkt net als daar uit op de bedrijvigheid van de haven. Ideaal voor een sundownercocktail voor het eten.

Urban chic – **Balducci's** 35: Victoria Wharf, Shop 6162, tel. 021 421 60 02, 021 21 60 03, www.balduccis.co.za, dag. 9-23 uur, pizza/pasta vanaf 80 rand, hamburger vanaf 89 rand, hoofdgerecht vanaf 135 rand. Urban chic restaurant met bar. Heel goede en vriendelijke bediening, en het eten dat op tafel komt, is al jarenlang van constante, hoge kwaliteit.

Oudste havenpub – **Ferryman's Tavern** 36: East Pier Rd., tel. 021 419 77 48, www.ferrymans.co.za, dag. 11-2 uur, pubgerechten vanaf 60 rand. Altijd drukke pub op twee verdiepingen waar heerlijk bier wordt geschonken. Gemoedelijke sfeer met veel houten balken en kale stenen muren.

Adressen

Tip

Townshiprestaurant Mzoli's

Hier draait alles om vlees – in grote hoeveelheden – en het barbecuen ervan op acht grote houtvuren. Het vlees wordt in de slagerij uitgezocht, vervolgens op een stapel gelegd op tinnen borden en dan begint de *braai*. Tijdens het wachten drinkt u een biertje in de openlucht, meestal speelt er wel een bandje. In het weekend krioelen hier een paar honderd mensen met alle huidskleuren door elkaar. Mzoli's werd in 2003 door de zwarte Mzoli Ngcawuzele geopend. Hij kreeg destijds een rentevrij krediet van de Zuid-Afrikaanse ontwikkelingsbank, wier missie het was om gekleurde ondernemers te ondersteunen bij het opzetten van een eigen bedrijf. Wat begon met de verkoop van vlees in een garage, groeide uit tot een van de populairste restaurants van Kaapstad.
Mzoli's 37: Shop 3, NY115, Gugulethu (afslag Modderdam Rd., de N 2 de stad uit, bij Klipfontein Rd. links afslaan, het spoor oversteken, links van de benzinepomp blijven, maar verder rijden op Klipfontein Rd., na de kruising de tweede straat links. Mzoli's ligt dan aan uw linkerhand), tel. 021 638 13 55, Facebook, zoeken op 'Mzoli meat'), dag. lunch, diner, hoofdgerecht 50 rand.

... in de townships

Wilt u in een van de townships eten, dan kunt u dat het best combineren met een townshiptour. Dat is veiliger en de meeste traditionele gerechten zijn dan bij de prijs inbegrepen. Voor typische township-kost kunt u het best naar **Mzoli's** 37 in Gugulethu (zie Tip hierboven) of **Igugu Le Africa** in Khayelitsha 38 (tel. 021 364 33 95, 072 611 57 86). In Langa runt de kookschool van Eziko restaurant **Eziko** 39, waar de jonge koks moeten laten zien wat ze waard zijn (tel. 021 694 04 34, www.ezikorestaurant.co.za).

Winkelen

Shoppen in alle facetten – **Long Street** 1: in de langste en oudste straat van Kaapstad vindt u een grote hoeveelheid winkels die de meest uiteenlopende zaken verkopen. Van rommelwinkeltjes tot antiquairs en stripboekboetiekjes en veel meer.

De 'moeder aller Afrika-markten' – **Pan African Market** 2: 76 Long St., City, tel. 021 426 44 78, 's zomers ma.-vr. 8.30-17.30, za. 8.30-15.30, 's winters ma.-vr. 9-17, za. 9-15 uur. Kunstnijverheid uit heel Afrika op drie verdiepingen in een historisch victoriaans gebouw. Daarnaast eetstandjes en muziek uit Zuid- en West-Afrika.
Kunstig – **Imagenius** 3: 117 Long St., City, tel. 021 423 78 70, www.imagenius.co.za, ma.-vr. 9-17, za. 9-13 uur. Bonte winkel met ongebruikelijke cadeau-ideeën. Alles hier is ontworpen en geproduceerd door Zuid-Afrikaanse designers en kunstenaars.
Muziek uit Afrika – **African Music Store** 4: 134 Long St., City, tel. 021 426 08 57, www.africanmusicstore.co.za, ma.-vr. 9-18, za. 9-14 uur. Muziek uit het hele continent. Kleine winkel, competente verkopers. Luisteren voor u koopt, is uiteraard mogelijk.
Kunst uit Afrika – **African Image** 5: 52 Burg St., City, tel. 021 423 83 85, www.african-image.co.za, ma.-vr. 8.30-17, za.

'De moeder aller Afrika-markten' – de Pan African Market

8.30-13 uur. Grote keus Afrikaanse kunst, zoals originele, met de hand beschilderde uithangborden van kappers uit Ghana en grappige auto's en vliegtuigen uit frisdrankblikjes, die in de townships worden gemaakt. Filiaal met wat duurdere werken in de Table Bay Hotel Mall in de Waterfront.

Origineel Zuid-Afrikaans – **Carrol Boyes Functional Art** 6: 43 Rose St., Bo-Kaap (geen verkoopadres!), tel. 021 424 82 63, www.carrolboyes.com. Alle creaties van de Zuid-Afrikaanse kunstenares zijn in dit indrukwekkende gebouw in Bo-Kaap tentoongesteld. De functionele, grijpbare kunst – bestek, vazen, deurknoppen, zeephouders ... – uit zink, aluminium en edelmetalen wordt wereldwijd verkocht in exclusieve boetieks. De creaties behoren tot de mooiste *Made in South Africa*-souvenirs. Carrol Boyes heeft in de Lower Level van het **Victoria Wharf Shopping Centre** in de Waterfront (tel. 021 418 05 95) een eigen winkel, plus boetieks in Cavendish en in de **Canal Walk**.

Het grootste – Canal Walk 7: Century Blvd., Century City, Milnerton, tel. 021 529 96 99, www.canalwalk.co.za, dag. 9-21 uur. Afrika's grootste winkelcentrum ligt aan de N 1, naast amusementspark Ratanga Junction.

... in de V&A Waterfront

Shoppen in de haven – **The Victoria Wharf Shopping Centre** 8: tel. 021 408 76 00, www.waterfront.co.za, ma.-za. 9-21, zo. 10-21 uur. Kaapstads meestbezochte attractie: winkelen en ontspannen in het gerestaureerde ha-

venkwartier. Tip: stijlvolle kunstnijverheid bij Out of this World.
Fijne druiven – **Vaughan Johnson's Wine & Cigar Shop** [9]: Dock Rd., Waterfront, tel. 021 419 21 21, www.vaughanjohnson.co.za, ma.-za. 8.30-19, zo. 10-17 uur. Enorme keus wijn, personeel met grote kennis van zaken en betrouwbare, wereldwijde verzending. Vaughan geeft bezoekers ook graag tips voor een excursie naar de wijnlanden.

Markten
Antiek – **Church Street Market** [10]: tussen Burg en Long St., City, ma.-za. 8-16 uur. De grote hoeveelheid antiekwinkels in deze straat bieden hun waar voor een deel aan onder de blote hemel.
Mooier shoppen – **Greenmarket Square** [26]: City, ma.-vr. 8-17, za. 8-14 uur. De markt op een van Kaapstads mooiste pleinen is een instituut. T-shirts en andere kleding, kunstnijverheid en antiek.
Vlooienmarkt – **The Grand Parade** [11]: Darling St., City, wo., za. 8-14 uur. Het historische plein verandert op woensdag en zaterdag in een grote vlooienmarkt, waar zo'n beetje alles te koop is. Van fruit en groente tot bloemen en boeken en van stoffen – hoe bonter, hoe beter – tot planten en een hoop kitscherige rommel.
Tweedehands – **Cape Town Station** [12]: centraal treinstation, City, ma.-vr. 8-17, za. 8-14 uur. Voor en op Kaapstads hoofdtreinstation worden kleding, schoenen, accessoires, oude boeken, cassettebandjes(!) en andere gebruikte waren aan de man gebracht.

De lokale muziekscene en cd-tips

Freshlyground: *Don't Leave me, Macheri, Radio Africa, Nomvula, Jika Jika* – de coolste, zwart-blanke band uit Zuid-Afrika, met de geniale leadzangeres Zolani Mahola (www.freshlyground.com).
Mango Groove: *Sing the Beloved Country Moments away, Bang the Drum* – de eerste band in Zuid-Afrika met zowel zwarte als blanke leden, in 1984 opgericht, treedt na een jarenlange pauze weer gezamenlijk op (www.mangogroove.co.za).
Basil Coetzee: *Monwabisi* – energieke jazz van de overleden grootste Capejazzsaxofonist.
Dantai: *Operation Lahlela* – kwaito (mix van Amerikaanse hiphop en rap met lokale ritmes) van een Kaapstadse band.
Jimmy Dludlu: *Echoes from the Past* – aanstekelijke Kaapstadjazz.
Brenda Fassie: *Nomakanjani* – bijzondere Kwaito-klanken van de aan een overdosis overleden koningin van de townshippop.
Abdullah Ibrahim: *African Marketplace* – het beste album van de beroemde Capejazzpianist/-componist.
Winston Mankunku: *Crossroads* – sensuele townshipjazz van de saxofoonveteraan.
Prophets of da City: *The Struggle Continues* – de Kaapstadse hiphopformatie komt uit de Cape Flats.
Springbok Nude Girls: *Surpass the Powers* – dappere, hymnische rock van een charismatische blanke band.
Bayethe: *Mmalo We* – softe, vrolijke Afrikaanse popmuziek.
Juluka: *Universal Men* – een briljant album, waarop Zoeloe-folkrock en Keltische rock explosief samenkomen.
Ladysmith Black Mambazo: *In Harmony* – de leden van deze Zoeloe-band begonnen ooit als achtergrondzangers van Paul Simon, maar zijn tegenwoordig wereldberoemd.

Weekendmarkt – **Neighbourgoods Market** 13: Old Biscuit Mill, Woodstock, 373-375 Albert Rd., tel. 021 448 14 38, za. 9-14 uur. Deze historische koekjesfabriek stond op het punt gesloopt te worden, toen de wijk Woodstock waarin hij zich bevindt ineens hip werd. Dus werd het terrein gerestaureerd en ontstonden er ineens allerlei leuke restaurants en winkels. Op zaterdag wordt hier de **Organic Neighbour Goods Market** gehouden – dé plek voor liefhebbers van goed eten en drinken. In een soort markthal staan dan tientallen marktkraampjes met allerlei culinaire creaties, uiteraard op biologische en natuurlijke leest geschoeid. De sfeer en het publiek zijn echter niet zo relaxed als bijvoorbeeld tijdens de Bay Harbour Market, die elk weekend wordt gehouden in Hout Bay (zie Favoriet blz. 157).

Galeries

Non-pofit – **Association for Visual Arts (AVA) Metropolitan Gallery** 14: 35 Church St., City, tel. 021 424 74 36, www.ava.co.za, ma.-vr. 10-17, za. 10-13 uur. Hedendaagse Zuid-Afrikaanse kunst op non-profitbasis; wereldwijde verzending mogelijk.

Popart – **Worldart** 15: 54 Church St., City, tel. 021 423 30 75, www.worldart.co.za, ma.-vr. 10-17, za. 10-13 uur. Popart en andere, coole kunst in een galerie in Kaapstads antiekstraat. De sfeer is levendig en jong.

Natuurstudies – **The Cape Gallery** 16: 60 Church St., City, tel. 021 423 53 09, www.capegallery.co.za, ma.-vr. 9.30-17, za. 10-14 uur. In een mooi gerestaureerd, historisch gebouw zit deze galerie, die is gespecialiseerd in studies van planten en dieren, voornamelijk vogels, van Zuid-Afrikaanse kunstenaars.

Hedendaags – **Brundyn+** 17: 170 Buitengracht St., City, tel. 021 424 51 50, www.brundyn.com, ma.-vr. 9-17, za. 10-14 uur. Zeer actieve hedendaagse galerie met werk van opkomende, jonge Zuid-Afrikaanse kunstenaars.

Actief

Mooie uitzichten – **Tafelbaaiexcursie** 1 met de zeilboot Spirit of Victoria (tel. 021 419 17 80), die aanlegt in de Waterfront. U kunt er ook terecht voor mooie *sunset cruises* en *champagne cruises*. Rondvluchten per helikopter over de stad, het Kaaps Schiereiland of naar de wijnlanden, van de heliport in de Waterfront. Info: Cape Town Tourism (tel. 021 408 76 00).

Op grote hoogte – **abseilen van de Tafelberg:** laat de adrenaline pompen tijdens een spectaculaire abseiltocht, inclusief onvergetelijke vergezichten. Diverse aanbieders, zoals **Abseil Africa** (Long St., tel. 021 424 47 60, www.abseilafrica.co.za, 695 rand).

Shark bait – **duiken met haaien** 30: In het Two Oceans Aquarium (zie ook blz. 108), Victoria & Alfred Waterfront, Dock Rd., informatie en boekingen: tel. 021 418 38 23, www.aquarium.co.za (op 'Diving' klikken), 15 min. met eigen uitrusting 600 rand, inclusief uitrusting 790 rand.

Watertaxi – **Canal Cruise** 2: City Sightseeing-Kiosk, Dock Rd., tel. 021 511 60 00, www.citysightseeing.co.za/canal-cruise, tickets 40/20 rand (online, bij de boot of aan de ticketkiosk voor het aquarium te koop). Ontdek de Waterfront door middel van een ritje in een watertaxi door het Roggebaaikanaal. Er zijn vier halteplaatsen, waar u naar wens kunt uit- en instappen: One & Only Hotel, City Lodge, Harbour Bridge en Cape Town International Convention Centre. Bij die laatste halte kunt u overstappen op een van de Cape Town Sightseeing-dubbeldekkers. De hop-on-hop-off-bussen en de taxiboot zijn prima te combineren.

Door de canyon – bij **Xtreme Adventures** kunt u naast allerlei andere avontuurlijke sporten ook een **kloofingtrip** door de Suicide Gorge (zie blz. 170) boeken, www.extremescene.co.za.

Een stukje echt Afrika – **georganiseerde townshipexcursies**: boeken via het Kaapstadse toeristenbureau, via uw hotel/B&B of direct bij de aanbieder. Afhankelijk van aanbieder en duur 500-600 rand per persoon, zie websites voor meer prijzen.

Cape Rainbow Tours: tel. 021 551 54 65, www.caperainbow.com.

Bonani Our Pride Tours: tel. 021 531 42 91, www.bonanitours.co.za, halve dag (3-4 uur) 490 rand, hele dag met Robbeneiland 790 rand.

Andulela: Hout Bay, tel. 021 418 30 20, 082 695 46 95, www.andulela.com. Aanbieder bijzondere townshiptours, onder andere gospeltour op zondag (halve dag, ca. 800 rand per persoon), en voetbaltour met een wedstrijd in een township (halve dag, ca. 700 rand per persoon).

Boven de wolken – **Paragliding en vliegeren**: bij de volgende aanbieders kunt u onder andere tandemvluchten boeken: **Airborne Paragliding**, Sea Point, False Bay, tel. 021 434 20 11; **Birdman Paragliding School**, tel. 021 557 81 44; Two Oceans Paragliding, tel. 021 424 89 67; **Paragliding Cape Town**, tel. 021 554 05 92; **Para-Pax**, tel. 082 881 47 24, www.parapax.com; **Parapente Cape,** Wynberg, Southern Suburbs, tel. 021 762 24 41, www.wallendair.com. De enthousiaste piloot Anthony Allen (www.aerialphoto.co.za) biedt daarnaast tandemvluchten aan boven het schitterende Hout Bay met zijn gemotoriseerde paraglider. Tijdens de vlucht 'zweeft' u onder andere over Chapman's Peak Drive en de baai. Als 'passagier' kunt u daar unieke foto's schieten. De start en landing vinden plaats op het strand van Hout Bay.

Tip

Schaatsen

Een attractie voor jong en oud – zeker voor Nederlanders – is de ijsbaan The Ice Station. U kunt ter plekke schaatsen huren en laten zien wat u kunt. Er worden ook regelmatig ijsshows gehouden met kunstschaatsers uit alle delen van de wereld. Een actuele agenda vindt u op de uitgebreide website www.icerink.co.za.

Uitgaan

Wachtkamer – **The Waiting Room** [1]: 273 Long St., tel. 021 422 45 36, www.facebook.com/waitingroomct, ma.-za. 17-2 uur (zomer), di.-za. 18-2 uur (winter). Wat in eerste instantie inderdaad een wachtruimte was voor het eronder liggende restaurant Royale Eatery, is tegenwoordig een funky club met uitzicht op Long Street. Dinsdags is er altijd een bandje te zien, van woensdag tot en met zaterdag verzorgen dj's de muziek.

Guinness van de tap – **The Dubliners** [2]: 251 Long St., City, tel. 021 424 12 12, www.dubliner.co.za. Een Ierse pub zoals je die tegenwoordig in zo'n beetje elke stad ter wereld kunt vinden, maar dan wel in een prachtig historisch pand. Guinness van de tap, pub grub en van maandag tot en met zaterdag 's avonds livemuziek. Leuke tent waar het na tienen altijd gezellig (en luidruchtig) is.

Hiphop en r&b – **Chrome** [3]: Pepper St., City, tel. 083 700 60 78, www.chromect.com, wo. vanaf 21, do.-zo. vanaf 22 uur. Een van de hipste clubs van de stad. Woensdag is studentenavond, shots kosten dan maar 1 rand. Donderdag is dan weer voor een wat ouder publiek, vrijdag is Ladies' Night. ▷ blz. 134

Op ontdekkingsreis

Cape Town, Jazz Town – op jazzexcursie door de stad

Jazz is in Zuid-Afrika meer dan alleen een muziekgenre. Het stond na de Tweede Wereldoorlog voor een stukje stedelijke gecultiveerdheid en was tevens een manier om tegen apartheid te protesteren.

Kaart Kaapstad: zie blz. 92
Informatie over concerten: in *Top of the Times* (bijlage van de *Cape Times*), in *Argus* en in het magazine *Cape Town Etc*. Op internet: www.capetownetc.com, www.capetowntoday.co.za, www.capetownmagazine.com/jazz.

Straight no Chaser 5 : 79 Buitenkant St., tel. 076 679 26 97, www.facebook.com/straightnochaserclub, di.-zo. 19-2 uur. Bezoekers betalen in deze jazzclub per set. 1 set kost 70 rand per persoon of 120 rand voor twee personen. De livesessies beginnen om 20.30 en 22.30 uur en duren 75 minuten per set.
Hanover Street Jazz Club 6 : Grand West Casino, 1 Vanguard Drive, Goodwood, tel. 021 505 77 77, www.grandwest.co.za
Winchester Mansions 7 : 221 Beach Rd., Sea Point, Tel, 021 434 23 51, www.

winchester.co.za, Livejazzbrunch zo. 11-14 uur, 295-345 rand per persoon.

Het 'zwarte' muziekgenre jazz heeft zijn oorsprong in New Orleans in het zuiden van de Verenigde Staten, maar de Zuid-Afrikaanse townships vormden na de Tweede Wereldoorlog een vruchtbare bodem voor de overzeese muziek. Jazz stond voor een zwarte Amerikaanse subcultuur die zich niet alleen uitte in muziek, maar ook in mode en taalgebruik. Een subcultuur die bovendien modern was, vooruitstrevend – alles wat de door de Zuid-Afrikaanse regering gepropageerde conservatieve lifestyle juist níét was. De Kaapse Jazz, ook wel Marabi genoemd, vindt zijn oorsprong in het township Maraba in Tshwane, het vroegere Pretoria. Hier ontwikkelde zich een compleet eigen richting, Cape Jazz, waarin Amerikaanse jazztradities werden gecombineerd met lokale invloeden. Niet alleen van de vele immigranten uit de hele wereld, maar ook van kerkkoren en townshipbandjes. Invloeden, die duidelijk te horen zijn bij de internationaal bekende Abdullah Ibrahim (die zichzelf vroeger ook wel Dollar Brand noemde), Basil Coetzee en Robbie Jansen. Tijdens het apartheidsregime werden talenten als Abdullah Ibrahim gedwongen het land te verlaten. Daarna waren het vooral buitenlandse muzikanten, met Paul Simon als belangrijkste voorbeeld, die de wereld wezen op Zuid-Afrikaanse jazztalenten.

Sinds apartheid werd afgeschaft, wordt de jazzscene van Kaapstad steeds groter. Bannelingen keren terug, internationale sterren doen de stad aan tijdens hun wereldtournees en jazzconcerten zijn altijd uitverkocht.

Het einde van een klassieker

In 2010 sloot de oudste jazzclub van de stad, de Green Dolphin in de Waterfront, na meer dan twintig jaar zijn deuren. Een paar jaar eerder was jazzklassieker Manenberg Jazz Cafe hetzelfde lot beschoren. Maar hun plek werd algauw ingenomen door nieuwe zaken. De plek die in 2011 van Cape Town weer Jazz Town maakte, was The Mahogany Room, die drie jaar later werd omgedoopt in **Straight no Chaser** [5]. De kleine jazzclub kijkt wat programmering betreft naar de beste clubs ter wereld, en is erg intiem, wat zorgt voor een intensief contact tussen de muzikanten en het publiek.

Herinnering aan District Six

In de stijlvolle **Hanover Street Jazz Club** [6] in het Grand West Casino, even buiten de stad, wordt iets herbeleefd dat eigenlijk verdwenen was. De naam van de club herinnert aan de voormalige Hanover Street (tegenwoordig Darling Street), een van de belangrijkste straten in het multiculturele District Six, dat tijdens het apartheidsregime met de grond gelijk werd gemaakt. Hier komen mensen die meer waarde hechten aan populaire jazz dan aan sfeer.

Jazzbrunch

Elke zondag kunnen jazzliefhebbers al jaren in hotel **Winchester Mansions** [7] in Sea Point terecht voor een jazzbrunch met livemuziek, bij goed weer in de binnentuin. Bij binnenkomst krijgt u een glas vonkelwijn en de zondagskrant, vervolgens kunt u bij het buffet zoveel opscheppen als u maar wenst, van ontbijtgerechten als roerei tot sushi en natuurlijk de heerlijkste desserts.

De Grote Twee

Jazzfans moeten in de evenementenagenda's letten op de naam Dan Shout. En als Jimmy Dludlu speelt, moet u niet lang nadenken, maar meteen een kaartje kopen!

Zaterdagavond wordt r&b en hiphop gedraaid, zondag Kwaito, house en ook weer hiphop.

Bar with a view – Club 31 4 : 31e verdieping ABSA Centre, 2 Riebeeck St., City, tel. 021 421 05 81, www.thirtyone.co.za, wo. vanaf 21, vr. vanaf 16.30, za. vanaf 22 uur. Club 31 kan met zijn urban chique interieur wedijveren met de beste clubs ter wereld. Door de ligging op de 31e verdieping onderscheidt de club zich duidelijk van andere in de stad. De blik op nachtelijk Kaapstad is naar alle kanten grandioos.

Jazz – Straight no Chaser 5 , **Hanover Street Jazz Club** 6 , **Winchester Mansions** 7 : zie Op ontdekkingsreis blz. 132.

Kaapstad in het klein – Grand West Casino 6 : 1 Vanguard Drive, Good wood, tel. 021 505 77 77, www.grandwest.co.za. Dit casino bestaat uit meerdere panden, die alle een kopie zijn van bekende, historische Kaapstadse gebouwen. Zoals het hoofdpostkantoor, het centraal station, de Tivoli Music Hall en het beroemde Grand Hotel, dat vroeger in Adderley Street stond en waar het gasten aan niets ontbrak. De Grand West interpretatie ziet er overigens alleen vanbuiten zo uit als het inmiddels gesloopte hotel in de City. Naast blackjacktafels en honderden eenarmige bandieten biedt het casino veel entertainment in de Roxy en Hanover Street Night Club. Het restaurantcomplex, waar het 24 uur per dag schemert, is gebouwd in de stijl van een oude wijk van Kaapstad, simpelweg The District genoemd.

Bigger is better – Club Fever 8 : hoek Castor/Pollux Rd., Lansdowne, tel. 082 407 50 81, www.facebook.com/club feverpage, wo., vr., za. 21-4 uur, entree 60 rand. In de grootste club van de stad passen zo'n 1500 man. Drie bars, vier vipruimten en een restaurant. Hightech-lichtshow, een geweldige geluidsinstallatie en een podium met enorme plasmaschermen. De club ligt nogal afgelegen, dus het is verstandig een taxi te nemen.

Doorzichtig zwembad – Shimmy Beach Club and restaurant 9 : 12 South Arm Rd., V&A Waterfront, tel. 021 200 77 78, www. shimmybeachclub.com, dag. 11-2, keuken 11-16, 18-3 uur, rolstoelvriendelijk. Cooler bestaat niet – alleen al het doorzichtige zwembad is een bezoek meer dan waard. Hier komt trendy Kaapstad bijeen om te eten en gelegen in een strandstoel, de voetjes in het zand, cocktails te drinken. Ook regelmatig concerten, zie website voor de actuele agenda.

Festiviteiten

... in de City

Cape Minstrel Carnival (ook Coon Carnival genoemd): ca. drie weken na 2 januari, *Tweedenuwejaar*, www.capetown-minstrels.co.za. Duizenden coloureds in bonte satijnen pakken trekken tijdens het carnaval zingend en dansend door de straten richting het Cape Town Stadium in Green Point, waar een grote talentenjacht plaatsvindt.

LifeCycle Week: half maart, V&A Waterfront, www.cycletour.co.za. Een week na deze fietsbeurs volgt de wielerwedstrijd **Cape Town Cycle Tour**.

Two Oceans Marathon: Pasen. Niet een gewone marathon, maar 56 km rond het Kaaps Schiereiland, www.twooceansmarathon.org.za.

Nedbank Summer Concerts: nov.-feb., altijd op zo., bij de Josephine Mill in Newslands. Zomerconcertserie in di-

---

Uitgaanstips

Alles wat hot is in Kaapstad, van restaurants en bars tot clubs en exposities, is te vinden op **www.capetownlive.com**.

Adressen

Kleurrijke lol bij het Coon Carnival

verse muziekstijlen: klassiek, jazz, folk, swing en koormuziek.
Cape Town Festival: half/eind maart, www.capetownfestival.co.za. 'One City, Many Cultures' op diverse locaties in de City, voorsteden en townships.
Cape Town Book Fair: om het jaar, half juni, boekenbeurs.
Cape Town Fashion Week: Cape Town International Conventional Centre, tel. 021 422 03 90, www.afi.za.com.
Cape Town Funny Festival: mei/juni, www.eddycassar.co.za, kaartjes via tel. 021 425 69 86. Evenementen vinden plaats op diverse locaties, zoals The Baxter Theatre Concert Hall en Amphitheatre V&A Waterfront.
MCQP Mother City Queer Project: www.mcqp.co.za. Groot homofestival met spectaculaire parade.

... in de V&A Waterfront

Encounters – South African International Documentary Film Festival: juli/aug., NuMetro Cinema, V&A Waterfront, tel. 021 465 46 86, www.encounters.co.za. Documentaires met voornamelijk Afrikaanse thema's.

IN EEN OOGOPSLAG

Het Kaaps Schiereiland

Hoogtepunt ✶

Boulders Beach: hier leeft een kolonie zwartvoetpunguïns, die vanaf houten plankieren geobserveerd en – het best 's ochtends vroeg – gefotografeerd kunnen worden. Het reservaat hoort bij het Table Mountain National Park. Zie blz. 144

Op ontdekkingsreis

Light Houses – naar de vuurtorens van de Kaap: de Kaap der stormen wordt geflankeerd door vuurtorens – van de seinlichten van Kaapstad in Milnerton en Green Point, de oudste van het land, via de torens bij Kommetjie en Cape Point tot aan vuurtoren Roman Rock bij Simon's Town. Zie blz. 146

Bezienswaardigheden

Kirstenbosch Botanical Gardens: de botanische tuin van Kaapstad is een van de mooiste ter wereld. Zie blz. 138

Cape Point en Kaap de Goede Hoop: de door mythes omgeven Kaap is een must bij een bezoek aan de regio. Vergeet niet ook de prachtige, weinig bezochte andere kant van het park te bekijken! Zie blz. 145

Actief onderweg

Zwemmen op de Kaap: onderweg naar Cape Point komt u langs een aantal leuke getijdenpoelen waar het water relatief warm is en u kunt zwemmen. Bijvoorbeeld in Bordjiesdrif en Buffels Bay. Zie blz. 145

Sfeervol genieten

Live bait: nergens op de Kaap is het uitzicht tijdens het eten mooier dan hier: het water van de branding spettert tegen de ramen van visrestaurant Live Bait in Kalk Bay. Zie blz. 140

Kitima: het stijlvolle restaurant in het historische Kronendal-gebouw in de hoofdstraat van Hout Bay serveert fantastische Aziatische gerechten voor heel schappelijke prijzen. Zie blz. 154

Uitgaan

The Roundhouse, Camps Bay: geweldig uitzicht en top-eten in een historisch gebouw aan de voet van Lion's Head, op een helling boven het hippe Camps Bay. Zie blz. 158

Mooie uitzichten rond de Kaap

Op de weg naar de beroemd-beruchte Kaap de Goede Hoop is van alles te zien. Eerst de Kirstenbosch Botanical Gardens, dan de Engels aandoende badplaats Simon's Town en natuurlijk de pinguïnkolonie op Boulders Beach. Na de Kaap volgt dan op de Atlantische zijde van het schiereiland de door steenslag kwetsbare Chapman's Peak Drive, een van de spectaculairste kustwegen ter wereld. Aan het eind van ons rondje Kaap komen we bij de hippe stranden van Hout Bay, Camps Bay en Clifton.

Van Kaapstad naar False Bay ▶ kaart 2, A/B 2-4

Kirstenbosch Botanical Gardens

Rhodes Drive, tel. 021 799 88 99, www.sanbi.org/gardens/kirstenbosch, april-aug. dag. 8-18, sept.-maart dag. 8-19 uur, 55/15 rand, kinderen tot 6 jaar gratis entree, Sunset Concerts, dec.-april za. vanaf 17.30 uur, tickets: tel. 021 761 28 66, www.webtickets.co.za, www.facebook.com/KirstenboschSummerSunset Concerts, afhankelijk van concert 100-160 rand

Plantenliefhebbers komen aan het begin van deze rondgang over de Kaap aan hun trekken. De **Kirstenbosch Botanical Gardens** werden in 1913 aangelegd op de zuidelijke hellingen van de Tafelberg. Onder het wakend oog van de machtige Castle Rock groeien hier zo'n 6000 inheemse planten, van de reusachtige *yellowwood tree* tot de kleine lentebloemen van het Namaqualand. De 528 ha grote tuin wordt veelvuldig gebruikt voor milieu-educatie, en 's ochtends lopen er vaak groepen schoolkinderen rond. Een gebied van 36 ha wordt doorkruist door wandelpaden, die lopen tussen gazons en protea- en ericabedden. Een deel van de bittere-amandelhaag die Jan van Riebeeck, de eerste gouverneur van de Kaap, in 1660 liet aanplanten om de Kaapkolonie te beschermen tegen aanvallen van de Bosjesmannen, staat er nog. In de souvenirshop kunt u plantjes kopen voor uw eigen tuin.

Een mooi avontuur is de **Centenary Tree Canopy Walk**, ook wel de boomslang genoemd, die ter gelegenheid van de honderdste verjaardag van de botanische tuin werd gebouwd. Een 130 m lange staal- en houtconstructie – de Skyway – slingert zich van de bodem door de bomen en hun kruinen naar een hoogte van 12 m. Het uitzicht rondom op de omliggende bergen, de tuin zelf en de Cape Flats is fantastisch! De Skyway verdwijnt bijna volledig in de bomen, en heeft zodoende nauwelijks effect op het milieu. De Canopy Walk is rolstoelvriendelijk en is inbegrepen bij de entreeprijs.

INFO

Peninsula Tourism Bureau: Muizenberg, The Pavilion, Beach Rd., tel. 021 788 61 93, www.tourismcapetown.co.za, ma.-vr. 8.30-17.30, za., zo., feestdagen 9-12 uur.

Simon's Town Information Bureau: 111 St. George's St., tel. 021 786 57 98, www.simonstown.com, ma.-vr. 9-16, za. 10-13 uur.

Hout Bay museum: 4 Andrew Rd., tel. 021 790 32 70, www.houtbay.org, ma.-vr. 8.30-16.30, za. 10-14 uur. Informatie over accommodaties, restaurants en bootexcursies.

Kleurrijke badhokjes op het strand bij St. James

De badplaatsen aan False Bay

Sinds de landing van de eerste Nederlandse schepen in de Tafelbaai werd telkens weer verkeerd genavigeerd. Zeevaarders verloren hun oriëntering en dachten dat ze al waren gearriveerd; de reusachtige baai waarin ze zich bevonden, was echter de verkeerde, vandaar de naam **False Bay**. Vergeleken met de stranden aan de westkant van het Kaaps Schiereiland is de zee hier altijd een paar graden warmer. Veel bezoekers denken dat dit komt omdat het water aan de oostkant van het schiereiland de Indische Oceaan is, maar dat is niet zo – de Atlantische en Indische Oceaan komen niet bij elkaar bij Kaap de Goede Hoop, maar zo'n 300 km zuidoostelijker, op het zuidelijkste puntje van Afrika, Cape Agulhas. Dat de term Two Oceans vaak wordt gebruikt als het gaat om het Kaaps Schiereiland, komt simpelweg omdat die zo goed klinkt.

Muizenberg is het eerste strandstadje aan False Bay. De al bij de vorige eeuwwisseling populaire badplaats, waar de Zuid-Afrikaanse 'adel', van Rhodes tot Oppenheimer, ooit vorstelijk resideerde, was een beetje in verval geraakt – het goud bladderde spreekwoordelijk van de muren. Jarenlang lag het plaatsje dan ook in de schaduw van andere plekken, vooral die aan de Atlantische kust. Maar inmiddels worden de oude huizen, met dank aan het bloeiende toerisme, gerestaureerd en krijgt het stadje weer wat van zijn oude charme terug. De kleurrijke 19e-eeuwse badhokjes zijn helaas altijd voor het hele seizoen verhuurd, dus die kunt u niet voor een dagje gebruiken.

Ten noordoosten van Muizenberg ligt het **Rondevlei Nature Reserve**, waar de enige nijlpaarden van het Kaaps Schiereiland leven. Vanuit speciale hutten kunt u er ook watervogels observeren.

Badplaats **St. James** staat eveneens bekend om zijn bonte houten badhokjes in victoriaanse stijl. In de getijdenpoel kunt u veilig zwemmen.

Het historische **Kalk Bay** staat bekend om zijn antiek- en rommelwinkeltjes, waarin u urenlang kunt rondsnuffelen. Ook het haventje is een bezoek waard, vooral wanneer de vis-

Tip

Zwemmen op de Kaap – de mooiste stranden

De stranden langs de 150 km lange kustlijn van het Kaaps Schiereiland zijn zeer verschillend – elk strand heeft zijn eigen karakter. Sowieso is er een duidelijke tweedeling: de oostkant, langs False Bay, en de Atlantische westkust. De stranden aan die kant van het schiereiland zijn beschermd tegen de Southeaster, maar de watertemperatuur is er door de koude Benguelastroming nogal laag. Aan de andere kant waait het harder, maar is het water zo'n 5°C warmer.

Op de populairste stranden zijn, zeker in de vakantieperiodes, lifeguards en *beach patrols* aan het werk. Maar eigenlijk kunt u op de stranden van het Kaaps Schiereiland altijd veilig zwemmen. Mocht u toch twijfelen, dan kunt u het gewoon vragen aan iemand die er 'lokaal' uitziet, of bellen naar het algemene informatienummer 021 788 59 65 (informatie over surfomstandigheden, getijden en wind). Zie verder onder het kopje 'Actief' op blz. 141, 150 en 159.

---

sersboten net binnen zijn en hun vers gevangen waar verkopen.

Als alternatief voor de kustweg M 4 kunt u rijden over **Boyes Drive**, die boven Muizenberg en Kalk Bay langs de heuvels voert en vanwaar u een geweldig uitzicht hebt over False Bay. De route begint net voor Muizenberg en eindigt in Kalk Bay. Het volgende plaatsje aan False Bay is Fish Hoek.

Overnachten

Historisch herenhuis – **Colona Castle Manor House:** Old Boyes Drive, 1 Verwood St., Lakeside, tel. 021 788 82 35, www.colonacastle.co.za, 2 pk met ontbijt vanaf 3110 rand. Historisch herenhuis met uitzicht over het merenlandschap van Muizenberg tot aan False Bay. Luxe en stijlvol, met elegant ingerichte kamers.

Eten & drinken

Super Ribs – **Easy Tiger Burger Bar:** 136 Main Rd., tel. 021 788 39 92, www.easy-tiger.co.za, hamburger 47-65 rand, BBQ ribs vanaf 65 rand, patat vanaf 22 rand. Relaxte tent met coole inrichting en uitzicht op Main Street en de haven. Het restaurant is van dezelfde eigenaar als La Parada en Harbour House, wat garant staat voor goed eten. Alleen al de ribs zijn de rit naar Kalk Bay waard. Er zijn plannen voor nieuwe filialen van Easy Tiger in Kaapstad.

Seafood met uitzicht – **Harbour House restaurant:** Kalk Bay Harbour, achter Main Rd., Kalk Bay, tel. 021 788 41 33, www.harbourhouse.co.za, dag. 12-16, 18-22 uur, hoofdgerecht ca. 160 rand. Extreem verse vis, aan zee geserveerd – in dit restaurant hebt u bijna het gevoel te eten tussen de golven.

Portugese visgerechten – **Polana:** Kalk Bay Harbour, onder restaurant Harbour House, Kalk Bay, tel. 021 788 71 62, www.harbourhousegroup.co.za, dag. 18-22.30, za., zo. ook 12-16 uur, hoofdgerecht ca. 90 rand. Hier heeft het geserveerde *seafood* een Portugese *touch*. Het uitzicht is fantastisch.

Winters genoegen – **Live Bait:** Kalk Bay Harbour, Kalk Bay, tel. 021 788 57 55, www.harbourhousegroup.co.za, dag.

12-22 uur, hoofdgerecht ca. 130 rand. Alle drie de visrestaurants in de haven van Kalk Bay zijn prima, maar dit is de leukste. Vooral in de winter, wanneer het bruisende water van de golven tegen de ruiten klettert.
Alternatief – **Olympia Café & Deli:** 134 Main Rd., Kalk Bay, tel. 021 788 63 96, dag. 7-21 uur, hoofdgerecht ca. 90 rand. Mooi 'alternatief' restaurant met verse bakkerswaar, erg goede cappuccino en lekkere pasta. Mooi uitzicht op de haven van Kalk Bay.
Informeel – **The Brass Bell:** Kalk Bay Station, Main Rd., Kalk Bay, tel. 021 788 54 55, www.brassbell.co.za, hoofdgerecht 85-135 (*cray fish* 385) rand. Smakelijke seafood en een mooi uitzicht uitzicht op False Bay in een informele omgeving.

Winkelen

Oud porselein – **The Whatnot:** 70 Main Rd., Kalk Bay, tel. 021 788 18 23, zomer dag. 9.30-17.30, winter dag. 9.45-17 uur. Ongelooflijk grote keus aan oud porseleinservies. Beweeg u vooral omzichtig: de zaak is erg krap en een verkeerde beweging kan duur uitpakken.
Voor bibliofielen – **Quagga Art & Books:** 84 Main Rd., Kalk Bay, tel. 021 788 27 52, ma.-za. 9.30-1, zo. 10-17 uur. Waardevolle oude boeken, waaronder een aantal uitstekende Afrikana-werken. Ook mooie oude kaarten en foto's. Een paradijs voor boekwormen.
Rommelwinkel – **Kalk Bay Trading Post:** 71 Main Rd., Kalk Bay, tel. 021 788 95 71, dag. 9.30-17.30 uur. Typische rommelwinkel, waarin alles van speelgoedauto's tot langspeelplaten te koop is. In het voormalige postkantoor.
Kunstnijverheid – **Cape to Cairo:** 100 Main Rd., Kalk Bay, tel. 021 788 45 71, winter dag. 9.30-17, zomer dag. 9.30-17.30 uur. Bent u op zoek naar nieuwerwetse, maar mooie kunstnijverheid, dan moet u zeker even hier gaan kijken.

Actief

Surfmekka – **Gary's Surf School:** 34 Beach Rd., Muizenberg, tel. 021 788 98 39, www.garysurf.com. Het strand van Muizenberg is vanwege de relatief hoge temperatuur van het water en de perfecte golven een absoluut surfersmekka. Een van de oudste surfscholen in de buurt is die van Gary, bij wie u ook als beginner prima terechtkunt. Zijn winkel annex surfschool bevindt zich uiteraard op het strand.
De beste stranden van False Bay – **Muizenberg Beach:** inmiddels een beetje vervallen, maar ooit was dit strand dé plek voor de *rich and famous*; de witte stranden zijn hoe dan ook nog steeds een perfecte plek om te zwemmen en te surfen. Maak u geen zorgen als het water er wat bruin uitziet. Dat komt door de algen die af en toe aanspoelen, en ze kunnen geen kwaad.
St. James: getijdenpoelen zorgen ervoor dat zwemmen hier een zeer veilige aangelegenheid is.
Kalk Bay: bij het strand zijn getijdenpoelen, in zee prima golven voor ervaren surfers.
Fish Hoek: een goede surfspot met water dat net zo warm is als thuis in bad.
Seaforth Beach: het strand ligt uit de wind en u kunt er veilig zwemmen.
Boulders Beach: een prachtstrand. Enorme ronde granietblokken beschermen het van de wind. Fijn zand, turquoise water en als extraatje de beroemde kolonie zwartvoetpinguïns (*conservation fee* 70 rand, kinderen tot 12 jaar 35 rand).
Buffelsbaai: ook het strand bij Cape of Good Hope Nature Reserve heeft een getijdenpoel, zodat zwemmen hier veilig is.

Festiviteiten

Kirstenbosch Summer Sunset Concerts: Rhodes Drive, Newlands, tel. 021 799 88 99, Information Office: tel. 021 799 87 83 (kantoortijden), actuele evenementenagenda onder 'Events' op www.sanbi.org, kaartjes bij de ingang of online via www.webtickets.co.za. Tussen november en april vinden op zondagen in Kirstenbosch *summer sunset concerts* plaats, picknickconcerten die de ene keer klassiek en dan weer popmuziek, bijvoorbeeld het Cape Town Symphony Orchestra of Bryan Adams. De concerten beginnen om 17.30 uur (poort open 16 uur, prijs kaartjes verschilt per concert, meestal 100-160 rand, 6-18 (soms 21) jaar 80-140 rand). De weekends voor Kerstmis zijn gereserveerd voor **Carols by Candlelight.** Bij de ingang krijgen bezoekers dan kaarsen. Wanneer het donker wordt, worden deze aangestoken en klinken uit honderden kelen kerstliederen (kaartjes 75-85, kinderen 6-18 jaar 55-65 rand).

Simon's Town

▶ kaart 2, B 4-5

In de historische stad **Simon's Town** staat al meer dan tweehonderd jaar de belangrijkste marinebasis van het land. De stad, vernoemd naar gouverneur Simon van der Stel, was in de winter de ankerplaats van de schepen van de VOC. De haven ligt beschut tegen de beruchte noordwestenwind, die in de winter weleens flink kon huishouden in de Tafelbaai, met averij en erger als gevolg. De Engelsen maakten van Simon's Town in 1814 een marinebasis, en dat is de stad altijd gebleven.

De hoofdstraat van het stadje wordt ook wel **Historical Mile** genoemd, omdat er het ene historische pand naast het andere staat – de meeste zijn meer dan 150 jaar oud.

Simon's Town Museum

The Residency, Court Rd., tel. 021 786 30 46, www.simonstown.com/museum/stm_main.htm, ma.-vr.

Opgepast: haai society

False Bay is niet alleen populair bij mensen, ook witte haaien houden zich er graag op. Dit heeft te maken met Seal Island, een eilandje in de baai waar het lievelingseten van de haaien in grote aantallen ligt te zonnebaden. Omdat peddelende surfers er van onder uitzien als gewonde Kaapse pelsrobben, worden ze regelmatig aangevallen – met soms dodelijke afloop. Om die reden zijn er officiële, door het Wereld Natuur Fonds gesponsorde haaienspotters langs de kust. Bewapend met verrekijkers zoeken zij het water af, op jacht naar 'zeerovers'. De ene spotter zit hoog boven de kust, op Boyes Drive, de andere beneden aan het strand. Zodra een van hen iets ziet, gaat er een sirene loeien. Een vlaggensysteem dient als extra waarschuwing:
Zwarte vlag: slecht zicht, geen haai gespot.
Groene vlag: goed zicht, geen haai gespot.
Rode vlag: er is een haai gezien in de omgeving, maar die is weer uit het zicht verdwenen. Voorzichtigheid is echter geboden!
Witte vlag met een zwart silhouet van een haai: haai in zicht, meteen uit het water komen!
In het seizoen worden tientallen haaien gespot en vlaggen gehesen – het systeem werkt uitstekend.

Goede oude tijd – de Historical Mile van Simon's Town

9-16, za. 10-13 uur, zo. en feestdagen 11-15 uur

Het museum is ondergebracht in de **Old Residency**, de in 1777 gebouwde winterresidentie van de gouverneur. Sindsdien kende het gebouw verschillende bestemmingen: het diende onder meer als rechtbank, slavenonderkomen, gevangenis, ziekenhuis voor zeevaarders en douanekantoor.

Bezoekers kunnen een keur aan objecten bewonderen, zoals uniformen en logboeken, er is een nagebouwde pub van halverwege de vorige eeuw te zien en er worden herinneringen opgehaald aan Just Nuisance, een Deense dog die als mascotte van Britse soldaten diende tijdens de Tweede Wereldoorlog. De enorme hond werd in 1944 met militaire eer begraven. Over de kist was een witte vlag gedrapeerd en tweehonderd officieren en soldaten stonden in de houding tijdens een salvo saluutschoten. Op **Jubilee Square** in de stad staat een bronzen beeld ter ere van de beroemde hond.

South African Naval Museum

West dockyard, Court Rd., tel. 021 787 46 86, www.simonstown.com/naval museum, dag. 10-16 uur

Een deur verderop bevindt zich dit museum, waarin de maritieme geschiedenis van Zuid-Afrika wordt gepresenteerd.

Warrior Toy Museum

St. Georges St., tel. 021 786 13 95, ma.-do., za. 10-15.45 uur

In dit leuke museum kunnen kleine en grote kinderen hun lol op. Naast tinnen soldaatjes zijn er speelgoedauto's, poppen, bootjes en modelspoorbanen te bewonderen. Een deel van het tentoongestelde is te koop.

Overnachten

Walvissen kijken – **Whale View Manor:** 402 Main Rd., tel. 021 786 32 91, www.whaleviewmanor.co.za, 2 pk met ontbijt vanaf 1590 rand. Mooie guesthouse met zee- of bergzicht en tien verschillend ingerichte themakamers – van 'Shalimar' tot 'Massai' en 'Marrakesh'. Goede ligging, vlak bij het pinguïnstrand en Kaap de Goede Hoop. Er zijn ook een restaurant en een stijlvol wellnesscentrum voor gasten.

Alles voorhanden – **Cottons Cottages:** Paradise Rd., tel. 021 701 03 77, www.cottonscottages.com, vanaf 1300 rand (2 kamers, 4 personen) en 2000 rand (4 kamers, 8 personen). De mooie huisjes in zeemansstijl hebben niet alleen een keuken met vaatwasser, wasmachine en droger, tv en dvd-speler, maar ook prachtig uitzicht op de zee of de bergen.

Eten & drinken

Lekker rauw – **Just Sushi:** Simon's Town Waterfront, St. George's St., tel. 021 786 43 40, wo.-ma. 12-15, 18-22 uur, hoofdgerecht 130 rand. Relaxte sushitent met mooi uitzicht op de haven en False Bay. De combinatie-aanbiedingen zijn het voordeligst. Japans bier en sake.

Van Simon's Town naar Cape Point

Boulders Beach ✶ ▶ kaart 2, B 4-6

www.tmnp.co.za, dag. feb./maart 8-18.30, april-sept. 8-17, okt./nov. 8-18.30, dec.-jan. 7-19.30 uur, dagkaart ('conservation fee') 70 rand, kinderen tot 12 jaar 35 rand

Een van de mooiste stranden van het Kaaps Schiereiland ligt ten zuiden van Simon's Town. Enorme granietrotsen gaven het plaatsje zijn naam: **Boulders Beach.** Naast de gebruikelijke strandgenugten als zand en zee is hier iets bijzonders te zien: **zwartvoetpinguïns** (*African penguins*), die hier sinds 1985 leven in een beschermde kolonie. Zonder enige angst voor de op houten plankieren toekijkende toeristen waggelen ze rond, steeds weer hoor je hun karakteristieke geluid, dat net zo ver van het gekwetter van vogels afstaat als een Kever-motor van een Ferrari-krachtbron. Als je niet beter zou weten, zou je haast denken dat niet pinguïns, maar ezels voor de herrie verantwoordelijk zijn. In ganzenpas waggelen de zwart-wit gevlekte beestjes naar zee, waar ze van onhandig bewegende dronkenlappen veranderen in gestroomlijnde superzwemmers – op zoek naar voedsel kunnen ze tot wel 100 km per dag afleggen.

Behalve in Simon's Town zijn er op nog twee plekken in zuidelijk Afrika pnguïnkolonies: één in Stoney Point (zie blz. 221) op de Western Cape en eentje in Namibië. Vroeger leefden de niet-vliegende vogels op kleine eilanden, waar ze metersdiepe nesten in de guano bouwden. Toen men erachter kwam dat de uitwerpselen van de pinguïns erg goede mest was, werden de dikke lagen verwijderd en hadden de pinguïns geen beschermde broedplaatsen aan zee meer. Als alternatief begonnen ze te nestelen in het zand onder de rotsen. Door hun verhuizing naar het vasteland zijn de pinguïns (en vooral de jonkies) een prooi geworden voor luipaarden, honden en katten. Aan het begin van de 20e eeuw waren er naar schatting 1 miljoen broedparen, tegenwoordig op de hele wereld nog maar zo'n 20.000. Sinds 1998 behoort Boulders Beach bij het Table Mountain National Park.

Kaapse bavianen

Voorbij Boulders Beach volgt de weg steeds de contouren van het strand, langs **Miller's Point** en **Smitswinkel-**

bay. De kans is groot dat u hier stuit op een van de vier 'clans' van Kaapse bavianen, ook wel berenbavianen, die op de Kaap leven. Opgepast: de dieren mogen absoluut niet worden gevoerd! Als u ze ooit hebt zien gapen, weet u ook waarom: hun tanden zijn niet alleen erg lang, ze zijn ook messcherp. Een bijzonderheid van de circa 250 op het Kaaps Schiereiland levende bavianen is dat hun voeding niet alleen bestaat uit graszaden, wortels, bloemen, insecten en kleine zoogdieren, maar ook uit mosselen en schaaldieren, die ze bij eb op het strand bij elkaar zoeken.

Overnachten

Slapen bij de pinguïns – **Boulders Beach Lodge & Restaurant:** 4 Boulders Place, Boulders Beach, tel. 021 786 17 58, www.bouldersbeach.co.za, 2 pk vanaf 650 rand per persoon, appartement voor maximaal zes personen 2200 rand. twaalf smaakvol ingerichte kamers en twee appartementen op een paar minuten lopen van de pinguïnkolonie. Fijne, informele sfeer, restaurant met terras, heerlijk huisgemaakt gebak, goede cappuccino, souvenirshop.

Cape of Good Hope Nature Reserve

▶ kaart 2, A/B 5/6

www.tmnp.co.za, dagkaart 125 rand, kinderen tot 12 jaar 65 rand, Cape Point dag. april-sept. 7-17, okt.-maart 6-18 uur

Na Smitswinkelbay rijdt u links het **Cape of Good Hope Nature Reserve** in. De zuidpunt van het Kaaps Schiereiland, met een oppervlakte van bijna 8000 ha en een kustlijn van 40 km, is sinds 1936 een beschermd natuurgebied en werd in 1998 onderdeel van Table Mountain National Park. Hier groeien meer dan 1100 soorten planten, waarvan er 14 alleen in het park voorkomen. Een netwerk van kleinere wegen doorkruist het gebied, maar met de kaart die u wordt uitgereikt bij de toegangspoort, kunt u prima de weg vinden.

Zelfs wanneer er tijdens het hoogseizoen topdrukte heerst bij Kaap de Goede Hoop en Cape Point, vindt u aan het eind van minder populaire weggetjes rustige plekjes. Bij enkele ervan, zoals **Bordjiesdrif** en **Buffels Bay**, zijn ommuurde getijdenpoelen, waarin het zeewater door de zon verwarmd is en u dus zonder het gevaar van onderkoeling kunt zwemmen. Een van de mooiste wegen is die naar **Olifantsbos Bay** (zie blz. 148).

Hoewel de fynbosvegetatie op de Kaap niet erg voedingsrijk is, leeft in het natuurreservaat een aantal wilde dieren, zoals Kaapse bergzebra's, bontebokken, elandantilopen, grijsbokken en reebokken. Na regenval komen tientallen schildpadden uit hun beschutting gekropen om water te drinken uit de plassen op de weg. U moet zich daarom goed houden aan de snelheidsbeperkingen in het park.

Cape Point en Kaap de Goede Hoop

Bij **Cape Point** kunt u te voet over 125 trappen of per kabelbaan de laatste steile meters naar het hoogste punt overbruggen, vanwaar u bij goed weer kunt kijken over de hele False Bay tot aan de Hottentots Holland Mountains. Als het écht helder is, kunt u zelfs het 80 km verderop liggende Danger Point zien. Als uitkijkpunt dient het fundament van de in 1857 gebouwde, maar nu niet meer bestaande vuurtoren. Exact 209,5 m onder u klotst de zee onstuimig tegen de scherpe rotsen. Over een houten wandelpad kunt u in onge-   ▷ blz. 148

Op ontdekkingsreis

Kaapse vuurtorens – bakens van licht

Vuurtorens, vooral oude exemplaren, hebben een bijzondere aantrekkingskracht. Dat komt onder meer omdat ze altijd staan op onherbergzame, door stormen geteisterde kliffen. Gebieden waarover vaak allerlei mythes en sagen de ronde doen. Op de Kaap der Stormen staat een aantal bijzonder interessante voorbeelden van deze 'levensredders'.

Kaart: ▶ kaart 2
www.lighthouses.co.za: op deze site staan alle Zuid-Afrikaanse vuurtorens met een korte beschrijving en foto's.
Planning: Slangkop, nov.-maart ma.-vr. 10-15, okt.-april dag. 10-15 uur, rondleiding 20/10 rand, centraal reserveringsnummer: tel. 021 783 17 17.

Vuurtorens in de City

In een ver verleden wees de Tafelberg de schepen bij Kaapstad zelf de weg – als hij niet in nevelen gehuld was. Maar intussen kan de stad bogen op twee vuurtorens. De jongste van het duo verheft zich in het voorstadje **Milnerton,** ten noorden van het centrum. De 21 m hoge, cilindervormige betonconstructie werd gebouwd in 1960. Een bezoekje is alleen al de moeite waard vanwege het schitterende panorama: uw blik zweeft vanhier over de Tafelbaai naar de skyline van Kaapstad en het symbool van de stad, de Tafelberg. De vuurtoren van Milnerton is vergelijkbaar met die van Cape Hangklip. Zijn reikwijdte bedraagt 25 zeemijlen en zijn top ligt 28 m boven de vloedlijn.

De kuststrook tussen Milnerton en Green Point was en is de gevaarlijkste van Zuid-Afrika, een waar scheepskerkhof. Meer dan 150 schepen liepen in het zicht van de haven averij op en vergingen. Hoe groter Kaapstad werd, hoe meer land op de zee werd teruggewonnen: tientallen scheepswrakken zijn door de jaren heen, samen met hun verhalen en schatten, onder tonnen aarde en beton begraven.

De tweede van de City-vuurtorens staat in het stadsdeel **Green Point** (zie foto hiernaast). Deze oudste vuurtoren van Zuid-Afrika werd in 1824 opgericht tot een hoogte van 16 m. Veertig jaar later werd hij opgehoogd tot 20 m en kreeg hij een elektrisch lichthuis. Onmiskenbaar is de rood-wit gestreepte 'bekleding' van de vuurtoren, dat ergens in de laatste eeuw prachtig gerenoveerd werd.

Slangkop

Met 33 m is **Slangkop** de hoogste gietijzeren vuurtoren aan de Zuid-Afrikaanse kust. De ronde, wit geverfde toren uit 1919 staat in **Kommetjie** op het Kaaps Schiereiland. Hij staat 41 m boven de vloedlijn en zijn licht is tot 33 zeemijlen ver te zien. In Slangkop kunt u zich aansluiten bij een rondleiding met gids.

Cape Point

De waarschijnlijk meestbezochte vuurtorens – onlosmakelijk met elkaar verbonden – van het Kaaps Schiereiland staan bij Kaap de Goede Hoop, of beter gezegd op **Cape Point**. De oudste, hoog boven de rotsen, werd op 1 mei 1860 ingewijd. Maar door de vele mistbanken op de Kaap was hij vaak in nevelen gehuld en dus onzichtbaar voor de schepen – niet erg handig voor een vuurtoren. Vandaar dat er in 1914 een kleine 100 m lager een tweede vuurtoren werd gebouwd. Het licht van deze toren is 87 m boven de vloedlijn te zien, tot een afstand van 34 zeemijlen.

Roman Rock

Roman Rock, bij de haveningang van **Simon's Town** in False Bay, is een van de interessantere vuurtorens van het land. De ronde, gietijzeren toren werd in 1861 gebouwd op een ongebruikelijke plek. Hij verheft zich uit het water op een rots die alleen bij eb te zien is – bij vloed lijkt de vuurtoren uit zee te groeien. Het duurde vier jaar voor de in Engeland gefabriceerde constructie eindelijk zijn definitieve plek op de rotsen had bereikt. Het licht rijkt 16 zeemijlen ver en de toren staat 17 m boven de zeespiegel.

Op de toren trouwen

De Zuid-Afrikaanse vuurtorens zijn populaire trouwlocaties. Wilt u elkaar op een unieke plek het jawoord geven, kijk dan eerst op www.capetownwedding.eu/lighthouse.html.

Kaaps Schiereiland

Een door mythes omgeven gebied – Kaap de Goede Hoop

veer 30 minuten lopen van Cape Point naar Kaap de Goede Hoop of andersom.

Het gebied waarin u zich bevindt, is omgeven door mythes en sagen. Zoals het verhaal van de Vliegende Hollander. Het schip verdween in 1680 spoorloos tijdens een poging Kaap de Goede Hoop te ronden in een storm. Kapitein Willem van der Decken zou hebben gezworen dat als God hem niet hielp, de duivel het wel zou doen – een stukje blasfemie dat niet onbestraft bleef. De kapitein en zijn bemanning werden verdoemd, en het schip spookt tot het einde der tijden, met gehesen, bloedrode zeilen rond de Kaap.

Wandeling in het Cape of Good Hope Nature Reserve

Een heel mooie wandelroute (circa 2 uur heen en terug) in het Cape of Good Hope Nature Reserve voert van **Olifantsbos Bay** naar de roestige resten van de Thomas T. Tucker, een Amerikaans schip dat in 1942 met oorlogstuig aan boord op de klippen liep. Vlakbij ligt ook het wrak van het in de jaren 60 gezonken Nederlandse koopvaardijschip de Nolloth.

Van de Kaap naar Hout Bay ▶ kaart 2, A/B 3-6

Tegenover de ingang naar het Cape of Good Hope Nature Reserve ligt de **Cape Point Ostrich Farm**, een struisvogelboerderij, waar u middels een rondleiding alle ins en outs van de beesten te weten kunt komen (aan de M 65, tel. 021 780 92 94, www.capepointostrichfarm.com, rondleidingen dag. 9.30-17.30 uur).

De M 65 voert vanaf de struisvogelboerderij naar het rustige **Scarborough** – tot vrij recent zagen meer nederzettingen op het Kaaps Schiereiland er zo authentiek uit. Het plaatsje dankt zijn bekendheid aan een verweerde rots in de hoofdstraat, die door zijn bijzondere vorm **Camel Rock** wordt genoemd.

Eten & drinken

Eten op de boerderij – **Cape Farmhouse:** kruising M 66/M 65, Redhill, achter souvenirwinkel Red Rock Tribal, tel. 021 780 12 46, www.capefarmhouse.com, zomer dag. 9-17, winter wo.-zo. 9-17 uur, hoofdgerecht 50-180 rand. Een rustieke familieboerderij die Afrikaans geïnspireerde gerechten serveert, zoals pittige Mozambikaanse kip en op Noord-Afrikaanse wijze bereide tijgergarnalen. Het ontbijt bestaat uit vrije-uitloopeieren, groente en fruit uit de biologische tuin en zelfgebakken brood.

Winkelen

Kunstnijverheid – **Red Rock Tribal:** Cape Farmhouse, kruising M 66/M 65, Redhill, tel. 021 780 91 27, www.redrocktribal.co.za, zomer dag. 9.30-17.30, winter wo.-zo. 10-17 uur (meestal juli-half sept. gesl.). Originele, door de uitbaters Juliette en Steven in zuidelijk Afrika verzamelde kunstnijverheid. Dit is een van de interessantste 'souvenirwinkels' aan de Kaap. Enkele van de beste werken van Sibusiso Mbhele, een autistische kunstenaar die in KwaZulu/Natal in een zelfgebouwde 'vishelicopter' woont en van metaalafval vliegtuigen, onderzeeërs en auto's maakt.

Verder naar Noordhoek

U rijdt verder op een smal, maar mooi kustweggetje, waar u al snel de vuurtoren van **Kommetjie** (spreek uit: Komicki) in het zicht hebt.

Via een grote boog landinwaarts rondt de weg de lagunes aan Chapman's Bay. Het strand van **Noordhoek** is met 5 km het langste van het Kaaps Schiereiland. Aangezien hier vaak een harde, koude wind waait, wordt het strand vooral bezocht door wandelaars, ruiters en door wetsuits beschermde surfers – zwemmen is hier geen pretje.

Overnachten

Midden in Farm Village – **De Noordhoek Hotel:** Noordhoek Farm Village, hoek Chapman's Peak Drive/Village Lane, tel. 021 789 27 60, www.denoordhoek.co.za, 2 pk met ontbijt vanaf 1750 rand. Het milieuvriendelijke hotel in oude stijl, midden in Noordhoek Farm Village, gebruikt uitsluitend zonne-energie. Het heeft twintig vrij conservatief ingerichte kamers, waarvan er vier rolstoelvriendelijk zijn. Mooie tuin. Voor de deur liggen twee prima restaurants en een pub.

Stijlvolle themakamers – **Wild Rose Country Lodge:** 4 Bodrum Close, Noordhoek, tel. 021 785 41 40, www.wildrose.co.za, 2 pk met ontbijt 500-750 rand per persoon. Rietgedekt landgoed, stijlvol ingerichte kamers met berg- of meerzicht in verschillende thema's. Zo zijn er een African Room, een Kalahari Room, een Moroccan Room enzovoort.

Eten & drinken

Culinaire boerderijwinkel – **The Foodbarn:** Noordhoek Farm Village, hoek Village Lane/Noordhoek Main Rd., Noordhoek, tel. 021 789 13 90, www.thefoodbarn.co.za, dag. 12-14.30, wo.-za. 19-21.30 uur, hoofdgerecht 79-205 rand. De prominente Franse chef-kok Franck Dangereux heeft met de rietgedekte boerderijwinkel een stapje terug gedaan ten opzichte van de culinaire tempel La Colombe in Constantia (zie blz. 165), waar hij vroeger de scepter zwaaide. De (bijna altijd volgeboekte) intieme diners bij kaarslicht aan witgedekte tafels zijn fantastisch.

Voor ontbijt of lunch – **Café Roux:** Noordhoek Farm Village, tel. 021 789 25 38, www.caferoux.co.za, dag. 8.30-17 uur, hoofdgerecht ca. 80 rand. Heerlijke gerechten in een heel relaxte omgeving. U kunt binnen en buiten zitten, de seizoensgebonden menukaart is summier. Zoals alles in de Farm Village is Café Roux zeer gezinsvriendelijk.

Winkelen

Landelijk – **Noordhoek Farm Village:** hoek Main Rd./Village Lane, Noordhoek, tel. 021 789 28 12, 12, www.the farmvillage.co.za.. Meerdere restaurants en winkels in countrystijl nodigen uit tot een langer verblijf.

Actief

Strandleven – **White Sands, Scarborough, Misty Cliffs** en **Kommetjie:** aan al deze stranden zijn de omstandigheden uitstekend voor surfers.
Noordhoek: het 8 km lange, witte zandstrand is vooral geliefd bij wandelaars en ruiters. Om te zwemmen is het water hier te koud en is de stroming te sterk.

Chapman's Peak Drive

▶ kaart 2, A 2-4

Ten noorden van Noordhoek begint een van de spectaculairste kustwegen ter wereld. **Chapman's Peak Drive** (zie foto blz. 152-153) werd tussen 1915 en 1922 door gevangenen uit de rotsen hoog boven zee gehouwen. De weg is vernoemd naar John Chapman, een Engelse zeeman die hier in 1607 aan land ging om Hout Bay te verkennen. Vanaf het 160 m hoge uitkijkpunt Chapman's Peak, de top van de route, kijkt u geweldig uit over Hout Bay met het gelijknamige plaatsje tot aan de 300 m hoge top van de Sentinel, die eruitziet als een slapende oude man.

Vanwege vallende rotsen en een dodelijk ongeval was de beroemde weg vanaf 2000 vier jaar lang afgesloten om voor een flink bedrag opgeknapt te worden. Begin 2004 ging Chapman's Peak Drive weer open als tolweg (42 rand per auto, 27 rand per motorfiets). Een ritje over de beroemde weg is op eigen risico – het gevaar van vallend gesteente is ondanks vangnetten en betonnen constructies niet geheel geweken.

Hout Bay ▶ kaart 2, A 3

Kort voor Hout Bay duikt aan uw rechterhand de **ruïne** van het oude, in 1796 door de Engelsen ter bescherming van de baai gebouwde fort op. Het ooit slaperige vissersplaatsje behoort inmiddels tot een van de meest gewilde stadjes rond Kaapstad – de grondprijs rijst de pan uit. Nergens anders op het Kaaps Schiereiland is de vis verser dan hier. De **Mariner's Wharf** in de haven, met goede visrestaurants en leuke winkels, is een kleine versie van Kaapstads Victoria & Alfred Waterfront.

Meerdere rederijen bieden in de haven bootexcursies rond de **Sentinel** aan. Het tochtje gaat onder andere langs het wrak van een gigantische pijpenlegger met een landingsplaats voor helikopters, die bij een heftige storm in de winter van 1994 op de klippen liep en daarbij door midden brak. Op de terugweg komt u langs **Duiker Island**. In de zomer bewonen meer dan vierduizend Kaapse pelsrobben de 1500 m² grote rots. Het is er dan niet alleen zo luidruchtig als bij een hardrockconcert, de tocht (ca. 80 rand per persoon) kan dan, afhankelijk van de windrichting, ook een letterlijk adembenemende ervaring zijn.

Hout Bay

Hout Bay Museum
4 Andrews Rd., tel. 021 790 32 70, di.-za. 10-12.30, 14-16.30 uur, gratis entree

Wie meer wilt weten over de geschiedenis van de ooit kleine vissersplaats, moet het **Hout Bay Museum** bezoeken. Op zaterdag start elk heel uur een film over de bouw van de spectaculaire kustweg Chapman's Peak Drive (zie linkerpagina).

World of Birds
Valley Rd., tel. 021 790 27 30, www.worldofbirds.org.za, dag. 9-17 uur, 95 rand, kinderen tot en met 16 jaar 45 rand

In Afrika's grootste vogelpark wandelt u door deels erg luidruchtige volières, waarin meer dan vierduizend vogels fladderen en de bezoekers verwennen met een kwetterconcert.

Overnachten

Pure romantiek – **Tintswalo Atlantic:** Chapman's Peak Drive, van Hout Bay via Main Rd. richting Chapman's Peak Drive, net voorbij het tolpoortje rechts, tel. 087 754 93 00, 543 15 10, www.tintswalo.co.za, 2 pk vanaf 5500 rand. Een van de meest romantische lodges van Zuid-Afrika, fantastisch gelegen onder Chapman's Peak Drive, direct aan de Atlantische Oceaan. Alle tien suites en de presidentiële suite zijn vernoemd naar bekende eilanden (er is zelfs een Robbeneiland Suite) en in de stijl van de naamgever ingericht. Niet alleen de suites zijn fantastisch, ook het eten in het restaurant is geweldig. Luxe van dit niveau heeft natuurlijk zijn prijs, maar het is elke cent waard.

Eenvoudig, maar met een fantastisch uitzicht – **Flora Bay Resort:** Chapman's Peak Drive, tel. 021 790 16 50, www.florabayresort.co.za, 700-2400 rand (4 pers.). Diverse *self catering* appartementen en bungalows (in Hout Bay zijn meer dan voldoende plekken om mooie proviand in te slaan). De volledig gemeubileerde accommodaties zijn erg eenvoudig ingericht, maar hebben alle een fantastisch uitzicht over de baai, de zee en de Sentinel.

Harley-Davidson-paradijs– **Amakhaya Lodge:** 11 Nooitgedacht Drive, tel. 082 341 35 84, 021 790 64 74, www.cuincapetown.co.za, 2 pk met ontbijt 800-1300 rand. Eigenaar Pierre verhuurt vier luxe suites en twee huisjes met uitzicht. Daarnaast organiseert hij excursies met Harley-Davidsons en verhuurt hij de motoren ook (vanaf 1400 rand per dag).

Havenzicht – **Poseidon:** 15 Marlin Crescent, tel. 021 791 08 68, www.poseidonhouse.com, 2 pk 750-1300 rand. Zes kamers in een smaakvol ingerichte guesthouse met erg persoonlijke service. Uitzicht op de haven van Hout Bay, op loopafstand van de Bay Harbour Market.

Eten & drinken

Sfeervolle schuur – **Quentin at Oakhurst:** Oakhurst Farm, Main Rd., tel. 021 790 48 88, www.oakhurstbarn.com, di.-za. 18-23 (keuken tot 21.30), zo. ontbijt 9-12, lunch 13-16 uur, hoofdgerecht vanaf 157 rand. Prachtig gerestaureerde en mooi ingerichte schuur. Kroonluchters aan het plafond, oude houten wagenwielen aan de muur, overal boerderijparafernalia en emaillen borden ... Traditionele, hartige Zuid-Afrikaanse gerechten, door eigenaar Quentin zelf bereid.

Grieks – **Spiro's:** 30 Main Rd., tel. 021 791 38 97, www.facebook.com/spiroshoutbay, ma. 17-21, di.-za. 12-22, zo. 12-21 uur, hoofdgerecht 80-100 rand. Uitstekende Griek, fijne sfeer ▷ blz. 154

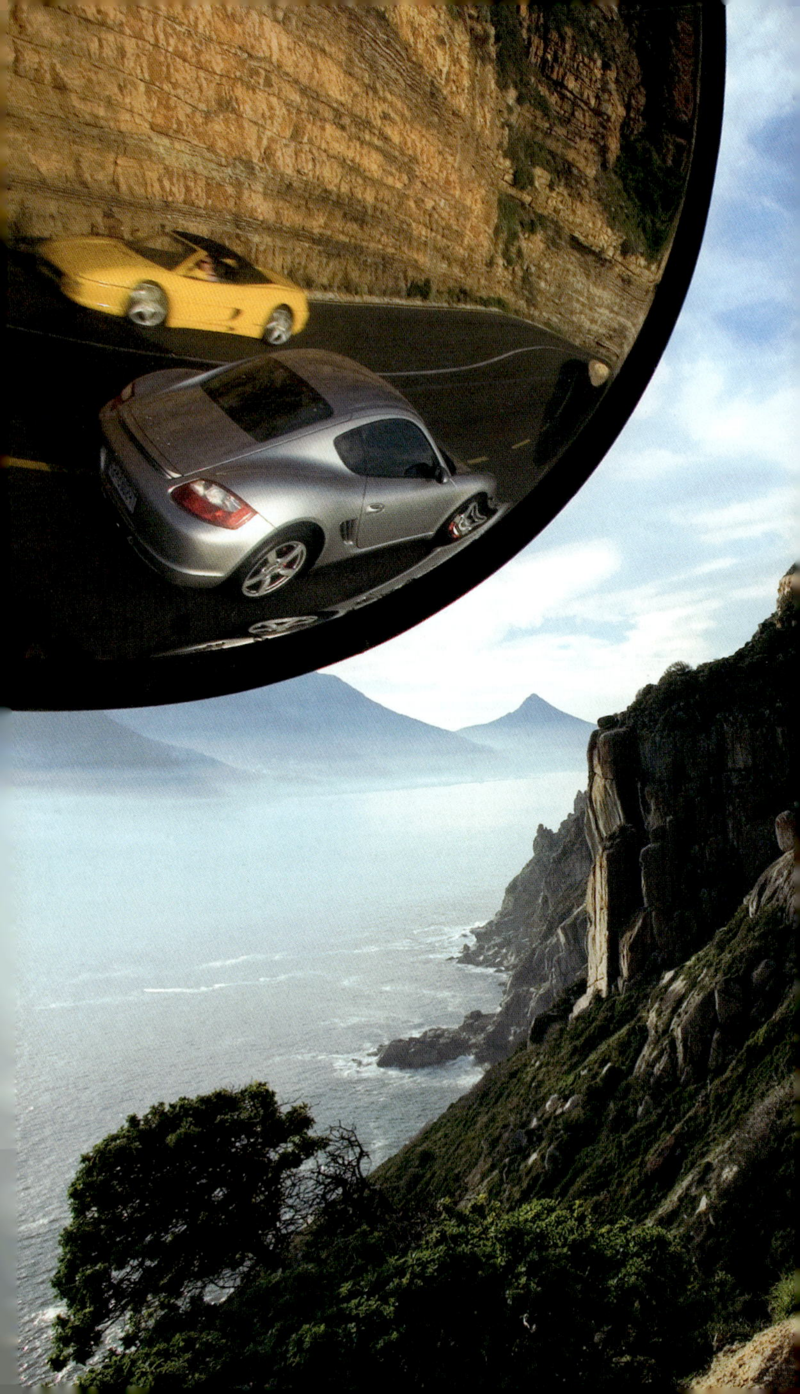

Chapman's Peak Drive

Tip

Fish and chips on the rocks

Achter de visfabriek bevindt zich aan zee restaurant **Fish on the Rocks** (tel. 021 790 00 01, 790 11 53, www.fishontherocks.co.za), waar u uitstekende *fish and chips* kunt krijgen. Deze eet u uiteraard op een van de houten bankjes voor en naast het felgele 'symbool' van de haven van Hout Bay. Het smaakt net zo goed als in Engeland, maar de omgeving is hier een stuk mooier. Als u de rij te lang vindt – vooral op zondagmiddag kan het nogal druk zijn – kunt u het schuin aan de overkant proberen, in de eigenlijke haven (5 rand entree), bij **Laughing Lobster**. De sfeer is daar iets minder leuk, het eten net zo lekker.

Thais fastfood – **Thai Café:** 15 Main Rd., tel. 021 790 70 00, www.thaicafe.biz, dag. vanaf 11.30, hoofdgerecht vanaf 70 rand. Uitstekende Thais eten tegen lage prijzen. Het goedkope alternatief voor Kitima, al is de sfeer daar een stuk beter. Bij Kitima ga je dineren, bij Thai Café lunchen of afhalen.

Direct aan het strand – **Dunes:** 1 Hout Bay Beach, tel. 021 790 18 76, www.dunesrestaurant.co.za, winter ma.-vr. 12-22, za., feestdagen 9-22, zo. 9-18, zomer dag. 9-23 uur, hoofdgerecht vanaf 80 rand. Populair restaurant met cocktailbar aan het strand. Goed bier van de tap, prima fish & chips, superuitzicht en hip publiek.

Beste pizza van de stad– **Massimo's:** Oakhurst Farm Park (naast de Spar), Main Rd., tel 021 790 56 48, www.massimos.co.za, wo.-vr. vanaf 17 uur, za., zo. vanaf 12 uur, hoofdgerecht vanaf 90 rand. Massimo staat vaak zelf bij de houtoven en zorgt ervoor dat zijn legendarische pizza's perfect bereid op tafel komen. Goede sfeer, zeer vriendelijke service.

in mediterraan felblauw en wit, speciale speelruimte voor gezinnen met kinderen, rustiger deel voor koppels. Spiro is bijna altijd van de partij en ontvangt zijn gasten hartelijk. Tip: de bifteki en de kleftiko.

Mediterrane sfeer – **Deli Delish:** 8 Beach Crescent, tel. 021 790 53 24, www.delidelish.co.za, dag. 8-16.30, vr., za. ook 18-21.30 uur, hoofdgerecht 70-140 rand. Lichte mediterrane kost, prima kwaliteit. Goede plek voor ontbijt en lunch.

Uitstekende Aziaat – **Kitima:** Kronendal Estate, 140 Main Rd., tel. 021 790 80 04, www.kitima.co.za, di.-za. 18-22.30, zo. 12-15 uur, hoofdgerecht vanaf 85 rand. Exreem populair Aziatisch toprestaurant in het historische, Kaap-Hollandse herenhuis Kronendal. Het interieur doet recht aan de geschiedenis van het gebouw, maar versterkt eveneens de Aziatische sfeer. Topkwaliteit en eersteklas service tegen prima prijzen.

Actief

Boottochtje naar Duiker Island – Meerdere charterbedrijven bieden in de haven van Hout Bay aanbevelenswaardige boottochtjes aan (70/35 rand) naar Duiker Island en naar de achter de Sentinel gelegen scheepswrakken:

Nauticat: tel. 082 829 80 18, 790 72 78, www.nauticatcharters.co.za.

Drumbeat Charters: Hout Bay Harbour, tel. 021 791 44 41, www.drumbeatcharters.co.za.

Circe Launches: Hout Bay Harbour, tel. 021 790 10 40, www.circelaunches.co.za.

Mooie wandeling – **Hout Bay:** het goed bewandelbare zandstrand wordt geflankeerd door de bergen Sentinel en Chapman's Peak.

Van Hout Bay naar Kaapstad ▶ kaart 2, A 2/3

U rijdt van Hout Bay weer verder op een steile weg. Bij **Hout Bay Nek**, tussen de 758 m hoge Judas Peak (rechts) en de Little Lion's Head (links), hebt u een geweldig uitzicht op zee en rijkeluisstadje **Llandudno**, waar dan wel een klein strandje is, maar kroegen of winkels ontbreken – het stadje doet zijn best om zo onaantrekkelijk mogelijk te zijn voor toeristen. Die vlieger gaat helaas voor de bewoners niet helemaal op. In het weekend is het altijd bomvol – mensen nemen simpelweg goed gevulde picknickmanden mee en gaan op het mooie strand lunchen.

Camps Bay kan met zijn door palmen geflankeerde strand, heerlijke flaneerboulevard en prachtige bezoekers tegenwoordig wedijveren met de mooiste en meest mondaine Californische badplaatsen. Op de vele terrassen van leuke bistro's en cafés gaan de *beautiful people* zitten om te kijken en gezien te worden. Hummers en Harley-Davidsons cruisen af en aan over de boulevard, Ferrari's laten hun twaalfcilinders krijsen. De kou van het Atlantische water jagen de meeste waterratten overigens naar de verwarmde zwembaden, die bijna alle luxehotels hier hebben.

De kuststrook tussen Camps Bay en Clifton wordt gezien als het Copacabana van Kaapstad. **Clifton** zelf heeft behalve zijn prachtige strand overigens niet veel te bieden – tenzij u zich graag verlekkert aan de huizen van de *rich and famous*, die hier als zwaluwnesten tegen de rotswand gekleefd zitten.

Of u nu overnacht in het rustige Noordhoek, het opbloeiende Hout Bay, het trendy Camps Bay of de yuppenhaven Clifton, de zonsondergangen zijn aan deze westkust van Kaapstad altijd spectaculaire natuurverschijnselen. U viert ze op typisch Zuid-Afrikaanse wijze met een cocktail in de hand, een *sundowner*, een zonsondergangsdrankje – *cheers!*

Overnachten

Met uitzicht – **The Twelve Apostles Hotel & Spa:** Victoria Rd., Oudekraal, tel. 021 437 90 00, www.12apostleshotel.com, 2 pk met ontbijt vanaf 5500 rand. Gelegen aan de prachtige kustweg aan de voet van de Twelve Apostles tussen Camps Bay en Llandudno. Misschien wel het hotel met het beste uitzicht op de Atlantische Oceaan en het fynbos van de hele stad.

Bushgevoel – **Camps Bay Retreat:** 7 Chilworth Rd., The Glen, Camps Bay, tel. 021 437 83 00, www.campsbayretreat.com, 2 pk met ontbijt vanaf 3500 rand. Oase van rust in het hectische Camps Bay. Paradijselijke tuin, drie zwembaden, wellnesscentrum, tennisbaan, dvd-verzameling en wijnkelder. Het elegante herenhuis Earl's Dyke Manor contrasteert prachtig met de midden in de 'bush' gelegen, via een hangbrug bereikbare Deck House.

California dreaming – **The Bay Hotel:** 69 Victoria Rd., Camps Bay, tel. 021 437 97 01, 430 44 44, www.thebay.co.za, 2 pk met ontbijt vanaf 2500 rand. Californisch aandoende luxehotel met geweldig uitzicht op zee.

Mooie suites – **Ambiente Guest House:** 58 Hely Hutchinson Av., Camps Bay, tel. 021 438 40 60, www.ambiente-guesthouse.com, 2 pk met ontbijt 1720-2300 rand, winteraanbiedingen. De Duitse gastgevers bezitten dit leuke guesthouse met drie Afrikaans getinte suites al heel wat jaartjes, en weten dus goed de weg in Kaapstad en de rest van Zuid-Afrika.

Klein maar erg fijn – **Ocean View Guest House:** 33 Victoria Rd., ▷ blz. 158

BON
cakes
Salads
ZOOP!
Fresh Homemade Soup
#LCHF
Omelette Sandwich Salad
Gemsbok
FARMER
ANGUS'
CHEESE
PLATTERS
FRESH
SALADS
SANDWICHES

Favoriet

Weekendplezier – markt in de haven van Hout Bay ▶ kaart 2, A 3

Het begon met de Biscuit Mill in Woodstock, maar de **Bay Harbour Market** heeft het concept van de weekendmarkt geperfectioneerd – dit is zonder twijfel de beste *Weekend Market* in en om Kaapstad. Elke week komen duizenden mensen naar de voorheen verwaarloosde en vervallen haven van Hout Bay. In de voormalige loodsen staan kraampjes met lekkernijen, tientallen soorten bier van de tap, wijn, heerlijke koffie, kleding, souvenirs – alles uniek en individueel, hier is geen plek voor massaproducten. De sfeer is authentiek en een typische reflectie van de relaxte *way of life* van de inwoners van Hout Bay. Naar het bandje luisteren, biertje in de hand – je kunt hier prima een hele middag doorbrengen.

Bay Harbour Market: 31 Harbour Rd., Hout Bay, tel. 083 275 55 86, www.bayharbour.co.za, vr. 17-21, za., zo. 9.30-16 uur.

Bakoven, tel. 021 438 19 82, www.oceanview-house.com, 2 pk met ontbijt vanaf 975 rand. In de natuur, onder de Tafelberg gelegen chic guesthouse, eigen beekje, zeezicht, alle kamers hebben een zeer exclusieve uitstraling.

Eten & drinken

Fantastisch uitzicht – **The Roundhouse:** Kloof Rd., The Glen, Camps Bay, tel. 021 438 43 47, www.theroundhouse-restaurant.com, di. 18-22.30, wo.-za. 12-14.30, 18-22.30, zo. 12-15, vr.-zo. ook 9-11.30 uur, achtgangenmenu 775 rand, vijfgangenmenu 665. Het Roundhouse combineert uitstekend eten en fantastische service met een historische sfeer en een geweldig uitzicht. Geen wonder dat het al jaren in allerlei top 10-lijstjes van beste restaurants van Kaapstad en Zuid-Afrika staat. De menukaart is gebaseerd op de Frans-Provençaalse keuken, aangevuld met verse lokale ingrediënten, voornamelijk biologisch. Tip: ga hier bij goed weer in het weekend lekker ontbijten. U zit dan buiten op rustieke houten banken en geniet van zowel het heerlijke eten als het fantastische uitzicht.

Op de stranden vermaakt jong en oud zich

Van Hout Bay naar Kaapstad

Supertrendy – **Café Caprice:** 37 Victoria Rd., Camps Bay, tel. 021 438 83 15, www.cafecaprice.co.za, dag. vanaf 9 uur, hoofdgerecht ca. 65-135 rand. De plek waar bekende Capetonians, en mensen die dat ooit willen zijn, borrelen – van politici tot filmsterren en supermodellen. Topplek op de boulevard, uitstekende kaart met meer dan tien verschillende hamburgers en mooie wijnen. Hier is het altijd feest!

Duur, maar wel met een privéstrand – **The Grand Café and Beach:** Hull Rd., Granger Bay, tel. 072 586 20 52, www.grandafrica.com/GrandCafeandBeachCapeTown.aspx, dag. vanaf 12 uur, hoofdgerecht 110-900 rand. Een oude scheepsloods werd omgebouwd tot een überhippe, opvallend gedecoreerde eettempel. Als u het eten hier niet kunt of wilt betalen, kunt u er op z'n minst een drankje doen. De cocktails zijn heerlijk, en u drinkt met uw voeten in het zand van het privéstrand. Loop op z'n minst even naar binnen om de bijzondere locatie in u op te nemen.

Vuurtorenzicht – **Sotano:** 121 Beach Rd., Mouille Point, tel. 021 433 17 57, www.sotano.co.za, dag. 7-22.30 uur, hoofdgerecht 90-460 rand. Relaxte tent met mediterrane sfeer en uitzicht op Zuid-Afrika's oudste vuurtoren en de Atlantische Oceaan. Geliefd vanwege het heerlijke ontbijt op zondag.

Actief

Zwemmen in de Atlantische Oceaan – **Sandy Bay (bij Llandudno):** al vele jaren het officieuze naaktstrand van Kaapstad, te bereiken via Llandudno. Erg geliefd bij als wandelaars vermomde voyeurs.

Llandudno: het kleine zandstrand met granietrotsen (zie foto blz. 9) staat bekend om zijn spectaculaire zonsondergangen.

Oudekraal: bij families en duikers geliefd vanwege de veilige, maar diepe getijdenpoelen, de kleine zandstrandjes en het scheepswrak.

Bakoven: het kleine strand met het geweldige uitzicht op de bergketen Twelve Apostles biedt spectaculaire zonsondergangen en is een topkandidaat voor een *sundowner*.

Camps Bay: bij dit met palmen omzoomde strand komen California Beach-gevoelens opzetten, op de boulevard heerst een hoge Harley- en cabriodichtheid.

Clifton: op Zuid-Afrika's beroemdste strand vindt u Kaapstads mooiste gebronsde lijven in de kleinste badkleding. Alle Kaapse topmodellen (en dat zijn er nogal wat) trekken naar dit kleine strandje, met alle mannen in hun kielzog.

Sea Point: drukke stranden, veel horeca, weinig natuur. De boulevard doet met zijn vele rolschaatsers denken aan Venice Beach bij Los Angeles.

Duiken rond de Kaap

Kaapstad heeft misschien niet de allerbeste duikplekken van het land, maar is zeker de moeite waard. Door de lage temperatuur van de Atlantische Oceaan zijn de duikpakken hier alleen wel wat dikker. Mooie duikplekken zijn de **Coral Gardens** in de buurt van **Oudekraal, de scheepswrakken** voor **Hout Bay** en **Smitwinkels Marine Reserve**. In de Atlantische Oceaan kunt u beter 's zomers duiken, in de winter is de verrassend warme **False Bay** een stuk aantrekkelijker. Duikexcursies zijn er vanaf circa 450 rand aan de kust en 600 rand vanaf een boot. Voor materiaalhuur moet u rekenen op ongeveer 550 rand per persoon. Internationale duiklicenties zijn hier makkelijker te halen dan op veel andere plekken in de wereld.

IN EEN OOGOPSLAG

De wijnlanden

Hoogtepunten

Wijngoederen rond Constantia: hier werden in de 17e eeuw voor het eerst druiven aangeplant. Op de prachtige Kaap-Hollandse wijngoederen Steenberg, Groot Constantia, Klein Constantia, Buitenverwachting en Constantia Glen kunt u op stijlvolle wijze van Zuid-Afrikaanse wijn genieten. Zie blz. 162

Franschhoek: een stukje Frankrijk in Zuid-Afrika. De erfenis van Franse immigranten zorgt voor de sfeer, de wijn doet de rest. De meest romantische plek in de wijnlanden. Zie blz. 171

Op ontdekkingsreis

Over historische passen – door de wijnlanden: een trip naar Bain's Kloof Pass, genoemd naar zijn beroemde bouwer, is een trip naar voorbije tijden, toen paardenkoetsen over de pas tussen Wellington en Ceres reden. De pas is inmiddels dan wel geasfalteerd, maar hij is nog altijd smal en hobbelig. Zie blz. 186

Bezienswaardigheden

Stellenbosch: aan Dorp Street staat een aantal prachtig gerestaureerde Kaap-Hollandse gebouwen uit de pionierstijd van de Europese kolonisatie. Zie blz. 177

Tulbagh: Church Street wordt geflankeerd door 32 witte Kaap-Hollandse huizen en is de enige straat van Zuid-Afrika waarvan elk gebouw op de lijst van monumentenbeheer staat. Zie blz. 190

Actief onderweg

Boland Hiking Trail: een wandeling tussen bergen en wijnranken, niet ver van Kaapstad. Zie blz. 170

Butterfly World: kindvriendelijke vlinderwereld, waar tientallen van de kleurrijkste fladderaars ter wereld rondvliegen. Zie blz. 184

Sfeervol genieten

Eten in Franschhoek: het is lastig één restauranttip te geven voor de culinaire 'metropool' van Zuid-Afrika. Waar u ook naar binnen stapt, het is overal top! Zie blz. 175

Goatshed: een plek als in een prentenboek, ideaal voor lunch, is wijnhuis Fairview. Behalve uitstekende wijnen maakt men hier ook maar liefst 25 verschillende soorten heerlijke kazen. Zie blz. 189

Uitgaan

La Colombe: een *candle light dinner* in dit bekroonde sterrenrestaurant in wijnregio Constantia is een culinair hoogtepunt. Zie blz. 165

Het historische hart van de wijnbouw

Vanuit Constantia, waar 350 jaar geleden de eerste Kaapse wijn werd geproduceerd, gaan we langs de kust van False Bay naar Somerset West. Via spectaculaire bergpassen bereiken we de historische wijnsteden Franschhoek, Stellenbosch, Paarl en Tulbagh. Hier wordt een eeuwenoude wijntraditie gecultiveerd. In mooie, landelijk gelegen hotels en restaurants kunt u op uw gemak genieten van de heerlijke wijnen.

Aan het eind van de 18e eeuw waren de afstammelingen van de wijnpioniers al onvoorstelbaar rijk. Door de vele oorlogen in Europa, en met name de Franse Revolutie, waren veel wijngaarden volledig uitgedroogd. De Kaapse wijnmakers waren de eersten die grote hoeveelheden wijn naar het buitenland konden verschepen. De Britten waren gek op de Zuid-Afrikaane sherry, port en dessertwijn – met een glaasje in de hand waren de koude winters beter te verdragen. De rode, zoete wijnen uit Constantia waren zó populair, dat de Franse koning Lodewijk Filips de hele jaargang 1833 opkocht.

Er zijn geen notities bewaard gebleven van hoe de beroemde wijn destijds werd geproduceerd. In laboratoriumtests van een paar in Britse kelders gevonden flessen dessertwijn uit Constantia werden alcoholpercentages van 13,42 (rood) en 15,01 (wit) gemeten. Het suikergehalte van beide wijnen lag op 128 g per liter! De smaak kwam overeen met die van een delicate rozijnenlikeur. Tot de beroemde fans van de wijnen behoorden koning van Pruisen Frederik de Grote, de Duitse vorst Otto von Bismarck alsmede de Nederlandse en Engelse koningshuizen. Napoleon dronk tijdens zijn ballingschap op St. Helena elke dag een fles – kort voor zijn dood smeekte hij om nog één glas.

In de jaren 80 van de vorige eeuw werden nakomelingen van de oude stokken van Van der Stel ontdekt en op wijngoed Klein Constantia aangeplant. Sindsdien bestaat de *Vin de Constance* weer. Deze moet u beslist even proeven. Zo veel gekroonde hoofden kunnen zich niet vergissen – al is onze smaak de laatste eeuwen danig veranderd.

Met de enorme opbrengst van de wijnverkoop werden de prachtige landgoederen gebouwd die de wijnlanden zo aantrekkelijk maken. De oude Kaap-Hollandse boerderijen werden uitgebouwd en getransformeerd tot enorme complexen, die vol werden gestopt met tegenwoordig onbetaalbare inrichting van *yellow-* en *stinkwood*.

Zuid-Afrikaanse wijnboeren hebben te kampen met typische problemen, waar hun collega's uit Frankrijk, Duitsland en Californië om moeten gniffelen. Zo moeten ze oppassen dat bavianen de opbrengst niet reduceren – druiven komen regelmatig terecht in hun hongerige magen in plaats van in de wijnpers.

Wijngoederen rond Constantia ✸ ▶ B 5

Rijd over de M 63 in zuidoostelijke richting Kaapstad uit. Rond Constantia, een van de chicste buitenwijken van Kaapstad, ligt Zuid-Afrika's oudste wijnregio. In de 17e eeuw werd hier voor het eerst Kaapse wijn gemaakt.

Steenberg Estate

Op het oudste wijngoed van Zuid-Afrika zijn tegenwoordig een beroemde golfbaan en een luxehotel te vinden, maar er wordt ook nog steeds wijn geproduceerd, Steenberg is beroemd om zijn chardonnays en sauvignon

Wijngoederen rond Constantia

blancs. De boerderij Steenberg, voorheen Swaaneweide, was ooit eigendom van gouverneur Simon van der Stel, tot hij hem naliet aan zijn 'vriendin', de Duitse immigrant Katharina Ustings. De jonge vrouw had een legendarische reputatie: ze overleefde niet alleen de uitputtende overtocht vanuit Noord-Duitsland, maar ook haar eerste drie echtgenoten.

Swaaneweide, zwanenweide, dankt zijn naam aan de hier in het wild levende Nijlganzen, die door de eerste blanken werden aangezien voor zwanen (een in Afrika niet-inheemse diersoort). Katharina en haar vierde(!) echtgenoot bouwden in 1682 hun eerste huis op het landgoed.

Groot Constantia
Tel. 021 794 51 28, www.grootconstantia.co.za, wijn proeven en rondleidingen dag. 10-17 uur

Simon van der Stel trok zich tegelijkertijd terug op zijn buitenverblijf, het naast Steenberg liggende wijngoed Groot Constantia. Daar begon hij met de productie van de inmddels wereldberoemde Constantia-wijnen. Vanuit klimatologisch oogpunt is Constantia een droomlocatie: veel zon en de verkoelende zeewind van de Atlantische Oceaan, die het rijpingsproces van de druiven iets vertraagt – perfecte omstandigheden.

Het **manor house** van Groot Constantia is een van de mooiste van de

INFO

De mooiste wijnroutes
U kunt op bijna elk wijngoed proeven. Op www. wine.co.za/tour kunt u alle wijnroutes vinden, met goede kaarten. Bijzonder bezienswaardig zijn de wijngoederen rond Constantia (niet ver van de stad en historisch: hier begon in de 17e eeuw de Zuid-Afrikaanse wijnbouw), Franschhoek (wine & dine, culinaire 'metropool' van de wijnlanden), Stellenbosch en Paarl (de klassiekers in het prachtige heuvellandschap).

Info
Helderberg Tourism Bureau: 186 Main St., South Vines, Somerset West, tel. 021 851 40 22.
Franschhoek Wine Valley & Tourist Association: 70 Huguenot Rd., tel. 021 876 36 03, www.franschhoek.org.za, informatie over accommodaties en wijnproeverijen.
Vignerons de Franschhoek: 62 Huguenot Rd., tel. 021 876 28 61, www.franschhoekwines.co.za, ma.-vr. 8-17, za. 9-17, zo. 9-16 uur, informatie over wijnproeverijen en verkooppunten.
Stellenbosch Tourism Bureau: 36 Market St., tel. 021 883 35 84, www.stellenboschtourism.co.za, ma.-vr. 8.30-17, za. 9-15, zo. 11-14 uur.
Stellenbosch Wine Route Office: 36 Market St., tel. 021 886 43 10, www.wineroute.co.za, ma.-vr. 8.30-13, 14-17 uur, informatie over wijnroutes en -proeverijen.
Paarl Tourism Bureau: 216 Main St., tel. 021 872 48 42, www.paarlonline.com, ma.-vr. 9-17, za. 9-13, zo. 10-13 uur, zeer behulpzaam personeel.
Tulbagh Information: 14 Church St., tel. 023 230 13 48, www.tulbagh.net, veel info over wijngoederen, restaurants en accommodatie.

Overige interessante websites:
www.winelands.co.za
www.wosa.co.za
www.paarlwine.co.za

Heilige hallen – wijnkelder in de wijnlanden

hele Kaapprovincie. Een oprijlaan met kolossale eiken voert van de toegangspoort naar het *manor house* (herenhuis). Bezoekers moeten voor zij dit bereiken echter afslaan naar een van de parkeerplaatsen en hun weg te voet vervolgen. U ziet hier prachtstaaltjes van Kaap-Hollandse stijl. Voor de kunstig aangelegde vijver zou zo nu en dan de geest van Simon van der Stel ronddwalen – waarschijnlijk vooral wanneer de wijnproeverij een beetje uit de hand gelopen is. De bouwheer en voormalige Kaap-gouverneur woonde hier tot aan zijn dood in 1712. De oorspronkelijke Constantia-boerderij werd vervolgens opgedeeld in Groot Constantia, Klein Constantia en Buitenverwachting.

Groot Constantia kende tussen 1778 en 1885 een bloeitijd. Het wijngoed was toen eigendom van de familie Cloete. Het rietgedekte hoofdgebouw in de klassieke Kaap-Hollandse U-vorm werd in 1925 volledig verwoest door een brand. Na een uitvoerige restauratie straalt het met meubilair uit de 18e eeuw ingerichte huis weer dezelfde klasse uit als 250 jaar geleden.

Wie zich interesseert voor de geschiedenis van wijnbouw op de Kaap, moet het kleine **wijnmuseum** (dag. 10-17 uur) bezoeken. Het voert bezoekers terug tot voor het jaar nul en bevestigt nogmaals dat de oude Grieken en Romeinen ook al een glaasje wijn lustten.

Klein Constantia

Tel. 021 794 51 88, www.kleinconstantia.com, ma.-vr. 10-17, zomer za. 10-17, zo. 10-16, winter za. 10-16.30 uur, rondleidingen wijnkelder op afspraak

Klein Constantia staat een beetje in de schaduw van zijn grote broer. De gebouwen zijn wat bescheidener, maar het wijngoed is evengoed een bezoekje waard.

Buitenverwachting

Klein Constantia Rd., tel. 021 794 51 90, www.buitenverwachting.co.za, dag. 9-17 uur, rondleidingen door de wijnkelder 11, 15 uur

Wijngoed Buitenverwachting produceert fruitig-frisse chardonnays en sauvignon blancs.

Constantia Glen

Constantia Main Rd., tel. 021 795 56 39, www.constantiaglen.com, dag. 10-17 uur

Een van de nieuwere wijngoederen in de regio en een uitstekend alternatief voor de Constantia-klassiekers. Gaat u hier wijn proeven, bestel er dan een van de heerlijke kaas-, worst- of hamplankjes bij.

Overnachten

Kaap-Hollandse luxe – **Cellars-Hohenort Country House Hotel:** Constantia, 93 Brommersvlei Rd., tel. 021 794 21 37, www.cellars-hohenort.com, 2 pk met ontbijt vanaf 4100 rand. Zeer rustig, midden in Constantia gelegen luxueus hotel. De wijnkelder stamt uit de 17e eeuw.

Rustig en centraal – **Villa Coloniale:** 11 Willow Rd., tel. 021 794 20 52, www.villacoloniale.com, luxe suite voor twee met ontbijt vanaf 3200 rand. Ook dit stijlvolle guesthouse ligt erg rustig, maar centraal in het wijngebied.

Eten & drinken

Voor fijnproevers – **The Greenhouse:** 93 Brommersvlei Rd., The Cellars Hohenort Hotel, tel. 021 794 21 37, www.greenhouserestaurant.co.za, di.-za. 19-21.30 uur, menu vanaf 750 rand. Het Greenhouse werd in 2011 verkozen tot het beste restaurant van Zuid-Afrika. Specialiteiten zijn de lokaal geproduceerde mozzarella met avocadomousse en de gedroogde tomaten en olijven – een heftige smaaksensatie. Ook de op Maleise wijze gekruide zeevruchtenrisotto met zeeoren is exceptioneel goed. Op de uitgebreide wijnkaart staan natuurlijk vooral wijnen uit de directe omgeving. De sfeer is licht en luchtig, u kijkt tijdens het eten uit op de mooie tuin van het prachtige Cellars-Hohenort.

Provençaals – **La Colombe:** Silvermist Wine Estate, Constantia Nek, tel. 021 794 23 90, www.lacolombe.co.za, dag. 12.30-14, 19-20.45 uur, menu vanaf 870 rand. Uitstekend eten in een restaurant in Provençaalse stijl op het Silvermistwijngoed. Het restaurant verhuisde in 2014 vanuit Constantia naar Constantia Nek, en ligt zodoende binnen bereik van gasten in Hout Bay – een culinaire verrijking voor de badplaats, die net achter de berg ligt. In 2015 werd La Colombe wederom verkozen tot een van de tien beste restaurants van Zuid-Afrika.

Leverkaas en pretzels – **Raith Gourmet:** High Constantia Farm Stall, Main Rd., tel. 021 794 17 06, www.raithgourmet.com, ma. 9-16, di.-zo. 8-16 uur, hoofdgerecht ca. 60 rand. 'Dependance' van Raith Gourmet in het Garden Center in Kaapstad. Slagerij met 'snackbar' in een oude boerderijwinkel. De plek waar Duitse Capetonians komen voor hun broodjes leverkaas, pretzels, kwarktaart en schwarzwalderkirschtaart.

Winkelen

Van goeden huize – De hierboven beschreven wijnhuizen verkopen uiteraard hun eigen producten, ook per fles.

Alles onder één dak – **Constantia Village Shopping Centre:** Constantia

Rd., tel. 021 794 50 65, www.constantiavillage.co.za, ma.-vr. 9-18, za. 9-17, zo. 9-14 uur. Het winkelcentrum ging volledig op de schop en is nu weer een leuke plek om te shoppen en te eten.

Somerset West ▶ C 5

Onder Constantia stuit de weg bij Muizenberg op False Bay. Ten oosten van de badplaats komt u via de uitlopers van de steile bergketen Hottentots Holland Mountains in Somerset West. In de eerste drie maanden van het jaar verandert de Helderberg, die boven het stadje uittorent, in een rode bloemenzee. Veel bloemenliefhebbers wandelen dan de berg op richting het 245 ha grote **Helderberg Nature Reserve**, waar de disa-orchideeën in volle boei te bewonderen zijn.

Vergelegen Wine Estate

Loursensford Rd., tel. 021 847 13 34, www.vergelegen.co.za, wijnproeverij tel. 021 847 13 37, dag. 9.30-16.30 (verkoop tot 17) uur, rondleiding dag. 11.30, 15 uur (geen kinderen)

Even buiten Somerset West ligt het **Vergelegen Wine Estate**. Het landgoed dankt zijn naam aan de in de tijd van paard en wagen grote afstand tot Kaapstad. Ook Vergelegen is gebouwd in Kaap-Hollandse stijl. Willem Adriaan van der Stel, de zoon van Simon en tevens zijn opvolger als gouverneur van de Kaap, liet maar liefst zeshonderd slaven van de VOC illegaal aan zijn prachtvolle landgoed bouwen.

Ondanks hun verdiensten voor de Zuid-Afrikaanse wijnbouw zijn beide gouverneurs door hun uitbuiting van slaven omstreden. De Kaap-burgers kwamen uiteindelijk dan ook succesvol in opstand tegen hun corrupte overheersers. Willem Adriaan ging in april 1708 in ballingschap, zijn vader overleed in juni 1712. De vrije burgers namen vanaf toen het heft min of meer in eigen handen.

Van het dak van de achthoekige, in een heuvel geïntegreerde wijnkelder hebt u het beste uitzicht. U kijkt tot het Kaaps Schiereiland uit over False Bay, aan de andere kant ziet u heuvels vol wijnranken en de Hottentots Holland Mountains, waar u tijdens de rit naar het hart van de wijnlanden doorheen rijdt.

Overnachten

Historisch landgoed – **Erinvale Estate Hotel:** Somerset West, Lourensford Rd., tel. 021 847 11 60, www.erinvale.co.za, 2 pk met ontbijt vanaf 1600 rand. Fantastische ligging, historisch Kaap-Hollands gebouw, stijlvolle kamers, twee restaurants.

Goedkoop, maar stijlvol – **Smart Stay Apartments:** 17 & 18 Pintail Way, tel. 083 285 98 69, www.smart-stay.co.za, appartementen, afhankelijk van formaat en seizoen, vanaf 750 rand. Gebouw met prima, volledig uitgeruste *self catering* appartementen.

Eten & drinken

Architectonisch hoogstandje van glas en staal – **Waterkloof:** Waterkloof Wine Estate, Sir Lowry's Pass Rd., tel. 021 858 14 91, www.waterkloofwines.co.za, wo.-za. (voorjaar/zomer ook ma., di.) 12-14, 19-21, zo. 12-14 uur, tweegangenmenu 370 rand, driegangenmenu 480 rand, degustatiemenu 900 rand, met wijnarrangement 1100 rand. Uitstekend eten en een grandioos uitzicht over de wijngaarden van Somerset West en False Bay. Bijzonder hoogstandje van glas, staal en beton aan de rand van een heuvel.

Olijvenparadijs – **95 at Morgenster:** Morgenster Estate, Vergelegen Av., tel. 021 204 70 48, www.95atmorgenster.com, www.morgenster.co.za. di.-zo. 12-15.30, do.-za. 19-21.30 uur, hoofdgerecht ca. 180 rand. Gastronomisch restaurant van de Italiaanse *celebrity chef* Giorgio Nava, die in Kaapstad de culinaire hoogstandjes 95 Keerom en Carne uitbaat. De culinaire hoogstandjes worden binnen of buiten op het terras geserveerd – uiteraard begeleid door de eigen wijnen, die eveneens van hoog niveau zijn. De Morgenster-winery produceert daarnaast bekroonde olijven en olijfolie, die natuurlijk ook kunnen worden geproefd.

Paardenthema – **Equus restaurant:** Cavalli Stud and Wine Farm, Strand Rd., R 44, tel. 021 855 32 18, www.cavallistud.com, wo.-za. 12-15, 18.30-21.30, zo. 12-15 uur, hoofdgerecht lunch 110-150 rand, diner 145-190 rand. Paarden zijn het dominant aanwezige thema in dit toprestaurant (wees niet bang: niet op het bord), dat uit een architectuurtijdschrift lijkt te zijn ontsnapt. Op tijd reserveren!

Festiviteiten

Helderberg Festival of Lights: dec.-jan., Somerset West. In de straten van het stadje knipperen en schitteren ontelbaar veel kerstlampjes.

Door de bergen naar Franschhoek ▶ C 5

Vlak na Somerset West slingert de verbindingsweg N 2 de **Sir Lowry's Pass** op, de eerste bergpas van deze rondrit. Zoals veel andere bergovergangen in de Kaapprovincie was dit in het begin een wissel voor de ooit in groten getale hier voorkomende wilde dieren. Daarna werd het pad gebruikt door de oerbevolking, de Khoisan. In 1828 liet gouverneur sir Lowry Cole een pas aanleggen. Hij 'vergat' hiervoor toestemming te vragen aan zijn meerderen in Londen. Toen de Britse bureaucraten dreigden om die reden zijn salaris in te houden, schoten de burgers van Kaapstad te hulp door aan te bieden zijn verliezen aan te vullen. Daarop trok het hoofdkantoor in Engeland zijn bedreiging in.

Door de pas – de eerste bergpas van Zuid-Afrika – werd het nauwelijks gekoloniseerde achterland verbonden met 'marktplaats' Kaapstad en zijn haven. Bij helder weer kunt u vanaf het **uitkijkpunt** (402 m) over het hele Kaaps Schiereiland en de Cape Flats kijken, tot aan het symbool van Kaapstad, de Tafelberg.

Bij **Grabouw**, in de vruchtbare Groenland Valley, kunt u links de R 321 richting **Viljoens Pass** op. Grabouw is het centrum van het Elgin District, een beroemd appelkweekgebied. U kunt bij de kruising even stoppen bij de **Orchard Elgin Country Market.** Vervolgens kunt u, aangesterkt door de lekkernijen die er te koop zijn, verder rijden op de hier en daar erg smalle weg over Viljoens Pass. Er rijdt steeds minder verkeer, links en rechts ziet u appelbomen, wier vruchten – Granny Smith en Golden Delicious – ook dit jaar in de schappen liggen. Na het enorme waterreservoir **Theewaterskloof Dam** voert de weg richting de bergen, voor hij uiteindelijk middels spectaculaire bochten omhoog slingert richting de 701 m hoge **Franschhoek Pass** – een stratenbouwkundig hoogstandje in de Kaapprovincie. Boven huilt de wind tussen de steile rotsen, beneden ligt Franschhoek met zijn weelderig groene wijngaarden. Dit is ook het punt waar paragliders vaak hun vlucht naar het dal beginnen. Een iets ▷ blz. 170

Favoriet

Over de Franschhoek Pass naar de wijnlanden ▶ C 5

Over de Franschhoek Pass naar de wijnlanden cruisen hoort bij de hoogtepunten van een trip naar de Kaap. De trip wordt nog unieker met een stoere, woest ploffende, koppelrijke Harley-Davidson tussen de benen. De Amerikaanse motorfietsen kunnen, inclusief stoere motorkleding, in Kaapstad worden gehuurd voor een of meerdere dagen (zie blz. 25).

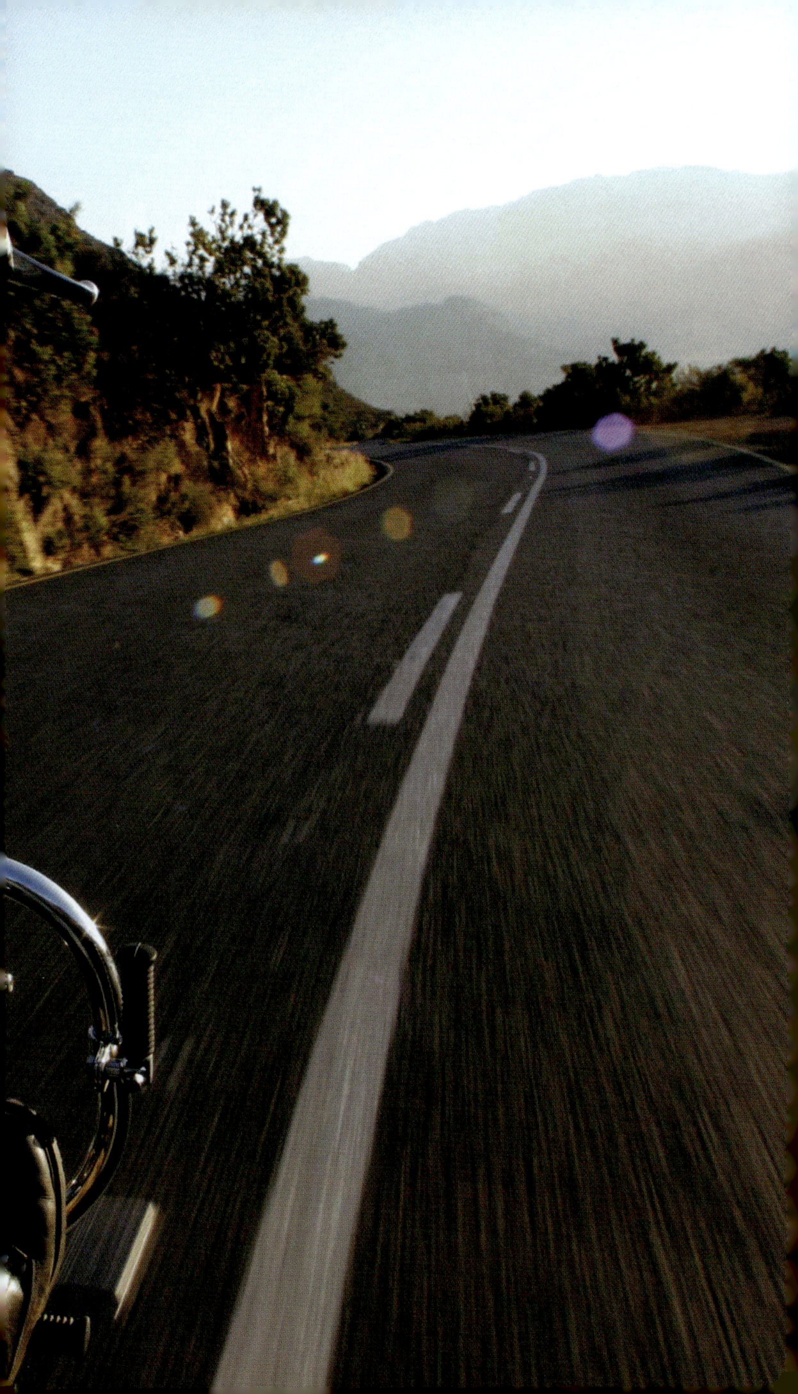

minder avontuurlijke, maar minstens zo indrukwekkende 'sport' is de autorit naar beneden, via vele scherpe bochten.

Overnachten

Coole caravans – **Old Mac Daddy Airstream Trailer Park:** Elgin Valley, tel. 021 844 02 41, www.oldmacdaddy.co.za, caravans voor twee personen zo.-do. 975 rand, vr., za., feestdagen en schoolvakanties minstens twee nachten, 1575 rand per nacht. De landelijke versie van het Airstream-trailerpark in Kaapstads Long Street. U overnacht hier in een van de elk door een andere kunstenaar ontworpen klassieke Amerikaanse Airstream-caravans. Bij elk ervan staat een huisje met woonruimte en badkamer. Het uitzicht op het dal is fantastisch. Let op: de bovenste caravans, Yellow Submarine, Secret Life of Plants en Dirkie Sanchez, zijn alleen bereikbaar via een lange steile trap. De makkelijkst bereikbare caravans zijn Birdy en Love Cake direct aan het meer.

Boland Hiking Trail – wandeling ▶ C 5

Start-/eindpunt: Hottentots Holland Nature Reserve, parkeerplaats Nuweberg ca. 14 km van Grabouw en de N2, lengte 43,6 km, duur 3 dagen, inspannende wandelroute rondom, contact: Cape Nature Conservation, tel. 021 659 35 00, www.capenature.co.za, 40 rand per persoon, 310 rand per persoon voor twee overnachtingen in hutten. Wie slechts een deel van de route wil afleggen, heeft de keus uit twee routes: Boegoekloof Trail (24 km; 8 uur) en Palmiet Trail (6 km; 2 uur), zie 'Varianten voor een dagtocht' op de rechterpagina

Dag 1: de eerste etappe voert van **Nuweberg naar de Landdroskop-hut** (12 km, 3-4 uur). Vanaf de parkeerplaats volgt u zo'n 4 km een eenvoudige jeeptrack, dan wordt het lastiger. Het gaat steil omhoog naar een rotsformatie, die op grond van zijn uiterlijk de **Sphinx** wordt genoemd. Dit is een mooie plek om even bij te komen en om u heen te kijken – het uitzicht is prachtig. Het pad is goed aangegeven met geschilderde voetstappen. De weg, die hier **Palmietpad** wordt genoemd, komt onder de top van de Nuweberg en Landdroskop uit bij de **Palmiet River**, die vooral in de hete zomer voor een heerlijke, welkome afkoeling kan zorgen.

Even verderop ziet u op rechts de berghutten al opduiken, maar juich niet te vroeg! Ze lijken dichterbij dan ze daadwerkelijk zijn, u moet nog een heel stuk lopen. Vooral omdat u nog een keer omlaag en weer omhoog moet. De **hutten Landdroskop** en **Shamrock** zijn onderkomens voor wandelgroepen, met vier kamers, stapelbedden en een gemeenschappelijke ruimte met open haard. Voor de hutten kunt u ook barbecueën.

Dag 2: de volgende dag loopt u van **Landdroskop naar de Boesmanskloof** (17,6 km, 7 uur). **Wilt u een stukje overslaan,** dan kunt u vanhier via jeeptrack teruglopen naar **Nuweberg** (8 km, 2 uur). De **driedaagse wandeling** gaat naar beneden richting de **Riviersonderend** en steekt deze over via een hangbrug bij Red Hat Crossing. Neem even de tijd om hier in de **natuurlijke poeltjes** te zwemmen, want erna zult u weer flink gaan zweten – het gaat hier steil omhoog. Het uitzicht in de kloof is adembenemend.

Dan loopt u weer naar beneden naar een andere rivier in de **Suicide Gorge,** een populaire kloofing-plek (zie ook Xtreme Adventures blz. 131). Het hier gelegen **Pootjiespool** is de mooiste 'rotspoel' van de trail. Als u moedig genoeg bent, laat u zich van de bemoste waterval omlaag glijden. Vergeet voor u uw weg steil omhoog vervolgt niet uw waterfles te vullen, dit is de laatste plek voor u de hutten bereikt waar dat mogelijk is. Het uitzicht op de **Noordekloof** en de **rots van Nuweberg, Landdroskop** en **Somerset-Sneeukop** is indrukwekkend, zeker in het laatste licht van de middag, als de rotsen bijna blauw schitteren. De protea hier zijn prachtig. Vervolgens gaat u weer steil omlaag het dal in. De behoorlijk vervallen **Boesmanskloof-hut** staat naast een hangbrug.

Dag 3: de laatste dag is een makkie. Het **Orchard Route** genoemde traject van Boesmanskloof terug naar Nuwekloof is maar 14 km lang en die afstand kunt u overbruggen in 2-3 uur. Onderweg zijn weer rotspoelen. Voor mensen die in de winter lopen, zijn bij de **parkeerplaats Nuweberg** hete douches.

Varianten voor een dagtocht: zoals alle wandelroutes in het reservaat beginnen ook deze twee goed bewegwijzerde dagwandelingen achter het kantoortje van de rangers bij Nuweberg. Beide zijn onderdeel van de Boland Trail. Het eerste deel van de **Boegoekloof Trail** volgt zowel de Palmiet Trail als de eerste etappe van de Boland Trails. De uitdagende wandeling voert door een door de Palmiet River geschapen canyon (kloof). Bij de brug moet u niet de rivier oversteken, maar verderlopen op de oever en weer de canyon op. Tussendoor moet u een rotspoel doorwaden, in de zomer is dat een heerlijke verfrissing!

De **Palmiet Trail** is stukken eenvoudiger. Na 4 km langs de Palmiet River komt u bij een prachtig zandstrandje. Beide dagwandelingen voeren naar de jeeptrack, waarop u dan terug wandelt naar het beginpunt.

Franschhoek ✹ ▶ C 5

Niet alleen de naam van het stadje doet denken aan Frankrijk; de hoofdstraat met zijn vele bistro's en cafés zou zomaar ergens in de Provence kunnen

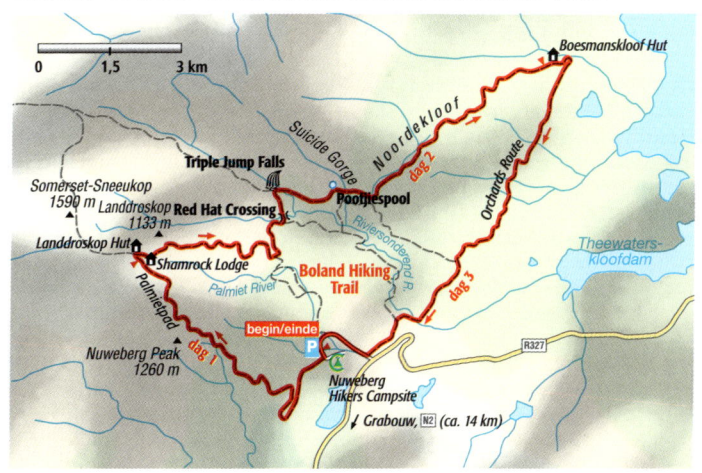

Wandeling over de Boland Hiking Trail in het Hottentots Holland Nature Reserve

liggen. Of de wijnen uit dit gebied wat kwaliteit betreft kunnen wedijveren met die uit Europa, is een kwestie van persoonlijke smaak. U kunt in elk geval proeven tot de wijn uw oren uitkomt – bij alle wijnhuizen kunt u terecht voor een proeverij en een rondleiding.

De stichting van Franschhoek en de professionalisering van de Kaapse wijnbouw zijn beide terug te leiden tot één dramatische beslissing in Europa. De Franse koning Lodewijk XIV verklaarde in 1688 het Edict van Nantes, dat alle inwoners religieuze vrijheid garandeerde, ongeldig. Overal in Frankrijk begon toen een genadeloze jacht op hugenoten, vaak met dodelijke afloop. 164 van hen vluchtten op VOC-schepen naar Kaapstad. Ze vestigden zich in de tegenwoordig *french corner* genoemde buurt bij Franschhoek. Frankrijks verlies was een culturele winst voor de Kaap, waar tot dan toe alleen zeshonderd Nederlandse en Duitse *free burgher* leefden.

Veel van de hugenoten uit het zuiden van Frankrijk waren experts op het gebied van wijnbouw. Ze zetten hun werk simpelweg voort in hun nieuwe land. De negen toen door hen gestichte wijnhuizen bestaan vandaag de dag nog steeds: La Dauphine, Burgundy, La Bir, Champagne, Cabrière, La Terre de Luc, La Cotte, La Provence en La Motte. Veel traditionele Afrikaner-families dragen daarnaast nog steeds de naam van toenmalige immigranten: Malan, de Villiers, Malherbe, Roux, Barre, Thibault, Marais ... De moedertaal van toen komt echter niet meer voor – Frans vindt u tegenwoordig alleen nog maar op de menukaarten van een paar chique restaurants in Franschhoek.

U zou minstens één nacht moeten verblijven in Franschhoek, al is het maar vanwege de verse croissants die 's ochtends op tafel staan in de kleine bed and breakfasts.

Bezienswaardigheden

Hugenoten-monument

Links op de hoek Huguenot/Lambrecht St., tegenover het Huguenot Museum, straat in richting Franschhoek Pass

Het Hugenoten-monument werd in 1988 opgericht, ter gelegenheid van de 250e verjaardag van de landing van de Franse vluchtelingen. In het statige en toch breekbaar lijkende monument van graniet zit veel symboliek. Dominant zijn de drie elegante bogen, die de heilige drie-eenheid voorstellen, bekroond door een gouden zon (rechtschapenheid) en een eenvoudig kruis (trouw).

Voor de bogen staat een vrouwfiguur die een Bijbel in de rechter - en een verbroken ketting (religieuze vrijheid) in de linkerhand houdt. Ze draagt een met bloemen versierde jurk (adel), staat met gespreide benen op aarde (geestelijke vrijheid) en werpt haar mantel af (onderdrukking). Andere symbolen zijn de harp (schone kunsten), een bos graan en een wijnstok (landbouw) en een spinnewiel (industrie).

Huguenot Memorial Museum

Lambrecht St., tel. 021 876 25 32, www.museum.co.za, ma.-za. 9-17, zo. 14-17 uur, 10 rand, kinderen tot 18 jaar 2 rand, studenten 5 rand

In het in 1976 geopende **Huguenot Memorial Museum** zijn meubelstukken te zien van de vroege Franse kolonisten. Het gebouw zelf is een reconstructie van het in 1791 naar een ontwerp van de Franse Louis Thibault gebouwde, elegante Cape Dutch-landhuis Saasveld, dat ooit in Kaapstads Kloof Street stond. Toen dit werd afgebroken, werden het hout, de ramen, de deuren en de stenen van de Tafelbaai naar Franschhoek getransporteerd, om daar het huidige museumgebouw mee op te richten.

Franschhoek

Het Hugenoten-monument in Franschhoek

Wijngoederen

Haute Cabrière

Cabrière Estate, tel. 021 876 36 88, www.cabriere.co.za, proeven en kelderrondleidingen ma.-vr. 9-17, za., feestdagen 10-16, zo. 11-16 uur (voor de rondleiding met sabrage op za. moet u zich aanmelden via tel. 021 876 85 00).

De mousserende wijnen van **Haute Cabrière** staan tot ver buiten de stadsgrenzen bekend om hun uitstekende kwaliteit. De flessen worden op het landgoed liefst op onconventionele wijze geopend. In plaats van simpelweg het ijzerdraad dat de kurk op zijn plek houdt los te maken, wordt de hals eraf geslagen met een sabel. Op z'n Frans heet dat *sabrage*, in goed Nederlands sabreren. Behalve de bubbels, die genoemd zijn naar de grondlegger van het wijngoed, hugenoot Pierre Jourdan, staat vooral de pinot noir van Haute Cabrière hoog aangeschreven.

Plaisir de Merle

Simondium, tel. 021 874 10 71, www.plaisirdemerle.co.za, proeven: ma.-vr. 8.30-17, za. 10-16 uur

Dit wijngoed werd in 1693 gesticht door Charles Marais, het hoofdgebouw – een prachtig voorbeeld van Kaap-Hollandse architectuur – stamt uit 1764. Absoluut proeven: cabernet en merlot.

Overnachten

Provençaalse luxe – **Le Quartier Français:** 16 Huguenot St., tel. 021 876 21 51, www.lqf.co.za, 2 pk met ontbijt vanaf 4200 rand. Behalve comfortabele kamers met handbeschilderde lakens in Provençaalse stijl heeft dit hotel een toprestaurant. Tip voor de huwelijksreis: de Honeymoon Suite heeft een eigen zwembad.

Idyllische tuin– **Akademie Street Boutique Hotel and Guesthouse:** 5 Akademie St., tel. 082 517 04 05, www.

Tip

Babylonstoren Wine Farm

Deze wijnfarm, genoemd naar een karakteristieke rots die zich op het terrein bevindt en op de toren van Babel zou lijken, heeft misschien wel de mooiste tuin van de streek en is bovendien een van de oudste van het land. Naast honderden bloemensoorten zijn er ook ontelbare groente- en kruidenplanten. De kleding van Gundula, de vriendelijke tuinvrouw, is al net zo bont als de boemenpracht om haar heen. Tijdens een korte rondleiding vertelt ze dat de producten van het land direct op tafel komen in restaurant Babel, dat is ondergebracht in een futuristisch gebouw van glas en staal. Ooit was dit een koeienstal, nu een geniale symbiose van historisch en trendy. De menukaart staat op een grote, witbetegelde muur die wordt gedomineerd door een reusachtig portret van een angus-rund. De tafels zijn versierd met bloemkool en zowel het eten als de drankjes zijn op de menukaart ingedeeld op kleur: rood, groen, geel. De wijnkaart is klein, maar prima: de meeste wijnen zijn ook per glas te bestellen. De service is opmerkzaam en vriendelijk, nooit opdringerig. Als het mooi weer is, kunt u buiten eten. De gerechten zijn uitgesproken, met vaak verrassende smaakcombinaties.

U kunt in Babylonstoren ook overnachten in een van de twaalf modern ingerichte historische Kaap-Hollandse huisjes, die architectonisch net zo goed gelukt zijn als het restaurant. Zulke luxe is vanzelfsprekend niet goedkoop. **Babylonstoren Wine Farm:** R 44, Simondium Rd., tel. 021 863 38 52 (8.30-17 uur), www.babylonstoren.com.
Tuin dag. 9-17 uur, 10 rand, rondleiding dag. 10 uur.
Farm House Hotel: suite met ontbijt voor twee personen 4300-7100 rand.
Babel Restaurant: wo.-zo. lunch, vr., za. ook diner, hoofdgerecht 155-215 rand.
Route: van Kaapstad over de N 1 tot exit 47 Klapmuts. Bij de stoplichten rechts richting Stellenbosch, over een paar kruispunten en bruggen en dan links de R 45 richting Franschhoek op. Na 6 km ligt de ingang tot Babylonstoren aan uw rechterhand.

---

aka.co.za, 2 pk met ontbijt vanaf 3200 rand. De betoverende tuin met overwoekerde paden is een van de redenen dat dit kleine hotel met vijf luxe huisjes zo populair is. Gelatenheid is een retraite over twee verdiepingen met een bad onder de bomen.

Historische cottages – **Allée Bleue:** Groot Drakenstein, op de kruising R 310/R 45, tussen Boschendal en Franschhoek, tel. 021 874 1021, www.allee bleue.co.za, 2 pk met lounge en ontbijt vanaf 2070 rand. Exclusieve accommodatie in historische cottages op een wijnboerderij. Prachtig gedecoreerde kamers, die oud op mooie wijze combineren met modern.

Schitterend uitzicht – **La Petite Ferme:** Franschhoek Pass Rd., tussen de pas en het stadje aan de linkerkant gelegen, tel. 021 876 30 16/18, www.lapetiteferme.co.za, 2 pk met ontbijt vanaf 1650 rand. De mooie Vineyard Suites, alle afgezonderd in de wijngaard gelegen, hebben een eigen terras en zwembad – heerlijk in de middagzon. Uw ontbijt wordt naar wens geserveerd in uw cottage of in het restaurant.

Eten & drinken

Topklasse – The Tasting Room at Le Quartier Français: 16 Huguenot Rd., tel. 021 876 21 51, www.lqf.co.za, dag. vanaf 19 uur, achtgangenmenu 850 rand, met wijnarrangement 1335 rand. De meervoudig bekroonde Nederlandse topchef Margot Janse presenteert hier haar Afrikaans geïnspireerde culinaire kunstwerkjes in achtgangenmenu's. De wijnkaart is uiteraard ook fantastisch. Ruim op tijd reserveren!

Delicate kleinigheden – The Living Room: 16 Huguenot Rd., tel. 021 876 21 51, www.lqf.co.za, dag. 12-23 uur, 50-100 rand per gerechtje. Als u The Tasting Room te duur vindt, of u hebt geen zin om u maanden van tevoren vast te leggen, is de beduidend goedkopere en minder formele The Living Room in hetzelfde hotel een goed alternatief. Hier worden uitstekende kleine gerechten geserveerd in de gezellige binnenruimte of buiten op het terras aan de straatkant of in de idyllische, heerlijk rustige tuin.

Local hero – Reuben's: Oude Stallen Centre, 19 Huguenot Rd., tel. 021 876 37 72, www.reubens.co.za, dag. 12-15, 19-21 uur, hoofdgerecht ca. 130-200 rand. Reuben heeft een echte 'bordenwassercarrière' achter zich – van ober tot gerespecteerde chef-kok. Het eten is top, en de binnentuin waarin het 's zomers wordt geserveerd, supergezellig.

In de kelder – Haute Cabrière Cellar Restaurant: Cabrière Estate, Lambrechts Rd., R 45, tel. 021 876 36 88, 876 85 00, www.cabriere.co.za, mei-sept. di.-zo. 12-15, vr.-za. ook 15-21 uur, okt.-april di.-za. 12-15, 15-21, zo. alleen lunch, hoofdgerecht ca. 160 rand. Het in een kleine kelder ondergebrachte restaurant is een van de beste van de wijnlanden. Alle gerechten op de kaart zijn ook als halve portie te bestellen en de uitstekende Cabrière-wijnen per glas. Tip: Franschhoek zalmforel met een korst van pistache en mosterdzaad, geserveerd met roomspinazie en rodewijnboter. De door chef-kok Ryan Shell samengestelde zesgangenmenu's zijn legendarisch.

Niet voor mensen met hoogtevrees – Fyndraai: Solms-Delta Wine Estate, Groot Drakenstein (langs de R 45), tel. 021 874 39 37, www.solms-delta.co.za, dag. 9-17 uur, hoofdgerecht 115-180 rand. Hebt u ook maar een beetje last van hoogtevrees, dan moet u bij het betreden van dit restaurant zeker niet naar beneden kijken. De transparante bodem gunt u een blik op de opgegraven resten van de oude wijnkelder uit 1740. De keuken is sterk Zuid-Afrikaans geïnspireerd, met drie culinaire richtingen: Kaap-Maleis, Kaap-Hollands en Khoi.

Visparadijs – Salmon Bar at the Yard: The Yard, 38 Huguenot St., tel. 021 876 45 91, www.salmonbar.com, zomer ma.-za. 8-21, zo. 8-17, winter zo.-do. 8-17, vr., za. 8-21 uur, hoofdgerecht ca. 85 rand. De herbouwde veranda van dit modern gestylede restaurant zit bijna altijd vol. Een groot deel van de ingrediënten komt van de verderop in de straat liggende Three-Streams Smokehouse. De (lokale) gerookte forel in limoentijmboter is minstens zo lekker als de limoen-chili-noedels met warme gerookte zalm.

Op een heerlijk wijngoed – Pierneef à la Motte: La Motte Wine Estate, R 45, tel. 021 876 88 00, www. la-motte.com, di., wo. lunch, do., vr. lunch, diner, za. ontbijt, lunch, diner, zo. ontbijt, lunch, juli/aug. do.-avond gesl., hoofdgerecht 95-195 rand. De traditionele Kaapse gerechten met een moderne twist van chef-kok Chris Erasmus zorgden ervoor dat dit restaurant snel in allerlei top 10-lijstjes kwam. Het wijnhuis waar Pierneef bij hoort, La Motte, is een van de beste van de Kaapse wijnlanden.

Festiviteiten

Bastille Festival: juli, www.franschhoek.co.za. In het centrum kunt u wijn proeven van tal van wijnhuizen uit de buurt, die ook een wedstrijdje wijnvat rollen *(barrel rolling)* uitvechten, zie ook blz. 35.

Van Franschhoek naar Stellenbosch ▶ C 5

Op de weg tussen Franschhoek en Stellenbosch ligt nog een mooi wijngoed, dat al sinds 1685 wordt uitgebaat en waarvan de wijnen bij kenners erg geliefd zijn: **Boschendal Estate** (Pniel Rd., Groot Drakenstein, tel. 021 870 42 11, www.boschendal.com, proeven dag. 9-16.30, za. 8.30-12.30 uur). Idyllisch zijn de zondagse picknicks (nov.-april) in de tuin, in de schaduw van machtige eiken. Het voormalige Kaap-Hollandse hoofdgebouw is tegenwoordig een **museum** (dag. 9.30-17 uur, 20 rand) met prachtige meubels uit de tijd van de VOC.

Na zoveel (wijn)cultuur is het weer tijd voor wat natuur: de volgende bergpas. Zijn naam – **Helshoogte** – klinkt afschrikwekkender dan de pas daadwerkelijk is. De weg heeft twee rijstroken en is geasfalteerd. Maar in de tijd van de ossenkarren was de dik 300 m hoge overgang van het Drakensteindal naar Stellenbosch waarschijnlijk wél een helse tocht.

Bij Helshoogte Pass liggen ook de wijngoederen **Delaire Graff Estate** met het restaurant **Indochine** en **Tokara Wine Estate** met restaurant **Tokara**.

Eten & drinken

Grandioos uitzicht – **Indochine:** Delaire Graff Estate, R 310, Helshoogte Pass, tussen Franschhoek en Stellenbosch, tel. 021 885 81 60, www.delaire.co.za, dag. 12.30-14, 18.30-21 uur, hoofdgerecht 285-300 rand. De architectuur is imposant, maar wordt toch op punten verslagen door het fantastische uitzicht. Geweldige kunstobjecten. Het Aziatische Indochine in blauw en donker hout staat in schril contrast met het andere restaurant van het Delaire Graff wine estate, waar oranje de boventoon voert. Aromatische Aziatische gerechten gaan gepaard met lokale wijnen.

Beroemd – **Boschendal:** Boschendal Wine Estate, Pniel Rd., R 310, Groot Drakenstein, tel. 021 870 42 74, www.boschendal.com. De ingrediënten komen voornamelijk van eigen land of kleine boeren in de buurt.

Werf Restaurant (lunch wo.-zo. 12-14.30, diner vr., za. 18-21 uur, tel. 021 870 42 06, hoofdgerecht vanaf 190 rand) bevindt zich in het oude hoofdgebouw en serveert innovatieve, landelijke gerechten, bereid met de allerbeste ingrediënten uit de regio: versgebakken brood, langzaam gegrilde ribbetjes en vlees van de angus-runderen van de boerderij en vis en vlees van de eigen rokerij.

Rhone Homestead Restaurant (*sunday lunch* 12-14.30 uur, tel. 021 870 42 74, 280 rand zonder drankjes) zit in het in 1795 gebouwde, oudste pand van Boschendal. Hier kunt u het hele jaar terecht voor het beroemde, traditionele zondagse lunchbuffet.

The Farmshop & Deli (ma.-do. 8-17, vr.-zo. 8-18 uur, tel. 021 870 42 76). In het voormalige koetshuis is een boerderijwinkel met deli. In de gezinsvriendelijke bistro kunt u terecht voor een heerlijk ontbijt, een voedzame lunch of traditionele *afternoon tea*, in het gezellige restaurant of buiten onder de oude eikenbomen. In de winkel is vlees te koop van de op de farm gefokte angus-runderen, maar ook vers brood, huisgemaakte jam en lokale olijfolie.

Boschendal staat al jaren bekend om zijn goed gevulde picknickmanden. **Le Pique Nique** (picknickmanden moeten 24 uur van tevoren worden besteld en tussen 12.15 en 13.30 uur worden opgehaald, juni-aug. gesl., tel. 021 870 42 72, 220 rand per persoon (zonder drankjes) 75 rand per kind) serveert deze in de zomer op de uitgestrekte grasvelden van het complex. In de mand zitten lekkernijen als forelfilet, groenteterrine, patés, vers brood, gegrilde kip, salades en huisgemaakte desserts.

Bizarre smaakcombinaties – **Tokara:** Tokara Wine Estate, Helshoogte Pass, R 44, tel. 021 885 25 50, www.tokara restaurant.co.za, di.-zo. 12-15, di.-za. 18.30-21 uur, hoofdgerecht ca. 185 rand. Richard Carstens staat bekend om zijn soms wat bizarre smaakcombinaties: kokospannacotta met korianderijs, augurkensorbet of chocolademousse met basilicumijs, zwarte sesam en groene thee. Het uitzicht vanaf het restaurantterras is fantastisch.

Fijne gerechten – **Bistro Allée Bleue:** Groot Drakenstein, kruising R 310/R 45, tussen Boschendal en Franschhoek, tel. 021 874 10 21, www.alleebleue.com, zo.-vr. 8-17 uur, lunch ca. 70 rand, hoofdgerecht 90-160 rand. Mooi ingerichte bistro met fijne gerechten, bereid met op de eigen boerderij verbouwde ingrediënten.

Stellenbosch ▶ C 5

Toen Kaap-gouverneur Simon van der Stel in Zuid-Afrika aankwam, lag de enige nederzetting van de VOC aan de voet van de Tafelberg. Vanaf november 1679 ging hij op expeditie landinwaarts. Op zo'n 50 km van Kaapstad 'ontdekte' hij het dal van de Eersterivier, een perfecte plek voor een nieuwe nederzetting. Hij gaf deze zijn naam: Stellen-bosch – Stellenbosch. Het duurde even, maar in 1685 stonden er een kerk en een gerechtsgebouw en was Stellenbosch officieel geboren.

Stellenbosch is daarmee de op een na

Aanbevolen wijnhuizen

Thelema Mountain Estate: Helshoogte Pass, tel. 021 885 19 24, www.thelema.co.za, proeven ma.-vr. 9-17, za. 10-15 uur. Cabernet sauvignon en chardonnay.

Kanonkop Estate: Elsenburg, tel. 021 884 46 56, www.kanonkop.co.za, proeven ma.-vr. 8.30-17, za. 8.30-12.30 uur. Cabernet sauvignon en pinotage.

Neil Ellis Wines: Jonkershoek Valley, tel. 021 887 06 49, www.neilellis.com, proeven ma.-vr. 10-16.30, za., feestdagen 10-17 uur. Sauvignon blanc.

Meerlust: Faure, tel. 021 843 35 87, www.meerlust.co.za, proeven na aanmelding 50 rand per persoon. Verkoop: ma.-vr. 9-17, za. 10-14 uur. Beroemd om de Rubicon, een blend van cabernet en merlot.

Mulderbosch Vineyards: Koelenhof, tel. 021 882 24 88, www.mulderbosch.co.za, proeven na aanmelding (tel. 021 881 81 40), verkoop di.-zo., feestdagen 10-18 uur. Chardonnay en sauvignon blanc.

Paul Cluver Estate: Elgin, tel. 021 844 06 05, www.cluver.com, proeven ma.-vr. 9-12.30, 13.30-17, za. 9-13 uur. Sauvignon blanc en pinot noir.

Waterford Estate: Blaauwklippen Rd., Helderberg, Stellenbosch., tel. 021 880 04 96, www.waterfordwines.com, proeven ma.-vr. 9-17, za. 10-15 uur. Sauvignon blanc, chardonnay, cabernet sauvignon.

Zevenwacht: Langverwacht Rd., Kuilsrivier, tel. 021 900 57 00, www.zevenwacht.co.za, proeven dag. 8-17 uur. Shiraz, daarnaast heerlijke kaas uit de eigen kaasmakerij.

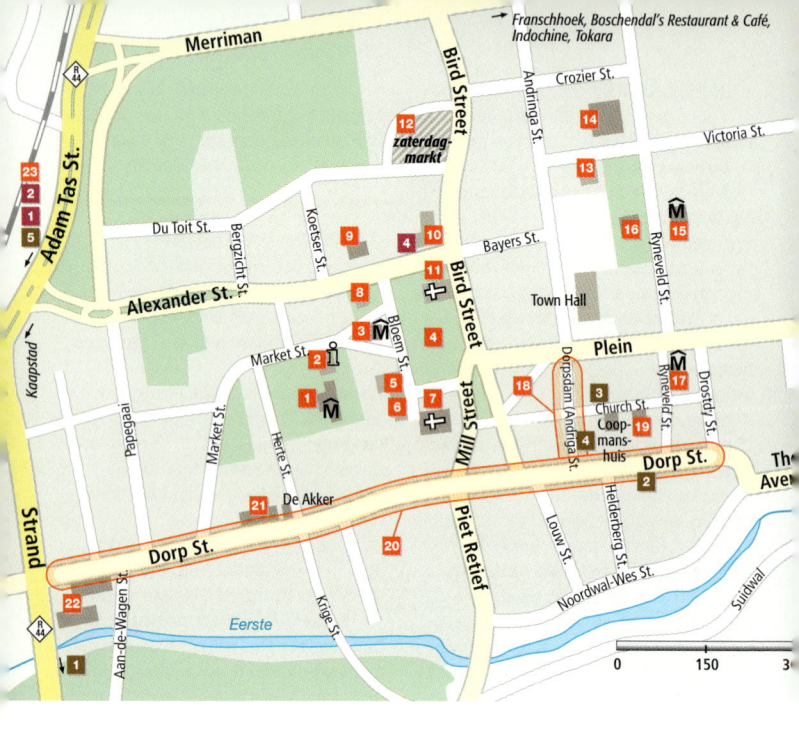

oudste stad van Zuid-Afrika en waarschijnlijk de plaats waarvan de kern het best bewaard is gebleven. Grote branden legden het dorp, met zijn vele huizen met rietgedekte daken, vanaf 1710 driemaal bijna volledig in de as. Maar telkens werd alles weer snel opgebouwd. Stellenbosch' mooiste gebouwen stammen uit de periode tussen 1775 en 1820.

De vrije burgers plantten lange rijen eiken, die tegenwoordig groot en imposant het stadsbeeld bepalen en Stellenbosch de bijnaam Eikestad hebben opgeleverd.

Stadswandeling

Voor deze wandeling moet u ongeveer een dag uittrekken. Zonder de schaduw van de oude eiken zou het in de zomer overigens nauwelijks mogelijk zijn hier te lopen; tussen de bergen is het volkomen windstil en bloedheet. U komt tijdens de wandeling langs tal van historische gebouwen, maar veel ervan kunt u helaas alleen van buiten bewonderen omdat ze privébezit zijn.

Het **Rhenish Complex** in het centrum, met onder andere het Toy and Miniature Museum en het Leipoldt House, is een van de meest succesvolle restauratieprojecten van Zuid-Afrika. U krijgt aan de hand van de gebouwengroep een goed idee van de architectonische geschiedenis van Stellenbosch.

Toy and Miniature Museum 1

Hoek Herte/Market St., tel. 021 887 29 48, ma.-za. 9.30-17, zo. 14-17 uur, mei-aug. zo. gesl.

De eerste stop is de oude, in prachtige Kaap-Hollandse stijl gebouwde pas-

Stellenbosch

Bezienswaardigheden
1. Toy and Miniature Museum
2. Leipoldt House
3. Kruithuis
4. Die Braak
5. Rhenisch School
6. Rhenish Institute
7. Rhenish Church
8. Burgerhuis
9. Coachman's Cottage
10. Drostdy-herberg
11. St. Mary's Anglican Church
12. Voormalige boerderij Bergzicht
13. Crozier House, Bergville House
14. Stellenbosch College
15. Sasol Art museum
16. Erfurt House
17. Village museum
18. Dorpsdam
19. Coopmanshuijs en Hofmeyrsaal
20. Dorp Street
21. Oom Samie Se Winkel
22. Libertas Parva
23. Spier Wine Estate
24. Lanzerac Wine Estate

Overnachten
1. Majeka House
2. Eendracht Boutique Hotel
3. D'Ouwe Werf
4. Stellenbosch Hotel
5. Zevenwacht Country Inn

Eten & drinken
1. Rust en Vrede
2. Jordan
3. Postcard Café
4. The Terrace

torie van de Rijnse missie, waar sinds 1995 het speelgoed- en miniatuurmuseum in zit. Er zijn voornamelijk poppenhuizen en schaalmodellen van klassieke auto's te zien, maar ook een prachtige modelspoorbaan, waarin de miniatuurversie van de beroemde Blue Train van Stellenbosch door de wijnlanden en de Karoo naar Matjiesfontein en weer terug rijdt. Zeker niet alleen leuk voor kinderen.

Market Street

Onderweg naar Braak is het **Leipoldt House** 2 in Market Street een andere inspectie waard. Het is een interessante combinatie van Kaap-Hollandse en Engelse architectuurelementen. Het huis met twee verdiepingen ernaast is daarentegen typisch Engels. Beide gebouwen kunt u helaas alleen van de buitenkant bekijken. Het complex wordt gecompleteerd door twee eenvoudige huizen in Market Street. In een ervan bevindt zich het **Stellenbosch Tourist Information Bureau**.

Houd op Market Street rechts aan om uit te komen bij het **Kruithuis** 3 (Market St., tel. 021 887 29 37, ma.-vr. 9.30-13, 13.30-17 uur, 5 rand), het in 1777 gebouwde voormalige buskruitmagazijn van de VOC. Het monumentale witgekalkte gebouw met de mooie klokkentoren is een **museum** met antieke geweren en pistolen, steek- en slagwapens en VOC-memorabilia.

Die Braak 4

U krijgt nu **Die Braak** in zicht, het in 1703 aangelegde parade- en marktplein, tegenwoordig een leuk groen parkje. Om het park staat een aantal interessante gebouwen, die eveneens bij het Rhenish Complex horen.

Bloem Street

Rechts op Bloem Street, de straat voor het parkje, ziet u achtereenvolgens de **Rhenish School** 5 (Rijnse Volksschool, 1905), het **Rhenish Institute** 6 (Rijns Instituut, 1862) en, op de 'kop' van Die Braak, de in 1832 opgetrokken **Rhenish Church** 7 liggen. Van die drie is alleen de kerk voor het publiek geopend. Het jaartal op de voorgevel, 1840, is dat van de uitbreiding van de kerk. Binnen is vooral de fijn gesneden preekstoel bezienswaardig.

Aan het andere eind van Bloem Street staat het **Burgerhuis** 8 uit 1797, oorspronkelijk een woning, later pastorie en nu, na een grondige renovatie door de gemeente, het hoofdkwartier van de Vereniging voor het behoud van historische huizen van Zuid-Afrika.

Alexander en Bird Street

In Alexander Street staat het eind 18e eeuw gebouwde **Coachman's Cottage** 9 (koetsiershuis, huisnummer 40), waarin overigens nooit een koetsier woonde. De voormalige **Drostdyherberg** 10 (hoek Alexander/Bird St.) is in plaats van een hotel tegenwoordig een winkelcentrum, dat op smaakvolle wijze werd ingepast in de bestaande constructie. Ertegenover staat de mooie, rietgedekte **St. Mary's Anglican Church** 11, die in 1852 werd gebouwd. De klokkentoren volgde pas 32 jaar later in 1884.

In Bird Street wordt op het terrein van de **voormalige boerderij Bergzicht** 12 elke zaterdag een bonte markt gehouden.

Victoria Street

In Victoria Street staan twee erg mooie, helaas niet te bezoeken gebouwen naast elkaar: **Crozier** en **Bergville House** 13. De in 1900 gebouwde huizen, beide met twee verdiepingen, hebben symmetrische gevels. De versieringen op de kroonlijsten zijn typisch voor die tijd.

In 1879 werd besloten ter gelegenheid van de tweehonderdste verjaardag van de stad het **Stellenbosch College** 14 te bouwen. In 1886 werd het indrukwekkende gebouw in neoclassicistische stijl geopend.

Sasol Art Museum en Erfurt House

Het gebouw op Ryneveld Street waarin het **Sasol Art Museum** 15 (tel. 021 808 36 95, ma.-vr. 9-16, za. 9-17, zo. 14-17 uur, gratis entree) zit, werd in 1907 gebouwd in Nederlandse neorenaissancistische stijl en was oorspronkelijk de meisjesschool Bloemhof. Tegenwoordig zit er een kunstgalerie in. Door zijn rode bakstenen met witte randen doet de huidige kunstgalerie een beetje denken aan het Rijksmuseum van Amsterdam.

Direct ertegenover staat het **Erfurt House** 16, dat met zijn smeedijzeren balkon een van de elegantste huizen van Stellenbosch is.

Village Museum 17

18 Ryneveld St., tel. 021 887 29 02, ma.-za. 9.30-17, zo. 14-17 uur

In het **Village Museum** krijgt u eindelijk de kans uitgebreid de binnenkant van een typisch Stellenbosch-huis te bekijken. Op 5000 m² staan hier, in het oudste stukje van de stad, vier mooi gerestaureerde gebouwen uit verschillende perioden.

Het in 1709, dertig jaar na de stichting van Stellenbosch gebouwde **Schreuder House** is het oudste stadhuis van Zuid-Afrika. Het is al te zien op de oudste, in 1710 getekende plattegrond van Stellenbosch en was ooit eigendom van Sebastian Schreuder, een Saksische soldaat in dienst van de VOC.

De dikke, witgekalkte wanden, het open fornuis in de keuken, de aan de houten balken van het plafond hangende uien, kruiden en gepekelde vissen en de primitieve meubels geven het gebouw een typische charme. De ingetogen inrichting staat in schril contrast met de weelderigheid van huizen uit later tijden.

Het rond 1789 gebouwde **Bletterman House** heeft zes gevels en een H-vormige lay-out. Het meubilair laat zien, hoe een huis van een welvarende familie tussen 1750 en 1780 was ingericht. Ooit woonde hier de laatste door de VOC in Stellenbosch geplaatste vrederechter, Hendrik Bletterman. Hij

Oom Samie Se Winkel bestaat al sinds 1904

trok zich kort na de Britse bezetting van de Kaap terug in Stellenbosch en bleef tot zijn dood moperen over de nieuwe machthebbers. Hij draaide zich dan ook om in zijn graf toen zijn huis na zijn overlijden in 1824 een kantoor van de overheid werd. De aangrenzende **schuur** diende achtereenvolgens als school voor slaven, een theater, een pokkenziekenhuis en tot 1979 als politiebureau.

Het twee verdiepingen tellende **Grosvenor House** kreeg zijn huidige aanzien in 1803, al werd de eerste steen al gelegd in 1782. Samen met het Koopmans-De Wet House in Kaapstad is dit gebouw het best bewaarde voorbeeld van een patriciërshuis, waar er in Stellenbosch overigens wel meer van waren. Het interieur is voorzien van elegante, voor de periode tussen 1800 en 1830 gebruikelijk meubilair.

Het **O. M. Bergh House** ten slotte had van oorsprong een rietgedekt dak en meerdere gevels, net als het Bletterman House. In de 19e eeuw kreeg het zijn huidige uiterlijk. Hier woonde toen de familie Bergh, afstammelingen van de Zweedse avonturier Olof Bergh en zijn vrouw Angela, een bevrijde slavin. De schaduwrijke kamers met donker tapijt en zware meubels tonen de tussen 1840 en 1870 heersende smaak.

Van Dorpsdam tot Dorp Street

Van het **stadhuis** aan Plein Street, in 1941 gebouwd in pseudokaapstijl, steekt u schuin over naar de **Dorpsdam** [18], die tegenwoordig dwars door een huizenblok loopt. Vroeger was hier de molensloot, die door een pittoreske woonwijk stroomde naar de Nieuwe Molen, op de plek waar nu een supermarkt staat. Alleen de bloemenverkopers zorgen nog voor wat kleur in de Dorpsdam.

In **Church Street** staan naast Zuid-Afrika's oudste hotel, **D'Ouwe Werf** [3], nog twee andere prachtgebouwen, het **Coopmanshuijs** (nu een luxueus boetiekhotel, www.coopmanhuijs.co.za) en de **Hofmeyrsaal** [19] (39 Church St., tegenwoordig een congrescentrum).

De door eiken omzoomde **Dorp Street** [20] is het hoogtepunt van elke Stellenbosch-wandeling. Nergens anders in Zuid-Afrika staan er in één straat zo veel historische gebouwen.

Oom Samie Se Winkel 21 (82/84 Dorp St., dag. 9-17.30 uur), een in 1904 geopende victoriaanse winkel van sinkel, wist zich ondanks concurrentie van de vele supermarkten en souvenirwinkels te handhaven. Wel is er de laatste jaren wat van het oorspronkelijke karakter verloren gegaan. Waar het er voorheen een grote puinzooi was waar nauwelijks iets te vinden was, is alles nu netjes geordend – er is zelfs een vaste wandelroute gemaakt, zoals in de Ikea. Het restaurant in de tuin serveert overigens nog steeds heerlijke traditionele Zuid-Afrikaanse gerechten (tel. 021 883 83 79, hoofdgerecht 70 rand) en heeft zijn charme behouden.

Op de hoek, rechts naast de winkel, vindt u **De Akker** (90 Dorp St., ma.-za. vanaf 11 uur). In deze pub die vooral erg populair is bij studenten – waarvan er in deze universiteitsstad tijdens het schooljaar zo'n 12.000 van wonen.

Libertas Parva 22

31 Dorp St., tel. 021 887 34 80, ma.-vr. 9-12.45, 14-17, za. 10-13, 14-17, zo. 14.30-17.30 uur, gratis entree

In het elegante Kaap-Hollandse herenhuis Libertas Parva uit 1783 zijn twee musea ondergebracht: de **Rembrandt van Rijn Art Gallery** (ondanks de naam geen Rembrandts, wel werk van bekende Zuid-Afrikaanse schilders) en, in de vroegere wijnkelder, het **Stellenryk Wine Museum**. Hier kunt u alles zien dat te maken heeft met wijnbouw. Leuk zijn de flessen VOC-wijn met het originele etiket er nog op.

Wijngoederen

Spier Wine Estate 23

Lynedoch Rd., aan de R 310, tel. 021 809 11 00, www.spier.co.za, wijn proeven dag. 10-16 uur, tel. 021 809 11 43, 021 809 11 47, Eight to Go Deli dag. 10-16.30 uur, Eight restaurant di.-zo. 10-16.30 uur (brunch, lunch, afternoon tea), tel. voor beide 021 809 11 88

De in 1692 gestichte **Spier Wine Estate** aan de rand van Stellenbosch ontvangt zijn gasten met open armen. Voor de diverse kleine restaurants wordt muziek gespeeld en in het **amfitheater** worden regelmatig openluchtconcerten gehouden – van rock en jazz tot klassiek. Daarnaast is er op de *estate* een **uilen- en adelaarswacht**, waar vliegshows worden gegeven en u tamme vogels vast mag houden (tel. 021 858 18 26, www.eagle-encounters.co.za, dag. 10-17 uur, 75 rand, kinderen tot 12 jaar, studenten 65 rand).

Bij de **Eight to Go Deli** kunt u goed gevulde picknickmanden (vanaf 2 personen) kopen. De inhoud ervan verorbert u vervolgens op het grasveld, in de schaduw van imposante eiken. U kunt de mand ter plekke laten vullen met wat u lekker lijkt of er van tevoren eentje met een 'thema' bestellen via picnics.spier.co.za (395 rand, bijvoorbeeld Gourmet, Relaxed of Vegetarian, er is ook een speciale kinderpicknickmand voor 120 rand). Daarnaast worden hier regelmatig wijnproeverijen georganiseerd. In **Eight Restaurant** kunt u terecht voor een culinair hoogstaand buffet.

Lanzerac Wine Estate 24

tel. 021 887 11 32, www.lanzerac.co.za, rondleiding in de kelders ma.-vr. 11-15 uur

Slaapt u graag tussen historische muren, dan moet u wellicht een overnachting boeken in het driehonderd jaar oude **Lanzerac Wine Estate**. Het is een van de oudste landhotels van Zuid-Afrika. De wijngaarden rond het complex leveren een erg goede chardonnay op.

Overnachten

Sinds 1692 – Lanzerac Manor 24: Lanzerac Rd., tel. 021 887 11 32, www.lanzerac.co.za, 2 pk met ontbijt vanaf 3270 rand. Kaap-Hollands landgoed uit 1692. 48 kamers met ruime, stijlvol ingerichte vertrekken, waarvan de nieuwere iets beter zijn. Het restaurant stelt niet veel voor, maar de pub met bier van de tap is top.

Luxe en rust – Majeka House 1: 26-32 Houtkapper St., Paradyskloof, tel. 021 880 15 49, www.majekahouse.co.za, 2 pk met ontbijt vanaf 2420 rand. Prachtig hotel op een rustige plek met mooi ingerichte, *understated* kamers, een schitterende tuin, een wellnesscentrum (Sanctuary Spa) en het uitstekende restaurant Makaron. Attente, maar niet opdringerige service. Een hoogtepunt in de wijnlanden.

Dorpse sfeer – The Village at Spier 23: R 310, Lynedoch Rd., tel. 021 809 11 00, www.spier.co.za, 2 pk met ontbijt vanaf 1900 rand. Het boetiekhotel van wijngoed Spier zit in 32 verschillende huisjes in Kaap-Hollandse stijl in een lieflijke dorpse setting met tuinen, hofjes, beekjes en steegjes.

Nieuw, in oude stijl – Eendracht Boutique Hotel 2: 161 Dorp St., tel. 021 883 88 43, www.eendracht-hotel.com, 2 pk met ontbijt vanaf 1660 rand. In oude stijl gebouwd, modern uitgeruste guesthouse in de historische Dorp Street.

Oldie but goldie – D'Ouwe Werf 3: 30 Church St., tel. 021 887 46 08, 887 46 26, www.ouwewerf.co.za, 2 pk met ontbijt vanaf 1250 rand. Oudste guesthouse van het land.

Historische muren – Stellenbosch Hotel 4: hoek Dorp/Andringa St., tel. 021 887 36 44, www.stellenboschhotel.co.za, 2 pk met ontbijt vanaf 940 rand. Het tussen 1692 en 1701 gebouwde hotel grenst aan de historische Dorp Street. Mooi gerestaureerde kamers, alle met een ligbad.

Uitzicht op Kaapstad – Zevenwacht Country Inn 5: Langverwacht Rd., Kuils River, tel. 021 903 51 23, www.zevenwacht.co.za, 2 pk met ontbijt vanaf 750 rand. Vanuit dit leuke wijngoed hebt u een geweldig uitzicht op de skyline van Kaapstad. Het countryrestaurant serveert lekkere landelijke gerechten.

Eten & drinken

Zie ook Boschendals Restaurant & Café, Indochine en Tokara blz. 176.

Nomen est omen – Rust en Vrede 1: Annandale Rd., tel. 021 881 37 57, www.rustenvrede.com, di.-za. vanaf 18.30 uur, viergangenmenu 620 rand, zesgangenmenu 750 rand. Een van de beste restaurants van het land. Rustige, elegante sfeer, ideaal voor een romantisch avondje. Onberispelijke service, zeer kundige sommelier. Het eten, gebaseerd op lokale producten, is van absolute topkwaliteit.

Prachtige ligging – Jordan restaurant 2: Jordan Wine Estate, Stellenbosch Kloof Rd., tel. 021 881 36 12, www.jordanrestaurant.co.za, dag. 12-15, do., vr. ook 18.30-22 uur, tweegangenmenu 300 rand, driegangenmenu 350 rand. Gastronomische keuken op een klein, mooi wijngoed. Door de open keuken en het vele glas wordt een transparante sfeer gecreëerd. Seizoensgerechten als eendenborst en Karoo-impala en geweldige kazen, waaronder veel lokale producten. Mooi uitzicht op de bergen en het waterreservoir.

Gastronomisch-organisch – Makaron 1: 26-32 Houtkapper St., Paradyskloof, tel. 021 880 15 49, www.makaronrestaurant.co.za, dag. 7-10.30, 12-15.30, 19-21.30 uur, hoofdgerecht 150-210 rand. Ook al zo'n toprestaurant: alleen al

Tip

De vlinders van Butterfly World

In het dorpje Klapmuts, tussen Stellenbosch en Paarl, bevindt zich Butterfly World, het grootste 'vlinderreservaat' van zuidelijk Afrika. U kunt hier niet alleen vlinders uit de hele wereld zien rondfladderen in een tropische omgeving, maar ook observeren hoe ze uit hun cocon kruipen – leuk voor grote en kleine liefhebbers van *Rupsje Nooitgenoeg*. Behalve vlinders zijn hier ook apen, papegaaien, slangen en spinnen te zien.
Butterfly World Tropical Garden: 36 Market St., R 44, meteen aan de Klapmuts-afslag van de N 1, tel. 021 875 56 28, www.butterflyworld.co.za, dag. 9-17 uur, 72 rand, kinderen 41 rand.

het brood met lavazout dat u voor het eten krijgt, is de moeite van een bezoek waard. Praktisch alle ingrediënten zijn biologisch gekweekt, het vlees is duurzaam. Eigen kruiden- en groentetuin op het landgoed. Fantastische binnenhuisarchitectuur, topservice.
Bistro with a view – **Postcard Café 3:** Stark-Condé Wine Estate, Jonkershoek Valley, tel. 021 861 77 03, www.postcardcafe.co.za, wo.-zo. 9.30-16 uur, gerechten ca. 70-150 rand. Koffie, gebak en lichte gerechten in een stijlvolle, eigentijds-coole bistrosfeer op wijngoed Stark-Condé in de Jonkershoek Valley. Erg mooie ligging, prachtig uitzicht.
Typische bierkroeg – **The Terrace 4:** Alexander St., tel. 021 887 19 42, dag. 12-24 uur, pubgerechten ca. 60 rand. Een van Stellenbosch' populairste kroegen. Terras met houten banken, overzichtelijke menukaart, al is het meer een tent om biertjes te drinken. Vanaf 20 uur livemuziek.

Actief

Ontspannen met de trein – **Historische spoorbaan:** van Kaapstad naar de Spier Wine Estate, wo., za. vertrek Kaapstad 9.45, terugreis 19.15 uur, informatie bij Cape Town Tourism, tel. 021 426 42 60.
Met de benenwagen – **Stellenbosch Historical Walks:** tel. 021 883 96 33. stadswandelingen door Stellenbosch.

Festiviteiten

Oude Libertas Arts Programme: jan.-maart. Theatervoorstellingen in een amfitheater in de wijnbergen.
Stellenbosch Food & Wine Festival: tel. 021 886 48 67, www.wineroute.co.za/calender, eind okt. Jaarlijks hoogtepunt voor wijn- en spijsliefhebbers – en dat zijn er nogal wat in deze regio. Wijnhuizen en restaurants laten zien wat ze kunnen, bezoekers kunnen proeven en kopen.
Spier Summer Festival: dec.-maart, www.spier.co.za. Zomerfestival op landgoed Spier bij Stellenbosch. Wijnproeverijen, concerten en theatervoorstellingen.

Paarl ▶ C 4/5

Toen de eerste blanke kolonisten van de Kaap naar het noorden trokken om het land te verkennen, kwamen ze terecht in een wildernis met leeuwen, neushoorns en olifanten. In de daaropvolgende decennia transformeerde dit natuurgebied in een agrarische gemeenschap, die in 1720 **Paarl** werd genoemd, afgeleid van de *peerlberg*. De eerste 23 boerderijen werden in oktober 1687 gebouwd aan de Berg River, en binnen een eeuw ontstond zo het naast Stellenbosch belangrijkste wijnbouwgebied van Zuid-Afrika. Paarl is met dik 110.000 inwoners tegenwoordig de tweede grootste stad van de Kaapprovincie.

Taal Monument

Paarl Mountain, tel. 021 863 48 09, www.taalmonument.co.za, april-nov. dag. 8-17, dec.-maart dag. 8-20 uur, 25 rand, kinderen 5 rand

Bij de entree naar het stadje staat op de berg het trotse witte **Taal Monument**, dat mooi afsteekt tegen de blauwe hemel. Het gedenkteken, drie met elkaar verbonden zuilen en een spitse, 57 m hoge toren, symboliseert het Afrikaans, de enige Germaanse taal die in Afrika is ontstaan. Elk van de vier elementen van de sculptuur herinnert aan een andere bevolkingsgroep die heeft bijgedragen aan de ontwikkeling van de taal. Khoisan en Xhosa voor het Afrikaanse deel, de slaven uit de Maleis-Indonesische eilandenwereld en – de hoogste zuil – de eerste Europese kolonisten.

Afrikaans Language Museum

11 Pastorie Av., tel. 021 872 34 41, www. taalmonument.co.za, ma.-vr. 8.30-16.30 uur, 25 rand, kinderen 5 rand

Met zijn 15 km lange Main Street leent Paarl zich niet voor een stadswandeling. Toch staat een aantal historische gebouwen relatief dicht bij elkaar. Een ervan is het gebouw waar het **Afrikaans Language Museum** in huist. Hier werd op 14 augustus 1875 aangekondigd dat er op de Kaap een nieuwe taal was, het Afrikaans. Een mix van Nederlands, Engels, Duits, Frans en talen van Afrikaanse volkeren werd hier toen al tweehonderd jaar lang gesproken, maar de officiële taal was nog altijd Nederlands. Vanaf 1828, toen de Britten de macht op de Kaap overnamen, mocht er alleen nog Engels worden gesproken. Afrikaans werd op 8 mei 1925 de tweede officiële taal van Zuid-Afrika.

Oude Pastorie Museum

303 Main St., tel. 021 872 26 51, ma.-vr. 9-17, za. 9-13 uur, gratis entree

Tegenover het taalmuseum staat het **Oude Pastorie Museum**. Het stadsmuseum van Paarl is ondergebracht in de voormalige parochie van een in 1714 gebouwd puntgevelhuis. Mooie *stinkwood*-meubels en zilveren en koperen objecten.

Wijngoederen

In Paarl bevindt zich de grootste wijnmakersvereniging ter wereld, de **Koöperatieve Wijnbouwers Vereniging van Zuid Afrika** (KWV Wine Emporium, Kohler St., tel. 021 863 38 03, www. kwv.co.za, ma.-vr. 8-16.30, za. 8-13 uur, interessante kelderrondleiding met proeverij ma. 10, 10.30, 14.15 uur).

Rond Paarl liggen meerdere wijngoederen die een bezoekje waard zijn. In waarschijnlijk de bekendste, **Nederburg**, een prachtig Kaap-Hollands landgoed, vindt jaarlijks in april de belangrijkste wijnveiling van het land plaats (Sonstraal Rd., tel. 021 862 31 04, www.nederburg.com, bezoekerscentrum/museum ma.-vr. 9- 17 (okt.-april 18), za., zo. 10-16 uur, rondleiding ma.-vr. 10.30, 15, mei-sept. za. 11, okt.-april za., zo. 11 uur).

De Kaapstadse advocaat Alan Nelson heeft met wijngoed **Nelson's Creek Wine Estate** zijn droom in vervulling laten gaan (tel. 021 869 84 53, www. nelsonscreek.co.za, proeven ma.-za. 9-16 uur, zo. alleen op afspraak, chardonnay, cabernet sauvignon en merlot). Nadat zijn landarbeiders de Nelsonwijnen door hun jarenlange inzet en knowhow aan prijzen hadden geholpen, loste Nelson in 1997 een belofte in. Zijn werknemers kregen van hem een stuk land, om zelf wijnstokken aan te planten – een unicum ▷ blz. 188

Op ontdekkingsreis

Over historische bergpassen – in het wijnland

U vindt ze overal waar het vlakke land abrupt overgaat in de plotseling oprijzende uitlopers van het berggebied: Zuid-Afrika's historische passen werden in de 19e eeuw aangelegd door Andrew Geddes Bain en zijn zoon Thomas Bain. De postkoetswegen van toen zijn inmiddels beschermde monumenten.

Kaart: ▶ C 4/5
Planning: het vertrekpunt voor de rondritten is Paarl in de wijnlanden (zie blz. 184).

Duur: alle ritten zijn met de auto of motorfiets in een dag te rijden.

Zuid-Afrika's onverharde gravelpassen zijn avontuurlijke excursies naar het verleden. Hoewel de meeste postkoetswegen door de bergen in de laatste eeuwen werden gemoderniseerd, verbreed en geasfalteerd, bleven enkele exemplaren in de Western Cape en de wijnlanden behouden, omdat ze onder beheer van monumentenzorg staan. De bergwegen onstonden ooit middels dwangarbeid van gedetineerden. Het werk was zwaar: met springstof werden grote rotsen verhit en vervolgens met koud water afgekoeld zodat ze uit elkaar zouden barsten.

Straatkunstenaars

De spectaculairste paswegen van de Kaapprovincie zijn het werk van Andrew Geddes Bain en zijn zoon Thomas. De laatste bouwde bij elkaar 24 passen, drie keer zoveel als zijn vader. De Schotse Bain kwam in 1816 zonder opleiding aan in de Kaap, waar hij begon als zadelmaker. Later probeerde hij aan de grens met Botswana handelsbetrekkingen op te zetten en vocht hij mee in een grensoorlog tegen de Xhosa in 1834/35. Zijn talent voor stratenbouw leverde hem in 1836 een medaille van verdienste op voor de bouw van Van Ryneveld's Pass. Daarna trok hij zich terug op zijn boerderij, maar het bloed kroop waar het niet gaan kon: 'tussendoor' bouwde hij een aantal wegen voor het leger en andere opdrachtgevers. Ook in de wijnlanden ligt een aantal door vader en zoon Bain aangelegde, prachtige bergpassen.

Bain's Kloof Pass

Een goed startpunt voor het verkennen van de historische bergpassen van de wijnlanden is Paarl. Op de R 45 naar het noorden komt u al snel in het buurdorp Wellington, waar u kunt afslaan naar de R 303 richting Ceres, die omhoog voert naar de in de jaren 50 van de 19e eeuw gebouwde, op 595 m gelegen, naar zijn constructeur genoemde **Bain's Kloof Pass**. De intussen geasfalteerde weg is een van de meest indrukwekkende passen van Zuid-Afrika, en met 30 km de langste bergpasweg van het land. Ondanks de modernisering van het wegdek is Bain's Kloof Pass nog altijd net zo smal en hobbelig als voorheen. Bovendien is het uitzicht – rotsformaties, bergpieken, beekjes – ongeëvenaard.

Du Toitskloof Pass

U kunt over autoweg N 1 en door een tunnel van Paarl naar Worcester in het oosten, maar in het kader van deze Ontdekkingsreis neemt u uiteraard het bochtenrijke, 11 km langere alternatief, de **Du Toitskloof Pass** (R 101). Dramatische berglandschappen en uitzicht op de Paarl-vallei zijn de omweg meer dan waard. De eerste arbeiders aan deze pas waren Italiaanse krijgsgevangenen, die pas in 1945 werden ontheven van hun dwangarbeid. De pas werd daarna in drie jaar afgebouwd door betaalde lokale krachten. Zijn naam heeft de pas te danken aan de Franse hugenoot François du Toit, die hier een boerderij bezat.

Franschhoek Pass

Een derde, bijna alpien aandoende pas, eveneens aangelegd door Andrew Geddes Bain, **Franschhoek Pass** (zie foto linkerpagina) bereikt u vanuit het gelijknamige lieflijke wijnstadje ten zuidoosten van Paarl. Door zijn perfecte asfaltlaag is dit een paradijs voor sportieve automobilisten en motorrijders, die zich hier vooral in het weekend uitleven. Boven huilt de wind tussen de rotsen door, beneden liggen de felgroene wijngaarden van Franschhoek (zie blz. 171).

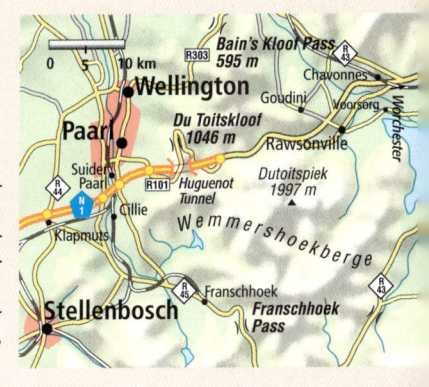

Tip

Alles op één plek

Naast de bekende Fairview Wine Estate ligt **Spice Route**. Dit is dan wel een **wijngoed**, er is veel meer te koop dan alleen (goede) wijn. Op de website van Spice Route vindt u een interactieve kaart met alle hoogtepunten van dit heel bijzondere landgoed. U vindt hier van alles onder één dak: een brouwerij, een distilleerderij, een chocolademaker, een bar, een biertuin en een restaurant.

Wolfgang Ködel uit het Duitse Beieren was jarenlang de brouwmeester van de Paulaner Biergarten in het Waterfront in Kaapstad. Toen dit beroemde biercafé zijn deuren sloot, verhuisde Ködel naar de wijnlanden. Nu brouwt hij heerlijke bieren voor de **Cape Brewing Company CBC** (tel. 021 863 22 70, www.capebrewing.co.za, dag. 10-17 uur). Zijn brouwsels zijn overal in Zuid-Afrika te koop, en het CBC-logo is op heel veel tapkranen te zien, zeker op de Kaap. Hier in Spice Route zijn al zijn biertjes te proeven, en kunt u het gehele brouwproces, tot aan de bottelarij toe, bewonderen vanachter glas.

Een stukje verderop worden bij de **Wilderer Distillery** (www.wilderer.co.za) drankjes met een heel wat hoger alcoholpercentage gemaakt, en in **La Grapperia** kunt u een goede bodem leggen met pizza's uit de houtoven (beide tel. 021 863 43 67, dag. 11.30-21.30, keuken tot 20.30 uur).

Ook voor chocolade en koffie kunt u hier terecht. In **De Villiers Artisan Chocolate Roastery & Espresso Bar** (tel. 021 863 08 54, www.dvchocolate.com, dag. 9-17 uur) wordt van de beste cacaobonen heerlijke chocolade gemaakt en worden dagelijks koffiebonen geroosterd – iets wat goed te ruiken is. Naast proeverijen worden hier ook workshops chocolade maken gegeven (90 min.).

Zit u nog niet vol, dan zijn er nog de biertuin **Barley & Biltong Emporium** (ma.-vr. 11-17, za. 10-18, zo. 10 uur, keuken tot 1 uur voor sluitingstijd) en restaurant **Bertus Basson**.

Spice Route: Paarl, Suid Agter Paarl Rd., tel. 021 863 52 00, www.spiceroute.co.za, www.spiceroutewines.co.za, wijnproeverijen dag. 9-17 uur.

---

in de door conservatieve Boeren gedomineerde Zuid-Afrikaanse wijnindustrie. De wijn van deze nieuwe zwarte en *coloured* grootgrondbezitters en wijnboeren zijn een wereldwijd succes.

Overnachten

Droomhotel – **Grande Roche:** Plantasie St., tel. 021 863 27 27, www.granderoche.com, 2 pk met ontbijt vanaf 3300 rand. Een van de bekendste luxehotels van het land, onder de rotsen van Paarl en midden tussen de wijnstokken. Twee zwembaden, fitnesscenter, tennisbanen en een kleine kapel.

Kaap-Hollandse parel – **Palmiet Valley:** Klein Drakenstein, ten noorden van Paarl, tel. 021 862 77 41, www.palmietvalleyestate.co.za, 2 pk met ontbijt vanaf 2500 rand. Historisch, met antiek ingericht herenhuis op een wijngoed. Stijlvol gerestaureerd, groot zwembad, heel rustig gelegen. Het diner (drie gangen, 400-500 rand per persoon) kunt u naar wens gebruiken onder de oude eiken in de tuin.

Historisch landgoed – **Mountain Shadows:** Van der Keerweder Rd. de borden volgen, tel. 021 862 31 92, www.mountainshadows.co.za, 2 pk met ontbijt vanaf 1100 rand. Het indrukwekkende Kaap-Hollandse landgoed werd al in 1693 vermeld in documenten. De kamers combineren moderne elementen met antieke meubels. Op de olijf- en wijnboerderij worden veel activiteiten aangeboden, er is zelfs een kleine 6-holesgolfbaan.

Historische guesthouse – **Lemoenkloof Guest House:** 396 Main St. (hoek Malan Rd., tel. 021 872 37 82, www.lemoen kloof.co.za, 2 pk met ontbijt vanaf 1680 rand. Aangename sfeer in een georgiaans gebouw uit 1820. Twintig kamers, diner op aanvraag, op loopafstand van het stadje.

Eten & drinken

Schapenkaas – **The Goatshed:** Fairview Wine Estate, Suid Agter Paarl Rd., tel. 021 863 36 09, www. goatshed.co.za, dag. 9-17 (ontbijt tot 11.15, keuken tot 16.30) uur, hoofdgerecht ca. 80-170 rand. Vernoemd naar de vierhonderd Zwitserse berggeiten die op het wijngoed leven en zorgen voor de productie van de vijfentwintig kaassoorten die hier, samen met heerlijk versgebakken brood, op tafel komen. Een van de beste lunchplekken van de wijnlanden

Uitbundig decor – **Juno Wine Bistro & Bakery:** 191 Main Rd., tel. 872 06 97, www.junowines.com, ma.-vr. 6.30-18.30, za. 7.30-15 uur, hoofdgerecht ca. 75 rand. Speels interieur met prachtige muurschilderingen. Gasten zitten op antieke meubels onder kristallen kroonluchters te ontbijten – wat de hele dag kan. De met zuurdesembrood gemaakte sandwiches zijn net zo lekker als de gepocheerde eieren met verse gerookte zalm. Veel verse ingrediënten van wijnboerderij Fairview. Als het mooi weer is, zit u heerlijk onder zonneschermen aan de straatkant, als het koud is binnen bij de open haard.

Sterkedrank – **Pappa Grappa:** Wilderer Distillery, Simondium, tel. 021 863 35 55, www.wilderer.co.za, di.-za. 11-21, zo. 11.30-17 uur. Gezellig restaurant met mooie tuin naast de bekende distilleerderij van Helmut Wilderer, waar uitstekende, prijswinnende sterkedrank wordt gemaakt – die u uiteraard in een proeflokaal kunt proberen. Zoon Christian bestiert het restaurant, dat beroemd is om zijn *flammkuchen* (55-60 rand). Op de tap zitten biertjes van microbrouwerijen in de buurt, op de wijnkaart staan lokale heerlijkheden.

Festiviteiten

Alle festiviteiten in Paarl: **www.paarl online.com**, klikken op 'events'.
Paarl Show: eind jan. Lokaal feest met veel verschillende activiteiten. Behalve lekker eten en drinken draait het ook om kunstnijverheid.
Wijnfestival in Paarl: tel. 021 872 36 05. In de Kaapprovincie begint de wijnoogst in april. Het einde ervan wordt in Paarl altijd groots gevierd op Paarl Mountain. Nieuwe wijn, muziek en vrolijke mensen. Grote parkeerplaats aan de rand van het dorp, gratis shuttlebus naar het festivalterrein.
'Kanomarathon' Bergriver: juli. Midden in de winter kolkt de Berg River woest. Uitputtende, vier dagen durende kanowedstrijd.
Food and Wine Festival: eerste weekend van aug., Malmesbury. Boeren uit de streek presenteren hun producten.

Van Paarl naar Tulbagh ▶ C 4/5

Een dramatisch landschap met rotsen, pieken en rivieren ontvouwt zich voor u wanneer u rijdt over de historische **Bain's Kloof Pass** die Wellington verbindt met de Breede River Valley (zie Op ontdekkingsreis blz. 186).

In **Tulbagh** lijkt de tijd te hebben stilgestaan. Church Street wordt geflankeerd door 32 smetteloze Kaap-Hollandse huizen, de een nog mooier dan de andere. Tot in de jaren 60 waren de gebouwen flink verwaarloosd. De gevels waren verwijderd om de daken te vergroten, sommige huizen waren ontsierd door balkons. Een aardbeving met een kracht van 6,5 op de schaal van Richter op 29 september 1969 was een *blessing in disguise*. Bij de restauratiewerkzaamheden openbaarde de oorspronkelijke schoonheid van de gebouwen zich. Een team van historici en architecten ontwikkelde een heropbouwprogramma. Het resultaat hiervan kunt u bewonderen op **Church Street**, de enige straat in Zuid-Afrika waarin elk gebouw op de lijst van monumentenzorg staat.

In de kerk uit 1743, het oudste gebouw van Tulbagh, zit het **De Oude Kerk Volksmuseum** (4 Church St., ma.-vr. 8.30-17, mei-sept. eerste en laatste za., zo. van de maand za. 10-15, zo. 11-15, okt.-april za. 9-15, zo. 11-15 uur). Binnen kunt u vele stukken uit de victoriaanse tijd zien. Interessant zijn de foto's waarop u kunt zien hoe het stadje eruitzag na de verwoestende aardbeving.

Overnachten

Idyllische wijn- en olijfboerderij – **Wild Olive Farm:** aan de R 46 tussen Tulbagh en Ceres, tel. 023 230 11 60, www.wildolivefarm.com, huisjes 2-6 personen 750-950 rand (geen credit-cards). Rustieke, comfortabele huisjes op een idyllische wijn- en olijfboerderij. U kunt zwemmen in het stuwmeer – heerlijk in de hete zomers. Daarnaast kunt u in de omgeving vissen en mountainbiken.

Landhotel – **Tulbagh Hotel:** 23 Van der Stel Street, tel. 023 230 00 71, www.tulbaghhotel.co.za, 2 pk met ontbijt vanaf 1300 rand. Mooie kamers en een eetzaal met een gezellige open haard – hier is het ook in de winter fijn verblijven. Kamers in het eigenlijke hotel en het aangrenzende Witzenberg Manor, *self catering* huisjes aan de overkant van de straat.

Vakantie op de boerderij – **Schalkenbosch:** tel. 023 230 06 54, www.schalkenbosch.co.za, 2 pk met ontbijt vanaf 650 rand. U logeert hier in rietgedekte huisjes op een boerderij uit 1792 op 8 km van Tulbagh.

Lekker rustig – **Fynbos Guest Farm:** niet ver van de R 46 tussen Tulbagh en Ceres, tel. 072 223 46 74, www.fynbosguestfarm.co.za, cottages vanaf 750 rand, camping 110 rand per persoon. Deze boerderij 'produceert' de wereldberoemde fynbosplanten, voornamelijk protea. Enkele volledig uitgeruste cottages plus een paar caravans en campingplekken.

Eten & drinken

Speels – **Things I Love:** 61 Van der Stel St., tel. 023 230 17 42, www.thingsilove.co.za, dag. 8-17 uur, vr., za. tot laat, gerecht 40-95 rand. *Homemade* gerechten (pies, moussaka), bereid met verse, lokale ingrediënten. De gegrilde vrije-uitloopkip is erg lekker. Kleine wijnkaart, aangename, informele sfeer.

Gezellig – **The Belgian Kitchen:** 23 Church St., tel. 082 905 53 90, di.-zo. 11-15, di.-za. 18-22 uur, hoofdgerecht 85-175 rand. Het oude gietijzeren Dover-fornuis geeft het restaurant in het voormalige Paddagang-huis de juiste sfeer. De keuken is Belgisch, dus staat op de kaart uiteraard een mosselpan-

netje (vanaf 130 rand). Daarnaast kunt u kiezen uit onder meer (andere) zeevruchten en steaks. In de zomer is de kaart wat lichter van aard en kunt u heerlijk buiten zitten.
Relaxte ambiance – **The Olive Terrace Restaurant:** 22 Van der Stel Street, tel. 023 230 0071, wo.-ma. 9-17 uur, hoofdgerecht 75-135 rand. Het restaurant hoort bij het Tulbagh Hotel. Erg leuk terras met een fijne sfeer, goede prijs-kwaliteitverhouding.

Tip

Een frisse duik

Op de weg naar de Breede River Valley ligt aan uw linkerhand camping **Tweede Tol,** waar u tegen betaling van wat entreegeld heerlijk kunt zwemmen in een natuurlijke rotspoel in de rivier – vooral in de verzengende hitte van de zomer heerlijk! In verband met de drukte kunt u beter op een doordeweekse dag komen. Zie foto hieronder.

Festiviteiten

Tulbagh Arts Festival: meestal laatste weekend van oktober, www.tulbaghartsfestival.co.za. Niet alleen regionale wijnen, maar ook lokale specialiteiten (zoals olijven) en kunstnijverheid.

Verfrissend: badderen in de Tweede Tol aan de voet van Bain's Kloof Pass

IN EEN OOGOPSLAG

De westkust

Hoogtepunt ✹

Vogeleiland: bij Lambert's Bay kunt u vanuit een schuilplaats kijken naar duizenden Kaapse jan-van-gents (dit is een van de slechts zes broedplaatsen wereldwijd), Kaapse aalscholvers en andere vogels. Het eiland is via een dam verbonden met het vasteland. Zie blz. 206

Op ontdekkingsreis

Robbeneiland: Zuid-Afrika's Alcatraz dankt zijn faam aan zijn beroemdste gevangene: *public enemy number one* Nelson Mandela. De latere president was achttien jaar gedetineerd op het eiland. Zie blz. 196

Bezienswaardigheden

Evita se Perron: Evita Bezuidenhout is een man. Pieter-Dirk Uys, die al tijdens de apartheid politici op de korrel nam, treedt regelmatig op in zijn woonplaats Darling. Zie blz. 195

West Coast National Park: in het voorjaar, wanneer alles in bloei staat, is het park één grote, kleurrijke bloemenzee. Zie blz. 195

Actief onderweg

Postberg Wildflower Trail: wandel hier in augustus/september in een zee van kleuren. Zie blz. 199

Kite- en windsurfen: tussen Milnerton en Lambert's Bay testen veel kitemakers hun producten. Het absolute mekka voor wind- en kitesurfers is Langebaan. Zie blz. 200 en 207

Dunes 4x4 Trail: in de 'Mini-Kalahari', een particulier terreinwagengebied ten oosten van Lambert's Bay, kunt u gemotoriseerd zandhappen. Zie blz. 207

Sfeervol genieten

Luxueus landleven in de Kersefontein Guest Cottages: het belletje waarmee de heer des huizes zijn personeel roept, doet denken aan vervlogen, victoriaanse tijden. Zie blz. 201

Zeevruchtenfeestje in de openlucht: bij Strandloper in Langebaan worden op het strand vismenu's van meerdere gangen geserveerd. U mag zelf uw wijn meenemen (fris wit past er het best bij). Zie blz. 202, 205

Uitgaan

Beste uitzicht op nachtelijk Kaapstad: op de eerste verdieping van het coole Table View-filiaal van Primi Piatti kunt u de lichtjes van de stad en de verlichte Tafelberg bewonderen. Zie blz. 194

Rustige idylle in het noordwesten

De westkust naar het noorden is duidelijk minder toeristisch ontsloten dan de Garden Route en de Indische Oceaankust. Vanuit Bloubergstrand kijkt u evenwel prachtig uit op de City van Kaapstad en de Tafelberg. West Coast National Park is een van de belangrijkste wetlandbiotopen van het land. In Langebaan wordt op het strand seafood bereid op een open vuur. De beste rotszeekreeft (*crayfish*) eet u in Lambert's Bay.

Bloubergstrand ▶ B 5

Om van Kaapstad in Bloubergstrand te komen, kunt u het best de N 1 richting Paarl op en meteen buiten de stad afslag 4 (Paarden Eiland) nemen, de R 27 richting Milnerton op. Vanuit **Bloubergstrand** – zijn naam heeft het plaatsje te danken aan de blauw glimmende bergen op de achtergrond – ziet u Kaapstads beroemde Tafelberg zoals hij het meest gefotografeerd wordt. Het is dan ook een perfect plekje. De parkeerplaats loopt tot de kliffen, waartegen de golven met veel lawaai te pletter slaan; de horizon wordt gedomineerd door de Tafelberg, en ook het beroemde **Robbeneiland** (zie Op ontdekkingsreis blz. 196) is rechts op de voorgrond goed te herkennen.

INFO

Langebaan Tourism Bureau: Bree St., tel. 022 722 15 15, www.langebaan-info.co.za.
Lambert's Bay Tourism Bureau: Church St., tel. 027 432 10 00, www.lambertsbay.co.za.

Eten & drinken

In de branding – **On The Rocks:** Bloubergstrand, 45 Stadler Rd., tel. 021 554 43 52, www.seascapecollection.co.za, hoofdseizoen ma. 16-22, di.-zo. 9-22 uur, hoofdgerecht 55-295 rand. Op de rotsen aan het strand. Naast seafood ook exotischer gerechten als krokodillenschnitzel. De crêpes zijn erg lekker. Voor avondeten absoluut reserveren – als het kan een tafeltje aan het raam, het uitzicht op de Tafelberg is top!
Zonsondergang – **Primi Piatti:** Table View, 14 Beach Blvd., Shop 7, tel. 021 557 97 70, www.primi-piatti.com, pizza/pasta 55-135 rand, hoofdgerecht 100-180 rand. Dit filiaal van de hippe Primi Piatti-keten is een ideale plek om te genieten van een mooie zonsondergang. Vergeet niet een plekje aan het raam te reserveren.

Mamre ▶ B 4

Via **Melkbosstrand** komt u weer op de R 27 naar het noorden, tot aan de kruising met de R 307 richting Atlantis. Dromerig en vol bochten slingert deze weg zich door een heuvellandschap, dat een beetje doet denken aan Toscane in de herfst, omhoog naar **Mamre**, een klein, in 1808 door Duitsers gesticht missiestadje. De toenmalige gouverneur Earl of Caledon was zo onder de indruk van de missiepost Genadendal, dat hij de Evangelische Broedergemeente vroeg er ook een in Mamre, voorheen Groene Kloof te stichten.

De mooie kerk en de witgekalkte, rietgedekte huizen zien eruit als op een schilderij. De geestelijken hielpen de verarmde Khoi te voorzien in hun eigen levensonderhoud en zichzelf te verzorgen. Ze leerden hen verschillende ambachten en onderwezen ze in de christelijke levensbeschouwing. De mannen werkten als metselaar, timmerman, leerlooier of smid, de vrouwen maakten hoeden. Behalve een regelmatig inkomen kregen de Khoi terug wat ze waren verloren, namelijk zelfvertrouwen en zelfrespect. De voormalige paardenmolen werd vervangen door de tegenwoordig nog steeds werkende **watermolen** (ma.-vr. 9-12, 13-17 uur).

Darling ▶ B 4

In **Darling**, het volgende plaatsje op weg naar het noorden, woont Pieter-Dirk Uys, Zuid-Afrika's bekendste cabaretier. Hij heeft hier ook een eigen theater (zie Tip hiernaast).

Botanici komen in het voorjaar flink aan hun trekken in en om Darling. Hoewel het dorp strikt gezien net buiten het Namaqualand valt, strekt diens bloemengordel zich uit tot hier, en in het noorden tot de Orange River.

Festiviteiten

Wildflower Festival: eind sept. in Caledon. Een van de mooiste bloemenshows in de Kaapprovincie – een goede tweede is de **Wildflower Show** in Darling (ook eind sept.).

Yzerfontein ▶ A 4

De R 315 verbindt Darling weer met de hoofdweg R 27, die via **Yzerfontein** naar het West Coast National Park voert. Tijdens het snoekseizoen ontwaakt het slaperige dorpje. Tientallen volledig beladen schepen varen af en aan in de kleine haven. Groothandels, maar ook restaurant- en winkeleigenaren uit Kaapstad kopen de vissen direct uit de boten. Theatraal en luidruchtig worden ze in de met landbouwzeil beschermde laadruimte gegooid van pick-uptrucks, die hier *bakkies* heten.

Van Yzerfontein is het nog maar een paar kilometer naar het West Coast National Park.

> ### Tip
> **Don't cry for me South Africa**
> In het kleine voormalige spoorwachtershuisje van Darling treden Pieter-Dirk Uys en andere Zuid-Afrikaanse kunstenaars regelmatig op voor zo'n veertig bezoekers. Na de voorstelling wordt in **Evitas Kombuis** Boerse burgerkost geserveerd. In Duty Free Shop **Bapetikosweti** zijn allerlei bizarre Evita-souvenirs te koop.
> **Evita se Perron:** Old Darling Railway Station, Arcadia St., Darling, tel. 022 492 28-31, www.evita.co.za, di.-zo. 10-16 uur, kijk voor de agenda op de website, kaartjes 90-120 rand.

West Coast National Park ▶ A 3/4

www.sanparks.org/parks/west_coast, aug./sept. 136 rand, kinderen 68 rand, nov.-okt. 68 rand, kinderen 34 rand

Het **West Coast National Park** is een van Zuid-Afrika's mooiste wetlandbiotopen. In augustus komen elk jaar zo'n 60.000 watervogels uit Siberië en andere subarctische broedgebieden naar hun zomerresidentie in het vlakke water van de Langebaanlagune. Hun vlucht van de Siberische toendra over Centraal Azië, het Midden-Oosten en de Afrikaanse oostkust is 20.000 km lang. Ze zijn erop geprogrammeerd de warme, beschutte ▷ blz. 199

Op ontdekkingsreis

Robbeneiland – het Alcatraz van Zuid-Afrika

Robbeneiland is beroemd, of beter gezegd berucht vanwege de bekendste gevangene ter wereld, Nelson Mandela, die 18 jaar van zijn 27-jarige detentie hier doorbracht. Sinds begin 2000 staat het eiland op de Werelderfgoedlijst van UNESCO. Behalve een plek vol herinneringen aan de koloniale geschiedenis en het apartheidsregime is Robbeneiland tegenwoordig ook een waar natuurparadijs.

Kaart: ▶ kaart 2, A1
Info: kaartjes reserveren via tel. 021 413 42-00/01 of (handiger en minder tijdrovend) voor uw reis via www.robben-island.org.za (mocht het weer tegenvallen, dan kan het kaartje altijd nog worden omgeruild), 300 rand, kinderen tot 18 jaar 160 rand. De *Sikhululekile* vertrekt elke dag (afhankelijk van de weersomstandigheden) om 9, 11, 13 en 15 ('s winters 14) uur vanaf het Waterfront voor de historische rode Clock Tower bij de Nelson Mandela Gateway. (zie kaart blz. 108, 35, en blz. 110). Het wordt aanbevolen 30 min. voor vertrek aanwezig te zijn. De excursie duurt zo'n 4 uur.

Robbeneiland was eeuwenlang een gevangeniseiland, maar in 1996 verlieten de laatste 300 gedetineerden, 90 wachters, onderhoudsmensen en hun families en 18 *killer dogs* het eiland, dat inmiddels is uitgeroepen tot nationaal monument. Een aantal eilanders had er toen dertig jaar lang gewoond. Sindsdien is het 7 km ten westen van Bloubergstrand en 9 km ten noorden van Kaapstads haven liggende, 574 ha (4,5 x 1,5 km) grote eiland een natuurlijke habitat voor vogels, zoogdieren en planten.

De overtocht

De Robbeneiland Tour begint bij de Victoria & Alfred Waterfront in Kaapstad, tegenover de rode Clock Tower, het oudste gebouw aan de haven. Vanhier gaat het via de Nelson Mandela Gateway met een permanente tentoonstelling naar Robbeneiland. Te zien zijn oude foto's van Nelson Mandela, naast oorspronkelijke brieven en documenten.

Aansluitend betreedt u het voor 25 miljoen rand in Kaapstad gebouwde Robben-Islandschip *Sikhululekile* (Xhosa voor: 'we zijn vrij'), dat driehonderd personen kan vervoeren. De overtocht, die bij een stevige wind behoorlijk heftig kan zijn, duurt ongeveer een halfuur. In het verleden liepen veel schepen – al in het zicht van de hoopgevende Tafelbaai – alsnog op de eilandkust. Twee van de jongste wrakken zijn tegenwoordig te zien tijdens de eilandexcursie.

De Sikhululekile legt aan in **Murray's Bay**, de oude haven van het eiland, waar ooit de veroordeelden aan land werden gebracht. Wie Nelson Mandela's spannende en aanbevelenswaardige autobiografie *De lange weg naar de vrijheid* heeft gelezen, zal de aankomst waarschijnlijk niet zonder kippenvel beleven. In 1806 werd de mooie kleine haven omgebouwd tot een walvisstation. Maar in 1820 werd de walvisvangst weer gestopt, omdat de onbewaakte schepen een te grote verleiding voor de gevangenen vormden.

Rondleiding met gevangenen

Vanuit de **haven** vertrekken minibussen voor een ongeveer 45 minuten durende excursie over het eiland. Onderweg ziet u niet alleen de lugubere monumenten van het apartheidsverleden, maar ook de prachtige flora en fauna van het eiland. Naast de Kaapse pelsrobben die het eiland zijn naam hebben gegeven leven hier pinguïns (**Main Penguin Nesting Area**) en talloze zeevogels, antilopen, Kaapse klipdassen, herten, eland-antilopen en bonte, spring- en steenbokken. Ook keren steeds meer zeehonden terug naar het eiland, en de meeuwen-broedkolonie is de grootste van het zuidelijk halfrond.

In 1654 bracht Jan van Riebeeck, de eerste gouverneur van de Kaap, naast veroordeelden ook konijnen naar het eiland om de voedselvoorziening van de Kaapkolonie aan te vullen. Omdat er geen natuurlijke vijanden voor waren, nam hun aantal gestaag toe. Toen James Cook het eiland in de 18e eeuw bezocht, was hij zo onder de indruk van de dieren dat hij er een paar meenam op zijn schip. Zo vormden de knagers van Robbeneiland het begin van de konijnenplaag die inmiddels grote delen van het Australische platteland heeft verwoest.

Voormalige gevangenen en bewakers van Robbeneiland begeleiden tegenwoordig als gidsen de bustochten. Een van de vroegere politieke gevangenen is Lionel Davis, die in april 1964 tot zes jaar detentie werd veroordeeld. Sabotageplanning, zo luidde het oordeel. Lionel woont tegenwoordig met zijn gezin op het eiland en is voorzitter van de Robbeneiland Village Association. Gedurende de excursie spreekt hij openlijk over zijn voormalige bewakers en de verschrikkelijke omstandigheden die hij en zijn medegevangenen in de vroege jaren 60 en 70 in de **Maximum**

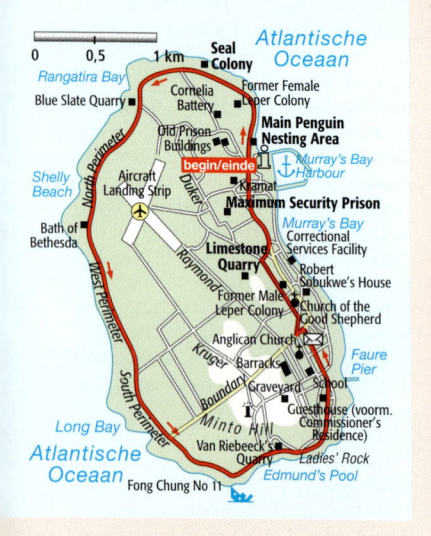

Security Prison van het eiland moesten doorstaan. Gidsen zoals hij vormen een levende getuigenis van Zuid-Afrika's jongste geschiedenis.

Een volgend station vóór het eigenlijke bezoek aan de gevangenis is de **Limestone Quarry** (kalksteengroeve), waar Nelson Mandela en zijn politieke medegevangenen stenen moesten hakken. In februari 1996 ontmoetten de voormalige politieke gevangen van het eiland elkaar hier; elk van hen tilde een steen op om deze voor de kalksteengroeve neer te leggen. Zo creëerden ze een eeuwig herdenkingsteken.

Vervolgens gaat u naar de **Maximum Security Prison**, waar zich een van de beroemdste cellen ter wereld bevindt. Nummer 46664 was de verblijfplaats van Nelson Mandela, een kleine cel waarin hij achttien jaar moest doorbrengen.

Geschiedenis

Robbeneiland werd al in de 16e eeuw door de Nederlanders gebruikt als gevangenis. Gedetineerden moesten in de leisteen- en kalkgroeves (*quarrys*) werken of schelpen verzamelen, waaruit het gips voor de bouw van het Castle of Good Hope en andere gebouwen werd gewonnen. Bij de restauratie van het kasteel in 1985 werd weer leisteen van Robbeneiland gebruikt.

In 1658 verbande de eerste Kaapse gouverneur Jan van Riebeeck zijn inheemse tolk Autshumato tijdens de oorlog tussen de Nederlanders en de Khoi naar Robbeneiland. Het zou hem ondanks de verraderlijke stromingen gelukt zijn om in een roeiboot terug naar het vasteland te vluchten. Makanna, de aanvoerder van de Xhosa-troepen, die in de vierde grensoorlog tegen de Engelsen 10.000 man tegen Grahamstown leidde, werd in 1819 naar het eiland verbannen en verdronk bij een vluchtpoging.

Vanaf 1843 kreeg Robbeneiland tijdelijk een nieuwe functie. Tot 1931 werden melaatsen en verstandelijk gehandicapten naar het eiland gedeporteerd (*Leper Colony*). In de kelder van het 'eilandclubhuis' (*Guesthouse*) ziet u nog de kettingen aan de wand waarmee 'waanzinnigen' moesten worden rustig gehouden.

Kort voor de Tweede Wereldoorlog vreesden de Zuid-Afrikanen aanvallen van Duitse onderzeeboten en werd op Robbeneiland een militaire basis aangelegd. In de jaren 50 nam de marine het complex over. In 1961 ging het vervolgens weer 'back to the roots' – het eiland werd een gevangenis voor tegenstanders van de apartheid.

Na het einde van het apartheidsregime nam het Department of Arts and Culture Science and Technology Robbeneiland in 1997 over van het leger. Sindsdien bestaat de mogelijkheid het eiland te bezoeken, als gedenkteken aan een zwarte periode en een levende geschiedenisles.

West Coast National Park

laguna met zijn enorme aanbod voedzame algen, wormen en andere zeeorganismen te bereiken. De modder van de lagune is ongelooflijk rijk aan voedingsstoffen. Wetenschappers hebben berekend dat elke kubieke centimeter lagunemodder 60 miljoen bacteriën bevat. Veel van de vogels zijn wanneer ze in de herfst aan de terugreis beginnen twee keer zo zwaar als toen ze hier aankwamen. De natuurlijke cyclus wordt afgesloten met wat ze achterlaten in het zoutmoeras: 50 ton mest, waarmee de micro-organismen zich kunnen voeden tot de vogels weer terugkomen.

grafen. In het natuurreservaat kunt u vele dieren tegenkomen: panterschildpadden, struisvogels, elandantilopen, springbokken, bontebokken, gnoes en lepelhonden. Ook de vogelwereld is hier uniek. Omdat er slechts twaalf wandelaars tegelijk de trail op mogen, geeft dit gebied op slechts een uurtje rijden van Kaapstad een geweldig wildernisgevoel.

Dag 1: op de eerste dag wandelt u van **Tsaarsbank** naar **Plankies Bay** (15,5 km, 6 uur). Volg de witte paaltjes en de wegwijzers met het bloemetje erop door de bush, richting **Konstabelkop**. Hier vliegen vaak roofvogels en lopen lepelhonden en pillenkevers. Dan stijgt het

Postberg Wildflower Trail – wandeling ▶ A 3

Start: parkeerplaats Tsaarsbank, op aanvraag bagagetransport door het parkpersoneel naar het eindpunt, lengte: 27,3 km, duur: 2 dagen, moeilijkheidsgraad: licht; alleen mogelijk in aug./sept. en alleen met boeking vooraf (vanaf juni mogelijk): Westcoast National Park, tel. 022 707 99 02, www.sanparks.co.za, parkentree aug./sept. 150/75 rand, rest van het jaar 75/37 rand, wandelvergunning 150 rand per persoon, zelf uitrusting meenemen (tent, slaapzak, kookgerei, eten, drinken), toiletten, barbecueplekken en brandhout voorradig bij de accommodatie, wilt u niet overnachten in het park, dan is de Steenbok Day Trail een alternatief (13,9 km, 5 uur.), zie blz. 200

Deze wandeling is een van de *best kept secrets* van de Kaap. Hij is alleen geopend tijdens het bloemenseizoen en is bij mooi weer fantastisch. Hoogtepunten zijn de enorme bonte tapijten van wilde bloemen. Een kleurpracht in roze, oranje, en wit – een paradijs voor foto-

Op de Postberg Wildflower Trail

pad naar een hoogte van 188 m, die na 2 km bereikt is. Vanaf hierboven kijkt u uit over het turquoise water van de **Langebaanlagune** en de *hamlets* van **Oude Post** en **Kraal Bay** met hun jachten en woonboten. Aan Kraal Bay bevindt zich het bewegwijzerde historische plaatsje **Oude Post 1** met de restanten van een Nederlands fort. Hier werden de fossiele voetafdrukken ontdekt van 'Eva'. **Eva's Footprints** zijn 117.000 jaar oud. U loopt langs imposante, verweerde en met korstmos begroeide **granietrotsen**, die een nadere observatie waard zijn.

Dan voert het pad weer omlaag. U steekt een **grindweg** achter de huizen over, en loopt verder tot u bij een **jeeptrack** uitkomt, die voert langs de **Langebaanlagune** onder de **Postberg Mountain** (193 m). Het traject langs de lagune is prachtig. Na een uurtje bloemenpracht en steeds weer andere uitzichten bereikt u **Perlemoen Point**.

Kort daarna stijgt het pad weer langzaam richting **Uitkyk**. Aan uw rechterhand ziet u **Donkergat**, ooit een walvisstation en een militaire basis, en als u terugkijkt, kijkt u uit over het vlakke **Schaapen Island** en de Langebaanlagune.

Het wandelpad verlaat de jeeptrack kort voor het hoogste punt van de heuvel en voert naar rechts door een zee van gele en oranje bloemen. Een magisch deel van de wandeling, waar u vaak wild en struisvogels kunt zien. Uiteindelijk bereikt u het **strand van Plankies Bay**. U loopt verder, met de zee aan uw rechterhand. Via een kleine, rotsachtige zijtak komt u bij een klein **zandstrandje**, de **slaapplek** – wildkamperen op een steenworp afstand van de Atlantische Oceaan. Op de parkeerplaats naast de sanitaire voorzieningen kunt u uw spullen ophalen, en als het niet te hard waait kunt u uw tent opzetten op het strand onder de granietrotsen. Is dat u toch te wild, ga dan naar de wat beter beschutte officiële **camping**, een vlak grasveld naast het sanitairblok.

Dag 2: van **Plankies Bay** naar **Tsaarsbank** (11,8 km, 3,5 uur) loopt u langs het strand tot de kleine nederzetting **Kreefte Bay**. Hier verlaat het pad de bredere jeeptrack en maakt u een omweg achter de mooie strandhuisjes. Ongeveer een uur na Plankies Bay bereikt u een **pad**, dat voert over de grensafscheiding van het nationale park. Daar ligt ook **16 Mile Beach**, waar veel watervogels leven. In de verte kunt u een **scheepswrak** zien. Hier zijn **barbecues** en kunt u heerlijk uitrusten op de rotsen. Na nog een halfuurtje lopen op het strand komt u bij de grensafscheiding (met vlag en schild).

In plaats van hier meteen landinwaarts te gaan, kunt u nog zo'n 20-30 minuten doorlopen over het strand, naar het wrak van de **Pantelis A Lemos**, dat hier onderweg naar Saldana Bay in 1978 op de klippen gelopen is. Daarna kunt u terug en de duinen in door het kustfynbos terug naar uw auto.

Variant als dagtocht: de **Steenbok Day Trail** volgt de route van de Postberg Wild Flower Trail omhoog op de Konstabelkop. Daar volgt u de Steenbok-wegwijzers naar **Vingerklippe**, een groep vingervormige granietrotsen. Hierna loopt u omlaag naar Plankies Bay, waar u weer op de Postberg Trail terechtkomt, voor u links terug naar Tsaarsbank loopt. Ook dit pad is alleen geopend in het bloemenseizoen (max. 20 wandelaars per dag).

Langebaan ▶ A 3

Van de ingang van het park is het nog een paar kilometer naar **Langebaan**. Het kleine plaatsje is een van de mooiste van de westkust. Beroemd is strandrestaurant **Die Strandloper** (zie Favoriet blz. 202, en Tip blz. 205), maar het dorpje is daarnaast een waar mekka voor wind- en kitesurfers.

kunt u bij **Hoedjiesbaai Beach** zwemmen op een bewaakt strand.

Overnachten

Zoals vroeger – **Kersefontein Guest Cottages:** aan de R 45, tussen Velddrif en Hopefield, tel. 022 783 08 50, www.kersefontein.co.za, 2 pk/suite met ontbijt 1220-1810 rand. Rustige accommodatie op een historische boerderij. Mogelijkheid voor wildezwijnjacht.
Tussen historische muren – **The Farm House Hotel:** 5 Egret St., Langebaan, tel. 022 772 20 62, www.thefarmhouselangebaan.co.za, 2 pk met ontbijt vanaf 2100 rand – de Traveller's Rooms zijn nieuwer en voordelig. Gemoedelijk landhuis, in 1860 gebouwd in Kaap-Hollandse stijl. Restaurant.
Niet voor landrotten – **Houseboats on Langebaan Lagoon:** de woonboten liggen voor anker in Kraalbaai in het West Coast National Park, tel. 021 526 04 32, www.kraalbaaihouseboats.co.za, prijs afhankelijk van seizoen en aantal personen. Volledig uitgeruste woonboten voor excursies op de lagune. De luxueuze Nirvana is de grootste woonboot van het zuidelijk halfrond. Op deze twee verdiepingen tellende drijvende villa van 400 m² kunnen 22 personen slapen. Het schip kost 11.150 rand per nacht (minimaal 2 nachten). Op de wat bescheidener Larus kunnen zes mensen slapen. Deze woonboor kost 2300 rand per nacht (ook minimaal 2 nachten).

Saldanha ▶ A 3

Saldanha is niet erg toeristisch. Talrijke fabrieken verwerken de hier voor de kust gevangen vis. Ze produceren conserven, vismeel en kreeftpasteitjes en verpakken zeewier voor de export naar Japan. Indien de geur u niet stoort,

Festiviteiten

Harvest Festival of the Sea: sept., info via tel. 022 714 20 88. Zeevruchtenfestival. Gegrilde verse vis en allerlei watersportdemonstraties.

Paternoster ▶ A 2

Paternoster is een aantrekkelijk en idyllisch plaatsje aan de westkust, waar steeds meer oude, deels vervallen vissershuisjes worden opgeknapt. Een plek voor rustzoekers.

Wie zich interesseert voor vogels en wilde bloemen moet 12 km ten noorden van het lieflijke vissersdorpje Dwarskersbos naar links om bij de 900 ha grote **Rocher Pan Nature Reserve** te komen, waar u vanaf twee observatieplatforms 165 verschillende watervogels kunt zien. De bloeiende *strandveld*-flora transformeren de regio in het voorjaar (aug./sept.) in een kleurenzee (dag. 7-18 uur, 40 rand).

Zo'n 5 km buiten Paternoster ligt **Cape Columbine** in het Tieties Bay Nature Reserve. Voordat hier een vuurtoren stond, strandde in 1829 het Britse schip de Columbine voor de kust. Het was niet het enige schip dat hier op de klippen liep. Volgens een moderne legende vervoerde de stoomtanker Lisboa, die hier eveneens ten onder ging, rode wijn. Deze zou de zee rood hebben gekleurd. Naar verluidt bereikte een aantal vaten het strand, waar ze door de lokale bevolking snel werden begraven. Pas nadat de rondsnuffelende douaneambtenaren weer weg waren, werden de vaten weer opgegraven. Wat er verder met de wijn is gebeurd, vertelt het verhaal niet ... ▷ blz. 204

Favoriet

Die Strandloper
in Langebaan ▶ A 3

Op het strand staan een paar bankjes, houten hutjes met daken van stro geven wat schaduw. Op de grill sist vers gevangen vis, in zwartgeblakerde potten pruttelen mosselen en in zelfgebouwde natuurstenen ovens wordt brood gebakken. Drie tot vier uur duurt een uit meerdere gangen bestaande seafoodmaaltijd bij Die Strandloper bij Langebaan. Voor een vaste prijs mag u in de rustieke Robinson Crusoe-sfeer zo veel eten als u kunt. Alcoholische dranken en een koelbox neemt elke gast zelf mee.
Die Strandloper Restaurant & Beach Bar: op het strand, naast de afslag naar Club Mykonos, tel. 022 772 24 90, 083 227 71 95, www.strandloper.com, in het hoogseizoen dag. lunch, diner, anders na telefonische bevestiging, menu 275 rand, kinderen tot 12 jaar betalen naar lengte. Absoluut reserveren (ook online mogelijk). Geen creditcards.

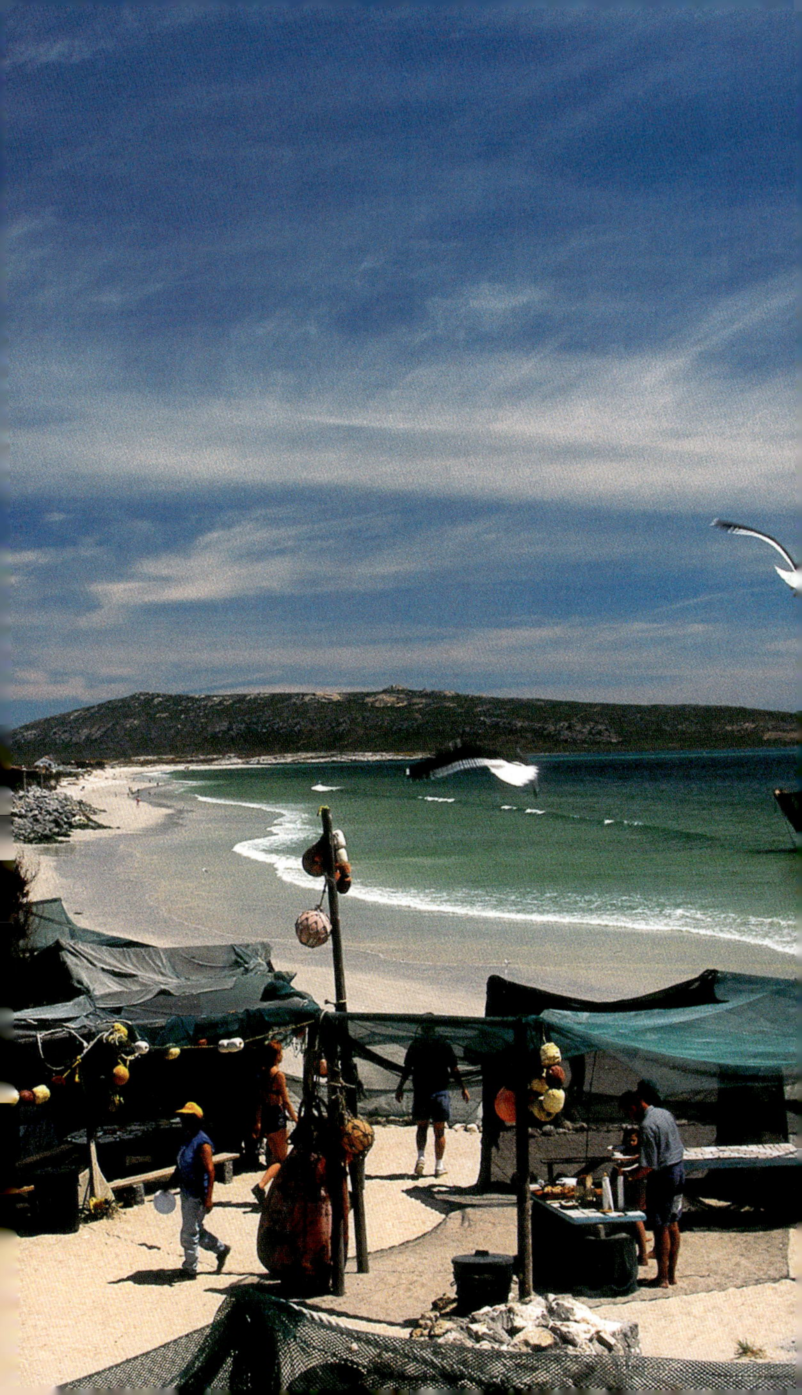

Wit en blauw zijn de dominerende kleuren op het strand van Paternoster

Overnachten

Bij het strand – **Paternoster Seaside Cottages**: St. Augustine Rd., tel. 021 782 51 28, www.seasidecottages.co.za, huisjes vanaf 600 rand. Een online reserveersysteem, dat allerlei kleine en grote huisjes bij het strand verhuurt op basis van *self catering* – van idyllisch-knus tot huizen voor (grote) gezinnen. Voordelige lastminuteaanbiedingen in het naseizoen en soms in het hoogseizoen op doordeweekse dagen.

Eten & drinken

Biologisch – **Gaaitjie Salt Water Restaurant**: Sampson St., op het strand, tel. 022 752 22 42, www.saltcoast.co.za, do.-ma. 12.30-14, 18.30-20.30 uur, tweegangenmenu 195, driegangenmenu 295 rand. Chef-kok Suzi Holtzhausen neemt 'bio' erg serieus. Ze wint haar eigen zout in de zoutpannen bij Veldrif, verbouwt haar eigen kruiden en groente en bereidt een en ander met veel liefde direct op het strand.

Oesters slurpen – **Noisy Oyster**: 62 St. Augustine Rd., bij het stoplicht op het kruispunt links afslaan, tel. 022 752 21 96, wo.-za. 12-15, 18-21, zo. 12-15 uur, hoofdgerecht 120 rand. Zoals de naam al doet vermoeden, kunt u hier terecht voor verse oesters (die hier westkust-viagra als bijnaam hebben). Ze worden geserveerd in een relaxte, *shabby chic* sfeer, buiten of binnen. Naast oesters staan er allerlei soorten vis en zeevruchten op de kaart.

St. Helena Bay ▶ A 2

Dit plaatsje kunt u, afhankelijk van de windrichting, al van verre ruiken. De maar liefst dertien visfabrieken zijn door uw neus niet te missen. Hier ging de Portugese zeevaarder Vasco da Gama op 7 november 1497 voor het laatst aan land voor hij om Kaap de Goede Hoop zeilde. Vlak bij het **monument** dat de landingsplek van de ontdekkingsreiziger in de buurt van Stompneusbaai markeert, gooien veel modernere vissersboten hun netten uit in het planktonrijke, koude water van de Benguela-stroming.

Elands Bay ▶ B 1

Het slaperige plaatsje **Elands Bay** is vooral populair bij vissers, die met hun *bakkies* het strand op rijden en, half in het water staand, hun lange vishengels ver de zee in slingeren. Naast vissers en mensen die op zoek zijn naar schelpen lopen hier ook vaak surfers rond. Volgens hen heeft Elands Bay de beste golven van de westkust.

Lambert's Bay en Vogeleiland ▶ B 1

Lambert's Bay

Talloze bezoekers komen elk voorjaar in **Lambert's Bay**, en er gaat geen dag voorbij dat er geen windsurfers in de gelijknamige baai liggen. Ideale klimatologische omstandigheden lokken watersporters uit de hele wereld naar het gebied. Niet alleen om te trainen; er worden hier regelmatig wedstrijden gehouden. Natuurlijk kunt u hier ook zelf leren kite- of windsurfen.

Lambert's Bay wordt daarnaast gezien als de beste plek aan de westkust om de wilde bloemenpracht van het Kaaps Schiereiland te fotograferen. En ook vogelliefhebbers komen hier goed aan hun trekken. Vanaf de **haven**, waar u voor een kleine entreeprijs met uw huurauto in mag rijden, voert een dam naar het 100 m voor de kust liggende, 3 ha grote Vogeleiland.

Tip

Seafood in de openlucht

Muisbosskerm, vlak voor Lambert's Bay, bestaat al sinds 1986 en is Zuid-Afrika's eerste openlucht seafood-restaurant. Het dichter bij Kaapstad gelegen **Die Strandloper** (zie Favoriet blz. 202), ging pas vijf jaar later open. Elk jaar komen er nieuwe, soortgelijke restaurants bij, maar geen enkele ervan houdt het zo lang uit als deze twee. Zwemmen tussen de gangen door hoort net zo bij de *experience* als eten met schelpen in plaats van bestek.

Muisbosskerm: tel. 027 432 10 17, www.muisbosskerm.co.za, buffet 195 rand, kinderen 11-16 jaar 130 rand, 6-10 jaar 110 rand, onder 6 jaar gratis, *crayfish* tegen meerprijs. Hoogseizoen dag. lunch vanaf 12.30, diner vanaf 18.30 uur. Vooraf bellen om te vragen of er genoeg mensen hebben gereserveerd om de maaltijd door te laten gaan. Wijn en bier moet u zelf meenemen. Check de website voor het complete menu.

Kaapse jan-van-gents op het Vogeleiland bij Lambert's Bay

Vogeleiland ❋

Informatie over de vogelstand vindt u bij Cape Nature Conservation, www.capenature.co.za, tel. 027 432 16 72, 021 483 0190, okt.-maart dag. 7-19, april-sept. dag. 7.30-18 uur, bij ruwe zee is de in 1959 gebouwde dam gesloten

Tot eind 2005 dartelden op **Vogeleiland** duizenden **Kaapse jan-van-gents** *(cape gannet)* en Kaapse aalscholvers *(cape cormorant),* die vanuit een kunstig in het landschap geïntegreerde observatieplek van kunstmatige rotsen van dichtbij bekeken en gefotografeerd konden worden. Vooral vanaf de 'eerste verdieping', waar geen glas zat, was het uitzicht fantastisch. Maar toen was het eiland ineens bijna leeg. Vogelgriep? Welnee, roofzuchtige robben waren verantwoordelijk voor de vogelvlucht. Als robben beseffen dat broedende vogels een gemakkelijke prooi zijn, komen ze aan land en eten ze niets anders meer. Er zat voor natuurbeheer niets anders op dan de robben af te schieten om de vogels weer terug te krijgen. Vogeleiland is immers een van de slechts zes plekken op de wereld waar Kaapse jan-van-gents broeden, en de enige die zo makkelijk toegankelijk is. De vogelstand heeft zich inmiddels wat verbeterd. In de jaren 1888-1990 werd op het eiland overigens guano gewonnen en als meststof verkocht.

In het water krioelen zeebewoners die vaak als delicatesse op tafel komen. Lambert's Bay is beroemd om zijn uitstekende en goedkope langoesten of rotszeekreeft *(crayfish* of *rock lobster),* die hier gewoon bekendstaan als *kreef*. Capetonians vinden het heel normaal om in het weekend helemaal naar Lambert's Bay te rijden – een ritje van drie uur – om verse crayfish te eten. Geef ze eens ongelijk: een heldere, zwoele avond, verse kreeft, koude sauvignon blanc, een bosje wilde bloemen op tafel… Als er dan nog een Zuid-Afrikaan in de buurt is, zal hij, na een slokje witte wijn te veel, met een diepe zucht de vriendelijke bedoelde, doch niet direct zo klinkende loftuiting uitspreken: 'Another shit day in Africa.'

Overnachten

Het enige hotel – **Lambert's Bay Hotel:** Lambert's Bay, 72 Voortrekker St., tel. 027 432 11 26, www.lambertsbayhotel.co.za, 2 pk met ontbijt vanaf 950 rand. Erg mooi is het enige hotel van Lambert's Bay niet. De zwart-witfoto's van vroeger vergelijken met hoe het er nu uitziet, kan als schokkend worden ervaren. Zoals het er voorheen uitzag, was het Marine, zoals het hotel destijds heette, een prachtige accommodatie. Een lichtpuntje is het restaurant, dat kreeftgerechten serveert voor prima prijzen. Ook leuk: gasten kunnen de delicate zeebewoners zelf vangen tijdens door het hotel georganiseerde *fishing trips*.

Eten & drinken

Oude schuur – **Tin Kitchen:** Vensterklip, 1 Bonteheuvel Farm, R 366, 4 km ten oosten van Eland Bay, 30 km ten zuiden van Lambert's Bay, tel. 022 972 13 40, www.vensterklip.co.za, vr., za. 9-15, 18-22, zo. 9-15 uur, hoofdgerecht 95 rand. Dit karaktervolle, kleine restaurant in Elands Bay is gehuisvest in een rustieke schuur uit de 17e eeuw. Biovlees en -vis, alle lammetjes, runderen en varkens hebben goede levens gehad. Ook heerlijke crayfish en calamari. De frieten zijn handgesneden, de ingrediënten van de salades komen uit eigen tuin. Op vrijdagavond pizza uit de oude steenoven.

Actief

Winderig paradijs – **informatie over kite- en windsurfen:** www.capesports.co.za.

Mini-Kalahari – **Dunes 4x4 Trail:** 10 km achter Lambert's Bay op de R 364 richting Clanwilliam, tel. 027 432 12 44, www.dunes.co.za, 300 rand/auto. Wie in Kaapstad een terreinwagen heeft gehuurd, en van plan is in Richtersveld of naar Namibië te rijden, kan het zandhappen hier alvast oefenen. Op de boerderij van de familie Engelbrecht kunt u ondervinden hoe het is om in de woestijn te rijden. Tot 1995 zagen de eigenaren niets in het prachtige, unieke duinlandschap met het Cedergebergte op de achtergrond op hun landgoed. Niets van belang in elk geval – ze konden er immers niets op verbouwen. Inmiddels hebben ze het toeristische potentieel ervan ontdekt en laten ze naar adrenaline hongerende off-roadfans raggen door hun 250 ha grote mini-Kalahari. U betaalt entreegeld in de kleine boerderijwinkel, waar verse biologische waar wordt verkocht. De gidsen zelf rijden in zelf omgebouwde zandbuggy's in Mad Max-stijl, die ooit als doodgewone Volkswagen Kever van de band liepen.

IN EEN OOGOPSLAG

Het Cedergebergte

Hoogtepunten ✺

Muurschilderingen van de San op de Sevilla Trail: in de verweerde rode rotsen van het Cedergebergte bevindt zich de grootste Bosjeman-galerie ter wereld. De Sevilla Trail tussen Clanwilliam en Wupperthal ontsluit de mooiste werken van de San, de oorspronkelijke bewoners van Zuid-Afrika. Zie blz. 215

Wupperthal: een trip naar de plaats met de voor deze contreien toch wat bizarre naam is een trip naar de eenzaamheid. Zie blz. 216

Op ontdekkingsreis

Bizarre rotsen – wandeling in het Cedergebergte: de routes door het prachtige rotslandschap, zowel die naar de Wolfberg Arch als die naar het Malteser kruis, kunt u het best wandelen in de Zuid-Afrikaanse lente, tussen augustus en oktober. Dan is het er wat koeler en bloeien de wilde bloemen. Zie blz. 212

Bezienswaardigheden

Fruitcultuur: in de Goede Hoop Citruscoöperatie in Citrusdal kunt u live meemaken hoe een deel van de 90.000 ton citrusvruchten die hier jaarlijks geoogst wordt, op reis gaat naar de consument. Zie blz. 211

Rooibos-Safari: bezichtiging van de innovatieve Groenkol Rooibos Tea Estate in Engelbrechts, waar de populaire en gezonde thee, die alleen in het Cedergebergte bloeit, wordt gekweekt. Zie blz. 217

Actief onderweg

Op vier wielen: voorbij Wupperthal kunt u op diverse landgoederen de terreincapaciteiten van uw huurauto uitproberen – op een lang of kort, lastig of eenvoudig traject. Zelfs op de 35 km lange weg via Eselbank naar Matjiesrivier beleeft u een klein offroadavontuur. Zie blz. 217

Sfeervol genieten

Bushmans Kloof Private Game Reserve: luxueuze lodge in het Cedergebergte, tussen Clanwilliam en Wupperthal, inclusief een safaritocht in een open Land Rover. Zie blz. 215

Uitgaan

Onder een sterrenhemel: zonder lichtvervuiling kunt u hier prachtig de sterrenbeelden van het zuidelijk halfrond bekijken, met het zuiderkruis als bekendste. Een aantal accommodaties heeft telescopen voor u klaar staan. bij Bushmanskloof laten de rangers u na een *sundowner* zien waar u moet kijken. Zie blz. 216

Land van vruchten en bergen

Voorbij de fruitboomgaarden van Ceres gaat het naar Clanwilliam, de geboorteplek van de beroemde, gezonde rooibosthee, en verder door de nauwelijks bewoonde Cederberg Wilderness Area met zijn bizarre verweerde structuren. Hoogtepunten van deze trip zijn de galerieën van Bosjesman-tekeningen en het afgelegen Duitse missiestadje Wupperthal.

Ceres ▶ D 4

Ceres draagt geheel terecht de naam van de Romeinse god van de vruchtbaarheid. Het mooie, door bergen geflankeerde stadje en zijn omgeving behoren tot Zuid-Afrika's rijkste en mooiste fruitteeltgebieden. 12% van de Zuid-Afrikaanse appels en 40% van de perziken komen uit het Ceresdal, net als 60% van de geëxporteerde peren, en aanzienlijke hoeveelheden kersen, nectarines, druiven, pruimen, uien en aardappels. Hier bevinden zich ook de grootste koelhuizen van het land, en bijna elke Zuid-Afrikaanse winkel verkoopt vruchtensappen met de naam van de stad op het etiket. Tussen april en december kunt u worden rondgeleid door de plantages. Het **Togryersmuseum** (8 Orange St., tel. 023 312 20 45, di.-vr. 9-13, 14-17, za. 9-12 uur) herinnert met koetsen en ossenwagens aan de tijd dat Ceres de laatste buitenpost van de beschaving was.

Even voor de Gydo Pass ligt het kleine **Prince Alfred Hamlet**. De in 1874 gestichte en naar de tweede zoon van koningin Victoria vernoemde nederzetting was belangrijk vanwege de vele pakhuizen en het overslagstation. Vanaf de top van de **Gydo Pass** kunt u, terugkijkend naar het zuiden, het hele vruchtbare Warm Bokkeveld-gebied overzien. De pas, zoals zovele het werk van 'wegmeester' Andrew Geddes Bain (zie Op ontdekkingsreis blz. 186), kruist de Skurweberg en de Gydoberg en zorgt zo voor de belangrijke verbinding tussen Cold en Warm Bokkeveld.

Overnachten

Pittoreske huisjes – **Klein Cedarberg Lodge:** aan de R 303, ten noorden van Ceres, tel. 023 317 07 83, www.klein cedarberg.co.za, 2 pk met ontbijt/diner vanaf 1100 rand. Vanaf de hoofdweg is het ongeveer 5 km over een prima met een gewone auto te rijden piste. Uit stro en steen gebouwde huisjes midden in de wildernis van het gekloofde Cedergebergte. De maaltijden worden in het pioniershuis uit de 18e eeuw geserveerd. Kunstgalerie, zwembad, trips naar de rotstekeningen van de Bosjesmannen.

INFO

Clanwilliam Tourism Office: Main St., tel. 027 482 20 24, www.clanwilliam. info, ma.-vr. 8.30-16.30, za., zo., feestdagen 8.30-12.30 uur. In een oude gevangenis ondergebracht toeristenbureau, wetenswaardigheden, accommodaties, 4x4-trajecten, wandelingen.
Citrusdal Tourism Office: tel. 022 921 32 10, www.citrusdal.info.
Ceres Tourism Bureau: Owen St., tel. 023 316 12 87, www.ceres.org.za. Veel informatie over avontuurlijke sporten.
Wupperthal Tourism Bureau: Church Square, Post Office, tel. 027 492 34 10, www.capewestcoast.org, ma.-vr. 9-16.30, za. 9-12 uur.

Festiviteiten

Ceres Festival: mei. Allerlei sportieve activiteiten.

Citrusdal ▶ C 2

Als u op de R 303 blijft rijden komt u via de Buffelshoek Pass en de Middelberg Pass al snel bij het in 1916 door de Nederlands-hervormde Kerk gestichte **Citrusdal.** Zoals de naam al doet vermoeden, rijgen de citrusvruchtenbossen zich in het vruchtbare dal aan de oever van de Olifants River aan elkaar. De rivier heeft zijn naam te danken aan de Nederlandse ontdekkingsreiziger Jan Danckaert, die hier in 1660 een kudde olifanten zag.

Sinaasappels, citroenen, grapefruits, mandarijnen en de zoete *satsumas* worden tussen maart en september door zo'n zesduizend landarbeiders geoogst, gesorteerd en verpakt. In de lucht hangt dan een zware, zoete geur. De Citrusdalvruchten zijn erg groot en smaken bijzonder goed. Dat is te danken aan de lange, hete zomers, met tot wel tien uur zon per dag, de winterregens en de zanderige bodem. De eerste vruchtenbomen werden gekweekt met zaailingen van Jan van Riebeecks Boskloof Estate (het huidige Claremont in Kaapstad). De oudste boom staat op de Groot Hexrivier-boerderij. Hij is meer dan 250 jaar oud en geeft nog elk jaar vruchten.

De tweehonderd leden van de lokale coöperatie **Goede Hoop Citrus** (tel. 022 921 36 09, www.ghcitrus.com) oogsten zo'n 90.000 ton vruchten per jaar, waarvan circa driekwart wordt geëxporteerd.

Overnachten

In de omgeving van Citrusdal is een aantal leuke bed and breakfasts en guesthouses op boerderijen. Bij het toeristenbureau kunt u hier informatie over krijgen. Ook in de buurt van Tulbagh is een aantal leuke accommodaties (zie blz. 190).

Actief

Vruchten verpakken – **Rondleidingen in het verpakkingshuis van de Goede Hoop Citrus-coöperatie** in Citrusdal worden georganiseerd door het Citrusdal Tourism Bureau (zie Info op linkerpagina blz. 210).

Clanwilliam ▶ C 1

U kunt de rit naar Clanwilliam op twee manieren vervolgen: de stoffige, avontuurlijke variant rechts van de Olifants River of de parallel aan de andere kant van de rivier en bergketen lopende, moderne N 7.

De mooie plaats **Clanwilliam** verwierf bekendheid door een plant, die alleen gedijt in het gematigde klimaat van het Cedergebergte. Uit de uiteindes van de takjes van de rooibosplant wordt een aromatische, gezonde thee gewonnen. Diverse pogingen het plantje ook in andere delen van de wereld te oogsten, mislukten.

De San ontdekten als eerste het geheim van de fijne, op naalden lijkende blaadjes. Zij oogstten de in het wild groeiende bosjes, maakten ze kleiner met stenen blokken en verpletterden ze met houten pennen. De brij lieten ze in stapels fermenteren en dan door de zon drogen. Sinds de jaren 30 wordt rooibosthee commercieel geteeld. Vooral Japanners zijn stapelgek op het poeder, dat bij hen als wondermiddel wordt verkocht voor een flinke prijs. In Zuid-Afrikaanse supermarkten is de thee echter te koop voor heel ▷ blz. 214

Op ontdekkingsreis

Bizarre rotsen – wandeling door het Cedergebergte

Het wild gekloofde landschap van het Cedergebergte is beroemd vanwege de vele goed bewaard gebleven rotstekeningen van de Bosjesmannen en de prachtige wandelroutes.

Kaart: ▶ C/D 2
Planning: een wandelvergunning is verkrijgbaar bij Cape Nature Conservation, Clanwilliam, tel. 027 482 28 12. Een vergunning voor en accommodatie in het Cedergebergte kunnen eveneens worden geboekt bij Cape Nature Conservation, Cape Town Head Office, tel. 021 483 00 00, www.capenature. co.za, 60 rand, kinderen 35 rand, overnachting (*self catering*) vanaf 640 rand, camping vanaf 220 rand per persoon.

Kaarten: Cederberg Conservancy Map (in het Tourism Bureau van Clanwilliam, tel. 027 482 20 24, Citrusdal, tel. 022 921 32 10) of de Cederbergkaart (2016 Edition) van The Map (www.slingsbymaps.com, zeer gedetailleerd, in de boekhandel verkrijgbaar voor 270 rand, de set bestaat uit twee watervaste kaarten).
Gedragsregels: wandelaars en mountainbikers mogen overal in het Cedergebergte komen, maar moeten wel de volgende regels in acht nemen: u moet altijd uw vergunning kunnen tonen, geen open vuur maken (gaskokers zijn toegestaan), het water niet verontreinigen met zeep en afval mee terugnemen. Langeafstandlopers kunnen

overnachten in primitieve berghutten en grotten, dagbezoekers op de camping **Algeria Forest**.

Een natuurparadijs

De **Cederberg Wilderness Area** tussen de Middelberg Pass bij Citrusdal en de Pakhuis Pass bij Clanwilliam is circa 710 km² groot en staat sinds 1973 onder natuurbeheer. Het Cedergebergte biedt een spectaculair landschap van rotsformaties, met de beroemde **Maltese Cross** en de **Wolfberg Arch** (zie foto links). Zijn naam heeft het gebied te danken aan de endemische Clanwilliam-ceder, die behoort tot de familie van de cipressen. Bosbranden en ontbossing reduceerden de aantallen flink. Alleen al in 1879 eindigden meer dan zevenduizend bomen als telegraafmast tussen Piketberg en Calvinia. Om het bestand veilig te stellen voor de toekomst, plant men tegenwoordig elk jaar zo'n achtduizend nieuwe bomen aan. *Clanwilliam cedars* groeien op een rotsige ondergrond tot een hoogte van 1000-1400 m.

Nog zeldzamer is de boven de sneeuwgrens gedijende sneeuwprotea, die vooral groeit rond de treffend genoemde Sneeuberg (2027 m), de hoogste piek van het Cedergebergte. Rariteiten zijn ook de rode disa-orchidee en de speldenkussenprotea.

In het Cedergebergte leven steenbokantilopen, klipspringers, grijsbokjes, duikers, grijze reebokken, bavianen, Afrikaanse wilde katten en zelfs weer luipaarden.

Wandeling naar Wolfberg Arch

Bij wijngoed **Cederberg Cellar** in **Dwarsrivier** kunt u een vergunning krijgen voor en een kaart van de mooiste wandelroute van de regio, die naar de **Wolfberg Arch** (16 km, ca. 8 uur). De **Sanddrif Campsite** (ca. 2 km van het wijngoed) is een goed vertrekpunt voor de wandeling.

Volg na vertrek de piste die links langs de camping voert en zich na een tijdje splitst: rechts gaat het naar Maalgat, rechtdoor naar de Wolfberg Arch. De gesloten poort kunt u openen met een code die u krijgt bij uw *permit*. Daarna gaat het via een jeeptrack ongeveer 1 km omhoog tot een kleine parkeerplaats. Vanhier gaat de route zeer steil omhoog – als u naar de berg kijkt, is het nauwelijks voor te stellen dat u hem zonder touw kunt beklimmen. Het is zwaar, maar het kan! Via als stenen trappen fungerende rotsplaten gaat u stap voor stap bergop. Steenmannetjes markeren de weg, die deels uit los puin bestaat. Het uitzicht naar beneden is adembenemend.

Zo'n 2 uur later bereikt u een **plateau**. Rechts en links steken rode rotsen de blauwe hemel in voor een echt canyongevoel. Nadat u een grote zandvlakte bent overgestoken, staat u voor een groen **schild** met het opschrift Wolfberg. Hier kunt u kiezen voor een van de **drie beklimmingen** met verschillende moeilijkheidsgradaties, met afwisselend zand en rotsen als ondergrond. En dan ziet u in de verte de **Wolfberg Arch** opdoemen. U bereikt dit eindpunt in een uurtje.

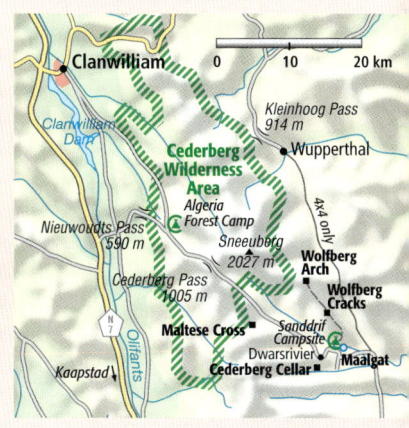

nomale prijzen. In het drankje met de typische roodbruine kleur en het fijne aroma ontbreken zowel cafeïne als bitters, en voor de gezondheidsbevorderende effecten van de vele anti-oxidanten die erin zitten, is diverse malen wetenschappelijk bewijs gevonden. Of het nu gaat om maagklachten of slapeloosheid, de thee uit de bergen helpt gegarandeerd.

Overnachten

Rustig en rustiek – **Boskloofswemgat:** afrit Clanwilliam van de N 7, rechts richting Boskloof, 10 km verder, tel. 027 482 25 22, www.boskloofswemgat.co.za, 350-400 rand per persoon voor de eerste twee gasten, daarna 250 rand of 150 rand voor de slaapbank. Rustig, 'verstopt' aan het einde van een piste. Een aantal huisjes voor 4-8 personen direct aan de rivier, eentje met jacuzzi. Hoogtepunten zijn de rotspoelen met helder water, waarin u kunt zwemmen. Daarnaast kunt u hier wandelen en paardrijden.
Luxe tenten – **Karukareb Wilderness Reserve:** afrit Clanwilliam van de N 7, rechts richting Karukareb, tel. 027 482 16 75, 079 078 95 69, vanaf 1350 rand. Comfortabele constructies van hout en canvas met houten dek in een afgelegen dal. Dekbed, victoriaanse badkuip. Zwemmen in rotspoelen, wandelen, paardrijden of simpelweg relaxen.

Eten & drinken

Voor carnivoren – **Reinhold's:** tegenover het Clanwilliam Hotel, Main St., tel. 083 389 30 40, di.-za. 19-21 uur, in hoogseizoen (aug.-sept.) dag. geopend, hoofdgerecht ca. 110 rand. Een instituut in Clanwilliam. In een landelijke sfeer worden naast traditionele Zuid-Afrikaanse gerechten ook goede steaks en kipschnitzels geserveerd. Uiteraard heeft het restaurant een uitstekende wijnkaart.

Winkelen

Beroemde schoenen – **Strassbergers Shoe Factory:** 12 Old Cape Rd. (Ou Kaapse Weg), tel. 027 482 14 61, www.strassbergers.co.za, dag. 12-21 uur. Hier in Clanwilliam worden schoenen gemaakt, onder andere de beroemde *veldskoene* (zie blz. 217). Deze Zuid-Afrikaanse wandelschoenen, voor 80% met de hand gemaakt, kunt u kopen in de Factory Shop.

Naar Wupperthal ▶ C 1

Voorbij Clanwilliam begint het ongeveer 70 km lange traject naar missiestadje **Wupperthal**. Een rit die de moeite waard is, via het Bushmanskloof Private Nature Reserve en de Biedouw Valley over onverharde pistes, die prima te berijden zijn met een gewone, tweewielaangedreven personenauto. Voor de rit moet u rekenen op ongeveer een dag.

Meteen aan het begin gaat u over de in 1887 door Thomas Bain aangelegde, 905 m hoge **Pakhuis Pass**, vanwaar steeds weer prachtige panorama's te zien zijn van het dal van de Olifants River. In de buurt van de pas wijst een bord naar het graf van Louis Leipoldt, de beroemde in Clanwilliam geboren Zuid-Afrikaanse dichter en arts. Zijn as werd in 1917 op eigen verzoek uitgestrooid in een voormalige Bosjesmangrot. De muurschilderingen in de grot zijn door de eeuwen heen vervaagd, maar als u goed kijkt, kunt u er nog steeds menselijke figuren en een olifant in herkennen.

De weg voert verder voorbij fascinerend geërodeerde rotsformaties richting het **Biedouwdal**, dat in de lente (aug./sept.) verandert in een kleurrijke bloemenzee. Bizar als je bedenkt dat het gebied er de rest van het jaar uitziet alsof het is uitgebrand.

Muurschilderingen van de Sevilla Trail ☀ ▶ C 1

In de diep ingesneden rotsen rechts en links van de weg liggen de grootste en mooiste openluchtmusea van de wereld: honderden goed tot zeer goed bewaard gebleven muurschilderingen van Bosjesmannen. Te zien zijn tekeningen van buffels, olifanten en een neushoorn met jonkies. Andere schilderingen tonen een kudde vluchtende antilopen, waarvan er één een pijl en boog draagt, of een sjamaan in trance. De meeste kunstwerken zijn zo goed bewaard gebleven omdat ze moeilijk te vinden zijn en voor een deel op particuliere boerderijen liggen. Veel van de makkelijker te bereiken tekeningen werden in de loop der tijd vernield door vandalen.

De afdeling Archeologisch Toerisme van de Universiteit van Kaapstad maakt het mogelijk de *rock paintings* te bestuderen, maar u kunt er ook op eigen houtje naartoe. Bijvoorbeeld heel luxueus op het terrein van de **Bushmans Kloof Private Game Reserve** of een paar kilometer eerder op de boerderij **Traveller's Rest**, waar ook volledig uitgeruste accommodaties zijn.

Op deze farm begint ook de **Sevilla Trail**, een circa 4 km lang pad, dat leidt naar een buitengewoon goed bewaard gebleven serie San-tekeningen op negen gemarkeerde plekken.

Ongeveer 1 km na het begin van de trail, die voert over verweerde rotsen waar het stikt van de Kaapse klipdassen, komt u bij de **eerste schildering**: een zeldzaam donker beeld van een grote groep mensen, die over oude, al verbleekte tekeningen is geschilderd. Een paar meter verderop ziet u drie 'monsters', die lijken op dinosaurussen, en een zebra, of is het de uitgestorven, op een zebra lijkende quagga? Na nog zo'n 100 m komt u bij een **imposante rots**, die lijkt te balanceren op de ondergrond. Om de tekeningen te zien die erop zijn geschilderd, moet u onder de rots gaan liggen. Wees niet bang, hij valt echt niet om.

De volgende serie rotstekeningen bevindt zich onder een eeuwenoude **olijfboom**. Op deze plek ziet u de misschien wel mooiste schilderingen van de hele trail. Het indrukwekkendst zijn een boogschieter en een zebraveulen. Als u wat langer in het diffuse licht verblijft, ontdekt u op de muren honderden tekeningen.

Overnachten

Waar de Bosjesmannen leefden – **Traveller's Rest**: Sevilla Trail, tussen Pakhuis Pass en Bushmans Kloof Private Game Reserve, tel. 027 482 18 24, www.travellersrest.co.za, vanaf 440 rand per persoon, kinderen tot 12 jaar 220 rand. Informatie over de Sevilla Trail (als u de route wilt lopen, moet u bij de farm entreegeld betalen). *Self catering* cottages, deels oude, gerestaureerde stenen huisjes. In restaurant Khoisan Kitchen wordt heerlijk gekookt, voornamelijk voor grote groepen.

Bushmans Kloof Private Game Reserve ▶ C 1

Toegang tot het reservaat is voorbehouden aan gasten van de lodge (zie hierna)

Cedergebergte

Op het terrein van de **Bushmans Kloof Private Game Reserves** zijn maar liefst 125 rotskunstlocaties. Gasten van de lodge kunnen die onder begeleiding van een kundige ranger bezichtigen. Alle San-tekeningen zijn beschermd door monumentenzorg. De beroemdste schilderingen zijn die van wild dat door een net wordt gedreven en van een sjamaan met een bloedneus, bij wie elektriciteit uit de ruggegraat lijkt te stromen.

In het natuurreservaat zijn ongeveer 140 verschillende soorten vogels te bewonderen, maar ook unieke zoogdiersoorten. Zo leeft de extreem zeldzame *cape mountain leopard* (Afrikaanse luipaard) op het terrein, al hebben de rangers tot nog toe alleen zijn sporen gezien. Het beest is schuw – een eigenschap die ertoe bijdraagt dat hij in de wildernis kan overleven en nog niet is uitgestorven.

De **sterrenhemel** is hier door het ontbreken van kunstmatig licht ongelooflijk goed te zien. Rangers van de lodge vertellen u tijdens een rit in een open Land Rover tegen zonsondergang alles over de sterrenbeelden van het zuidelijk halfrond.

Overnachten

Extreme luxe in de wildernis – **Bushmans Kloof Private Game Reserve & Retreat**: tel. voor reserveringen 021 481 18 60, voor de lodge 027 482 82 00, www.bushmanskloof.co.za, 2 pk inclusief ontbijt, lunch, afternoon tea, diner en diverse activiteiten in het hoogseizoen vanaf 9500 rand, daarbuiten vanaf 6500 rand. Prachtige, zeer luxueuze lodge op een droomlocatie midden in het Cedergebergte. Prchtige kamers, sommige met eigen zwembad. Wellnesscenter, uitstekend eten. Niet goedkoop, maar het geld dubbel en dwars waard!

Wuppertal ✳ ▶ C 1

We gaan verder door het bergachtige, dorre landschap, door nog een pas, vanwaar u uitkijkt over de vruchtbare *Tra-Travallei*. Ook ziet u het gehucht **Wuppertal**, met zijn 150 rietgedekte, witgekalkte huisjes en kerk – een idyllische plek in de *middle of nowhere*, een schril contrast met het woeste landschap eromheen. Zoals de naam doet vermoeden, is dit een voormalig Duitse nederzetting. In 1830 ontstond hier de eerste missiepost van de 'Rheinischen Kirchengemeinde' op Zuid-Afrikaanse bodem. De twee missionarissen kwamen uit het Duitse dorpje Elberfeld in het Wupperdal, vandaar de naam van hun missiepost. Het andere, heel wat grotere Wuppertal in Duitsland ontstond pas 99 jaar later! Toen de missionarissen in 1829 in het Cedergebergte arriveerden, stuitten ze op een christelijke gemeenschap van Khoisan. De missie floreerde, vooral nadat in 1830 de slavernij was afgeschaft en veel bevrijde families naar Wuppertal trokken om een ambacht te leren en werk te vinden. Vanuit Wuppertal werden vervolgens weer andere Duitse missieposten in de Kaapprovincie gesticht. In 1965 werd de missie van Wuppertal overgenomen door de Evangelische Broedergemeente.

Veel is er in de loop der jaren niet veranderd. Nog steeds leven in en om Wuppertal zo'n vierduizend gekleurde families, nakomelingen van bevrijde slaven, Bosjesmannen en blanke zeelui. Ze verbouwen op kleine stukjes grond mais en aardappelen voor eigen gebruik en bonen, droogvruchten en rooibos om te verkopen. Eén groot, zeer belangrijk verschil met vroeger is er echter wel: in tegenstelling tot vroeger, toen het *coloureds* bij wet verboden was grond te bezitten, zijn de bewoners sinds 1996 eigenaar van hun land.

Tip

Rooibosthee-safari

Een bijzondere excursie voor de ook bij ons in Europa steeds groter wordende schare fans van de o zo gezonde rooibosthee. Midden in het Cedergebergte ligt het innovatieve **Groenkol Rooibos Tea Estate** van de familie Engelbrecht, absolute specialisten in alles wat te maken heeft met rooibos, en de enige particuliere Zuid-Afrikaanse rooibosproducent – alle andere boerderijen leveren aan de coöperatie in Clanwilliam. Het bedrijf wordt al drie generaties geëxploiteerd. De oprichter, Willie Engelbrecht, was een van de eersten die rooibos cultiveerde. De kwaliteit van het merk van de familie, **African Dawn** is legendarisch.
Bezoekers hebben de mogelijkheid het prachtige landschap van het Cedergebergte en alle wetenswaardigheden over rooibosthee te leren kennen tijdens een safari over het landgoed in een open Land Rover. Naast de rooibosbosjes zijn er ook rotstekeningen te bewonderen, alsmede zandsteenformaties en schitterende flora en fauna. Daarnaast kunnen bezoekers overnachten in een kleine bed and breakfast van Elandsberg Eco Tourism (tel. 021 982 85 55, www.elandsberg.co.za, 2 pk met ontbijt vanaf 700 rand). En natuurlijk kunt u zo veel rooibosthee drinken als u maar wilt.
De boerderij bevindt zich 22 km van Clanwilliam, 45 km van Lambert's Bay (kijk op de website voor een routebeschrijving). Geen tijd om Groenkol Rooibos Tea Estate te bezoeken? De hier geteelde rooibosthee wordt verkocht via www.africandawn.com.

Hoewel de ezelkarren steeds vaker worden ingeruild voor Japanse busjes, straalt het dorp nog steeds de rust uit van vroeger tijden. De door de Duitsers gestichte schoenenfabriek **Wupperthal Shoe Factory** bestaat inmiddels niet meer. Alleen de oude productiehal kan worden bezichtigd (tel. 027 492 30 17, of via Wupperthal Tourism, Church Square, tel. 027 492 34 10, www.wupperthal.co.za).

Meer dan 150 jaar lang werden hier de beroemde, extreem taaie, zonder lijm of spijkers uit leer vervaardigde *veldskoene* gemaakt, ambachtelijke Zuid-Afrikaanse wandelschoenen. In de toptijd werden dagelijks zevenhonderd paar geproduceerd, maar de machines raakten op leeftijd en de productie liep terug. Uiteindelijk werden zowel fabriek als verkoop verhuisd naar Clanwilliam (zie blz. 214).

Wie onderweg is met een **terreinwagen**, kan in plaats van van Wupperthal terug te rijden naar Clanwilliam de rondrit verder naar het zuiden voortzetten over een aan het begin zeer steile, 35 km lange jeeptrack. Na zo'n 20 km komt u bij het plaatsje Eselbank. Even ervoor kunt u een frisse duik nemen in een getijdenpoel in de rivier. Daarna gaat de weg verder naar **Matjiesrivier**, waar het traject weer uitkomt op de verbindingsweg naar **Ceres**. Vooral in de bloeitijd is dit een fantastische en eenzame trip.

IN EEN OOGOPSLAG

Langs de Walviskust

Hoogtepunt ✱

Hermanus: de officieuze walvishoofdstad van Zuid-Afrika; er is zelfs een volksfeest aan de oceaanreuzen gewijd. Tijdens een boottocht kunt u de imposante zoogdieren van 'dichtbij' bekijken. De beste tijd hiervoor is tussen juni en november. Zie blz. 223

Bezienswaardigheden

Elim: Duitse missionarissen stichtten dit dorp met de witte, rietgedekte huisjes. Zie blz. 228

Swellendam: de na Kaapstad en Stellenbosch derde oudste nederzetting van het land staat vol prachtige oude gebouwen, met de Old Gaol, de voormalige gevangenis, als hoogtepunt. Zie blz. 235

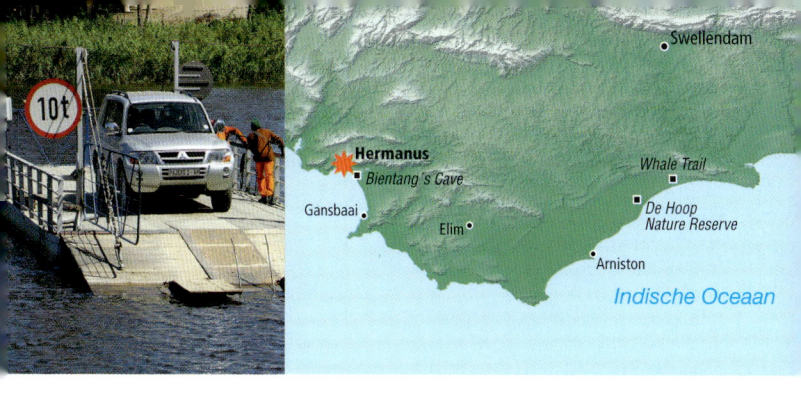

Actief onderweg

Duiken met haaien voor Gansbaai: slechts door een hekwerk gescheiden van dé zeerover, de witte haai. Een avontuurlijke belevenis voor durfals. Zie blz. 227

De Hoop Nature Reserve: een van de mooiste natuurreservaten van het land, met prachtige overnachtings- en wandelmogelijkheden. Zie blz. 230

Whale Trail: de beste wandelroute om de oceaanreuzen te bekijken. Zie blz. 230

Sfeervol genieten

Seafood at the Marine: uitstekende zeevruchten in een coole sfeer in het eerbiedwaardige Marine Hotel in Hermanus. Zie blz. 224

Bientang's Cave: niet voor culi's, want bij Bientang's staan de visgerechten in de schaduw van de achtergrond. De blik gaat van de natuurlijke klifrots direct naar de branding. Zie blz. 224

Uitgaan

Diner met kaarslicht: gasten van het Arniston Spa Hotel kunnen deelnemen aan een traditioneel Kassiesbaai-diner met kaarslicht. De vrouwen van de vissers bereiden de maaltijd in de historische, witgekalkte huisjes, waar het eten ook wordt geserveerd. Zie blz. 230

Het zuidelijkste puntje van Afrika

Een heerlijk uitzichtrijke kustweg voert langs False Bay, waar u van augustus tot in december walvissen kunt zien, op relatief kleine afstand van de kust. In de door Duitsers gestichte missiestad Elim rijgen de rietgedekte huisjes zich aaneen, en via het pittoreske Arniston bereikt u uiteindelijk het zuidelijkste puntje van Afrika, Cape Agulhas. Swellendam en Genadendal zijn een bezoekje waard vanwege hun historische dorpskernen en interessante musea.

INFO

Hangklip-Kleinmond Tourism Bureau: Kleinmond, 14 Harbour Rd., tel. 028 271 56 57, www.ecoscape.org.za.
Hermanus Tourism Bureau: Mitchell St., tel. 028 312 26 29, www.hermanus.co.za, ma.-vr. 8-13,14-16.30, za. 10-14 uur. Behulpzaam personeel, onder andere zeer gedetailleerde walvisobservatiekaarten.
Stanford Tourism Bureau: 17 Queen Victoria St., tel. 028 341 03 40, www.stanfordinfo.co.za. Tourist Office met internet.
Suidpunt Tourism Bureau: Bredasdorp, tel. 028 424 25 84, www.overberg.co.za.
Swellendam Tourism Bureau: Voortrekker St., tel. 028 514 27 70, www.swellendamtourism.co.za. Alle historische gebouwen in het plaatsje worden uitgebreid beschreven in de gratis kaart *Swellendam Treasures*.
Genadendal Tourism Bureau: museum, tel. 028 251 82 79, www.facebook.com/genadendal.mission.
Greyton Tourism Bureau: 29 Main Rd., tel. 028 254 95 64, www.greytontourism.com.

Van False Bay naar Walker Bay

▶ B/C 5/6-C/D 6/7

In het mooie havenstadje **Gordon's Bay** hebt u het idee aan de Middellandse Zee te zijn. De fynbosbeplanting, die vergelijkbaar is met het typische mediterrane macchia-struikgewas, de bergen, de turquoise zee, de jachthaven – een perfecte illusie. Een voetpad verbindt het beschutte Bikini Beach met Main Beach.

Aan het uiteinde van Gordon's Bay voert een niet aangegeven privéweg de berg op richting de Steenbras Dam. Tot de parkeerplaats daarvan is de weg toegankelijk voor iedereen. U hebt hier een schitterend uitzicht op False Bay. De schilderachtige strook perfect asfalt is zeer populair bij de lokale bevolking. En als u commercials van sportieve auto's onder de loep zou nemen, zou u de heerlijke, bochtige bergweg zeker vaak herkennen – hier zijn tientallen reclamefilmpjes geschoten. Logisch, het traject, met zijn unieke berg-en-zeepanorama, zou ook zomaar in Zuid-Frankrijk, Californië of Spanje kunnen liggen.

Van de bochtige kustweg die Gordon's Bay uit leidt, kunt u niet anders dan steeds naar rechts kijken, naar het diepblauwe water van False Bay en het ertegenover liggende Kaaps Schiereiland. Aan uw linkerhand gaan de imposante Hottentots Holland Mountains omhoog. Tijdens het walvishoogseizoen tussen juli en november kunt u de indrukwekkende zoogdieren tussen deze plek en Hermanus op relatief korte afstand van de kust zien zwemmen. Bij **Rooiels** kunt op heerlijk zonnebaden op het strand. De weg buigt nu

Van False Bay naar Walker Bay

een beetje landinwaarts, langs Pringle Bay en Cape Hangklip. De hangende rots heette ooit Cabo Falso (valse Kaap), een van de vele referenties aan de verkeerde baai (False Bay) – zeevaarders die uit het oosten kwamen zagen deze rots aan voor Cape Point en draaiden te vroeg naar het noorden.

In deze omgeving worden regelmatig sporen gevonden van **luipaarden**, die hier en daar geïsoleerd in het berglandschap leven. Om die reden hebben natuurbeschermers ook een hek gebouwd om de kleine **kolonie zwartvoetpinguïns bij Stoney Point**. In het verleden lieten de gevlekte katten zich regelmatig zo'n vogel smaken.

In de jaren 30 werden de leuke kleine vakantiehuisjes van **Betty's Bay** gebouwd. Daarvoor was de plaats een centrum van de walvisvangst. De helling waarover de dode dieren aan land werden getrokken, is nog te zien bij Stoney Point.

De door de Cape Nature Conservation beheerde 30.000 ha grote **Kogelberg Biosphere Reserve** (www.kogelbergbiospherereserve.co.za) met zijn gekloofde hoge bergen en ongerepte valleien is Natuurlijk Werelderfgoed van UNESCO en wordt zodoende goed beschermd. In de door een aantal wandelroutes doorkruist gebied groeien 1600 verschillende fynbosplanten en leven zo'n 70 zoogdiersoorten, inclusief het eerder genoemde luipaard. In de Palmiet River Valley nodigen rotspoelen in de rivier uit tot een verfrissende duik.

Tijdens de bloemenbloeitijd, tussen oktober en februari, zijn de **Harold Porter National Botanical Gardens** (tel. 028 272 93 11, www.sanbi.org/gardens/harold-porter, dag. zonsopgang tot -ondergang) een bezoekje waard.

Buiten Kleinmond vindt u in de **Kleinmond Coastal and Mountain Reserve**, dat ook deel uitmaakt van de **Kogelberg Biosphere Reserve**, eveneens wandelroutes door fynbosgebied. Kleinmond geldt als een van de kustplaatsen met de beste beschutting.

Blik op Kogel Bay vanaf kustweg 44

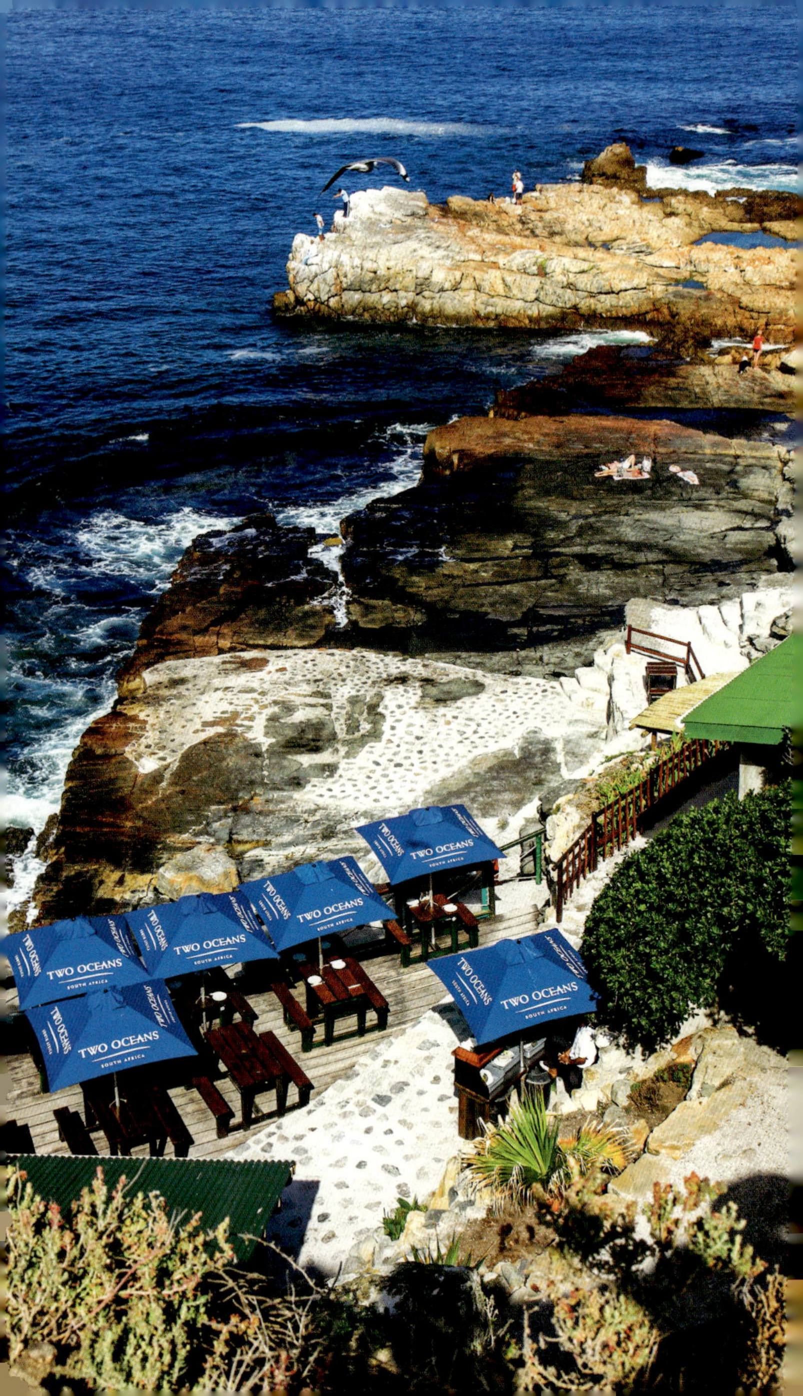
TWO OCEANS
SOUTH AFRICA

De kleine haven van Kleinmond, bereikbaar over Harbour Road, aan het begin van het dorp rechts afslaan, heeft zich ontwikkeld tot een aantrekkelijke reisbestemming, met een aantal goede restaurants en leuke winkels.

Eten & drinken

Houten dek, zeezicht– **The Boathouse Restaurant:** 18 Harbour Rd., tel. 028 271 30 48, www.facebook.com/theboathouserestaurantkleinmond, dag. 8-22, 's winters ma.-do. 10-20, vr. 9-21, za. 8-21, zo. 8-19 uur, hoofdgerecht ca. 140 rand. Ontspannen sfeertje, heerlijk houten dek met banken en stoelen. Naast vers gevangen seafood staan er prima steaks, ribs en topburgers van de grill op het menu. En daar drinkt u een *craft beer* uit de lokale microbrouwerij bij.
Voor lokalo's – **Sandown Blues:** 4 Strand St., Kleinmond, tel. 082 566 43 68, ma.-za. 8.30 tot laat, zo. 8.30-16 uur, gerecht ca. 100 rand. Hier komt de lokale bevolking bijeen, op het strand, een koud biertje in de hand en fish and chips of een hamburger op het bord.
Voor sundowners – **Al Forno:** 35 Beach Rd., Gordon's Bay, Tel. 074 171 26 58, dag. 10-23 uur, hoofdgerecht ca. 95 rand. Erg goede pizza's met dunne bodem uit de houtoven. Mooi uitzicht op de zee vanaf het verhoogde terras, ideale plek voor een sundowner.

Actief

Golfen met uitzicht – **Arabella Golf Estate:** R 44 tussen Kleinmond en Hermanus, tel. 028 284 01 05, www.arabellacountryestate.co.za, dag. 8-14 uur. *Halfway house* en restaurant, mooie 18-holesbaan aan de Bootriverlagune, met zee- en bergzicht.

Hermanus ✸ ▶ D 6

Kort voor Hermanus gaat links een klein straatje (Rotary Way Uitsig Pad) omhoog naar een uitkijkpunt hoog boven de stad. De weg voert door de schilderachtige **Fernkloof Nature Reserve** (tel. 028 313 08 19, www.fernkloof.com), waar uitsluitend inheemse fynbos gedijt. In het 1446 km^2 grote beschermde gebied is in totaal 25 km aan wandelwegen.

Een stukje verderop is de **'startbaan' van paragliders,** die bij goed weer met tientallen tegelijk op de thermiek langs de rotsen vliegen. Van hierboven kunt u de hele Walker Bay overzien – met erg goede ogen, of een verrekijker, kunt u zelfs walvissen zien zwemmen.

Die ziet u natuurlijk nog beter vanuit de leuke, in 1830 gestichte stad **Hermanus**, waar de oceaanreuzen tijdens het seizoen vanaf de oever te observeren zijn. Ook vanaf het **klifpad**, met hier en daar een houten bankje, dat 12 km lang de kustlijn volgt, hebt u mooi uitzicht. Tijdens het seizoen zorgt een walvisroeper ervoor dat niemand een walvis mist (zie blz. 58). Goede *whale watching spots* zijn Sievers Point, het Castle en de Kraal Rock. In de oude haven is zelfs een telescoop geïnstalleerd, zodat u de dieren van nóg dichterbij kunt bekijken.

Het **Old Harbour Museum** verhaalt middels zwart-witfoto's en gerestaureerde vissersbootjes over de maritieme geschiedenis van de stad (Marine Drive, in de oude haven, tel. 028 312 14 75, www.old-harbour-museum.co.za, ma.-za. 9-13, 14-17 uur, 20 rand, kinderen 5 rand).

Hermanus is van oorsprong geen vissersdorp. Het gebied werd in eerste

Vanaf het terras van de Bientang's Cave in Hermanus hebt u een topuitzicht instantie bewoond door boeren uit Caledon, die hier goede zomerweiden voor hun vee vonden.

Overnachten

Grande dame – **The Marine Hermanus:** Marine Drive, tel. 028 313 10 00, www.marine-hermanus.co.za, 2 pk met ontbijt vanaf 3100 rand. U hoeft het hotel niet eens uit: in september en oktober kunt u vanaf uw eigen balkon walvissen spotten. Twee restaurants, geen kinderen onder 12 jaar.
Zeezicht – **Schulphoek Seafront Guest House:** 44 Marine Drive, tel. 028 316 26 26, www.schulphoek.co.za, 2 pk met ontbijt en diner vanaf 2600 rand, viergangenmenu 350 rand per persoon. Mooi zeezicht, Afrikaans geïnspireerd design, goede wijnkelder met meer dan tweeduizend flessen!
Historisch en eenvoudig – **Windsor:** 49 Marine Drive, tel. 028 312 37 27, www.windsorhotel.co.za, 2 pk met ontbijt en zeezicht vanaf 1100 rand. Eenvoudige kamers, vanuit de biertuin kunt u walvissen voorbij zien zwemmen.

Eten & drinken

Fantastische zeevruchten – **Seafood at the Marine:** The Marine Hermanus, Marine Drive, tel. 028 313 10 00, www.marine-hermanus.co.za, dag. 12-14.30, 19-21.30 uur, tweegangenmenu 215 rand, driegangenmenu 285-325 rand, hoofdgerecht 110-450 rand. Uitstekend zeevruchtenrestaurant met topservice. De inrichting is in tegenstelling tot die van het hotel waarin het zich bevindt modern, bijna zen-minimalistisch. De keuken is door glas gescheiden van de eetzaal, dus u kunt zien hoe gerechten als *rich man's fish and chips* en *local Gansbaai crayfish* worden bereid.

Sushi in de haven – **Harbour Rock & Gecko Bar:** Site 24A, New Harbour, tel. 028 312 29 20, www.harbourrock.co.za, dag. 9-22 uur, hoofdgerecht ca. 120-150 rand. Het restaurant, dat uitkijkt op de nieuwe haven van Hermanus, serveert sushi en zeevruchten, evenals Thaise gerechten. 's Avonds is het met witte tafelkleden en kaarsen romantisch.
Klein maar fijn – **Fisherman's Cottage:** Lemm's Corner, hoek Harbour/Main St., tel. 028 312 36 42, www.fishermanscottage.co.za, dag. 10-15, 17-19 uur, hoofdgerecht ca. 100 rand. Hier moet u niet heen wanneer u last hebt van claustrofobie. Kleine kroeg met lekkere seafood. De vangst van de dag staat op een leistenen bord. Tip: de uitstekende bouillabaisse.
Mediterrane keuken – **La Pentola:** 87 Marine Drive, tel. 028 313 16 85, www.hermanus.lapentola.co.za, di.-zo. 11-15, 17.30-22 uur, hoofdgerecht 90-200 rand. Mediterrane gerechten, vers gemaakt en in een relaxte sfeer geserveerd.
Als holbewoners – **Bientang's Cave:** onder aan Marine Drive, tel. 028 312 34 54, www.bientangscave.com, dag. 9.30-16 uur, hoofdgerecht 85-150 rand. In een grot ondergebracht, rustiek seafoodrestaurant. Hier komt u voor het prachtige uitzicht (zie foto blz. 222).
Delicaat en eenvoudig – **Salt of the Earth:** Hemel-en-Aarde Valley Farm Stall, Southern Right Estate, R 310, tel. 082 922 38 15, dag. 9-17 uur, hoofdgerecht vanaf 65 rand. Het best bewaarde geheim van de stad: huisgemaakte, landelijke keuken met topgerechten, uitstekende wijnen uit de regio. Bij mooi weer zit u heerlijk buiten onder eikenbomen. Zeer kindvriendelijk.
Lekkere pizza's – **Rossi's:** 10 High St., tel. 028 312 28 48, www.rossis.co.za, zo.-do. 11-22, vr., za. 11-23 uur, pizza/pasta vanaf 60 rand, hoofdgerecht 80-130 rand. Dat Rossi's een oudgediende is, is logisch. De in de houtoven gebakken

Tip

Walvissen spotten per schip

Wie geen zin meer heeft om zittend op de rotsen naar walvissen te kijken, kan een van de in Hermanus en Gansbaai aangeboden boottochten boeken. Gecertificeerde tourboten mogen de walvissen tot 50 m naderen. Privéboten moeten 300 m afstand houden.
Hermanus Whale Cruises: New Harbour, tel. 028 313 27 22, www.hermanus-whale-cruises.co.za, dag. 7 (alleen in de zomer), 9, 12, 14, 16 uur vanuit de New Harbour in Hermanus, jan.-mei, afhankelijk van het weer, ca. 2 uur, 700 rand, kinderen 5-13 jaar 300 rand, tot 5 jaar gratis. U vaart met een authentieke vissersboot naar Walker Bay om daar walvissen te observeren.
Southern Right Charters: The Whale Shack, New Harbour, tel. 082 353 05 50, www.southernrightcharters.co.za, vanuit de New Harbour in Hermanus, juni-dec. dag. 9, 12, 15, sept.-dec. ook 7 uur, afhankelijk van het weer, gemiddeld 2 uur, 700 rand, kinderen 5-13 jaar 350 rand, tot 5 jaar gratis. Niet alleen walvisobservatietochten, maar ook avontuurlijke ritjes in moderne speedboten.
Ivanhoe Sea Safaris: Gansbaai, Rudy Hughes, tel. 028 384 05 56, www.whalewatchingsa.co.za, juni-sept., 2 uur durende excursie op afspraak, 1100 rand. In augustus en september geeft de eigenaar een walvisspotgarantie.
Dyer Island Cruises: Kleinbaai, Wilfred Chivell, tel. 082 380 34 05, www.thegreatwhitehouse.co.za, excursie op afspraak, 900 rand, kinderen 5-11 jaar 600 rand, tot 5 jaar gratis. Deze *whale spotting tour* wordt gecombineerd met een bezoek aan Dyer Island en de daar levende robbenkolonie, tevens een geliefd speel- en jachtterrein van witte haaien.

---

pizza's (u kunt kiezen uit een dertigtal *toppings*) met dunne bodem zijn *molto bene*. Ook pasta en steaks van de grill.

Winkelen

Tweedehands – **Vlooienmarkt:** elke vrijdag en zaterdag vindt in Hermanus een kleine vlooienmarkt plaats, waarop kunstnijverheid, kleding en alle mogelijke 'rommel' aan de man wordt gebracht.

Festiviteiten

Hermanus Whale Festival: derde week sept, tel. 028 313 09 28, www.whalefestival.co.za. De komst van de walvissen wordt elk jaar gevierd door middel van een volksfeest inclusief theatervoorstellingen, concerten en een kunstmarkt. Daarnaast vindt dan het oldtimerevenement **Whales and Wheels** plaats.

Walker Bay ▶ C/D 6/7

www.capenature.co.za/reserves/walker-bay-nature-reserve
Hermanus lijkt niet te eindigen. Het stadje gaat nog zo'n 6 km door langs voor een deel erg leuke eengezinswoningen.

De **Plaat** is een 12 km lang strand tussen Lagoon Mouth en De Kelders, die bij de **Walker Bay Nature Reserve** hoort. Boven de vloedlijn kunt u hengelen, paardrijden en wandelen.

Stanford ▶ D 6

In **Stanford** bevindt zich naast interessante rommelwinkeltjes ook Zuid-Afrika's eerste *Beer Estate*, microbrouwerij **Birkenhead Brewery** (www.walkerbay estate.com), die is aangelegd als een wijngaard, dus met een tuin, historisch hoofdgebouw en restaurant. In plaats van een druivenpers staan hier echter koperen brouwketels, waarin zes soorten bier worden gemaakt. Uiteraard mogen bezoekers uitgebreid proeven.

Overnachten

Met uitzicht – **Bellavista Country Place:** tussen Stanford en Gansbaai aan de linkerkant van de R 43, tel. 082 901 76 50, www.bella.co.za, 2 pk met ontbijt 1600-2500 rand. Vriendelijk, informeel, rustig en comfortabel. Guesthouse met mooi uitzicht op de bergen en de baai. Zeer kindvriendelijk, groot zwembad. Twee suites, een juniorsuite en een cottage. Panoramarestaurant, ook voor niet-gasten, hoofdgerecht 150 rand, reserveren.

Eten & drinken

Soulfood – **Mariana's Home Deli & Bistro:** 12 Du Toit St., tel. 028 341 02 72, do.-zo. 12-16 uur, half juni-half sept. gesl., reserveren noodzakelijk, hoofdgerecht ca. 120 rand. Goed huisgemaakt eten van verse seizoensproducten – veel van de ingrediënten komen uit Mariana's eigen achtertuin. Leuke sfeer.
Op het biergoed – **Birkenhead Brewery:** aan de R 326 naar Bredasdorp, tel. 028 341 01 13, www.walkerbayestate.com, 11-15 uur, buiten het hoogseizoen ma., do. gesl., hoofdgerecht ca. 80 rand. Microbrouwerij met winkel, groot restaurant (wo.-zo.) en pub. Rondleiding met bierproeverij wo., vr. 11, 15 uur, 40 rand, wijn- en bierproeverij in pub/bar en restaurant dag. 10-17 uur mogelijk.

Winkelen

Schatkamer – **The New Junk Shop:** 11 Queen Victoria St., tel. 028 341 07 97. Ooit een van de beste winkels in Long Street in Kaapstad, maar inmiddels heeft de beroemde, victoriaanse rommelwinkel zich teruggetrokken op het platteland van Stanford. De keuze aan antieke objecten is net zo groot als voorheen en reikt van oude meubels tot speelgoedauto's.

Grootbos Nature Reserve
▶ D 6/7

Natuurliefhebbers vinden kort voor Gansbaai een paradijs. Op een voormalige boerderij is de **Grootbos Nature Reserve** ontstaan. De gasten van de eco-lodge overnachten in kleine stenen huisjes. Op het terrein werd niet-inheemse vegetatie weggehaald om het endemische fynbos te beschermen. In het dichte *milkwood*-woud kunnen bezoekers onder begeleiding van ervaren gidsen vogels observeren. Vanuit het restaurant, dat alleen toegankelijk is voor gasten van de lodge, zweeft uw blik over Walker Bay tot aan Hermanus en bij helder weer tot aan het hemelsbreed 80 km verderop gelegen Cape Point bij Kaap de Goede Hoop.

Overnachten

Fynbosparadijs – **Grootbos Nature Reserve Garden & Forest Lodge:** 13 km voorbij Stanford richting Gansbaai aan de R 43, tel. 028 384 80 00, www.grootbos.com, 2 pk met volpension en diverse activiteiten 7260-10.340 rand. Twee lodges op een met dicht fynbos begroeide boerderij met fantastisch uitzicht op Walker Bay. Minimalistisch *Afrochic* inclusief een rieten dak en veel glas en staal in een duizend jaar oud *milkwood*-woud. Elk huisje heeft zijn eigen houten dek en een enorme badkamer. Excursies naar het fynbos te voet, te paard of met een terreinwagen, in het seizoen ook walvistrips. Kinderen welkom. Grootbos ondersteunt de lokale gemeenschap met een school en stageplekken.

De Kelders en Gansbaai

▶ D 7

Haaien bij Gansbaai

Naast walvissen kunt u aan de kust voor Gansbaai ook nog andere, heel wat gevaarlijker zeebewoners van dichtbij meemaken: witte haaien. Wat voorheen alleen gedaan werd door wetenschappers en natuurfotografen, is nu voor iedereen bereikbaar. In snelle boten gaat u de open zee op, twintig minuten later bereikt u het kanaal tussen **Dyer** en **Geyser Island**, de ideale plek om de fascinerende dieren te observeren. Beide eilandjes staan onder beheer van Cape Nature Conservation, de natuurbeschermingsautoriteit van de Kaapprovincie. Op Geyser Island leeft een kolonie pelsrobben. Hun jongen zijn steeds weer het slachtoffer van de haaien. De boot gaat voor anker in het kanaal en de schipper kiepert emmers bloedig water in zee *(chumming)*, om de zeeroofdieren te lokken. Op de achtergrond brullen honderden robben. Twee tassen met vislokmiddel drijven aan nylondraadjes in zee. Zodra een haai opduikt, worden de tassen richting de boot getrokken, de roofdieren volgen ze en vallen aan, op een paar meter afstand van de ademloze toeschouwers.

De heldhaftigen onder hen stappen met zuurstoffles en wetsuit in een speciale kooi, die in zee wordt neergelaten. Onder water is het schouwspel nog veel indrukwekkender.

Al jaren wordt onderzocht of deze haaiexcursies het gedrag van de dieren, waarover eigenlijk nog heel weinig bekend is, niet beïnvloedt. Er zijn al meldingen van haaien die vissersboten volgen naar de haven, omdat ze een 'beloning' verwachten. De kans is dan ook groot dat deze excursies in de nabije toekomst verboden zullen worden.

Cape Nature Conservation doet er alles aan om de oerangst van de mens voor de haai weg te nemen en de fascinerende dieren te beschermen. Wereldwijd worden jaarlijks miljoenen haaien gedood. Als u weet dat een haai pas geslachtsrijp is op zijn 25e, zult u begrijpen dat ze zonder bescherming geen enkele kans hebben te overleven.

Naast de adrenalineverhogende *white shark tour* is er in **De Kelders** nog iets anders te beleven. Onder de kliffen bevinden zich enkele poelen, waarvan het zoutrijke water goed zou zijn tegen reuma. Volgens oude documenten wisten boeren in 1712 al van deze watertjes. De Kelders gaat meteen over in het mooie vissersdorpje Gansbaai met zijn pittoreske haven.

Overnachten

Smaakvol ingericht – **Whalesong Lodge:** 83 Cliff St., De Kelders, tel. 028 384 18 65, www.whalesonglodge.co.za, 2 pk met ontbijt vanaf 1700 rand. Een zeer smaakvol ingericht hotel. Vijf kamers met zeezicht – al moet u hiervoor soms wel 'om het hoekje' kijken. Om de avond wordt een uitgebreid diner geserveerd, dat gezamenlijk wordt bereid. Vooraf informeren, het is absoluut de moeite waard.

Actief

Duiken met haaien – **Shark Cave Diving**: het beroemde/beruchte kooiduiken met witte haaien kost 1350-1750 rand en is in 'haaienmetropool' Gansbaai ook mogelijk voor mensen die nog nooit hebben gedoken. Het avontuur begint in het haventje van Kleinbaai. Een trip duurt 3-5 uur, onderweg krijgt u allerhande informatie over de omgeving, de witte haai en zijn rol in het ecosysteem van de zee. Wie durft, trekt een wetsuit aan, zet een duikbril op en klimt met zuurstofflessen in de metalen kooi, die naast de boot in het water wordt gelaten, zie blz. 227.
White Shark Ecoventures: tel. 021 532 04 70, www.white-shark-diving.com.
Shark Diving Unlimited: tel. 082 441 45 55, www.sharkdivingunlimited.com.
White Shark Diving Co: tel. 021 671 47 77, www.sharkcagediving.co.za.
Shark Lady: tel. 028 313 23 06, www.sharklady.co.za.
Marine Dynamics: tel. 079 930 96 94, www.sharkwatchsa.com.
White Shark Adventures: tel. 082 928 20 00, www.whitesharksafaris.com. De enige aanbieder die lucht in de haaienkooi pompt, bij de andere duikt u met zuurstofflessen op uw rug.
White Shark Projects: tel. 021 405 45 37, 028 384 17 74, www.whitesharkprojects.co.za.

Danger Point ▶ D 7

Aan de oostkant van Walker Bay spoelen de golven over de kliffen van **Danger Point**, dat niet voor niets zo heet. Veel schepen zijn hier al op de klippen gelopen. Het Britse troepentransportschip Birkenhead was er daar slechts een van. In 1852 verging het hier met 445 soldaten. Zij wachtten in de houding op het dek, terwijl de vrouwen en kinderen in veiligheid werden gebracht – de beroemde uitdrukking 'vrouwen en kinderen eerst' zou hier zijn oorsprong hebben. Een paar overlevenden werden door de boerengemeenschap opgenomen. Hun afstammelingen dragen typisch Engelse achternamen, maar spreken uitsluitend Afrikaans.

Elim ▶ E 7

Vanuit **Pearly Beach** voert een geasfalteerde weg naar **Elim**, een van de mooiste missiestadjes van de Western Cape. Het plaatsje is sinds 1824 nauwelijks veranderd. Rechts en links van de hoofdstraat staan schilderachtige, witgekalkte huisjes met strodaken. Ook de gevelkerk is een juweeltje. Zijn klok – *Made in Germany* – is nog net zo accuraat als in 1764, toen hij werd opgehangen. De in 1828 gebouwde molen is de oudste in het land. In het voorjaar bloeit het hele gebied rond Elim op. Ooit verkochten de dorpelingen elk jaar zo'n 70.000 kg droogbloemen. De laatste jaren is de vraag echter behoorlijk afgenomen.

Bredasdorp ▶ E 6

Via een hobbelige piste gaan we verder naar **Bredasdorp** met het **Shipwreck Museum** (6 Independent St., tel. 028 314 12 40, ma.-vr. 9-16.45, za. 10-11.45, zo. 11-15.45 uur, 20 rand, kinderen 10 rand). Wrakstukken, kaarten en documenten herinneren aan de bijna 250 scheepsrampen die aan de zuidkust hebben plaatsgevonden. Het museum is gehuisvest in drie van de oudste gebouwen van het dorp. De oude Kaap-Hollands/neogotische kerk is het middelpunt van de tentoonstelling. Schaalmodellen, foto's en archeologische vondsten verhalen aanschouwelijk over de rampen die schepen als de Birkenhead en de Arniston overkwamen.

Cape Agulhas ▶ E 7

Vanuit Arniston bent u zo in het zuidelijkste puntje van Afrika. Hier, bij **Cape Agulhas,** en niet bij Kaap de Goede Hoop, komen de Indische en Atlantische Oceaan bij elkaar. Ondanks dit geografische hoogstandje is Cape Agulhas niet erg spectaculair. Een heuvel en daarvoor een onopvallende, rotsachtige kustvlakte, die in zee verdwijnt – meer is er niet te zien.

Wel indrukwekkend is de in 1848 gebouwde vuurtoren, na die in Green Point in Kaapstad de oudste van Zuid-Afrika. Hij is gebaseerd op de vuurtoren van Pharos, die buiten Alexandria in het oude Egypte lag en tot de zeven wereldwonderen wordt gerekend. U kunt naar boven over 71 steile houten treden. In de **Cape Agulhas Lighthouse** (214 Main Rd., tel. 028 435 60 78, 15 rand, kinderen 7,50 rand) is een uitgebreide tentoonstelling te zien over vuurtorens in de hele wereld. De Agulhas-toren had ooit een lichtsterkte van 4500 kaarsen en werd met olie uit schapenstaarten aangestoken. Door de jaren heen ging de vuurtoren steeds krachtiger branden. Tegenwoordig heeft hij de lichtsterkte van 12 miljoen kaarsen. Er vergaan dan ook nauwelijks meer schepen aan de zuidkust.

Van het in 1982 op de rotsen gestrande Japanse vrachtschip Meisho Maru is tegenwoordig alleen nog het voorste deel te zien. De boeg, waarop nog Japanse tekens te zien zijn, is inmiddels een speelplaats voor honderden vogels.

Agulhas National Park

www.sanparks.org/parks/agulhas, 148 rand, kinderen 74 rand

U kunt in het nationale park overnachten in diverse soorten chalets (max. 6 personen). Een overnachting kost 1050-3550 rand (online boeken).

Overnachten

Rietgedekt op het kiezelstrand– **Pebble Beach:** 137 Vlei Ave., Suiderstrand, tel. 082 435 72 70, www.pebble-beach.co.za, 2 pk vanaf 1150 rand. Het mooie gebouw met het rieten dak, omgeven door fynbosvegetatie en vogels, heeft twee lichte kamers en een bruidssuite met lounge, balkon, hemelbed en een vrijstaand victoriaans bad met zeezicht.

Waenhuiskrans ▶ F 7

Arniston is de officieuze naam van het volgende dorp. Het is genoemd naar een schip dat voor de kust aan de grond liep. Net als de Birkenhead was de Arniston een Engels troepentransportschip. Slechts zes mensen wisten de ramp in 1815 te overleven, 372 kwamen om het leven. Officieel heet het leuke vissersplaatsje met de oude, witte *fishermen's cottages* echter **Waenhuiskrans**. Het Afrikaanse woord betekent wagenhuisgrot: een grote grot in de klif, waar meerdere ossenwagens konden staan.

Overnachten

Aantrekkelijk strandhotel – **Arniston Spa Hotel:** Arniston Bay, Bredasdorp. tel. 028 445 90 00, www.arnistonhotel.com, 2 pk met ontbijt 780-4300 rand. Mediterraan aandoend, mooi hotel. Tip: neem een van de luxere kamers (luxury seafacing) met uitzicht op zee en de kleine haven. Gasten van het Arniston kunnen (vooraf boeken!) deelnemen aan een traditioneel

Kassiesbaai-diner. Het gaat daarbij niet zozeer om het eenvoudige eten, maar om de locatie, een van de historische, bewaard gebleven vissershuisjes. Info in het hotel, waar ook kinderen van harte welkom zijn.

Vlak bij de natuur – **Die Herberg Hotel**: tel. 028 445 25 00, 2 pk met ontbijt vanaf 850 rand. Niet erg spannend nieuwbouwhotel met duin- of fynboszicht en restaurant.

De Hoop Nature Reserve ▶ F/G 6

www.capenature.co.za/reserves/de-hoop-nature-reserve, www.dehoopcollection.co.za, tel. 028 542 12 53, dag. 7-18, vr. 7-19 uur, 40 rand, kinderen 20 rand

Een onverharde weg buigt een paar km ten noorden van Bredasdorp af richting Ouplas. Via deze weg bereikt u het 360 km² grote, 50 km ten oosten van Bredasdorp gelegen **De Hoop Nature Reserve** (zie ook Favoriet blz. 232) aan de zuidwestkust van de Kaapprovincie. De landschappelijke diversiteit is in dit gebied enorm: naast een 14 km lange zoetwaterdelta – de zuidelijkste van heel Afrika – zijn er enorme zandduinen, kalksteenheuvels en de Potberg Mountains. Van de 1500 plantensoorten van het laagland-fynbos staan er maar 50 in dit natuurreservaat. 259 verschillende vogelsoorten werden tot nu toe geteld, inclusief de zeer zeldzame Kaapse gier, de Afrikaanse zwarte scholekster en Damarastern.

Wie liever grote dieren ziet, is hier eveneens aan het juiste adres. In het warme namiddagzonnetje grazen tientallen elandantilopen, springbokken, bontebokken, geiten, zebra's, duikers en steenbokken. Daarnaast leven hier bavianen, mangoesten, caracals en Kaapse vossen. In totaal heeft men in het reservaat 86 verschillende zoogdiersoorten geteld.

Behalve een **mountainbiketrail** is er ook een aantal **wandelroutes** uitgezet, waarvan het pad langs het strand het mooiste is, voornamelijk door de talloze natuurlijke getijdenpoelen, waarin u bij eb heerlijk kunt zwemmen. Voorzichtig: de hier voorkomende *bluebottle*-kwallen hebben lange, pijnlijke tentakels. Aan de oppervlakte zien ze eruit als kleine, doorzichtige plastic zakjes. Zuid-Afrikanen hebben voor de zekerheid vaak een flesje azijn bij zich. Dit schijnt kalmerend te werken na een kwallenbeet. Blijf overigens in de poelen; de open zee is door zijn onvoorspelbare onderstroom te gevaarlijk.

De Hoop is ook een mooie plek om walvissen te spotten (aug.-nov.). Vijftig walvissen per dag zijn hier geen zeldzaamheid.

Overnachten

Self catering – **Cottages**: voor vier personen, vanaf 910 rand, de meest luxueuze kosten meer dan 2000 rand, camping met 12 *campsites*, 325 rand per stuk. Alle overnachtingen moeten vooraf worden gereserveerd: De Hoop Nature Reserve, tel. 021 422 45 22, www.dehoopcollection.com, tel. 028 542 12 53, telefonische reserveringen alleen ma.-vr. 8-17 uur.

Wandeling op de Whale Trail

Start: Potberg, eindpunt: Koppie Alleen (u kunt per shuttlebus terug naar Podberg), lengte: 55 km, duur: 5 dagen/5 nachten, niveau: gemiddeld, seizoen: het hele jaar, maar walvissen zijn er alleen juni-dec., 40 rand entree, daarnaast jan.-juni 1695 rand,

De Hoop Nature Reserve

juli-dec. 2195 rand voor de overnachtingen in hutten, contact: Cape Nature Conservation, tel. 021 659 35 00, www.capenature.co.za

De **Whale Trail** (walvispad) door het **De Hoop Nature Reserve** is een sportief hoogtepunt van Zuid-Afrika. Alleen wandelaars hebben toegang tot dit deel van het reservaat, en slechts twaalf van hen per dag, wat een bijna ongestoorde wildernisservaring garandeert. De hutten waarin wordt overnacht, zijn zeer comfortabele, goed uitgeruste huisjes met toiletten met stromend water, hete douches, zonne-energie en ruime keukens en woonruimten. Zeer handig is de service waarbij uw bagage (en een koelbox met bier of wijn!) van hut naar hut wordt gebracht. De Hoop is het 'vlaggenschip' van Cape Nature Conservation en maakt onderdeel uit van de floraregio van de Kaap, iets wat cultureel erfgoed is. Als u hier tussen mei en december komt, maakt u een grote kans de naamgevers van deze kust te spotten. Het pad meandert door een prachtig, afwisselend decor, van de zandsteenheuvels van Potberg Mountain tot wild grillige kalksteenformaties en van dichte fynbosvegetatie met kleurrijke bloemen tot de ruige kustlijn. De dagelijks af te leggen trajecten zijn niet te lastig en de afstand niet te groot. Er blijft dus nog genoeg tijd over om te relaxen, te zwemmen bij een van de mooie zandstranden of natuurlijke rotspoelen, om te picknicken in het betoverende fynbos of om simpelweg naar de zee te staren.

Dag 1: de eerste etappe voert van de **Potberg** naar **Cupidoskraal** (14,7 km, 7-8 uur). De meeste wandelaars komen de avond voor de start aan en logeren in de **Potberghut**, een mooi klein stenen hutje in het oosten van het reservaat. Als u hebt betaald voor bagagedragers, kunt u hier uw bezittingen in een zwarte doos doen. Deze wordt dan naar de volgende hut gebracht. Het eerste stuk, de 611 m hoge **Potberg Mountain** op, is meteen een van de inspannendste van de hele wandeling. U hoeft dus niet te wanhopen als u het moeilijk heeft – het wordt makkelijker. Het fynbos is hier prachtig. Het is wel handig – en leuk – als u een boek meeneemt met plaatjes van de verschillende planten, zodat u ze kunt onderscheiden. Op de top wordt u door het uitzicht beloond voor de moeite. In de ▷ blz. 234

Wandeling op de Whale Trail

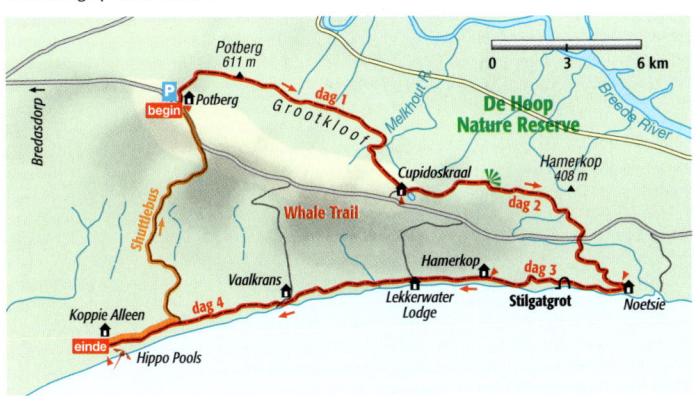

Favoriet

De Hoop Nature Reserve ▶ F/G 6

Een van de mooiste natuurreservaten van de westelijke Kaapprovincie is het De Hoop Nature Reserve. Hier zijn wonderschone duinen van wit zand direct aan zee en getijdenpoelen met door de zon opgewarmd water, glashelder water, waarin u heerlijk kunt zwemmen. Daarnaast leven in het beschermde gebied opmerkelijk veel dieren, waaronder elandantilopen, springbokken, zebra's, bavianen en steenbokken. Hier, midden in de natuur, kunt u tot wel vijftig walvissen tegelijk bekijken. En voor sportieve bezoekers zijn er meerdere wandelroutes en mountainbiketrails.

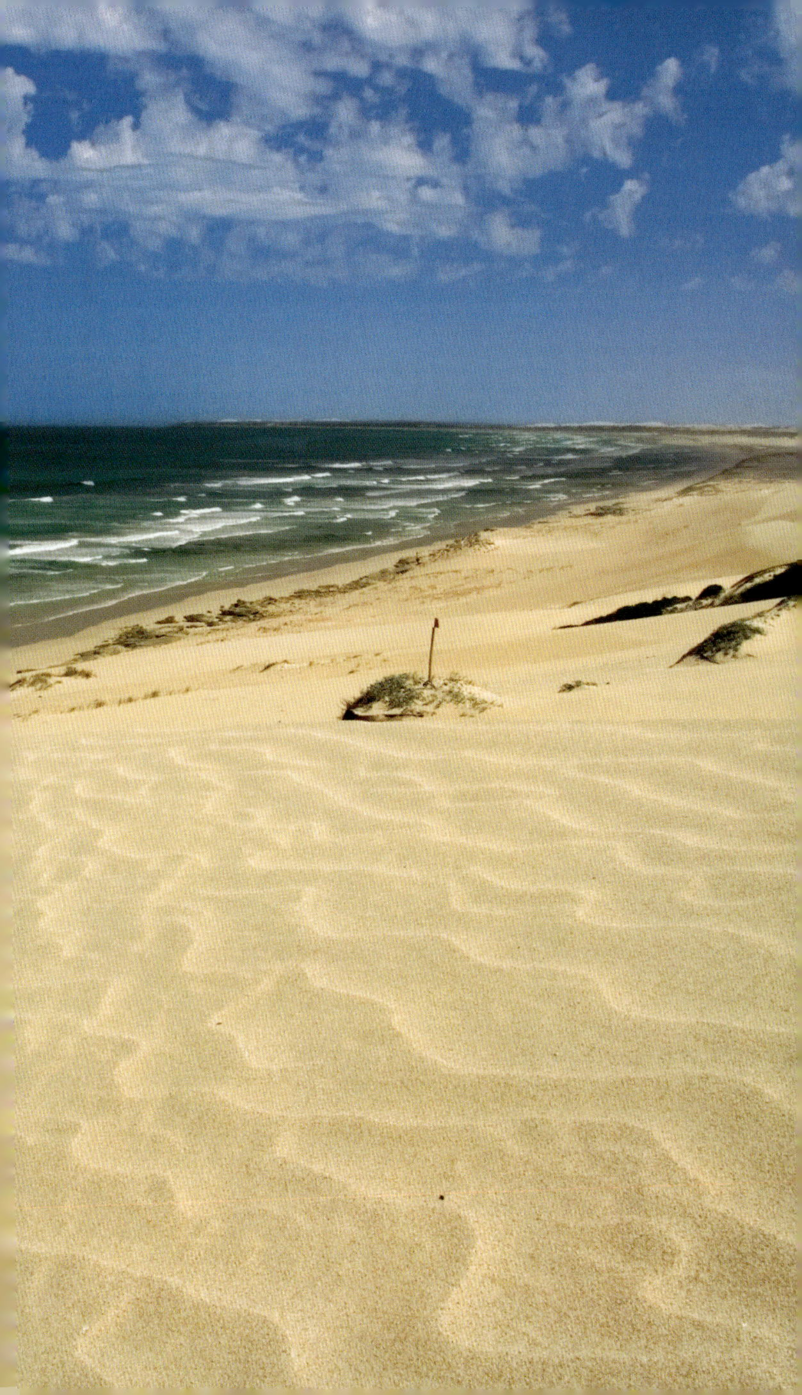

verte kunt u zelfs **Cape Agulhas** zien, Afrika's zuidelijkste puntje. Ook de **Breede River**, die door de graanvelden buiten het reservaat meandert, is te herkennen. Vanhier gaat u bijna alleen nog bergaf richting de hut. Voor u daar aankomt, kunt heerlijk zwemmen in de **Melkhout River**, daarna klimt u nog een heel klein stukje naar de ruime **Cupidoskraalhut** met buitendouche.

Dag 2: het pad voert van **Cupidoskraal** naar **Noetzie** (15 km, 7-8 uur). Nadat u een verfrissend 'bad' hebt genomen in een **stuwmeer** loopt u verder door met dicht fynbos begroeide bergen. Het uitzicht is geweldig. In het voorjaar is de natuur hier bijzonder kleurrijk. In **Noetzie** slaapt u in een van de twee mooie huisjes met rieten dak aan de rand van de baai.

Dag 3: vandaag loopt u van **Noetzie** naar **Hamerkop** (7,8 km, 3 uur) en volgt u de kustlijn door een heerlijk fynbos. U loopt onder interessante verweerde overhangende rotsen door en langs grotten in kliffen. Aangezien deze etappe kort is, hebt u veel tijd om deze grotten en de kleurrijke getijdenpoelen te verkennen. Vooral de **poel** in de buurt van de **Stilgatgrot**, bereikbaar via een touwladder, is de moeite van de omweg waard. Nadat u nog een paar kleine stukjes omhoog en omlaag hebt afgelegd, komt u bij de op het strand gelegen, erg mooie **Hamerkophut**. Vanaf het terras kunt u in het seizoen walvissen observeren. De Hoop is een van de belangrijkste geboorteplekken van de zogenaamde echte walvissen.

Dag 4: op de vierde dag loopt u van **Hamerkop** naar **Vaalkrans** (10,5 km, 5-6 uur). De etappe begint met een lange strandwandeling. U kunt de oystercatcher zien (een zeer zeldzame scholekster), de phalacrocorax (een soort aalscholver) en ontelbaar veel meeuwen. Ongeveer halverwege het dagtraject ziet u op de klif de **Lekkerwater Lodge**, een prachtig strandhuis, dat ook verhuurd wordt. Dit is de enige plek in het reservaat waar u misschien iemand tegenkomt. Hier verlaat het pad het strand en voert het door de prachtig begroeide **duinen**. De hut waarin u de nacht doorbrengt is ook weer erg mooi. Hij staat boven op een spectaculaire kalkstenen rots en het zicht op de zee is fantastisch!

Dag 5: de laatste etappe gaat van **Vaalkrans** naar **Koppie Alleen** (7 km, 3 uur). De korte, lichte finale voert langs het strand en de kliffen. De diepe, turquoise rotspoelen zijn net zo aanlokkelijk als de mooie strandjes. De **Hippo Pools** aan het einde van de trail zijn een echt hoogtepunt; hier kunt u het zweet weer van u afspoelen. Hoe dichter u bij **Koppie Alleen** komt, hoe meer 'normale' strandgangers u tegenkomt — da's even schrikken na dagen eenzaamheid. Vanaf het **eindpunt van de trail**, dat via een houten *boardwalk* te bereiken is, brengt een shuttlebus u weer terug naar Potberg.

Malgas ▶ F 6

In **Malgas** bevindt zich een van Zuid-Afrika's twee rivierveren (de andere steekt de Orange River over, de grensrivier tussen Zuid-Afrika en Namibië bij Sendelingsdrift in de Northern Cape Province). In tegenstelling tot dat grensveer is het Malgasveer niet gemotoriseerd, maar handaangedreven. Twee, soms drie mannen trekken de boot over de Breede River (die inderdaad breed is). Malgas, dat 50 km landinwaarts ligt, was ooit de belangrijkste binnenhaven van het land. Tijdens de bloeitijd van Swellendam verliep de handel met Kaapstad via de rivier. Op de weg naar het noorden strekken zich eindeloos weidse akkers uit. Hier en daar ziet u een paar witgekalkte boer-

Swellendam

De Malgas Ferry is ongemotoriseerd, hij wordt voortgetrokken door twee, drie man

derijen staan in het geelbruine, door de zon verbrande landschap.

Overnachten

Aan de rivier – **Malagas Hotel & Conference Centre:** tel. 028 542 10 49, www.malagashotel.co.za, 2 pk vanaf 1100 rand. 45 gezellig ingerichte kamers aan de oever van de Breede River.

Swellendam ▶ F 5

Het in 1743 gestichte **Swellendam** is niet alleen de derde oudste stad van Zuid-Afrika, maar met zijn vele mooie Kaap-Hollandse gebouwen ook een van de mooiste. Ook de ligging is schilderachtig: in het noorden de imposante, 1600 m hoge bergketen van de Langeberg Mountains, in het zuiden golvende, gouden korenvelden. Wat bij een rondrit door Swellendam als eerste opvalt, is **Voortrek Street**, de ongewoon brede hoofdstraat. Deze stamt, net als de historische gebouwen die de straat flankeren, uit de 'goede oude tijd' van de ossenkarren. Ook karren die werden voortgetrokken door maar liefst zestien van die beesten, moesten zonder al te veel moeite kunnen keren op de dorpsstraat.

Bontebok-antilopen in Bontebok National Park

Drostdy-Museumcomplex

18 Swellengrebel St., tel. 028 514 11 38, www.drostdymuseum.com, ma.-za. 8-13, 14-17 uur, 20 rand, kinderen 10 rand

Het architectonische pronkstuk van Swellendam is een van de mooiste museumcomplexen van Zuid-Afrika. Het **Drostdy Museum** was ooit het woonhuis van de districtsgouverneur, de *landdrost,* en tevens gerechtsgebouw.

De gebouwen werden vanaf 1747 opgetrokken in het adembenemende landschap van de Langeberg Mountains. Het witgekalkte Drostdy met het rieten dak diende als voorbeeld voor veel andere huizen in het stadje. Binnen zijn in een aantal kamers voorbeelden van 18e- en 19e-eeuws Kaap-meubilair te zien.

Bij het museumcomplex horen nog twee gebouwen. **Zanddrift** is een oud Kaap-Hollands boerderijgebouw, dat ooit in de buurt van Bonnievale stond. Het werd daar afgebroken en op het museumterrein minutieus gereconstrueerd. In de oude gevangenis, het **Old Gaol Complex** (tel. 028 514 38 47), zitten twee winkels: de **Bloukop Gallery** en de **Swellendam Alive! Craft**

Shop, die kunstnijverheid uit de omgeving en de rest van Afrika verkopen.

Overnachten

Historische landhuisstijl – **Schoone Oordt Country House:** 1 Swellengrebel St., tel. 028 514 12 48, www.schoondeoordt.co.za, 2 pk met ontbijt vanaf 1750 rand. Aantrekkelijk historisch gebouw uit 1853. U overnacht hier in een klein huisje in een grote tuin. De beste accommodatie in Swellendam, met uitstekend ontbijt.

Bed and breakfasts

In veel van de oude huizen in Swellendam zitten tegenwoordig stijlvolle en gezellige bed and breakfasts.

Oude molen – **Old Mill Guest Cottage:** 241-243 Voortrek St., tel. 028 514 27 90, www.oldmill.co.za, 2 pk met ontbijt 895-1050 rand. Bed and breakfast in een molen uit 1813 met vier mooi gerenoveerde kamers.

Gezellig – **Roosje van de Kaap:** 5 Drostdy St., tel. 028 514 30 01, www.roosjevandekaap.com, 2 pk met ontbijt 750-950 rand. Kleine B&B met goed restaurant in een victoriaans huis.

Eten & drinken

Lekkere pannenkoeken – Old Mill restaurant and Tea Garden: 241 Voortrek Rd., tel. 028 514 27 90, www.oldmill.co.za, dag. vanaf 7 uur, hoofdgerecht 85-140 rand. Ook voor niet-gasten van het guesthouse. Vooral de pannenkoeken zijn aanbevelenswaardig.

Diner met kaarslicht – Herberg Roosje van de Kaap: 5 Drostdy St., tel. 028 514 30 01, www.roosjevandekaap.com, di.-zo. ontbijt 8-9.30, diner vanaf 19 uur, hoofdgerecht vanaf 110 rand. Mooi restaurant met een fijne sfeer, misschien iets voor een speciale avond. Laag rieten plafond en veel kaarslicht, al vele jaren topkwaliteit. Grote keus uit zowel heerlijke gerechten als topwijnen uit de regio en de rest van de wereld.

Stijlvol gerestaureerd – Old Gaol restaurant on Church Square: Church Square, 8 A Voortrek St., tel. 028 514 38 47, www.oldgaolrestaurant.co.za, ma.-zo. geopend voor ontbijt en lunch, hoofdgerecht 30-100 rand. Huisgemaakte limonade en lichte, traditionele keuken (lekkere melktaart!) in een stijlvol gerestaureerd gebouw tegenover de Moederkerk. Bij mooi weer kunt u vanaf het terras heerlijk mensen kijken.

Bontebok National Park

Tel. 028 514 27 35, www.sanparks.org/parks/bontebok, 80 rand, kinderen 40 rand

Behalve om zijn mooie huizen staat Swellendam ook bekend om het 7 km buiten het dorp gelegen **Bontebok National Park**. In het 3000 ha grote park werd de alleen in Zuid-Afrika voorkomende bontebok, waarvan nog maar 22 exemplaren in leven waren, in 1961 onder bescherming geplaatst. Inmiddels leven er meer dan tweehonderd van de roodbruine antilopesoort met de karakteristieke witte markering in het reservaat. Overtallige dieren worden verhuisd naar andere reservaten. Behalve andere antilopen zoals springbokken en koedoes leven in het nationale park ook Kaapse bergzebra's en meer dan 200 verschillende soorten vogels. De bloedrode aloe bloeit in juni en juli, in de lente bedekken de wilde bloemen van het fynbos het land. Een wegennet van 25 km en twee wandelroutes voeren door het park.

Overnachten

Overnachtingsplekken kunt u telefonisch boeken bij het nationale park via het centrale reserveringsnummer (SA National Parks, Pretoria, tel. 012 428 91 11, ma.-vr. 7-17, za. 8-14 uur) of online op www.sanparks.org. Ook de 'VVV' van Kaapstad kan u aan accommodatie helpen (Cape Town Tourism, tel. 021 426 42 60, www.capetown.travel). Tijdens de schoolvakanties boeken ook veel Zuid-Afrikaanse toeristen hier een overnachting, dus wees er op tijd bij.

Het is absoluut aan te raden uw boekingsbevestiging mee te nemen wanneer u het park bezoekt. Op de website van het nationaal park vindt u naast uitgebreide beschrijvingen van de diverse onderkomens ook een gedetailleerde routebeschrijving.

Greyton en Genadendal ▶ D 5

Op de terugweg van Swellendam naar Kaapstad kunt u via een kleine omweg nog twee leuke plaatsen bekijken. Vlak na Caledon kunt u van de N 2 rechts de R 406 op rijden. Deze voert tot in het mooie, door eiken omzoomde stadje **Greyton**. In dit landelijke, afgelegen oord wonen veel kunstenaars en schrijvers. Een ideale plek om even in alle rust bij te komen.

Zo'n 5 km vóór Greyton ligt **Genadendal**, de oudste Duitse missiepost van Afrika (zie blz. 76). Het werd in 1738 gesticht door Georg Schmidt, die van de Evangelische Broedergemeente (Moravian Church) de opdracht kreeg de Khoi het evangelie bij te brengen. De oorspronkelijke naam van het plaatsje was Baviaanskloof. Tegen het einde van de 18e eeuw had Genadendal zich ontwikkeld tot de tweede (na Kaapstad) grootste nederzetting van het land. De kern van het tegenwoordig 3500 inwoners tellende dorpje is het goed bewaard gebleven kerkplein met zijn vele door monumentenzorg beschermde gebouwen.

Mission Museum

Church Square, tel. 028 251 85 82, 028 251 82 20, ma.-do. 9-13 , 14-17, vr. 9-15.30, za. 9-13 uur, zo. op afspraak

Het erg interessante missiemuseum toont de geschiedenis van de plaats en talloze objecten uit het dagelijks leven van de missionarissen zoals huishoudelijke apparaten, drukpersen en medische hulpmiddelen. Daarnaast staat hier het oudste orgel van het land.

Genadendal Printing Works

tel. 028 251 81 40

Een van de oudste drukkerijen van Zuid-Afrika, de Genadendal Printing Works, is nog altijd actief. In de voorkamer staan de zware drukpersen uit vervlogen tijden, in de eigenlijke werkruimte computers, industriële printers en scanners – een enorm contrast.

Overnachten

Charmant – **Greyton Lodge:** 52 Main St., tel. 028 254 98 00, www.greytonlodge.com, 2 pk met ontbijt vanaf 1250 rand. Uitnodigende, sfeervolle pub die niet had misstaan op het Engelse platteland, goed restaurant en vijftien gastenkamers in een voormalig winkelpand, dat in 1882 werd verbouwd tot herberg.

Gerenoveerd pronkstuk – **The Post House:** 22 Main Rd., tel. 028 254 99 95, www.posthouse.co.za, 2 pk met ontbijt 1550-2450 rand. Het Post House werd in 1860 gebouwd en is daarmee een van de oudste gebouwen van Greyton. Het hoofdgebouw was een winkel voor koloniale spullen en een herberg waar vermoeide reizigers konden uitrusten. De Post House Country Pub verkreeg roem door een reclamecampagne van Bells Whiskey en was ooit het postkantoor van Greyton. De veertien kamers zijn geschilderd in rustgevend grijs en blauw. Bij het hotel horen tevens een kleine, gezellige pub en een restaurant dat landelijke gerechten serveert.

Comfortabele tenten – **Oewerzicht Tented River Lodge & Farm Cottages:** Oewerzicht Farm, 9 km van Greyton op Krige Rd., tel. 028 254 98 31, www.oewerzicht.co.za, tent voor 2 personen 650 rand, huisje voor 4-8 personen vanaf 950 rand. Ruime tenten met een echt bed en een vaste badkamer plus buitendouche. De onderkomens zijn bereikbaar via een loopbrug. U kunt zwemmen in de rivier. Wilt u niet in een tent slapen, dan zijn de huisjes een goed alternatief.

Eten & drinken

Zuid-Afrikaanse specialiteiten – **Abbey Rose:** 19 Main Rd., tel. 028 254 94 70, www.abbeyrose.co.za, wo. 18-22, do.-za. 12-15, 18-22, zo. 12-15 uur. In het gezellige restaurant met ook tafeltjes buiten worden Zuid-Afrikaanse specialiteiten als ossenstaart, koedoepasteitjes en lamsbout geserveerd.

IN EEN OOGOPSLAG

Garden Route

Hoogtepunt ✸

Elephant Sanctuary: hier kunt u de dikhuiden aanraken en allerlei interessante olifantenfeitjes leren. Daarnaast kunt u een ritje maken op de imposante beesten. Zie blz. 260

Op ontdekkingsreis

Op stoom – een rit met de historische trein: de Outeniqua Choo-Tjoe is de laatste nog op zijn oorspronkelijke traject (George-Knysna) rijdende stoomtrein van Zuid-Afrika. Momenteel rijdt de trein echter niet; het tracé moet na een aardverschuiving worden gerepareerd. Maar er is een alternatief: ook Atlantic Rail heeft een voorliefde voor historische stoomlocomotieven. Zie blz. 244

Slurftastisch – op bezoek bij de olifanten: op de Garden Route zijn er meerdere gelegenheden om de grootste landzoogdieren ter wereld van dichtbij mee te maken. Zie blz. 248

Wandeling op de Otter Trail: de absolute klassieker onder de Zuid-Afrikaanse wandelroutes, tussen de bergen en de zee. Zie blz. 262

Bezienswaardigheden

Birds of Eden: een dal met natuurlijke vegetatie en een aangelegde rivier werd veranderd in een enorme volière, waarin u op houten plankieren en bruggen kunt wandelen. Zie blz. 259

Monkeyland: apen uit de hele wereld leven 'vrij' in deze uitgestrekte behuizing. Zie blz. 259

Actief onderweg

Oystercatcher Trail: de makkelijkste wandelroute van Zuid-Afrika begint ten westen van Mossel Bay. Zie blz. 246

Bungeejumpen boven de Storms River: spring van de Bloukrans Bridge in het diepe met deze met 216 m hoogste bungeejump ter wereld. Zie blz. 260

Tsitsikamma Canopy Tours: slinger aan kabels door de vegetatie en boven de boomtoppen. Zie blz. 261

Sfeervol genieten

Firefly Eating House: sfeervolle, leuke tent met veel lichteffecten en kaarslicht. De specialiteit van het huis zijn de pittige curry's – maar ook de mildere varianten zijn erg lekker. Zie blz. 254

Tsala Treetop Lodge: exclusieve overnachting in typisch Afrikaanse sferen hoog in de bomen ten westen van Plettenberg Bay. Zie blz. 257

Aan de groene kust

De Garden Route (www.gardenroute.org), die zich uitstrekt van Heidelberg in het westen tot de Storms River in het oosten, is een van de populairste trajecten van zuidelijk Afrika. Dat is niet verwonderlijk, het landschap is hier adembenemend. De smalle, aan oerwouden, meren, lagunes en rivieren grenzende kuststrook wordt geflankeerd door de zandstranden van de warme Indische Oceaan en de indrukwekkende bergketens van de Langeberg, Outeniqua en Tsitsikamma Mountains. Door het gematigde zeeklimaat met warme zomers en koele winters valt er het hele jaar door wel regen, wat ervoor zorgt dat de omgeving erg groen is. De vochtige luchtmassa's die opstijgen boven zee, blijven op hun weg landinwaarts hangen bij de bergen, waar ze zorgen voor neerslag. Het gebied dankt zijn naam aan zijn vruchtbaarheid – zoals die van een tuin.

Langs de Garden Route kunt u uitrusten op verlaten strandjes. Ritten over onverharde, historische bergpassen en door de Tsitsikamma Section van Garden Route National Park zijn avonturen die u altijd zullen bijblijven, net als een wandeltocht op de beroemde Otter Trail, die direct aan zee loopt.

Mossel Bay ▶ J 6

Mossel Bay is, vanuit Kaapstad gezien, de officieuze poort naar de Garden Route. In deze plaats zette de eerste

INFO

Info

Mossel Bay Tourism Bureau: hoek Market/Church St., tel. 044 691 22 02, Fax 044 691 30 77, www.mosselbay.co.za of www.visitmosselbay.co.za.
George Tourism Bureau: 124 York St., tel. 044 801 92 95, www.georgetourism.org.za.
Wilderness Tourism Bureau: Beacon Rd., Milkwood Village, tel. 044 877 00 45, www.wildernesstourism.co.za. Informatie over accommodaties en huurauto's.
Knysna Tourism Bureau: 40 Main St., tel. 044 382 55 10, www.visitknysna.co.za, ma.-vr. 8-17, za. 8.30-13 uur.
Knysna en Garden Route-informatie: tel. 086 199 91 91, www.gardenroute.org, ma.-vr. 8.30-17, za. 9-12.30 uur.
U kunt hier ook terecht voor bemiddeling bij het vinden van accommodatie.

Plettenberg Bay Tourism Centre: Main St., tel. 044 533 19 60, www.plett-tourism.co.za. Informatie over overnachtings- en watersportmogelijkheden in en om het populaire vakantiedorp 'Plett'.
South African National Parks: de boeking van accommodaties in nationale parken kunt u het best regelen via de centrale van SA National Parks (SANP) in Pretoria (tel. 012 428 91 11, www.sanparks.org, ma.-vr. 7.45-15.45 uur) of via Cape Town Tourism (tel. 021 426 42 60, www.capetown.travel). Op tijd reserveren en de boekingsbevestiging meenemen wanneer u het park bezoekt! Op de website van het nationaal park vindt u naast uitgebreide beschrijvingen van de diverse onderkomens ook een gedetailleerde routebeschrijving.

Europeaan voet op Zuid-Afrikaanse bodem. Op 3 februari 1488 landde hier, na het ronden van Kaap de Goede Hoop, de Karavelle van de Portugese ontdekkingsreiziger Bartolomeu Dias. Een groot museumcomplex herinnert aan de beroemde zeevaarder.

Dias noemde de baai Aguado de São Bras. Pas in 1601, nadat de Nederlandse Paulus van Carden had opgemerkt dat het enige eetbare aan deze kust mosselen waren, kreeg de baai zijn huidige naam. In 1848 werd Mossel Bay officieel gesticht.

Bartolomeu Dias Museum Complex

1 Market St., tel. 044 691 10 67, www.diasmuseum.co.za, ma.-vr. 9-16.45, za., zo., feestdagen 9-15.45 uur, 20 rand, kinderen 5 rand, schip resp. 40 en 10 rand

In het **Bartolomeu Dias Museum** is onder andere een nagebouwd schip te zien. In 1988, vijfhonderd jaar na de landing van de Karavelle, zeilde de eveneens Portugese Replik nogmaals de route van Dias naar Mossel Bay. Het museum werd daarna min of meer om het schip heen gebouwd. U kunt over de verschillende dekken van het schip lopen en het fantastische houtwerk bewonderen. De originele blauwdruk van de Karavelle ontbrak helaas, dus de Portugese scheepsbouwers gebruikten bij de reconstructie ervan schetsen en schilderijen uit die tijd.

Op slechts een paar meter van de museumingang staat het **Dias Monument**, recht voor de beroemde **Post Office Tree**, een imposante, beschermde *milkwood*-boom. In zijn takken hing vroeger een leren laars, waarin de eerste zeevaarders brieven deponeerden voor de volgende schepen. Tegenwoordig staat op deze plek een brievenbus in de vorm van een laars. Een **stenen kruis** markeert de plek waar Dias naar verluidt aan land ging. Ook de door Dias' mannen om zijn heldere water geprezen **bron** klettert nog, al is het niet meer in zee, maar in een klein stuwmeer, waaromheen veel inheemse planten groeien. Het **Shell Museum** met kopieën van de eerste winkels van Mossel Bays completeert het complex.

Munroeshoek Cottages

Onder aan de heuvel, waarop een bronzen Dias uitkijkt over zee, staan drie mooie witgekalkte huisjes. Dit zijn de in 1830 gebouwde **Munroeshoek Cottages**, waar u kunst kunt kopen en kunt genieten van thee met lekkere scones.

Cape St. Blaize

Tijdens het walvisseizoen (juli-nov.), kunt u de grote zoogdieren in de baai zien liggen. Dat doet u het best vanuit **Cape St. Blaize**, waar tevens een grote vleermuisgrot te bezoeken is. Archeologische vondsten bewijzen dat hier al 80.000 jaar geleden mensen woonden, de *strandlopers*. De enorme industriecomplexen die sinds de ontdekking van een omvangrijke gasbel aan de kust in het noordelijke deel van de stad zijn opgetrokken, ontsieren Mossel Bay helaas.

Eten & drinken

Pizza met zeezicht – **Delfino's Espresso Bar & Pizzeria:** 2 Point Rd., tel. 044 690 52 47, www.delfinos.co.za, dag. 7-23 uur, pizza/pasta/burger ca. 40-80 rand, steaks vanaf 100 rand. Delfino's staat bekend om zijn goede pizza en pasta.

Actief

Zwemmen – Naast de beroemde zeevaarders heeft Mossel Bay nog een atractie, namelijk het ▷ blz. 246

Op ontdekkingsreis

Op stoom – een rit met historische treinen

Een rit met de historische smalspoorbaan The Outeniqua Choo-Tjoe, die vele jaren lang de Garden Route reed, is een bijzondere ervaring. Helaas rijdt de trein voorlopig niet; hevige regenval en een aardverschuiving hebben het tracé onbegaanbaar gemaakt. Tot de trein weer in gebruik wordt gesteld, is het alternatief een ritje met de Atlantic Rail.

Kaart: ▶ 1, K/L 5; K/J 5/6; 2, B 1-4
Friends of Choo-Tjoe : www.friendsofthechoo-tjoe.co.za, de 'vriendenvereniging' zit ook op Facebook.
Outeniqua Transport Museum: 2 Mission St., George, tel. 044 801 82 86, www.outeniquachootjoe.co.za, sept.-april dag. 8-17 uur, mei-aug. ma.-vr. 8-16.30, za. 8-14 uur, 20 rand, kinderen 6-11 jaar 10 rand, tot 6 jaar gratis.
Atlantic Rail: tel. 021 556 10 12, www.atlanticrail.co.za, retourtje 300 rand, kinderen 3-12 jaar 200 rand, tot 3 jaar gratis, reserveren absoluut noodzakelijk. De trein rijdt alleen op bepaalde zon- en feestdagen (zie website voor

de actuele dienstregeling). Vertrek vanaf station Kaapstad 10.30 uur, aankomst in Simon's Town tegen 12.30 uur, vertrektijd terugrit 15.15 uur.

Een historisch tracé wordt nieuw leven ingeblazen

In 1924 begon de spoorbouw voor het circa 67 km lange tracé van George naar Knysna langs de kust. Bij de opening ervan sprak men van het duurste stukje spoorbaan ter wereld. In 1992 werd de spoorlijn onder monumentenzorg geplaatst en een jaar later overgedragen aan de Transnet Foundation, Heritage Preservation. Sindsdien is de dienstregeling zeer overzichtelijk: één dagelijkse trip van George naar Knysna en weer terug. De historische trein vervoerde jaar in jaar uit meer passagiers, vooral buitenlandse toeristen. Aan die opmars maakten de hevige stormen die in de herfst van 2006 over de zuidelijke Kaap joegen, een einde. Door een aardverschuiving ten gevolge van overstromingen werd de spoorlijn verwoest en moest het tracé worden gesloten.

Vrienden van de Choo-Tsjoe

In april 2007 werd besloten de geliefde **Choo-Tjoe** de andere kant op te laten rijden, van George naar Mossel Bay. Maar die route, veel minder populair dan het historische traject, werd na twee jaar weer opgeheven wegens tegenvallende passagiersaantallen. Sindsdien probeert de vereniging Friends of Choo-Tjoe de spoorlijn te reanimeren. Begin 2012 lukte het de vereniging de interesse van Transnet te wekken. Maar omdat de ambtelijke molens in Zuid-Afrika langzamer malen dan elders, was hierover medio 2016 nog geen besluit genomen.

Klaar voor de tijdreis

Voorlopig kunt u de Choo-Tjoe dus alleen in statische toestand bekijken. De historische trein wacht geduldig in het **Outeniqua Transport Museum**, in een bejaarde stationshal met een platform. Daar zijn nog twaalf andere stoomlocomotieven tentoongesteld, waaronder een die op een smalspoor rijdt. Behalve treinen zijn er ook talloze oldtimers en oude koetsen en bussen te zien, alsmede het jaloersmakende privétreinstel van Boerenpresident Paul Kruger. Hier moet binnenkort (?) weer de tijdreis beginnen naar een periode waarin treinreizen nog een ontspannen bezigheid voor de elite was.

Rood-zwarte 'spoorbus'

In augustus 2012 waren de Friends of Choo-Tjoe klaar met de achttien maanden lang durende restauratie van een inspectietrein uit 1970. Deze kan beide richtingen op worden gereden – de machinist hoeft alleen maar drie hendels en de versnellings-, rem- en gaspedalen te verhuizen van het ene naar het andere uiteinde. Deze 'spoorbus' is te zien in de Waterfront van Knysna. Hij werd geverfd in de oude kleuren van de SAR (South African Railways): rood, met een zwart onderstel.

Stomend alternatief op de Kaap

Tot de Choo-Tjoe weer in bedrijf wordt genomen, komen de liefhebbers van stoomtreinen aan hun trekken met de **Atlantic Rail**. Deze prachtig gerestaureerde stoomlocomotief rijdt sinds eind 2010 op en neer tussen Kaapstad en Simon's Town op het Kaaps Schiereiland. Het laatste deel van het tracé loopt direct langs zee door de strandplaatsen **Muizenberg, St. James Beach** en **Kalk Bay**. Af en toe bereikt het schuim van de golven het spoor.

In de trein is plek voor 170 passagiers. Buiten de reguliere dienstregeling kan de trein ook in zijn geheel gehuurd worden voor film- of reclame-opnames of bedrijfsfeestjes.

Garden Route

Tip

Gondwana Private Game Reserve: de big five aan de Garden Route

In het hart van de Garden Route, slechts zo'n 25 minuten landinwaarts van Mossel Bay, ligt dit particuliere natuurreservaat, waar u in een prachtig fynbos-heuvellandschap op 'jacht' kunt gaan naar de big five – olifant, leeuw, luipaard (met veel geluk), neushoorn en buffel.

Het bijzondere aan het malariavrije, 110 km² grote Gondwana Game Reserve is dat kinderen van alle leeftijden welkom zijn – dat is bij andere game reserves vaak wel anders. Gezinnen overnachten in de Bush Villas, reizigers zonder kinderen kiezen vaak voor de wat rustiger alternatieven zoals de Kwena Lodge of de Fynbos Villa. Er zijn speciale prijzen voor kinderen tot 12 jaar, tot 4 jaar betalen de kleintjes helemaal niets.

Bovendien is er voor kids vanaf 4 jaar een speciaal Junior Ranger-programma, waarin ze op speelse wijze het een en ander wordt bijgebracht over de natuur, flora en fauna.

Gondwana Private Game Reserve: tel. 044 697 70 77, www.gondwanagr.co.za, ook via Twitter (@gondwanareserve). Prijs met alle maaltijden, overnachtingen, safaritochten en andere activiteiten vanaf 5000 rand per persoon.

Wandeling op de Oystercatcher Trail

Start: Point Village bij Mossel Bay, eindpunt: Cape Vacca of Sandpiper Leisure Center, lengte: 47 km, duur: 4-5 dagen, in te korten tot 1, 2 of 3 dagen (met basiskamp of een andere overnachting), niveau: licht tot gemiddeld inspannend, wandeling met gids, Trail jan.-nov. geopend, de beste reistijd is aug.-okt., wanneer de walvissen te zien zijn en de wilde bloemen bloeien, kosten afhankelijk van type overnachting 2550-9250 rand per persoon inclusief gids, bagagetransport, overnachting, volpension, als u maar één dag op de trail wilt wandelen, met één overnachting, kunt u het best de Sandpiper Cottages in Boggomsbaai boeken, beide traditionele Kaaphuisjes, Houthuis en Mosselkraker, in de buurt van Mossel Bay, hebben twee of drie kamers en staan op slechts 500 m van het strand, vanaf 850 rand, contact: Sandpiper Safaris, tel. 044 699 12 04, www.oystercatchertrail.co.za

Ten westen van Mossel Bay, de 'toegangspoort' naar de Garden Route, bevindt zich de **Oystercatcher Trail**, die loopt tot Point Village. Wederom een geweldige kustwandeling, en een goed alternatief voor de Whale Trail, die vaak volgeboekt is. Volgens een lijstje van de Britse omroep BBC is deze wandelroute een van de '30 walks to do before you die'. Deze trail is misschien wel de 'decadentste' van Zuid-Afrika. Hier wordt niet alleen uw bagage naar de volgende hut gebracht, u brengt ook uw avonden en nachten zeer aangenaam door. De route voert van Mossel Bay in westelijke richting naar de grotten bij Cape St. Blaize, langs dramatisch oranjegekleurde kliffen en kustfynbos. Dan daalt u af naar de kust en loopt u een tijd

meest evenwichtige klimaat van Zuid-Afrika en heerlijke stranden. De mooiste zwemplekjes zijn de **natuurlijke poelen** bij **Die Poort** en **Die Bakke** en **Santos Beach** met het leuke, in 1915 gebouwde strandpaviljoen naar voorbeeld van die in de Zuid-Engelse kustplaats Brighton.

Mossel Bay

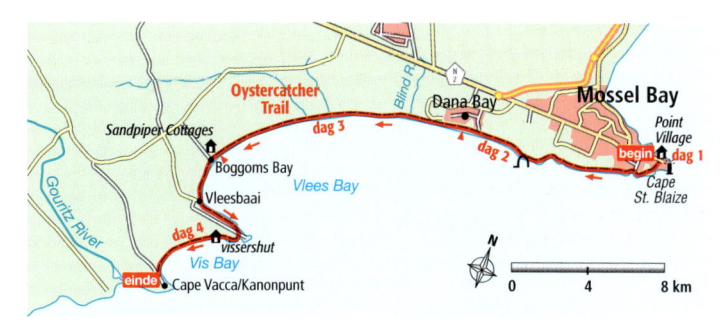

Wandeling op de Oystercatcher Trail

over het strand. Hier kunt u schelpen verzamelen, in getijdenpoelen zwemmen en de naamgever van de route, de oystercatcher (haematopus, een soort scholekster), en andere vogels observeren. De niet te inspannende dagetappes voeren door oorspronkelijke natuurlandschappen. Hoogtepunten zijn de guides die onderweg van alles uitleggen. Discovery Channel, maar dan live. Aan het einde van de tweede en derde dag hebt u in de Sandpiper Cottages zelfs de beschikking over een sauna en staan massagetherapeuten klaar om uw vermoeide lijf onder handen te nemen. Sauna en wellnesscentrum. Comfort en een oog voor detail zorgen ervoor dat de als inspannend bekendstaande wandeling een publiek lokt dat normaal gesproken misschien niet zo snel de wandelschoenen aantrekt. Een deel van het entreegeld gaat uiteraard naar natuurbeheer, dus u doet ook nog iets goeds voor het milieu.

Dag 1: u ontmoet de andere wandelaars in **Point Village** tijdens een *seafood dinner*, tijdens welke ook de route wordt besproken. Dit is een prachtige accommodatie met zeezicht. Wie eerder aankomt, en dat is aan te bevelen, kan ontspannen aan het mooie strand, walvissen kijken of **Mossel Bay** en de **Cape-St.-Blaize-vuurtoren** verkennen.

Dag 2 voert van **Point Village** naar **Dana Bay** (15 km, 4-5 uur). Eerst volgt u de goed gemarkeerde wandelroute **Cape St. Blaize Hiking Trail**. U hebt bij het ontbijt uw gids ontmoet, die alles weet over de omgeving. Zo wordt de wandeling een interessante natuurbeleving. U beklimt de klif en zie daar: weer een adembenemend uitzicht. Onderweg komt u langs talloze grotten. Een aantal ervan is nog niet 'ontdekt'. Bij het verlaten **strand van Oyster Bay** kunt u even in zee zwemmen. Vervolgens gaat u door een dichte kustbosschage naar **Dana Bay,** waar een taxi u en de andere wandelaars naar **Sandpiper Cottages** in **Boggoms Bay** brengt, de accommodaties voor de volgende twee dagen. De gerenoveerde vissershuisjes zijn erg warm, gezellig en smaakvol ingericht. 's Avonds nipt u voor de open haard aan een glaasje rood of sherry, in de koelkast ligt bier en witte wijn. U hoeft niet eens zelf te koken, later op de avond wordt een traditioneel diner geserveerd.

Dag 3: de taxi brengt u terug naar **Dana Bay,** vanwaar u, constant langs het strand lopend, naar **Boggoms Bay** (12 km, 4 uur) wandelt. Hier kunt u de vogels zien die de trail zijn naam hebben gegeven, de oystercatchers. De met uitsterven bedreigde ▷ blz. 250

Op ontdekkingsreis

Slurftastisch – op bezoek bij de olifanten

Toen de eerste blanken aankwamen op de Kaap, wemelde het rond de Tafelberg nog van de dieren – al snel werden ze letterlijk opgejaagd wild. Op olifanten werd vooral gejaagd omwille van hun waardevolle ivoor. Binnen een paar decennia trokken de laatste dikhuiden zich terug in afgelegen gebieden. Bijna was de soort uitgestorven ...

Kaart: ▶ J 5, L 5, L/M 5
Heenreis: de olifantentour begint in de buurt van Mossel Bay in Little Brakrivier/Klein Brakrivier, dat vanuit Kaapstad te bereiken is via de N 2 naar het oosten (ca. 380 km). Naar Knysna moet u rekenen op nog ca. 100 km.
Info: www.visitknysna.co.za, www.knysnaelephantpark.co.za (zie blz. 255), www.elephantsanctuary.co.za (zie blz. 260)
Overnachting: in Knysna (zie blz. 254), Wilderness (zie blz. 252) en Plettenberg Bay (zie blz. 256) zijn accommodaties.
Duur: voor deze route moet u ongeveer 1 dag inplannen.

Een reis langs de Garden Route biedt u de mogelijkheid eens buiten een dierentuin olifanten van dichtbij te zien, namelijk tussen Mossel Bay en Plettenberg Bay. De meest zuidelijk natuurlijk voorkomende olifantenpopulatie was die van het bijna ondoordringbare bos van Knysna. Hier zouden vandaag de dag nog nakomelingen zijn van de dieren die hier al eeuwenlang thuis zijn.

Knysna Elephant Park

Tussen Knysna en Plettenberg Bay bevindt zich het **Knysna Elephant Park**, dat al bestaat sinds 1994, toen het in veel bescheidener vorm begon.

Voor Ian Withers, eigenaar van het Knysna Elephant Park, begon de fascinatie met de wildernis in zijn kindertijd, toen hij in de vakanties door de bossen bij het huis van zijn grootouders in Knysna zwierf. 's Avonds, voor het open fornuis, vertelde Ians grootvader over zijn ontmoetingen met *Big Feet*, de grijze reus van het woud. En over zijn voorvaderen, die paden door het bijna ondoordringbare woud hadden gehakt, waarbij ze de natuurlijke olifantenpaden als leidraad namen.

De populatie van Knysna-olifanten was in de eeuw tot aan 1994 geslonken van zo'n vijfhonderd tot één eenzaam wijfje, dat gelukkig wel drachtig was. Sporen wijzen uit dat er, verstopt in het dichte Knysna Forest, ergens nog drie of vier dikhuiden in het wild leven.

In oktober 1994 kwamen de eerste twee olifanten, Harry en Sally, in het Knysna Elephant Park. Harry en Sally leefden eerst in het Krüger National Park, maar zouden worden afgeschoten wegens overpopulatie. Ian en zijn vrouw Lisette hadden het gevoel dat deze en andere olifanten een goed leven zouden kunnen hebben op hun boerderij. Inmiddels heeft zich hieruit *big business* ontwikkeld. De oorspronkelijke twee olifanten hebben gezelschap gekregen van nog eens acht exemplaren. Een aantal werd geboren in het park, de andere zijn eveneens 'vluchtelingen' uit andere parken.

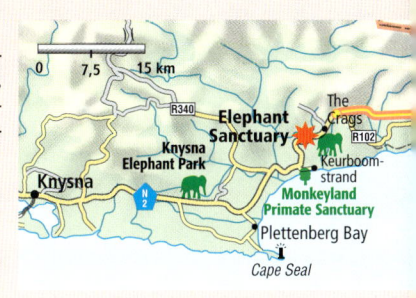

Ook in Knysna Elephant Park kunt u een **ritje op een olifant** maken. Daarnaast is er een zeer interessant **museum** met foto's van echte Knysna-olifanten, skeletten en slagtanden. Verder draait er een film over de geschiedenis van de boerderij en van de meest zuidelijk olifantenpopulatie van Afrika in het Knysna Forest.

Elephant Sanctuary bij Plettenberg Bay

Een paar kilometer verderop ligt rechts van de weg het **Elephant Sanctuary**. Op deze boerderij naast Birds of Eden en Monkeyland aan de rand van het Tsitsikammabos, heeft een groep van zes olifanten een veilig toevluchtsoord gevonden. Ook deze dieren 'vluchtten' voor ze in het Krügerpark en in Zimbabwe afgeschoten zouden worden wegens overpopulatie. Net als in het Knysna Elephant Park kunt u heel dicht bij de grijze reuzen komen. Gidsen vertellen u van alles over het gedrag van olifanten en de sociale structuur waarin ze leven, over hun intelligentie en dat elk dier een eigen temperament heeft. Hier kunt u de dieren aan een 'halsband' over een pad voeren of een **kort ritje** op hun rug maken – Afrika pur sang!

Garden Route

scholekstersoort komt hier nog in groten getale voor. In zee ziet u hier vaak dolfijnen en walvissen. In de **Blind River**, 3 km van Dana Bay, kunt u weer het water in duiken. Weer 3 km verderop wordt de lunch geserveerd, naast een enorme 'mosselhoop', een afvalberg, ooit achtergelaten door de oorspronkelijke bewoners, de Khoi en San. Na de lunch wandelt u nog even door de duinen en bent u weer in de Sandpiper Cottages, waar u ook vannacht slaapt.

Dag 4: de wandeling voert van **Boggoms Bay** naar **Cape Vacca** (15 km, 4-5 uur). Als u bij het begin van de trail een 'oestervergunning' heeft aangeschaft, mag u vandaag tussen de rotsen op zoek gaan naar de weekdieren en ze ter plekke naar binnen slurpen of bewaren voor de barbecue. U loopt verder over het strand, na 4 km buigt het pad landinwaarts en loopt u door kustvegetatie wederom voorbij aan de grote mosselhoop en langs rotspoelen. Daarbij vertelt uw gids steeds wat u ziet. Zo'n 8 km voorbij Boggoms Bay wacht een verrassing: in een oud stenen **vissershutje** wordt een lekkere lunch met pasta en salade geserveerd. De dag eindigt weer met een mooi strand, de eindbestemming is een serie strandhuisjes in Kaapse stijl bij **Kanonpunt**, ook wel **Cape Vacca** genoemd. Fantastisch uitzicht, *braai* – wederom een dag om nooit te vergeten.

Dag 5: op de laatste dag staat een excursie van **Cape Vacca** naar **Gouritz River Mouth** (4 km, 1,5 uur) op het programma. Eerst volgt u de Gouritzrivier landinwaarts. In de lagune ligt vervolgens een boot op u te wachten. Tijdens de ontspannen *river cruise* ziet u talloze vogels. Na de excursie gaat u per taxi naar het **Sandpiper Leisure Centre**, waar een afscheidslunch met oesters en vonkelwijn op u wacht. Na de lunch wordt u teruggebracht naar Point Village.

Botlierskop Private Game Reserve ▶ J 5

Gonnakraal Rd., Little Brak River, tel. 044 696 60 55, www.botlierskop. co.za, tel. 044 696 60 55

Botlierskop Private Game Reserve bij Klein Brakrivier, tussen Mossel Bay en George biedt een goede gelegenheid om wilde dieren te spotten op de Garden Route (door rangers begeleide safaritocht in terreinwagen: 450 rand, kinderen 225 rand). Een safari per paard is ook mogelijk, voor 310 rand per uur. Gasten van de lodge overnachten in luxueuze safaritenten aan een rivier of in suites in het Manor House.

Overnachten

Afrikaans safarigevoel – **Botlierskop Private Game Reserve**: Klein Brakrivier, tel. 044 696 60 55, www.botlierskop. co.za, tent/suite vanaf 1500 rand voor twee personen, vaak webspecials, bijvoorbeeld een nacht voor twee inclusief welkomstcocktail, afternoon tea, diner, ontbijt, game drive en wandeling met gids voor vanaf 3000 rand. Comfortabele 'safarilodge' met persoonlijke rangerservice. In het restaurant, dat bereikbaar is via houten vlonders, worden ontbijt, lunch en diner geserveerd. Dagbezoekers zijn welkom en kunnen net als de gasten gebruikmaken van het wellnesscentrum en een drie uur durende game drive of een andere excursie boeken.

George ▶ K 5

Onderweg naar het oosten is de oude route R 102 het rustige en mooiere alternatief voor de N 2, die meer weg heeft van een snelweg. De R 102 slingert zich, aangepast aan de natuurlijke topografie, richting **George**.

Voor het oude bibliotheekgebouw in York Street herinnert een in 1812 geplante eik, naar verluidt de grootste van het zuidelijk halfrond, aan de stichting van het stadje. Vroeger werden in de schaduw van deze *slave tree* slaven te koop aangeboden. Een stuk van een keten heeft zich in de stam ingevreten. Tegenwoordig staat George synoniem voor golf. Al in 1886 werd hier gespeeld, al was het maar op een 3-holesbaan op een boerderij. Inmddels zijn er wat holes bijgekomen (**George Golf Club**: www.georgegolfclub.co.za, 18-holesbaan). In George bevindt zich ook het **Outeniqua Transport museum** (zie Op ontdekkingsreis blz. 244).

Eten en drinken

Buikdans en waterpijp – **Kafé Serefé**: 60 Courtenay St., tel. 044 884 10 12, www.kafeserefe.co.za, ma.-vr. 11.30-22.30, za. vanaf 18 uur, hoofdgerecht 100 rand. Traditionele Turkse keuken met mezze en veel lamsvleesgerechten, en op de achtergrond Turkse muziek. Op vrijdag vaak buikdanseressen, elke dag waterpijp.

Zoals bij mama – **Margot's Bistro**: 63 Albert St., tel. 044 874 29 50, di.-za. 8.30-17, wo.-za. 19 uur tot laat, hoofdgerecht 100 rand. Stijlvol tot restaurant omgebouwd woonhuis. Kleine, maar gevarieerde kaart, overdag in bistrostijl met burgers, sandwiches, salades en pasta, 's avonds uitgebreider, met voorgerechten als met gorgonzola gevulde en spek omwikkelde peer.

Veel locals – **The Conservatory at Meade House**: 91 Meade St., tel. 044 873 38 50, ma.-vr. 7.30-16, za. 8-15 uur, hoofdgerecht 75 rand. Bij locals populaire ontbijt- en lunchtent. De eigenaar was voorheen chef-kok van het Fancourt Hotel. Prima steaks en uitstekende visgerechten.

Seven Passes Road en Wilderness ▶ K/L 5

Een bezienswaardigheid op zich is de **Seven Passes Road**, de oude weg tussen George en Knysna. Ook dit was, vanaf 1867, weer een project van de beroemde Zuid-Afrikaanse stratenbouwmeester Thomas Bain. Om op de historische verbindingsweg te komen, moet u via Knysna Road George uit rijden en na de Pick-n-Pay-supermarkt, voor de Pine Lodge naar links op Saasveld Road.

De deels onverharde straat slingert zich door dichte bebossing. U hoort apen krijsen in het struikgewas en vogels tsjilpen. Af en toe dringt een zonnestraal door de betoverend werkende vegetatie. De ene keer gaat het steil bergop, dan weer hard omlaag naar het volgende riviertje, dat u, net als alle andere, oversteekt via een bruggetje uit de tijd van de Britse koning Edward.

Dan buigt de weg af naar rechts richting **Wilderness**. Een stukje verderop wijst een bord u op het uitkijkpunt **Map of Africa**. Zijn naam heeft het te danken aan het bizarre feit dat het verloop van de Kaaiman River vanuit het zuiden gezien op de omtrek van Afrika lijkt. In tegengestelde richting kijkt u prachtig uit over de zee, het stadje Wilderness en de Garden Route. Bij goede weersomstandigheden starten hier paragliders en deltavliegers, om beneden op het strand weer te landen.

Een klein stukje na Wilderness ligt het **Wilderness-deel van Garden Route National Park**, dat een gebied van 100 km² omvat. Al naar gelang het seizoen zijn hier 5000-24.500 watervogels te vinden. Zo'n 230 verschillende soorten werden er tot nog toe geregistreerd. Wie wil, kan in rustieke houten hutten overnachten (info en boekingen via SA National Parks in Pretoria of Cape Town Tourism, contactinformatie, zie Info blz. 242).

Overnachten

Rustig slapen, uitstekend dineren – **Lakeside Lodge and Spa:** 3 Lakeside Drive, Swartvlei, Sedgefield, tel. 044 343 18 44, www.lakesidelodge.co.za, 2 pk 2500 rand, ontbijt 130 rand per persoon. Rustig gelegen aan de idyllische Swartvlei-lagune tussen Wilderness en Sedgefield. Luxueuze lodge met negen kamers, alle met uitzicht op het water. Top aan dit hotel zijn het heerlijke wellnesscentrum en het restaurant, dat een van de beste van de hele Garden Route is. Deze Benguela Brasserie & Restaurant serveert uitstekende, op de Aziatische keuken geïnspireerde gerechten (di.-zo. 8-11, 12-14.30, di.-za. 18-21 uur, hoofdgerecht 140-180 rand).

Luxe aan het meer – **Lake Pleasant Living:** Sedgefield, tel. 044 349 24 00, www.lakepleasantliving.co.za, suite voor twee personen met ontbijt vanaf 1700-2200 rand, per kind betaalt u 300 rand extra. Aan Lake Pleasant gelegen, comfortabel uitgeruste huisjes. De bistro is ook open voor ontbijt. Zeer kindvriendelijk. Helaas hoort u constant de N 2, tenzij u slaapt met het raam dicht.

Aan de lagune – **Moontide Guesthouse:** Wilderness Lagune, Southside Road, tel. 044 877 03 61, www.moontide.co.za, 2 pk met ontbijt 1100-2000 rand. Aan de oever van de Wildernesslagune gelegen guesthouse, zo'n twee minuten van het strand. De huisjes en kamers hebben alle een eigen opgang en een balkon of terras. Een paradijs voor vogelaars: de vogels tsjilpen er op los in de meer dan vierhonderd jaar oude *milkwood*-bomen.

Knysna ▶ L 5

Vanuit Wilderness kunt u kiezen uit twee routes: terug via de Seven Passes Road of verder op de Garden Route. Kort voor Knysna komen beide weer bij elkaar. Vanaf de N 2 kunt u 5 km voor Knysna afslaan naar **Brenton-on-Sea**. Het mooie strand van het plaatsje is de enige plek bij Knysna waar u in zee kunt zwemmen.

Knysna zelf is voor Zuid-Afrikaanse begrippen erg toeristisch. De stad is ontstaan als haven. Het gekapte hout uit de bossen in de omgeving werd vanhier per schip verder getransporteerd. Toen George Rex, naar verluidt een onechte zoon van koning George III, in 1804 begon met de houthandel, werd hier de eerste houtzagerij gebouwd en zo ontstond Knysna. Het toerisme kwam vele jaren later. Honderd jaar geleden omschreef de 'Kaap-almanak' het gebied en de wegen erheen als 'de zwaarts denkbare route, naar een gebied, dat slechts weinig jagers kennen en waar het wemelt van de olifanten en buffels.'

Tegenwoordig wemelt het in Knysna, vooral in de Zuid-Afrikaanse zomer, niet meer van de wilde dieren, maar van de toeristen. De 18 km² grote **Knysna Lagoon** wordt gezien als het kroonjuweel van de Garden Route. Tweemaal per dag stroomt de voedingsrijke Indische Oceaan in de baai, die daarnaast constant zoet water binnenkrijgt uit de Outeniqua Mountains. In de Lagune leeft onder andere het zeldzame Knysnazeepaardje, dat tijdens duiktripjes geobserveerd kan worden. Een andere bijzonderheid van de lagune is een culinair hoogstandje. *Knysna oysters* worden gezien als de beste oesters van het land. In de vele restaurants kunt u proeven of ze aan de hoge verwachtingen voldoen.

De verbinding van de lagune en de Indische Oceaan wordt rechts en links geflankeerd door zandsteenrotsen, de

Prachtig uitzicht op Knysna Heads

zogenaamde **The Heads**. Op de oostkant kunt u, via een brede weg, een smal voetpad en een houten bruggetje, naar een uitkijkpunt wandelen, vanwaar u het beste uitzicht hebt over de rotsen en de erachter liggende oceaan.

Noetzie Castles

Vanuit Knysna rijdt u over de N 2 richting Plettenberg Bay. De weg trekt zich omhoog aan een steile helling, langs dorpjes met houten huizen waar onder andere de grootste rastagemeenschap van de Western Cape woont. Aan het eind van de beklimming, circa 8 km van Knysna, kunt u rechts een onverharde weg richting **Noetzie** in, die u leidt naar een 8 km verderop gelegen parkeerplaats. Vanhier kunt u via steile trappen naar een verlaten **strandje**. Dit staat niet alleen bekend om zijn schoonheid, maar ook om de ongewone bouwwerken die er zijn gebouwd, vier 'burchten', die **Noetzie Castles** worden genoemd. Deze bouwwerken hebben, in tegenstelling tot wat vaak wordt beweerd niets te maken met piraten. Hun ware onstaansgeschiedenis is veel minder spannend. In 1930 bouwde een zekere Robert Stephen Henderson een vakantiehuis op het strand. Hiervoor gebruikte hij natuursteen uit de buurt. Een voorbijganger grapte dat het op een burcht leek, maar dat de torens nog ontbraken. Henderson vond het wel een goed idee, bouwde de torens en zetten daarmee een trend. Drie andere grondbezitters volgden zijn voorbeeld: Noetzie's Castles. In drie van de vier burchten kunt u overnachten.

Overnachten

Boomhutten – Phantom Forest Eco-Reserve: Phantom Pass Rd., tel. 044 386 00 46, www.phantomforest.com, 2 pk met ontbijt vanaf 5700 rand. Hoog boven een in een bos gelegen Afrikaanse lodge met uitzicht op de lagune van Knysna. U slaapt hier in een boomhut. Wellnesscentrum en *boma*-restaurant (outdoorrestaurant met vuurplaats). Bezoekers parkeren onder aan een zeer steile onverharde weg en worden daar door terreinwagens van de lodge opgehaald. Kinderen vanaf 12 jaar welkom.

Noetzie Castles – Lindsay Castle, Craighross Castle, Noetzie Bay House: Noetzie Castles, tel 074 499 52 10, www.noetziecastles.co.za, minimaal drie of vijf dagen in resp. laag- en hoogseizoen, afhankelijk van burcht en seizoen 3000-15.000 rand per dag (voor 8-13 personen).

Idyllisch gelegen – Belvidere Manor: 169 Duthie Drive, Belvidere Estate, tel. 044 387 10 55, www.belvidere.co.za, 2 pk met ontbijt vanaf 1750 rand. Idyllisch aan de westkant van de lagune gelegen hotel. Gasten overnachten in een van de dertig privécottages. Diner en ontbijt worden geserveerd in het uit 1834 stammende hoofdgebouw.

Luxe in de bergen – Simola: 1 Old Cape Road, tel. 044 302 96 00, www.simolaestate.co.za, 2 pk met ontbijt vanaf 1750 rand. Vijfsterrenresort met wellnesscentrum en 18-holesgolfbaan op een groot landgoed midden in het Outeniquagebergte. Veertig grote kamers, in de spa kunt u kiezen uit talloze behandelingen. Op het landgoed vindt tevens een van de grootste autosportevenementen van Zuid-Afrika plaats, de Simola Hillclimb (www.speedfestival.co.za), zie Tip rechterpagina).

Verknocht aan Zuid-Afrika – Candlewood Lodge: 8 Stinkwood Crescent, Tel. 044 382 51 04, www.candlewood.co.za, 2 pk met ontbijt 990-1700 rand. Toponderkomen met slechts zes kamers en een familiesuite op een heuvel met mooi uitzicht op Thesen Island en The Heads. De Duitse eigenaren, verknocht aan Zuid-Afrika, kochten het guesthouse waarin ze vaak als vakantiegangers verbleven en bieden zeer persoonlijke service. Zwembad en jacuzzi, en op verzoek afternoon tea, sundowners en een braai. Indien gewenst geeft de gastvrouw zelfs yogales.

Vol energie – The Turbine Boutique Hotel & Spa: Thesen Island, tel. 044 302 57-45, -47, www.turbinehotel.co.za, 2 pk met ontbijt vanaf 2640 rand. Boetiekhotel in een voormalige energiecentrale. De oude machines en andere uitrusting werden in het ontwerp geïntegreerd. Zeventien kamers, zes suites, wellnesscentrum en twee restaurants – al zijn er op loopafstand betere alternatieven.

Rustiek – Knysna River Club: Sun Valley Drive, tel. 044 382 64 83, www.knysnariverclub.co.za, huisje vanaf 900 rand. Verschillende erg leuke en rustieke houten huisjes met barbecues aan de lagune. De River Club Café and Bar is ondergebracht in een historisch gebouw op het terrein.

Eten & drinken

Magische sfeer – Firefly Eating House: 152a Old Cape Road, tel. 044 382 14 90, www.fireflyeatinghouse.co.za, di.-zo. 18-22 uur, hoofdgerecht 130 rand. Magische dineerervaring in een intieme, eclectische sfeer met kaarsen en een portret van Frida Kahlo boven de open haard. Het eten laat lang op zich wachten en dat zorgt voor lange, gezellige avonden. De specialiteit zijn de curry's, die verkrijgbaar zijn in vele samenstellingen – van extreem pittig tot mild. Mocht het u allemaal toch te veel zijn

geworden, bestel dan een lassi, een verfrissend yoghurtdrankje. Een populair dessert is de kokosnootsorbet.
Trendy seafood – Sirocco: 28 Thesen Harbour Town, tel. 044 382 48 74, www.sirocco.co.za, dag. 12-22 uur, hoofdgerecht vanaf 95 rand. Trendy restaurant. Naast oesters (standaard in deze omgeving) staat er lekkere sushi op de kaart, alsmede Thaise roerbakgerechten en pizza's (wo. en vr. 18-21 uur halve prijs). Mooie locatie aan het water.
Populaire Italiaan – Caffe Mario: Shop 7, The Quays, Waterfront Drive, tel. 044 382 72 50, dag. 7.30-22 uur, hoofdgerecht 70 rand. Goede, bij locals zeer populaire Italiaan. Vooral in de zomermaanden altijd goedbezocht.
Met de handen eten – Tapas & Oyster: Thesen Harbour Town, tel. 044 382 71 96, www.tapasknysna.co.za, dag. 11-23 uur, tapas 35-60 rand, grote oester 32 rand per stuk, hoofdgerecht 40-85 rand. Cool en relaxed, zeker geen *fine dining* – hier eet u met uw handen. Heerlijke tapas en oesters met een glas bubbels of een van de vele cocktails.
Mediterraans genieten – Île de Pain Bread & Café: 10 The Boatshed, Thesen Island, Knysna, tel. 044 302 57 07, www.iledepain.co.za, di.-za. 8-15, zo. 9-13.30 uur (mei, aug. gesl.), hoofdgerecht 85 rand. Een paradijs voor liefhebbers van de broodmaaltijd – alleen al de geur is een bezoek waard. Het lekkerste ontbijt in Knysna, en ook de lunch mag er zijn. Mediterrane bouwstenen als gekarameliseerde uien in balsamicoazijn en knoflook-chilimayonaise, met bij elk gerecht de heerlijkste broden.

Winkelen

Shop til you drop – Malls en markten: In Knysna valt prima te shoppen. Zo zijn er twee winkelcentra. In **Knysna Mall** (Main Rd., tel. 044 382 45 74, www.knysnamall.co.za, ma.-vr. 9-17.30, za., zo., feestdagen 9-14 uur) en **The Waterfront** (Knysna Quays, www.knysnawaterfront.com, dag. 9-19 uur) zitten talloze winkels, restaurants en cafés. De **Knysna Arts and Crafts Market** (dag. 9-18 uur) vindt plaats op de hoek van George Rex en Vigilance Drive, de **Templeman Square Craft Market** (dag. 9-17 uur) op Main Road. Beide markten hebben vooral kunstnijverheid in de aanbieding.

Tip

Knysna Speed Festival

De geschiedenis van het Knysna Speed Festival begon in 2009, toen de **Simola Hillclimb** voor het eerst plaatsvond. Het evenement groeide door de jaren heen steeds groter en groeide uit tot een van de populairste autosportevenementen van Zuid-Afrika. Het is het Afrikaanse equivalent van het beroemde Goodwood Festival of Speed, dat elk jaar in Engeland wordt gehouden. Het hele dorp doet mee aan het Speed Festival. Op vrijdag, Classic Car Day, rijdt er een oldtimerparade door Knysna. Na de klassiekers gaat het er op zaterdag en zondag bij de King of the Hill Shootout met supercars en racewagens om wie het snelst de 1,9 km lange bergweg op komt. Daarbij worden snelheden gehaald tot wel 260 km/u. Het record staat op ongeveer 41 seconden (www.speedfestival.co.za).

Knysna Elephant Park ▶ L 5

Harkerville, tussen Plettenberg Bay en Knysna, tel. 044 532 77 32, www.knysnaelephantpark.co.za, dag.

8.30-16.30 uur, rondleidingen 8.30-16 uur elk halfuur (45 min.), 275 rand, kinderen 5-12 jaar 125 rand, tot 5 jaar gratis, emmer voer 40 rand, zie ook Op ontdekkingsreis blz. 248

Op dit deel van de Garden Route, die hier samenvalt met de N 2, staan langs de weg olifantwaarschuwingsborden. Een stukje marketing van het tourist office? Nee hoor. Er zijn hier daadwerkelijk olifanten te zien. In het Knysna Elephant Park zijn dan geen Knysna-olifanten te bewonderen, maar het park is zeker een bezoek waard.

Plettenberg Bay ▶ L 5

Plettenberg Bay is door zijn uitgestrekte zandstranden een van de populairste badplaatsen langs de Garden Route. Tussen november en januari kan het hier bijzonder druk zijn. In de rest van het jaar lijkt het eerder op een ingeslapen dorp, veel van de vakantiehuisjes staan dan leeg. De meest aan te raden stranden zijn **Lookout Beach** en **Central Beach**, en bovendien de stranden in de lagune. Het officieuze wapen van 'Plett' is de *pansy shell*, het fijne, ronde skelet van een uiterst zeldzame zee-egel, die alleen aan de kust tussen Mossel Bay en Plettenberg Bay voorkomt. Het patroon op de rug van het skelet lijkt op een viooltje (*pansy*). De beschermde pansy shells zijn tegen hoge prijzen te koop.

In Plettenberg Bay stond al in 1630 een houten kerk, opgericht door de ongeveer honderd overlevenden van een scheepsramp voor de kust. De slechts acht maanden bewoonde nederzetting ontstond uit de wrakdelen van de São Gonçalo. In de buurt van Beacon Island werd in de 19e eeuw een stuk zandsteen met een **inscriptie** van de schipbreukelingen ontdekt: 'Hier ging het schip São Gonçalo verloren in het jaar 1630'. Deze is te zien in de Slave Lodge in Kaapstad, maar een replica van de steen staat op exact de plek waar het origineel werd gevonden, op privéterrein. Interessant is de in 1851 op een boerderij gebouwde kleine *yellowwood*-kerk, de **St. Andrew**. Diens goede conditie bewijst hoe sterk deze houtsoort is.

Overnachten

Spectaculaire plek – **The Plettenberg:** 40 Church St., Look-out-Rocks, tel. 044 533 20 30, www.plettenberg.com, 2 pk met ontbijt vanaf 3850 rand. Schilderachtig op een richel gebouwd, met vanzelfsprekend schitterend uitzicht op de Indische Oceaan. Landhuissfeer, veertig kamers en erg goede keuken.

Dicht bij het strand – **Southern Cross Beach House:** 1 Capricorn Lane, Solar

Het Afrika-gevoel in de Tsala Treetop Lodge

Beach, tel. 044 533 38 68, www.southerncrossbeach.co.za, 2 pk met ontbijt 2000-3000 rand. Gezellige, erg kindvriendelijke bed and breakfast met slechts vijf kamers. U loopt via houten plankieren binnen een minuutje naar het strand. Goede prijs-kwaliteitverhouding.

... buiten het dorp

Ethnisch-Afrikaans – **Tsala Treetop Lodge:** 10 km van Plett op de N 2 richting Knysna, tel. 044 501 11 11, www.hunterhotels.com, 2 pk met ontbijt vanaf 5000 rand. De ethnisch-Afrikaanse boomlodge is een symfonie van natuursteen, hout, glas en water, en heeft fantastisch uitzicht over het dal van de Piesang en het Tsitsikammbos. De zwembaden bevinden zich op 6 m hoogte, houten plankieren verbinden de gebouwen, zodat de fragiele bodem onberoerd en dus gezond blijft. Zeer goed restaurant.

Boszicht – **Hog Hollow Country Lodge:** 18 km ten oosten van Plett, Askop Rd., The Crags, Plettenberg Bay, tel. 044 534 88 79, www.hog-hollow.com, 2 pk met ontbijt vanaf 3900 rand. In een particulier natuurreservaat gelegen guesthouse met fantastisch uitzicht over het Tsitsikammbos. Twaalf kamers, mooie driegangendiners bij kaarslicht, veel activiteiten.

Elegant boetiekhotel – **The Grand Café & Rooms:** 27 Main Street, tel. 044 533 33 01, www.grandafrica.com, 2 pk met ontbijt vanaf 1300 rand. Een mooi, weelderig boetiekhotel met zeven fantastisch ingerichte kamers met fabelachtig grote Franse dekbedden. Het Grand Breakfast doet zijn naam eer aan en is net zo legendarisch als het zeezicht. Alle kamers hebben een grote badkamer met bad. Het uitstekende restaurant is geopend voor alle maaltijden (hoofdgerecht vanaf 100 rand).

Eten & drinken

Voor carnivoren – **Nguni restaurant:** 6 Crescent Rd., tel. 044 533 67 10, www.nguni-restaurant.co.za, ma.-vr. 10-23, za. 18-23 uur, hoogseizoen dag. 10-23 uur. Dit restaurant draagt niet voor niets het Zoeloe-woord voor koe, *nguni*. Hier komt voornamelijk vlees op tafel, zoals ribeye (160 rand) en struisvogel (160 rand), maar ook gegrilde garnalen (250 rand) en heerlijke Kaapse zeevruchtensoep (120 rand). Het zwart-witte, op koeienhuiden geïnspireerde design is doorgetrokken in het hele restaurant.

Snelle lunch – **The Pie Shop:** Church St., tel. 044 533 49 08, ma.-vr. 8-17, za. 8-13 uur, 20 rand per *pie*. Ideaal voor een snelle, goedkope en goede afhaallunch. Het deeg van de dagelijks vers bereide pasteitjes (*pies*) heeft een prachtige gouden kleur, en omwikkelt talloze soorten vulling.

... buiten het dorp

Kazig – **Fynboshoek Cheese:** N 2, afrit Forest Ferns (tegenover de Tsitsikamma Lodge), 1 uur buiten Plett, tel. 042 280 38 79, wo.-zo. 12-15 uur (reserveren noodzakelijk), vast menu 160 rand. Het simpele concept van kaas, salade en brood slaat hier goed aan. Dat heeft vooral te maken met de mooie koe- en geitenmelkse kazen die op deze boerderij worden gemaakt. U zit hier erg gezellig, maar kunt alle kazen ook meenemen voor thuis.

Actief

Walvissen en dolfijnen – **Ocean Blue Adventures:** Plettenberg Bay, Melville Centre, 1 Hopwood Street, tel. 044 533 50 83, www.oceanadventures.co.za, dag.

Nomen est omen: Nature's Valley

8-16 uur, whale spotting juli.-nov. 700 (kinderen 380) rand, dolfijnen spotten dec.-juni 440 (220) rand, zeekajakken 300 rand. Motorbootuitstapjes naar walvissen of dolfijnen in de baai.

Dierenreservaten aan de Garden Route ▶ M 5

Monkeyland Primate Sanctuary

The Crags, tel. 044 534 89 06, www.monkeyland.co.za, dag. 8-17 uur, gratis entree, rondleidingen 190 rand, kinderen 3-12 jaar 95 rand, combitickets voor Monkeyland en Birds of Eden 300 rand, kinderen 150 rand

Op 16 km ten oosten van Plettenberg Bay komt u bij de afslag naar **Monkeyland Primate Sanctuary**, 2 km verder bereikt u het beschermde natuurgebied. Apen uit alle delen van de wereld hebben in Monkeyland nieuw onderdak gevonden. De inheemse groene meerkatten (*vervet monkey*) raakten al snel vertrouwd met de 'buitenlanders' en lieten hen zelfs zien hoe en waar ze in de kustbossen voedsel konden vinden Een parkwachter leidt de interessante natuurwandeling, de entree voor het uitkijkpunt is gratis.

Birds of Eden

The Crags, tel. 044 534 89 06, www.birdsofeden.co.za, dag. 8-17 uur, 190 rand, kinderen 3-12 jaar 95 rand, combitickets voor Monkeyland en Birds of Eden: zie hierboven

Pal naast Monkeyland hebben dezelfde eigenaren **Birds of Eden** geopend. Een reusachtig net overspant een compleet dal, dat zo één grote volière wordt, waarin de vogels 'vrij' rondvliegen. Bezoekers lopen honderden meters over lange, op palen opgetrokken houten plankieren in een dichtbegroeid dal. Het dak wordt gevormd door een gigantische koepel met licht- en regendoorlatende techniek – alleen dat al weegt meer dan 80.000 kilo.

Garden Route

Elephant Sanctuary ✹

Animal Alley, The Crags, vlak bij de N 2 in de buurt van Nature's Valley, tel. 044 534 81 45, www.elephantsanctuary.co.za, rondleiding (75 min., geen olifantenrit) 525 rand, kinderen 8-14 jaar 250 rand, met ritje (15 min.) 1050 rand, kinderen 8-14 jaar 640 rand, zie ook Op ontdekkingsreis blz. 248

Bij de buren gaat het in plaats van over apen en vogels over wat grotere dieren, namelijk olifanten. Als u maar tijd hebt voor één olifantenreservaat, kunt u in plaats van het Knysna Elephant Park beter deze **Elephant Sanctuary** bezoeken. U observeert de olifanten hier te voet, begeleid door een ervaren ranger. Zeer bijzonder is de twee uur durende *sundowner*-olifantervaring in de late namiddag, inclusief een ritje op de brede grijze rug en een paar cocktails na de wandeling.

Nature's Valley ▶ M 5

Een paar kilometer voorbij de afslag naar het Elephant Sanctuary ziet u, rijdend op de N 2 rechts de R 102 richting **Nature's Valley** – wederom een door Thomas Bain aangelegde droomweg. In 1884 baande hij de weg door de ondoordringbare vegetatie in de canyons van Groot, Bloukrans en Storms River. Beerbavianen paraderen over de weg, in de bomen zitten groene meerkatten; vogels en cicaden (een soort insect) zorgen voor de bijpassende soundtrack. De smalle weg dwars door de 'jungle' volgt de route van de Groot River Pass 200 m steil naar beneden naar **Nature's Valley**, waar een paradijselijk mooi strand op u wacht.

Voorbij de **Groot River Lagoon** slingert de weg zich weer steil omhoog. De bomen links en rechts van de smalle straat groeien bovenaan naar elkaar toe, en vormen zo een natuurlijke groene tunnel. Hoog boven Nature's Valley ziet u links van de weg een parkeerplaats met uitzicht op het dal, het witte zandstrand en de adembenemend mooie lagune van de Groot Riverdelta. De **camping** in Nature's Valley, het eindpunt van de Otter Trail (zie Op ontdekkingsreis blz. 262), ligt in het meest westelijke deel van de Tsitsikamma Section van het Garden Route National Park.

De weg gaat verder in oostelijke richting door fynbosvegetatie, zo'n 6 km later bereikt u de **Bloukrans Pass**, waarna het weer bergafwaarts richting Bloukrans River gaat. Hier groeien imposante *yellowwood*-bomen vlak bij de weg. Aan hun takken hangt *old man's beard,* een plant die er inderdaad uitzien als een lange grijze baard. En ertussen groeien enorme varens.

De route gaat verder door een rotsachtig ravijn. U kunt aan uw rechterhand goed de 216 m hoge **Bloukransbrug** zien liggen. Hier beneden ruist het water, boven scheuren de auto's over de brug. De hemelsbrede afstand van 27 km is via de N 2, met zijn drie enorme bruggen, in een kwartiertje afgelegd, maar de rit over de bochtige oude Bain-pas duurt zeker een uur. Vlak voor de Elandsbos River gaat de oude weg weer over in de N 2.

Actief

1, 2, 3, GO! – **Bloukrans Bungy Jumping**: Face Adrenalin, The Crags, tel. 042 281 14 58, www.faceadrenalin.com, dag. 9-17 uur, 890 rand per persoon (online 850 rand). Officieel de hoogste bungeejump ter wereld: u springt vanaf de Bloukransbrug (216 m) de diepte in. 65-plussers springen gratis, de recordhouder is de 96-jarige Zuid-Afrikaan Mohr Keet.

Tsitsikamma & Storms River Mouth

▶ M/N 5

68 km van Plettenberg Bay, www.sanparks.org/parks/garden_route, tel. 042 281 16 07, dag. 7-19 uur, dagkaart 196 rand, kinderen 98 rand

Ongeveer 7 km verderop kunt u rechts het Tsitsikammadeel van het **Garden Route National Park** in, waartoe ook de beschermde natuurgebieden bij Knysna en Wilderness horen. De naam betekent helder, bruisend water. Het 650 km² grote park omvat een kustlijn van 80 km lang. Het maritieme reservaat rijkt gemiddeld 5,5 km de zee in – een indrukwekkende symfonie van bos en zee. Het staat bekend om zijn **onderwatertrail** voor snorkelaars en duikers, en zijn prachtige rotskust.

Bezoekers zonder hoogtevrees kunnen deelnemen aan een **Canopy Tour** door de boomtoppen van het Tsitsikammabos. Hoog boven de bomen, zo'n 30 m van de bodem, slingert u, gezekerd als een bergbeklimmer, aan lange staalkabels van platform naar platform. Behalve avontuurlijk is dit ook nog eens leerzaam, want u ziet boven de bomen talloze vogels en een deskundige gids vertelt u alles over de lokale ecologie.

Via het rangerstation en houten *boardwalks* bereikt u de monding van de **Storms River** (Storms River Mouth, heen en terug ca. 1 uur). Aan het eind van het wandelpad kunt u via een wankele hangbrug de rivier oversteken.

Overnachten

Zoals alle accommodaties in nationale parken zijn ook de onderkomens in Tsitsikamma te boeken bij South African National Parks. Tijdens het hoogseizoen is het verstandig uw plck op de camping of uw hotelkamer ruim op tijd (een paar maanden van tevoren) te boeken (www.sanparks.org/parks/garden_route).

... buiten het nationaal park

Historisch landgoed – **Tsitsikamma Village Inn:** Darnell St., Storms River Village, tel. 042 281 17 11, www.village-inn.co.za, 2 pk met ontbijt vanaf 1100 rand. Hoewel dit guesthouse op een historisch landgoed zich dicht bij de weg bevindt, is het er toch erg rustig. Goede pleisterplaats voor de adrenaline verhogende activiteiten rond de Storms River.

Actief

Als slingeraapjes – **Tsitsikamma Canopy Tours:** Stormsriver Adventures, Stormsriver, tel. 042 281 18 36, www. stormsriver.com, canopy walk (2,5-3 uur) zomer 5-17, winter 8-15 uur, elke 30 min., 595 rand per persoon, geen kinderen onder 7 jaar, vooraf reserveren noodzakelijk, max. gewicht 120 kg, max. acht personen per tour.

Roofkatten – **Tenikwa Wildlife Awareness Centre:** Old Forest Hall Road, The Crags, tel. 044 534 81 70, www. tenikwa.co.za, dag. 9-17.30 uur, rondleiding (1 uur) 200 rand, kinderen 6-12 jaar 100 rand, tot 6 jaar gratis. Tenikwa was van oorsprong een revalidatiecentrum voor wilde dieren, maar biedt inmiddels rondleidingen aan. Tijdens een safaririt van een uur ziet u stokstaartjes, lynxen, luipaarden, Afrikaanse wilde katten, servals en jachtluipaarden. Tip: de *cheetah walks* (jachtluipaardwandeling) bij zonsopgang en zonsondergang. Deze kost 780 rand per persoon en moet zijn volgeboekt om doorgang te vinden (kinderen kleiner dan 1,50 m zijn niet toegestaan).

Op ontdekkingsreis

Wandeling op de Otter Trail

De 43 km lange Otter Trail is een van de populairste wandeltochten van Zuid-Afrika. Vroeger was het merendeel van de wandelaars Zuid-Afrikaan, maar tegenwoordig komen er steeds meer bezoekers uit de hele wereld.

Kaart: ▶ M/N 5
Info: www.footprint.co.za/otter.htm
Route: Storms River Mouth/Storms River Rest Camp in Tsitsikamma National Park tot aan Nature's Valley.
Planning: vergunning (*permit,* ca. 1150 rand per persoon) bij u dragen, erg populaire trail, maximaal twaalf personen per dag, boeking met creditcard via www.sanparks.org.za. Heel soms, als iemand heeft afgezegd, zijn bij de kassa van SA National Parks nog permits te koop voor een wandeling op de korte termijn. Hier kunt u echter beter niet op gokken.

De knalgele markeringen van het pad zijn overal te zien op rotsen en stenen: een gestileerde voetafdruk van een klauwloze groototter, het dier waarnaar de trail vernoemd is. Vijf dagen en vier nachten duurt de wandeling langs de rotsachtige kust, die maar in één richting mag worden gemaakt, van het Storms River Rest Camp naar Nature's Valley. Telkens weer beklimt u rotsen tot 150 m hoog, om ze vervolgens weer af te dalen. U overnacht na iedere dagmars in eenvoudige houten hutten met stapelbedden. Verkijk u niet op het moeilijkheidsniveau van de tocht: op dag 2, 3 en 4 gaat het constant bergop en dan weer bergaf, en als het heeft geregend, wordt het doorwaden van de riviertjes een avontuur.

Een trail in vijf etappes

Genoeg gewaarschuwd, het avontuur begint. De **eerste etappe** (4,8 km) is om een beetje in de stemming te komen. De opvallendste natuurfenomenen zijn vandaag een grote **grot** in de klif en een **waterval**. Kort hierna bereikt u al de **Ngubu Hut**.

De **tweede dag** begint met een erg steile beklimming naar de **Olienboomkop**. Vervolgens loopt u door een oerbos met *yellowwood*- en *stinkwood*-bomen. De eerste brede rivier is de **Kleinbos River**. Na 7,9 inspannende kilometers bereikt u **Scott Hut**. Als beloning voor uw inspanningen kunt u een duik nemen in de **Geelhoutbos River**, die vlak bij de hut in de zee uitmondt. De rivier dankt zijn whisky-achtige kleur (en zijn naam) aan het mineraalrijke water. Het water is schoon en kan gewoon gedronken worden.

Op de **derde dag** moet u de **Elandsbos** en **Lottering River** doorwaden. Na 7,7 km bereikt u de **hutten van Oakhurst**.

De **vierde etappe** is met 13,8 km de langste. Ga vroeg van start: u moet de **Bloukrans River** bij eb oversteken! Ook dan reikt het water al tot borsthoogte.

Als u twijfelt of het u gaat lukken de rivier over te steken, volg dan de 'vluchtroute' omhoog naar de autoweg. Ook de **Andre Hut** ligt weer aan een heerlijk watertje.

Op de **vijfde dag** moet u nog 6,8 km lopen tot **Nature's Valley**.

Terug naar het beginpunt

Na de tocht kunt u met de tussen Kaapstad en East London rijdende Baz Bus (tel. 021 422 52 02, www.bazbus.com, dag. 13.30 uur) terug naar het beginpunt. Als u de bus mist, is liften een prima idee – al kan het buiten het hoogseizoen even duren voor er een auto voorbijkomt.

Marcheren in de regen

Op de Otter Trail loopt niet alles altijd volgens plan. Als u gaat wandelen tijdens het 'vochtige' seizoen, dan kan de combinatie van neerslag en mist een ondoordringbare 'muur' opleveren. Het zicht is slecht, de weg nat en glibberig, de wind slaat de regen in uw gezicht ... Zelfs de kleine houten huisjes verliezen in dat weer hun romantiek – ze zijn krap, ze stinken. Bij het begin van de wandeling waarschuwen de rangers u voor de Bloukrans River, over de andere riviertjes reppen ze met geen woord. Bij langdurige regenval kunnen echter ook die bizar snel stromen. Maar dit avontuur heeft ook zijn idyllische kanten: weelderig groen gras met protea en andere fynbosbloemen, kwetterende vogels, kwakende kikkers ...

IN EEN OOGOPSLAG

De Karoo

Bezienswaardigheden

Route 62: het Zuid-Afrikaanse equivalent van de Amerikaanse Route 66. U komt veel interessante plaatsen, kroegen en mensen tegen op het traject tussen Calitzdorp en Montagu. Zie blz. 266

Stadsrondrit in Matjiesfontein: hij duurt maar tien minuten, maar toch is deze rondrit de moeite waard. Zie blz. 284

Actief onderweg

Duiken met krokodillen: in een kooi tussen de krokodillen zwemmen is een relatief nieuwe *thrill*. Hij is te ondergaan in de Cango Wildlife Ranch in Oudtshoorn. Zie blz. 274

Swartberg Hiking Trail: de inspannendste en wildste wandeling in deze gids voert door een prachtig berglandschap. Zie blz. 276

Sfeervol genieten

De Bergkant Lodge: overnacht tussen historische muren in de oude pastorie van Prince Albert. Zie blz. 281

Uitgaan

The Retreat at Groenfontein: een diner bij kaarslicht op de veranda van de afgelegen ten noordoosten van Calitzdorp gelegen Groenfontein-boerderij. Zie blz. 272

Hendry's in Prince Albert: als u in Prince Albert bent als restaurant Hendry's at Olive Branch geopend is, mag u van geluk spreken. Zelfs kritische culi's halen hier hun hart op. Zie blz. 281

Grandioze bergpassen

In Oudtshoorn komt u vanuit George via bergpassen of vanuit Robertson en Montagu over Route 62, Zuid-Afrika's 'Mother Road'. Beide routes werden gebouwd in de jaren 20, om landelijke gebieden te verbinden met de steden, en beide werden in de eeuw erna vervangen door brede, nieuwe *highways* – en uiteindelijk bijna vergeten. Eenmaal aangekomen in de struisvogelhoofdstad van Zuid-Afrika, moet u beslist een struisvogelfarm bekijken. Door geweldige ravijnen en over de avontuurlijke Swartberg Pass bereikt u daarna het afgelegen plaatsje Prince Albert. Daarna trekt u de woestijn in via de Engelse Karoo-oase Matjiesfontein. De halfwoestijn Karoo strekt zich uit over een enorm gebied, dat bestaat uit ruige bergen en canyons. Hoewel Route 62 in de Kleine Karoo ligt, die iets vruchtbaarder is, voert de Swartberg Pass naar de Grote Karoo.

INFO

Info

Amalienstein: tel. 028 561 10 00. Informatie over het missiestadje en accommodaties (voornamelijk B&B's).
Calitzdorp Tourism Bureau: contact via Erina Meiring, Voortrekker St. Calitzdorp, tel. 044 213 37 75.
Klein Karoo Wine Route: Calitzdorp Co-op Winery, tel. 044 213 33 01.
Oudtshoorn Tourism Bureau: Reede St., tel. 044 279 25 32, www.oudtshoorn.com.
Prince Albert Tourism Bureau: Church St., tel. 023 541 13 66, www.patourism.co.za, www.princealbert.org.za, excursies, accommodatie, restaurants.

Via Route 62 naar de Karoo ▶ E 5 - J 4

Robertson ▶ E 5

Zowel vanwege de hier geproduceerde wijn als de accommodaties en restaurants is Robertson een prima alternatief voor de traditionele wijngebieden Stellenbosch, Franschhoek en Paarl.

Overnachten

Droom van een boetiekhotel – **Robertson Small Hotel:** 58 Van Reenen St., tel. 023 626 72 00, www.therobertsonsmallhotel.com, 2 pk met ontbijt vanaf 2100 rand. Bij wijngoed Robertson, vlak voor de Kleine Karoo, bevindt zich dit fantastische boetiekhotel. Een plek waar simpelweg alles klopt. Stijlvol ingerichte kamers waar, zoals overal in het hotel, oud en nieuw perfect is gecombineerd. De service is top, en het restaurant van chef Reuben Riffel (zie hieronder) een van de beste van het land. Romantische plek, ideaal voor een huwelijksreis.

Eten & drinken

Seizoensgebonden – **Reuben's at the Robertson Small Hotel:** 58 Van Reenen St., Tel. 023 626 72 00, www.therobertsonsmallhotel.com, dag. 8-10, 12-15, 19-21 uur, hoofdgerecht vanaf 200 rand. Prominente chef-kok Reuben Riffel heeft in het intieme hotel zijn derde restaurant, na het origineel in Franschhoek en zijn gevierde show- en eettempel in het One & Only Hotel in de Kaapstadse Waterfront. Net als in die twee zaken perfectioneert de *cele-*

Tip

Over historische bergpassen van George naar Oudtshoorn

Van George voeren twee wegen over het Outeniquagebergte naar het noorden. De in 1997 gemoderniseerde, brede weg naar de **Outeniqua Pass** (▶ K 5) en de avontuurlijke, onverharde over de **Montagu Pass** (▶ K 5). De piste over die laatste is, zoals veel andere bergpassen in de regio, tijdens de heftige neerslag in de winter niet makkelijk begaanbaar. Terwijl de weg de rest van het jaar prima te berijden is met een gewone personenauto, moet u in die maanden, met het oog op de diepe, met water gevulde en dus moeilijk in te schatten kuilen, met een terreinwagen op pad gaan. U kunt het best voor uw rit bij de *tourist information* in George informeren naar de actuele omstandigheden van de weg.

De historische pas, die na vier jaar bouwwerkzaamheden in 1847 werd voltooid en volledig onder bescherming van monumentenzorg staat, is de oudste nog begaanbare pas van Zuid-Afrika. Steeds weer dienen zich weidse uitzichten naar George en de zee aan. De groene vegetatie herinnert aan de Pyreneeën en de Alpen. De trotse gezamenlijke eigenaren van de eerste auto in George, Owen Snow en Donald MacIntyre, waren ook de eersten die de pas gemotoriseerd overwonnen. Dat gebeurde niet helemaal zoals het in het museum van George wordt omschreven. Hun Franse Daraq bleef steken op de Regop Trek, het steilste deel van de weg. De zondag erop probeerden ze het nogmaals, met één pk meer – ze spanden een paard voor de auto en zo lukte het hen boven te komen.

Aan de noordkant van de Montagu Pass verandert het landschap: u rijdt de **Kleine Karoo** in. De verkoelende zeewind van de Indische Oceaan dringt niet meer door, in de halfwoestijn stijgt de temperatuur meestal tot boven de 30 °C.

---

brity chef hier de landelijke keuken. Hij tovert met verrassende ingrediënten en nieuwe ideeën. U kunt de koks door een 'etalage' in de gaten houden tijdens hun werkzaamheden. Uiteraard wordt het eten vergezeld door topwijnen.

Montagu ▶ E 5

Wie van Kaapstad naar de Karoo wil, moet beslist Route 62 via Montagu nemen. Vlak voor Montagu ligt de smalle, rotsachtige **Kogmanskloof**, waar tektonische krachten duidelijk hun uitwerking hebben gehad op de aarde. De rotslagen zien eruit als een geplette cake. In het pittoreske stadje **Montagu**, dat bekendstaat om zijn talrijke historische gebouwen, begint **Route 62** (www.route62.co.za), Zuid-Afrika's equivalent van de Amerikaanse Route 66.

Overnachten

Victoriaans – **7 Church Street:** 7 Church St., tel. 023 614 11 86, www.7churchstreet.co.za, 2 pk met ontbijt vanaf 1300 rand. Gemoedelijk victoriaans onderkomen met een groen-witte gevel en sierlijke smeedijzeren balustrades en een typisch Engelse tuin, eendenvijver en zwembad. De vijf kamers hebben alle een andere inrichting, al staan ze wel allemaal vol antiek.

Goedkoop, maar stijlvol – **The Mystic Tin:** 38 Bath St., tel. 023 614 24 61, www.themystictin.co.za, 2 pk met ontbijt vanaf 550 rand. Lokale kunst versiert dit zeer voordelige hotel met vier kamers. Tuin met bergzicht, kunstnijverheidswinkeltje en een restaurant dat lokale specialiteiten serveert. In de gezellige bar wordt bier van de plaatselijke microbrouwerij Karoo Brew geserveerd: Ale, Honey Ale en Dark Ale.

Eten & drinken

Historisch gebouw – Simply Delicious: Four Oaks, 46 Long St., tel. 023 614 34 83, www.four-oaks.co.za, dag. 18.30-21.30, wo., zo. ook 12-15 uur, hoofdgerecht ca. 110 rand. Het met stro gedekte, historische gebouw werd in 1855 opgetrokken. In het verrassend moderne restaurant worden met verse biologische ingrediënten fantasierijke gerechten bereid.

Actief

Tuftuf – Montagu Tractor Trips: Protea Farm, R 318, Koo Valley, tel. 023 614 30 12, www.proteafarm.co.za, 120 rand, middelbarescholieren 65 rand, basisscholieren 50 rand, onder de 2 jaar gratis, wo., za. 10 uur. De tractorexcursies begonnen in 1985 en zijn nog steeds net zo populair. Een grote, sterke tractor trekt een overdekte aanhanger met bankjes een onverharde weg op naar een uitkijkpunt op 1500 m hoogte.

Sanbona Private Game Reserve ▶ F 5

Nadat u Montagu hebt verlaten, voert de weg door een verlaten, halfwoestijnachtig bushlandschap, omringd door bergketens. Na een paar kilometer op Route 62 kunt u links naar het particuliere **Sanbona Wildnis Reserve**. Meerdere landgoederen werden hier gecombineerd tot één groot natuurbeschermingsgebied.

Terug op Route 62 rijdt u door een landschap zoals u in westerns ziet. De **Karoo Saloon** (15 km voor Barrydale aan de rechterlant van de weg, tel. 084 970 39 99, www.theroute62.co.za) versterkt dit gevoel door de enorme natuurstenen adelaar in de voorgevel.

Overnachten

Op zoek naar de big five – Sanbona Private Game Reserve: 40 km ten oosten van Montagu aan Route 62, afrit 'Die Vlakte', tel. 041 509 30 00, www.sanbona.com, 2 pk inclusief alle activiteiten en maaltijden vanaf 13.490 rand. U hebt in dit uitgestrekte wildreservaat wat accommodatie betreft drie verschillende opties. De oude, gerenoveerde boerderij Tilney Manor, de Gondwana Family Lodge en het luxueuze tentenkamp Dwyka Tented Lodge (2 volw. 14.400 rand). Deze exclusieve onderkomens liggen op grote afstand van elkaar.

Barrydale ▶ F 5

Barrydale is de eerste van een groot aantal slaperige stadjes aan de R 62. Veel rustzoekers, zowel uit Kaapstad en de rest van Zuid-Afrika als uit het buitenland, hebben zich hier de laatste decennia gevestigd. In hun kielzog kwamen de koffietentjes en goede restaurants, B&B's en lodges.

Een paar kilometer voorbij Barrydale ziet u een klein huisje rechts van de weg staan. Staat daar nu echt in grote rode letters **Ronnie's Sex Shop** op de witgekalkte muren? Jazeker, maar voor seksspeeltjes kunt u hier niet terecht. Wel voor een lunch (zie Eten & drinken).

Overnachten

Romantisch – **Karoo Art Hotel:** 30 Van Riebeeck St., tel. 028 572 12 26, www.karooarthotel.co.za, 2 pk met ontbijt vanaf 900 rand. Historisch, gerenoveerd stadshotel. Vraag naar een van de kamers op de eerste verdieping. Deze hebben een hemelbed en een balkon. De inrichting is speels en het restaurant prima. Als het buiten koud is, zit u binnen heerlijk bij de open haard.

Eten & drinken

Cool roadhouse – **Diesel and Crème:** zie Favoriet blz. 270.
(No) sex op Route 62 – **Ronnie's Sex Shop:** tel. 028 572 11 53, www.ronniessexshop.co.za, dag. 10-24 uur. De meest koddige kroeg van Zuid-Afrika staat langs Route 62. Ronnies zaak loopt als een trein. Het idee was eigenlijk om producten van het land te verkopen, vers van de boerderij. Hij knapte het voormalige arbeiderswoninkje op en schilderde er in grote rode letters 'Ronnie's Shop' op. Maar dan had hij buiten zijn vrienden gerekend. Op een ochtend stond er het woord 'Sex' achter Ronnie's. Dat maakte mensen nieuwsgierig. Steeds meer toeristen stopten bij het winkeltje, dat als vanzelf een kroeg werd. Om de naam van de zo'n beetje beroemdste pub van het land enigszins recht aan te doen, hangt er wat verstoft zwart damesondergoed aan het plafond en liggen er her en der speelkaarten met blote vrouwen.

Ladismith en Amalienstein ▶ G/H 4

Ladismith kondigt zich al van ver aan met de imposante, gespleten top van de **Towerkop.** Volgens een legende zou hier een heks voorbijgekomen zijn die zich zo ergerde aan de berg die haar de weg versperde, dat ze hem met haar toverstaf in tweeën spleet.   ▷ blz. 272

Rode rotsen domineren het landschap in het Red Mountain Private Nature Reserve

Favoriet

Diesel and Crème ▶ F 5

Wie houdt van Amerikaanse roadmovies, kan niet om deze diner in de Karoo heen. Het is absoluut een van de beste pleisterplaatsen aan Route 62. En dat ligt niet alleen aan de hamburgers, de XXL milkshakes of de goede koffie. Diesel and Crème is fantastisch ingericht, met oude benzinepompen, gepatineerde emaillen borden en zo veel rommel, dat je niet weet waar je moet kijken. En dan zijn de eigenaren, Arthur en zijn zoon Dean, ook nog de hele tijd op zoek naar nóg meer roestig goud. Na het niet verrassende succes van hun *roadhouse* in Barrydales Main Street werd in 2014 direct ernaast het Karoo Moon Motel geopend.

Diesel and Crème: Main St., Barrydale, tel. 028 572 10 08, www.dieselandcreme.co.za, www.facebook.com/dieselandcreme, dag. 8-17 uur.

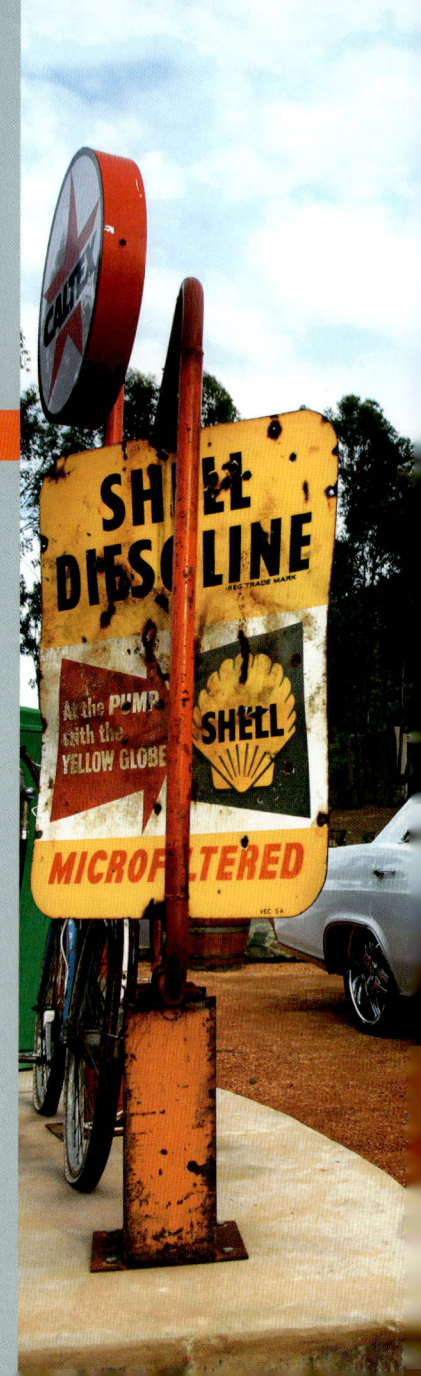

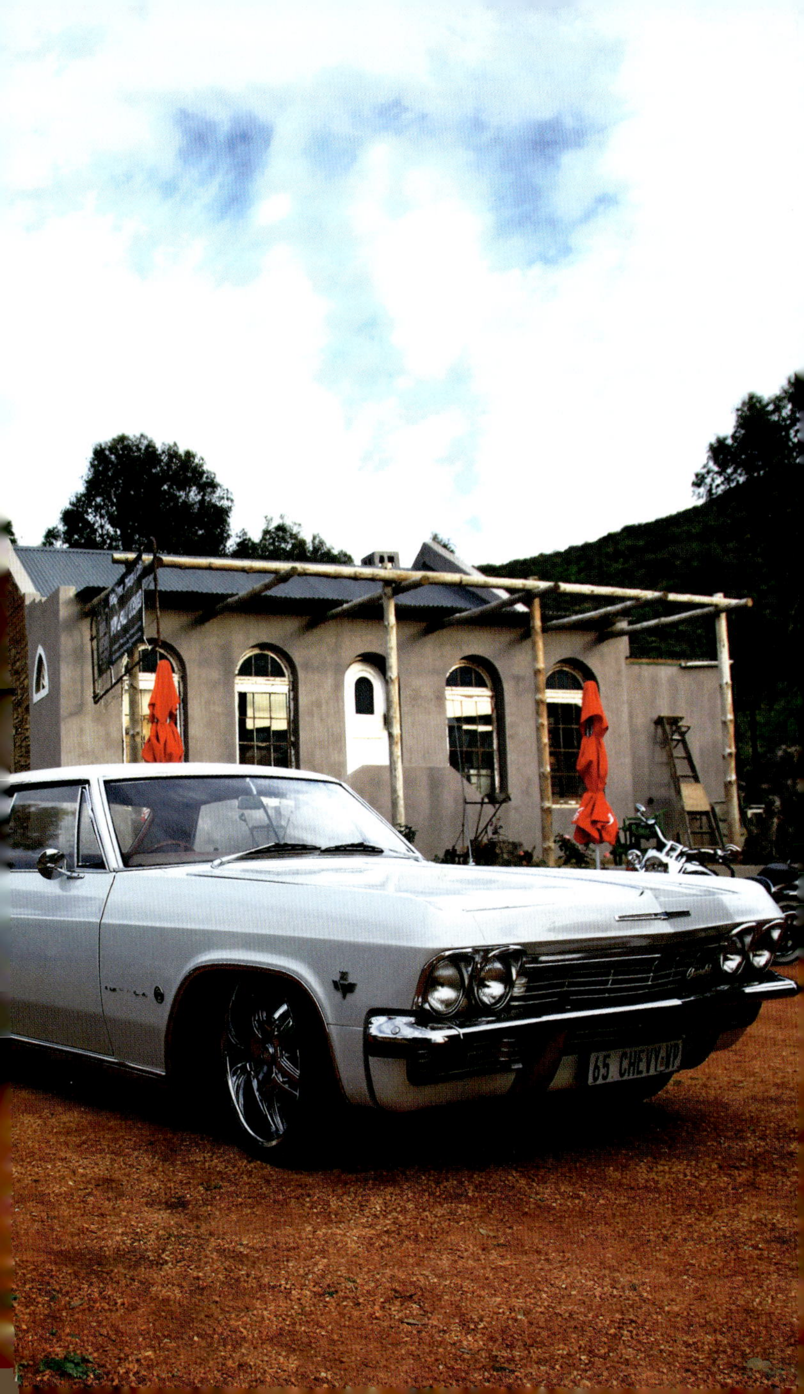
65 CHEVY-WP

De meer dan honderd jaar oude, door Duitse missionarissen opgetrokken lutherse **kerk** van **Amalienstein** werd door de gemeenschap gerestaureerd in zijn originele okerkleur met rode accenten. Door geldgebrek werd de kerk niet uitgerust met een orgel. Om het gebrek enigszins te verdoezelen, werd een houten wand beschilderd met orgelpijpen. **Aunt Carolina's Guesthouse**, niet ver van de kerk, wordt gerund door de gekleurde kerkgemeenschap, en het **theehuis** heeft heerlijk vers gebak.

Vanuit Amalienstein kunt u via de onverharde R 323 naar de spectaculaire **Seweweekspoort** rijden, een kloof door een indrukwekkend landschap van geplooide lagen rood gesteente.

Calitzdorp ▶ H 4

Calitzdorp is Zuid-Afrika's 'porthoofdstad' – al is het meer dorp dan stad. Het **Port Wine Festival** (zie Festiviteiten) dat eind mei wordt gehouden, is hier dan ook het feest van het jaar.

Offroadfans kunnen vanuit Calitzdorp voor de onverharde weg over **Kruisrivier** en **Matjiesrivier** kiezen. Kort voor de oprit naar de Swartberg Pass komt deze weer uit bij de R 328. Zonder vierwielaandrijving kunt u echter beter op de R 62 blijven.

Overnachten

Langste zwembad van het land – **Red Mountain Private Nature Reserve**: Buffelskloof, tussen Calitzdorp en Oudtshoorn aan de R 62, afrit 'Kruisrivier', 6 km goed onverhard, tel. 044 213 31 12, www.redmountain.co.za, 2 pk met ontbijt 1200-2000 rand. Spectaculair tussen rode rotsen gelegen. Zeer ruime, netjes in countrystijl ingerichte kamers met enorme badkamers. Grote tuin en het langste privézwembad van Zuid-Afrika. Een fantastische verblijfplaats.

Heerlijk afgelegen – **The Retreat at Groenfontein**: 20 km (onverhard) ten oosten van Calitzdorp, tel. 044 213 38 80, www.groenfontein.com, 2 pk met ontbijt 1550-2500 rand. Afgelegen farm met een stijlvol gerenoveerd victoriaans herenhuis met vijf mooie gastenkamers. Een van de rustigste en meest romantische overnachtingsmogelijkheden van het land. Het diner wordt bij goed weer buiten geserveerd. Tijdens uw wandeling door de ongerepte natuur aan het eind van Groenfontein Valley komt u helemaal niemand tegen.

Festiviteiten

Calitzdorp Port Wine Festival: begin mei, www.portwinefestival.co.za. Leuk feest in het kleine Karoostadje met proef- en verkoopstandjes, dans, muziek, theater en comedy, een oldtimerevenement, een halve marathon, een wielrenwedstrijd en een Miss Portverkiezing – de winnares wint haar gewicht in port.

Oudtshoorn ▶ J 4

De halfwoestijn van de Karoo heeft het ideale klimaat voor struisvogels, waarvan er hier dan ook duizenden worden gehouden. De loopvogel heeft de regio roem gebracht: Karoostadje Oudtshoorn geldt als de onbetwiste struisvogelhoofdstad. Hier leeft 97% van de wereldwijde struisvogelpopulatie.

In de jaren 20 verdienden de struisvogelbaronnen nog een vermogen met de verkoop van veren. Verenboa's waren een voor modieuze Europese en Amerikaanse vrouwen onmisbaar accessoire.

Toen deze hype voorbij was, stortte de struisvogelindustrie in, om later weer terug te veren, maar dan met een andere focus.

Struisvogelveren worden tegenwoordig alleen nog maar gedragen door deelnemers aan het carnaval van Rio en dames van lichte zeden. Het grote geld wordt nu verdiend met het hoogwaardige leer en struisvogelvlees, dat geen cholesterol bevat en de smaak heeft van rundvlees.

C. P. Nel Museum

Hoek Voortrekker Rd./Baron Van Rheede St., tel. 044 272 73 06, www. cpnelmuseum.co.za, ma.-vr. 8-17, za. 9-13 uur, zo., feestdagen alleen op afspraak, 20 rand, kinderen 10 rand

In dit museum kunt u alles te weten komen over de lokale struisvogelindustrie en het verleden van de stad. Het museum is ondergebracht in een oud schoolgebouw.

Struisvogelboerderijen

Een paar kilometer buiten Oudtshoorn kunt u op twee grote 'show farms' zien hoe struisvogels worden gehouden: **Highgate Ostrich Show Farm** (tel. 044 272 71 15, www.highgate.co.za, rondleiding 80 min., 140 rand, kinderen 6-12 jaar 90 rand) en de op grond van zijn leukere rondleiding (achter een tractor) aanbevelenswaardiger **Safari Ostrich Farm** (tel. 044 272 73 11 u. 73 12, www. safariostrich.co.za, dag. 7.30-17 uur, rondleiding dag. 8-16 uur elk heel uur, 118 rand, kinderen tot 14 jaar 59 rand).

Tijdens uw bezoek komt u alles te weten over de uit de kluiten gewassen loopvogels. Aan het eind van de rondleiding hebt u de mogelijkheid een ritje op een struisvogel te maken, maar dat moet u maar niet doen – het is een martelgang voor de dieren. In de souvenirwinkels kunt u struisvogelleer en -eieren kopen.

Overnachten

Victoriaans – **Rosenhof Country House:** 264 Baron van Rheede St., tel. 044 272 22 32, www.rosenhof.co.za, 2 pk met ontbijt vanaf 2750 rand. Het stijlvol gerenoveerde victoriaanse landgoed met zijn waardevolle *yellowwood*-vloeren en -balken werd in 1852 gebouwd. De antieke meubels onderstrepen de historische sfeer. Prachtig aangelegde rozentuin. Kinderen onder de 12 jaar niet welkom. Goede keuken, wellnesscenter.

Op safari – **Buffelsdrift Game Lodge:** rechts van de R 328 Richung Cango Caves, 7 km buiten Oudtshoorn, tel. 044 272 00 00, www.buffelsdrift.com, 2 pk met ontbijt vanaf 2100 rand. Een professionele safaribeleving die je zo dicht bij Oudtshoorn niet zou verwachten. Game drive in open Land Rovers met kundige rangers. Een aantal van de luxe tenten ligt direct aan het stuwmeer. In de zomer heerlijk fris en bovendien een goede plek om nijlpaarden te zien. Kindvriendelijk. Boek voor de kleintjes vooral de olifantentocht, waarin ze jonge olifanten van dichtbij kunnen zien voetballen en badderen.

Caravans en chalets – **Kleinplaas Holiday Resort:** Baron van Rheede St., de stad uit richting Cango Caves gelegen, tel. 044 272 58 11, www.klein plaas.co.za, chalets (tot 6 pers.) vanaf 500 rand, standplaats caravan 350 rand. 30 caravanplekken en 44 chalets, restaurant, zwembad.

Eten & drinken

In de guesthouses en lodges worden vaak meergangendiners bij kaarslicht geserveerd.

Struisvogelpaleis – **Montague House:** 12 Baron van Rheede St., tel. 044 272 32 08, www.guesthouseesterer.co.za, dag.

Duiken met krokodilen op de Cango Wildlife Ranch

7.30-19 uur, gerecht 80 rand. In de grote tuin van dit verenpaleis worden pasta, salades en sandwiches geserveerd. U kunt er ontbijten tot 14.30 uur. Alleen al een bezoek waard om het zelfgemaakte Italiaanse ijs.

Afrikaanse kost – **Paljas**: 109 Baron van Rheede St., tel. 044 272 09 82, dag. 11-23 uur, hoofdgerecht 130 rand. Veelzijdige kaart met Afrikaanse specialiteiten uit de Kaaps-Maleise, Xhosa-, Zoeloe- en Karookeuken. U kunt ook buiten eten onder het bamboedak. Sommige recepten zijn meer dan driehonderd jaar oud. Probeer vooral een maispannenkoekje met sruisvogel, krokodil of springbok.

Oude molen – **De Oude Meul**: Schoemanshoek, aan de R 328 richting Cango Caves, tel. 044 272 73 08, www.deoudemeulrestaurant.co.za, ma.-za. 11-16, 18-22, zo. vanaf 18 uur, hoofdgerecht 70-90 rand. Het restaurant is als het ware om de 150 jaar oude molen heen gebouwd. Het heeft bijna iets macabers: de tamme koedoes en antilopen komen snuffelen bij het houten terras waar u zit, terwijl hun 'familieleden' als wildsteak op uw bord liggen.

Actief

Duiken met krokodillen – **Cango Wildlife Ranch**: op de R 328 van Oudtshoorn richting het noorden, zo'n 3 km buiten de stad ligt links de weg naar de ranch, tel. 044 272 55 93, www.cango.co.za, dag. 8.30-16.30/17 uur, rondleidingen (45-60 min.) dag. vanaf 8.30 uur, de laatste omstreeks 16.30 uur, 140 rand, kinderen 4-13 jaar 90 rand, jachtluipaarden aaien (vanaf 14 jaar en 1,55 m) 210 rand, tijger aaien (vanaf 14 jaar en 1,55 m) 180/120 rand, duiken met krokodillen (vanaf 14 jaar) 180/120 rand. Op de Cango Wildlife Ranch kunnen krokodillen en roofkatten van zeer nabij worden bekeken. De grootste attractie van het park is natuurlijk duiken met krokodillen, een vrij recente 'uitvinding'. De gewillige 'slachtoffers' trekken hun zwembroek of bikini aan, zetten een duikbril op en stappen dan in een kooi, die wordt ondergedompeld in het krokodillenbassin. Heel bijzonder om de beesten van zo dichtbij te observeren. Een tip: houd uw handen te allen tijde binnen de kooi.

Festiviteiten

Klein Karoo National Arts Festival: april, tel. 044 203 86 00, www.kknk.co.za. Het jaarlijkse kunstfestival bewijst dat het plaatsje meer is dan alleen een struisvogelreservaat. Hoofdzakelijk Afrikaanse kunst en cultuur.

Cango Caves ▶ J 4

Cango Caves, tel. 044 272 74 10, 10, www.cango-caves.co.za,, dag. Heritage Tour (60 min), 9-16 uur elk heel uur, 85 rand, kinderen 50 rand, Adventure Tour (90 min.) 9.30-15.30 uur elk uur op het halfuur, 105 rand, kinderen 65 rand, reserveren is aan te bevelen

Vanaf Oudtshoorn rijdt u 29 km in noordelijke richting door de pittoreske Schoemanspoortkloof naar de **Cango Caves**. De druipsteengrotten doen niet onder voor exemplaren elders in de wereld. De paden voeren 3 km de aarde in. De langste hal is 107 m lang, tot 54 m breed en 17 m hoog. Deze **Van Zyl's Hall** is genoemd naar de ontdekker van de Cango-Caves – al gebruikten Bosjesmannen de grot natuurlijk al vele eeuwen eerder. Sommige passages, zoals de **Lumbago-Tunnel**, zijn zo smal, dat u er op handen en knieën kruipend doorheen moet. Hebt u daar geen zin in, dan moet u kiezen voor de makkelijker Heritage Tour van een uur, waarbij u gewoon rechtop mag blijven lopen.

Swartberg Pass ▶ J 4

Nog noordelijker ligt het meesterwerk van stratenbouwkundige Thomas Bain: de zeventiende en laatste door hem aangelegde bergweg. De op 10 januari 1888 geopende **Swartberg Pass** is een stoffige piste, die bij droog weer prima met een gewone personenauto te berijden is. Via slingerwegen komt u op de pashoogte op 1585 m. Net als de Montagu is de Swartberg Pass een nationaal monument. Bain had vier jaar nodig om het enorme project te voltooien. Daarbij kreeg hij 'hulp' van 200 tot 240 dwangarbeiders (zie Favoriet blz. 278).

De eerste auto die de Swartberg Pass overstak was in 1904 een twee jaar oude Amerikaanse Panhard. Hij was van een zeker G. Russel, die in Oudtshoorn woonde en lange tijd de enige dorpeling met een auto was. In het C. P. Nel Museum in Oudtshoorn is een foto te zien waarop hij op beheerste wijze een riviertje oversteekt. Andere autopioniers waren niet zo moedig. Veel laaglanders, zo vermelden de annalen, moesten hun auto halverwege de beklimming aan de kant zetten. En een bestuurder van een oude Dodge kwam de steile weg dan wel op, maar moest ter hoogte van de Droewaterval uitstappen omdat zijn benzine op was. Gelukkig had hij een flesje van de extreem sterke, in de buurt van Oudtshoorn gedistilleerde Witblitsschnaps bij zich. Hij schonk de fles leeg in de benzinetank, startte de Dodge en reed verder. Zo kon hij verder rijden naar het grenshuisje. Ooggetuigen berichtten destijds dat alle inheemsen zich daar rond zijn uitlaat verzamelden om de alcoholdampen te kunnen inademen.

Ook nu nog is de oversteek een klein avontuur. De smalle weg volgt het natuurlijke verloop van de rotsen en komt er vaak heel erg dichtbij. Afsluitingen door hevige sneeuwval in de winter zijn meer regel dan uitzondering, en ook 's zomers kan de weg door regen en aardverschuivingen onbegaanbaar zijn. Mountainbikers scheuren de berg af met angstaanjagende snelheid. Hun voorgangers bonden aan het begin van de 20e eeuw nog grote takken aan hun banden om juist langzamer te gaan!

Het uitzicht vanaf de winderige pashoogte is fantastisch. In het noorden ziet u de Grote Karoo, in het zuiden kijkt u over de Kleine Karoo tot het Outeniquagebergte. Met zijn vele kleine akkertjes ziet de Cango Valley er vanboven uit als een bonte lappendeken.

Naar Die Hel ▶ H 4

Even na de pashoogte kunt u linksaf naar **Die Hel/Gamkaskloof**, een weg die u met enige moed en voorzichtigheid ook met een personenauto kunt afleggen. Een tripje naar de hel – zijn bijnaam heeft het dal te danken aan zijn helse zomers – betekent wel dat u nog eens 47 km over een stoffige piste moet afleggen – en dan weer terug. Maar aan het eind van de weg, waarvan de laatste 8 km bestaan uit extreem steile haarspeldbochten, wacht u een prachtig, vruchtbaar dal.

De eerste bewoners van het dal waren Bosjesmannen. De blanke kolonisten kwamen in 1830, het eerste huis bouwden zij zo'n zeven jaar later. Onderplaas was in 1841 de eerste boerderij – de laatste boer verliet het dal in 1991. Tot de weg naar de Swartberg Pass in 1963 werd gebouwd, was de Gamkaskloof afgesloten van de buitenwereld. Proviand kwam met pakezels vanuit Prince Albert over de bergen. In 1992 riep de Cape Nature Conservation een gebied van 1500 ha in het dal uit tot cultuurreservaat. Zo werden de huizen van Gamkaskloof behouden en getransformeerd tot **openluchtmuseum**.

Overnachten

In **Gamkaskloof/Die Hel** (in het Gamkaberg Nature Reserve) zijn tien campings (250 rand per persoon, toilet, douches met koud water.) U kunt ook overnachten in een gerestaureerd huisje (1-4 pers. 380-800 rand, elke extra pers. 200 rand, boeken via het Cape Nature Reservation Office, tel. 021 659 35 00, www.capenature.co.za/reserves/gamkaberg-nature-reserve).

De Swartberg Pass af

Wanneer u de Swartberg Pass afdaalt, ontvouwt zich na elke bocht een ander schitterend panorama. U zult telkens weer stoppen om de mooie rotsformaties te bewonderen. U steekt de **Eerstewater River** over door een betonnen voorde (doorwaadbare plaats). Op deze plaats stond tijdens de bouwperiode het basiskamp van Thomas Bain. In de jaren daarna kreeg de plek de naam Dansbaan, omdat veel jonge mensen hier kwamen om onder een heldere sterrenhemel te dansen. Tegenwoordig is het een romantische picknickplek.

Op de Swartberg Hiking Trail

Begin-/eindpunt: parkeerplaats De Hoek, duur: 5 dagen, lengte: 58 km, steile en inspannende rondwande-

Op de Swartberg Hiking Trail

ling, kortere routes (1-4 dagen) zijn mogelijk, door af te snijden via de jeeptracks, u moet zelf voor eten en drinken zorgen, Swartberg Nature Reserve 40 rand, kinderen 3-12 jaar 20 rand, plus 180 rand voor de trail, contact: Cape Nature Conservation, tel. 021 659 35 00, www. capenature.co.za

Deze wandelroute doorkruist het grillige bergmassief van het Swartberg Nature Reserve, dat ten noorden van Oudtshoorn ligt. Aan de wandeling tot de op 2000 m hoogte, ver van de bewoonde wereld gelegen bergen moet u alleen beginnen als u een ervaren hiker bent. De zomers zijn extreem heet, de winters erg koud, vaak valt er sneeuw. Het enige nadeel van deze trail is dat u vlak bij de jeeptracks overnacht en de route dus deels hiermee samenvalt. Desondanks is de Swartberg Hiking Trail een van de spectaculairste bewegwijzerde wandelroutes van de Kaap.

Wanneer u de trail bekijkt op een kaartje, is het mogelijk dat u in de war raakt. Er zijn namelijk verschillende startpunten. U kunt echter het best beginnen bij het **De Hoek Resort**, dat door zijn ligging in de buurt van de **Cango Caves** (zie blz. 275) de populairste uitvalsbasis aan de Swartberg Hiking Trail is. Als u hier daadwerkelijk begint, krijgt u op de eerste en de laatste dag wel zeer steile stukken voor uw kiezen. Maar uw inspanningen worden rijkelijk beloond door de wandeling door het bergfynbos, de ongelooflijke uitzichten en de schitterende canyons en bergtoppen.

Dag 1: op de eerste dag wandelt u van **De Hoek** naar **Bothashoek** (8,5 km, 4 uur). Bij het parkeerterrein gaat u via een dijkje het wandelpad op. Alleen hier, bij het eerste riviertje, is in de zomer gegarandeerd water! Vertrek dus met een volle waterfles. En draag een lange broek zodat u uw benen niet openhaalt aan de scherpe prikkels. Het goed uitgesleten pad voert naar boven, naar een tourniquet. De meeste wandelaars gaan rechtsaf naar Gouekrans om daar de eerste nacht door te brengen. Maar als u de hele, vijfdaagse route loopt, dan kunt u beter linksaf richting Bothashoek, om zo het beste voor het laatst te bewaren. Het pad volgt het hekwerk naar een **riviertje**. Het pad dat deze eerste vallei uitvoert, is ▷ blz. 280

Wandeling op de Swartberg Hiking Trail

Favoriet

Swartberg Pass en Die Hel ▶ H/J 4

De in 1888 geopende bergweg is een van de mooiste van Zuid-Afrika. Via smalle haarspeldbochten rijdt u langs nauwkeurig opgestapelde stenen muren naar boven. Wie na het hoogste punt van de pas verder wil naar Die Hel, moet verduiveld goed kunnen rijden – vooral de laatste 4 km van de 37 km lange route zijn hels. De scherpe bochten zonder omheining, die steil naar het 1000 m lager gelegen dal leiden, vereisen een flinke dosis moed.

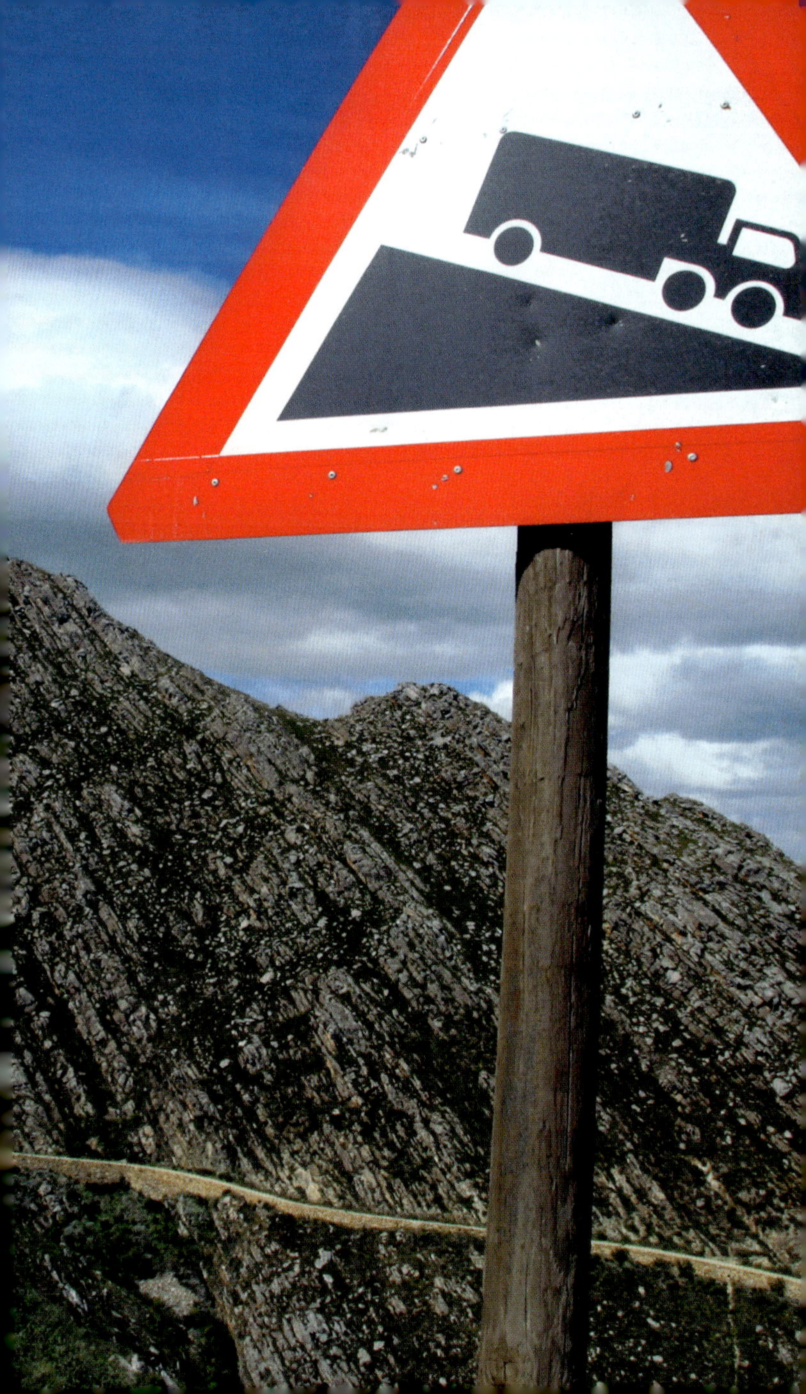

erg steil, en uiteindelijk bereikt u een **plateau**. Hier begint het eigenlijke Swartberg-wandelparadijs: met fynbos bedekte hellingen, geweldige vergezichten en een echt wildernisgevoel. Na 3,9 km komt u bij een **vork** in de weg, waar de kortere rondwandeling vanuit De Hoek op de route komt. In de verte ziet u al de bergpas waar het om draait. Rechts ligt een uit zandsteen gevormde **grot**, daarachter ziet u een verweerd, bizar verlopend rotsmassief, bedekt met oranje korstmos. En steeds loopt u verder omhoog. Boven op de pas zelf waait het meestal hard. Vanhier ziet u in het smalle dal onder u het doel van deze dag, de **Bothashoekhut**, die u in een klein uur bereikt. Net als bij de andere onderkomens op deze trail zijn hier stapelbedden met matrassen, regenwatertanks en een gloednieuw sanitairblok met spoeltoiletten en douches. De hut heeft drie kamers, waarvan die aan de voorkant het mooist is. Daarnaast heeft de hut een keuken en een gezamenlijke leefruimte.

Dag 2: vandaag wandelt u van **Bothashoek** naar **Ou Tol** (12,8 km, 4 uur). Omdat u zich min of meer in het centrum van een aantal als een acht lopende wandelpaden bevindt, hebt u de keus. De **Mountain Trail** naar Ou Tol is echter de beste optie. Ten westen van de jeeptrack voert het pad naar **Daantjie se Gat**, een natuurlijke rotspoel, die hartje zomer droogstaat. Hier voert het pad links weer bergop. Hier wordt het opnieuw zwaar, de hele tijd omhoog en omlaag, maar het uitzicht maakt de inspanningen zoals zo vaak helemaal de moeite waard. Wanneer u het gevoel hebt er bijna te zijn, moet u wel nog één keer steil omhoog. Pas dan bereikt u de **Ou-Tolhut**.

Dag 3: op de derde dag gaat u van **Ou Tol** terug naar **Bothashoek** (13,8 km, 4,5 uur). Deze etappe volgt de jeeptrack door zanderige en rotsachtige gedeelten en hier en daar steile stukken. Bij de **Bobbejaans River** is een mooie waterval. Met een beetje geluk (in hartje zomer is de kans klein) kunt u zich hier lekker opfrissen en uw veldfles vullen.

Dag 4: etappe nummer vier verbindt **Bothashoek** met **Gouekrans** (13,4 km, 4 uur). Vanuit de Ou-Tolhut ziet u de jeeptrack al, die aan de oostkant van het dal omhoog loopt naar een bergpas. Na een korte vlakke sectie doorkruist u een prachtig groen dal. De protea is hier gigantisch, en de planten staan dicht opeen. Ongeveer 1 km voor u bij de overnachtingshut bent, moet u door een klein riviertje waden. Hier bevindt zich de **Fanie se Gat**, een mooie rotspoel en een ideale plek om onderweg omhoog naar de hut te verfrissen. Het water is ook in de zomer ijskoud en de poel is diep genoeg om het hele jaar door gevuld te zijn. De kamers in de hut gebruiken de natuurlijke rotspartij als muur.

Dag 5: op de laatste dag is het de moeite waard om vroeg op te staan. U loopt vandaag van **Gouekrans** terug naar **De Hoek** (12,6 km, 5,5 uur), en om uit het dal te komen, moet u weer behoorlijk steil omhoog. In de koele ochtend is de beklimming minder inspannend, maar de belangrijkste reden voor de vroege start is dat de rotsen in het ochtendlicht zulke adembenemende kleuren hebben – van roze tot goud. U loopt weer omhoog en omlaag door uitgestrekte proteavelden. Bij de laatste daling kunt u beneden al het De Hoek Resort herkennen. U ziet ook een eigenaardige, enorme muur. Deze moest er vroeger waarschijnlijk voor zorgen dat dieren in het dal bleven. Het laatste stuk naar **De Hoek Resort** is weer steil. En als u bij aankomst naar de bergtoppen kijkt, die zo hoog de lucht in steken, is het nauwelijks voor te stellen dat u deze de laatste dagen allemaal hebt bedwongen.

Prince Albert ▶ J 3

Eenmaal over de Swartberg Pass komt u in Prince Albert. De stad is ook bereikbaar via verharde wegen, die eveneens door een indrukwekkend landschap lopen. Van Oudtshoorn rijdt u dan via de N 12 naar het kleine stadje **De Rust** en vervolgens naar **Klaarstrom**. Op de weg naar het noorden voert deze route door de 10,5 km lange **Meiringspoortkloof**, door de Groot River uitgesneden in het hart van het Swartgebergte. Rood en oranje gekleurde lagen zandsteen plooien zich over elkaar heen. Via de R 407 gaat u na de Meiringspoortkloof verder naar **Prince Albert**.

Mooie witgekalkte huisjes karakteriseren het rustige Karoostadje. Hier worden fruit, groente en bloemen gekweekt. Aan de rand van het Swartgebergte gedijt alles goed. Aan dit feit heeft het dal ook zijn naam te danken: Kweekvallei.

Overnachten

Luxe in de voormalige pastorie – **De Bergkant Lodge:** 5 Church St., tel. 023 541 10 88, www.debergkant.co.za, 2 pk met ontbijt vanaf 2000 rand. Smaakvol gerestaureerde voormalige pastorie, mooie tuin met groot zwembad, vijf ruime kamers met flinke badkamers in een historisch gebouw, vier kamers in cottagestijl met plafonds van bamboe in een bijgebouw.

Het boerenleven – **Dennehof:** 20 Christina de Witt St., tel. 023 541 12 27, www. dennehof.co.za, 2 pk met ontbijt vanaf 1100 rand. Op een van de oudste boerderijen in Prince Albert kunt u logeren in een van zeven kamers, die alle gezellig en met veel zorg (en veel 'rommel') zijn ingericht.

Karoostijl – **Akkedis Cottage:** 15 Deurdrift St., tel. 023 541 13 81, www.african relish.com, 2 pk met ontbijt vanaf 1000 rand. Het prachtige, witgekalkte, typische Karoogebouw met olijfkleurige luiken staat zeer fotogeniek voor een aloetuin en een roestige, westernachtige windmotor. De twee kamers zouden niet misstaan in een architectuurtijdschrift.

Klassieker – **Swartberg Hotel:** 77 Church St., tel. 023 541 13 32, www. swartberghotel.co.za, 2 pk met ontbijt vanaf 995 rand. Het victoriaanse hotelicoon van Prince Albert staat hier al sinds 1864 en geldt als het hart van de stad. Het inpandige Swartberg Arms is een prima plek voor een steak.

Eten & drinken

Een plaatje – **Café Photo Albert:** 44 Church St., tel. 023 541 10 30, www. cafephotoalbert.co.za, di.-zo. geopend voor ontbijt, lunch en diner, hoofdgerecht 110 rand. De Zwitserse eigenaren van deze zaak hebben hun beide passies op één plek verenigd: uitstekend eten en een hightech-fotostudio. De kunstig bewerkte foto's zijn te zien in het restaurant en zijn alle te koop. De biltongcarpaccio is zeer de moeite waard en natuurlijk kunt u hier terecht voor de typisch Zwitserse raclette.

Landelijke kost van hoog niveau – **Hendry's at Olive Branch:** 1 Mark St., tel. 082 357 50 97, twee avonden per week diner, afhankelijk van aantal reserveringen, driegangenmenu ca. 220 rand. Hobbykok Bokkie Botha begon met dit succesvolle restaurant, maar tegenwoordig kookt voormalig keukenhulpje Hendry hier de sterren van de hemel. Tip: de zelfgemaakte salami. Laat uw B&B of guesthouse voor u reserveren.

Uit de kunst – **Gallery Café:** Seven Arches, 57 Church St., tel. 023 541 11 97, www.princealbertgallery.co.za/gallerycafe, dag. vanaf 18.30 uur, hoofdgerecht ca. 110 rand. Prima eten, geserveerd in een grote eetzaal op de eerste verdieping van een historisch gebouw, boven een kunstgalerie. De eigenaar droomde er altijd al van een restaurant te beginnen. Met een gering startkapitaal lukte het hem een paar jaar geleden die droom te verwezenlijken.

Kookschool met restaurant – **African Relish**: 34 Church St., tel. 023 541 13 81, www.africanrelish.com, wo.-za. 19-23 uur, hoofdgerecht ca. 110 rand. Modern restaurant met een kookschool en een indrukwekkende hightech-keuken. Het menu is afhankelijk van de 'vangst' van de dag: de ene dag Thaise rode curry met groente, de andere in cider geroosterd varken.

Winkelen

Mohairkleding – **Prince of Africa**: 73 Church St., tel. 023 541 10 16, dag. 9-17 uur. Authentieke mohairkleding, als het ware rechtstreeks van het schaap – heerlijk voor onze koude winters. Van wandelsokken en dekens tot handgeweven truien.

De witte motor – **Gay's Dairy**: 6 Church St., tel. 023 541 12 74, www.gaysguernseydairy.yolasite.com, ma.-vr. 7-9, 10-12, 16-18, za., zo. 7-10, 16.30-18 uur. Je zou er bijna nostalgisch van worden als je locals bij Gay naar binnen ziet lopen met een grote kan in hun hand, die ter plekke wordt gevuld met verse, niet-gepasteuriseerde melk. Gay's traditionele melkfabriekje produceert ook fantastische yoghurts en heerlijke kazen.

Goudgroen – **Prince Albert Olives**: 20 Hope St., tel. 023 541 16 87, www.princealbertolives.co.za, ma.-vr. 7-13 uur. Fantastische, lokaal geproduceerde olijfolie, die u ook mag proeven. Prince Albert viert zijn favoriete gewas jaarlijks met het olijffestival.

Matjiesfontein ▶ F 3

In **Matjiesfontein** waant u zich plotseling op de Britse eilanden. Het slaperige plaatsje in *the middle of nowhere* lijkt rechtstreeks uit Groot-Brittannië te zijn geïmporteerd. Dat het victoriaanse woestijnstadje zijn bestaan te danken heeft aan een Brit, in dit geval de Schotse Jimmy Logan, is dan ook niet meer dan logisch. Eigenlijk wilde de 17-jarige in 1887 met het zeilschip de Rockhampton naar Australië varen. Maar na een heftige storm op de Kaap haalde het schip nog net de veilige haven van Simon's Town, waar het met flink wat averij bleef liggen. Met vijf pond in zijn geldbuidel liep Logan vastberaden naar Kaapstad, waar hij op het station ging werken als kruier – de start van een razendsnelle beklimming van de sociale ladder.

Op zijn 20e had Logan het al geschopt tot chef van het nieuwe station van Kaapstad. Een jaar later was hij getrouwd en verantwoordelijk voor het spoortraject tussen Hex River en Prince Albert Road. Hij was gestationeerd in Touws River, 55 km ten westen van Matjiesfontein. Beide nederzettingen lagen langs de weg en het spoor naar het noorden. Aangetrokken door de diamantvelden in Kimberley en later door de goudkoorts bij Reef bij Johannesburg stroomden honderden mensen per ossenwagen, koets en trein door de kleine plaatsen. En allemaal hadden ze behoefte aan een maaltijd en een slaapplaats.

Nog terwijl Logan voor de spoorwegen werkte, kreeg hij een concessie voor een verversingsstation in Touws River. Een jaar later zegde hij zijn baan op. In 1883 trok hij naar Matjiesfontein, omdat de longziekte die hij had opgelopen beter zou genezen in het heilzame klimaat van de Karoo. In 1884 kreeg hij ook een concessie voor Matjiesfontein – de

Very British – Matjiesfontein

basis voor zijn rijkdom was gelegd. Tot de Boerenoorlog ontwikkelde hij Matjiesfontein tot een gezondheids- en vakantiecentrum voor rijke en machtige Zuid-Afrikanen. Jimmy Logan stond overal bekend als de *laird* (Schotse grondbezitter) van Matjiesfontein.

Toen Logan in 1920 overleed, was de bloeitijd van het stadje alweer voorbij. Na de Tweede Wereldoorlog en de aanleg van de N1 raakte het stadje in verval. Eind jaren 60 kocht David Rawdon de hele stad en in 1970 heropende hij het Milner Hotel onder de nieuwe naam The Lord Milner. Veel meer is er sinds die tijd echter niet aan Matjiesfontein gedaan.

Voor het station, waarin zich het zeer interessante victoriaanse **Marie Rawdon Museum** (ma.-za. 9-17 uur, 5 rand) bevindt, het grootste particuliere museum van Zuid-Afrika, kunt u op de dubbeldekker stappen voor een **stadsrondrit** – die met tien minuten wel een van de kortste ter wereld moet zijn (zie Favoriet blz. 284).

Overnachten

Britse woestijnhumor – **Lord Milner Hotel**: tel. 023 561 30 11, www.matjiesfontein.com, 2 pk met ontbijt vanaf 800 rand. Victoriaans hotel, een Engelse oase midden in de dorre Karoowoestijn. Pal naast het hotel bevindt zich de typisch Engelse, origineel bewaard gebleven Lairds Arms Victorian Country Pub, waar koningin Victoria in al haar glorie boven de bar hangt.

Favoriet

Matjiesfontein ▶ F 3

Het plaatsje Matjiesfontein is zo verrassend Engels, dat u uw vliegticket zult willen checken om te kijken of u daadwerkelijk naar Zuid-Afrika bent gevlogen. Geheel in stijl kunt u de bezienswaardigheden van Matjiesfontein tijdens een (korte) stadsrondrit bekijken door de raampjes van een originele Londense dubbeldekker.

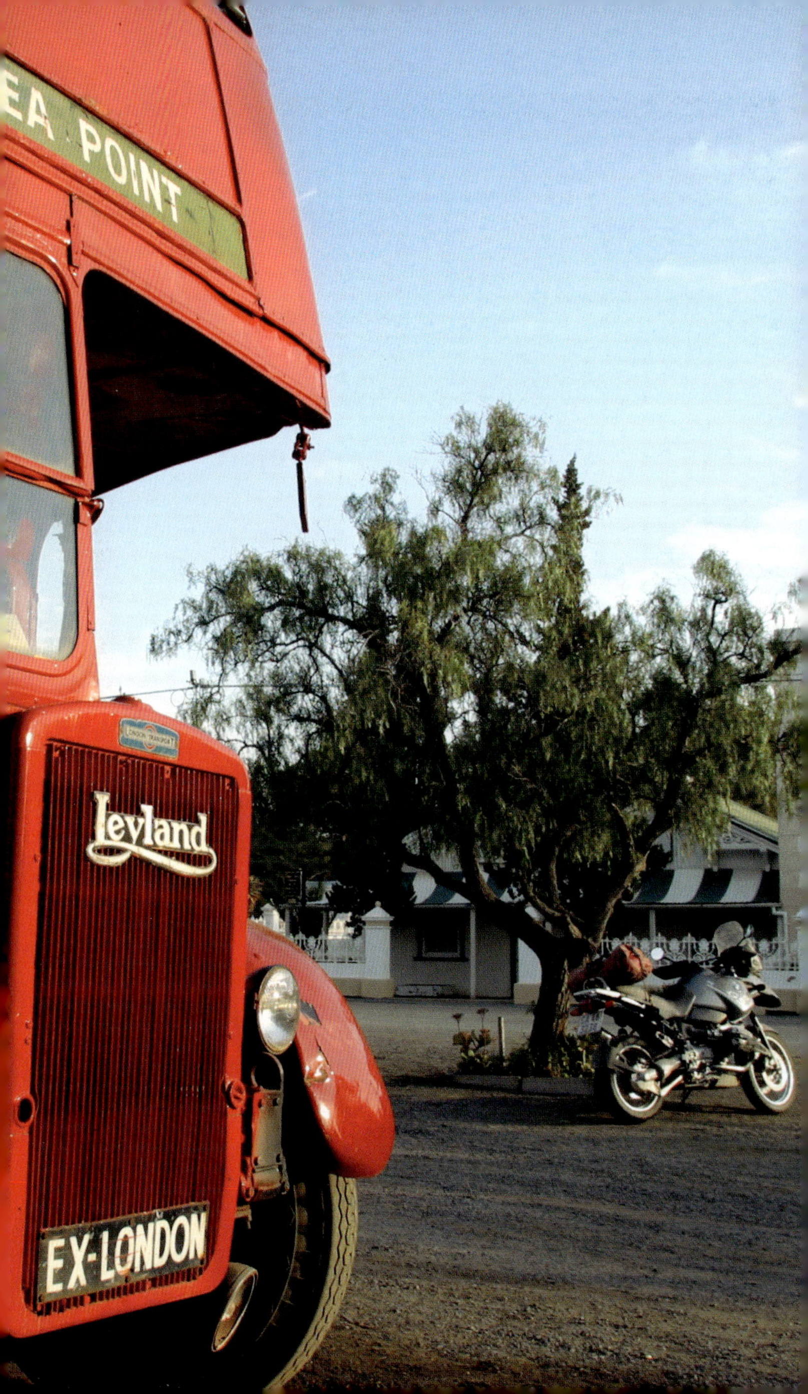
EA POINT
Leyland
EX-LONDON

Toeristische woordenlijst

Afrikaanse talen

De elf officiële talen van Zuid-Afrika worden in de volgende percentages door de bevolking als eerste taal gesproken: Zoeloe 22,4%, Xhosa 17,5%, Afrikaans 15,1%, Pedi 9,8%, Engels 9,1%, Setswana 7,2%, Northern Sotho 6,9%, Tsonga 4,2%, Swazi 2,6%, Tshivenda 1,7%, Ndebele 1,5%, andere 2%.

Engels en Afrikaans

In de meeste landstreken wordt Engels gesproken en verstaan, alleen in landelijke gebieden, vooral in de Kaapprovincie, overheerst het Afrikaans. Het **Zuid-Afrikaanse Engels** kent een aantal eigenaardigheden. Belangrijk om te weten: er wordt zoveel mogelijk afgekort en er worden Afrikaanse woorden doorheen gestrooid. *Lekker* staat algemeen voor goed, prima, mooi, aangenaam, enzovoort en kan zowel op heerlijk voedsel als op mooie mensen van toepassing zijn (*lekker food, lekker boy/girl*). Bij het afscheid zegt niemand *goodbye*, maar iedereen *cheers* of *cheers for now*.

Kleine vrachtwagens met een open laadbak (pick-ups) zijn *bakkies*. Een stoplicht is een *robot*. Enkele veelgebruikte afkortingen: Johannesburg heet *Joburg* of *Joey*, de mensen die er wonen zijn *Gauties* (van Gauteng Province) of *Vaalies*, omdat de provincie vroeger bij Transvaal hoorde. Bloemfontein heet *Bloem*, een cabernet sauvignon *Cab*, het township Guguletu bij Kaapstad *Gugs*, enzovoort.

Typische uitdrukkingen

babbalas	kater na een nacht doorzakken
bonsella	cadeautje, fooi
bosberaad	vergadering in de bush
bottle store	slijterij
dagga	hasj
donga	drooggevallen rivier
dop	een jeneverglas vol
dorp	kleine plaats op het platteland, dorp
fanagalo	mix van Engels, Afrikaans en Zoeloe
fundi	expert
hamba kahle	het beste
howzit	hoe gaat het? = universele begroeting
indaba	stamconferentie
induna	hoofdman
ja-nee	misschien
jol	feest
just now	straks
konfyt	marmelade
kreef	langoest
kwela	Afrikaanse jazz
muthi	medicijn
now now	straks, sneller dan 'just now'
now now now	nu
oke	maat, vriend
padkos	picknick of een hapje eten
pondok	hut, hokje
rondavel	ronde hut
rooinek	Afrikaanse naam voor Engelsman ('Redneck')
sies/sis	uitroep van ontzetting, van afschuw
shame	algemeen woord waarmee spijt, medeleven of een warm gevoel wordt uitgedrukt
shebeen	bar in township
slegs	slechts
spruit	waterloop
stoep	veranda
tagati	behekst
tokoloshe	duivelse geest
toyi toyi	protest- of feestelijke dans
tula	stil maar
umfaan	jongen
vasbyt	houd vol
voetsak	wegwezen!
wag 'n bietjie	wacht even
winkel	winkel

Algemeen

goedemorgen	good morning
goedemiddag	good afternoon
goedenavond	good evening
tot ziens	good bye
pardon	excuse me/sorry
hallo	hello
alstu-/jeblieft	please
geen dank	you're welcome
bedankt	thank you
ja/nee	yes/no
wanneer	when
hoe	how

Onderweg

halte	stop
bus	bus
auto	car
taxi	cab
afrit	exit
benzinestation	gas station
benzine	gas
rechts	right
links	left
rechtdoor	straight ahead/straight on
informatie	information
telefoon	telephone
mobiele telefoon	mobile/cellular
postkantoor	post office
treinstation	railway station
vliegveld	airport
stadsplattegrond	city map/plan
eenrichtingsweg	one-way street
verkeerslicht	traffic light
kruising	crossing/junction
ingang	entrance
geopend	open
gesloten	closed
kerk	church
museum	museum
strand	beach
brug	bridge
plein	place/square/circle
autoweg	freeway
snelweg	interstate

Tijd

3 uur ('s ochtends)	3 a. m.
12 uur 's middags	noon
15 uur ('s middags)	3 p. m.
uur	hour
dag/week	day/week
maand	month
jaar	year
vandaag	today
gisteren	yesterday
morgen	tomorrow
's morgens	in the morning
's middags	in the afternoon
's avonds	in the evening
vroeg	early
laat	late
maandag	Monday
dinsdag	Tuesday
woensdag	Wednesday
donderdag	Thursday
vrijdag	Friday
zaterdag	Saturday
zondag	Sunday
feestdag	public holiday
winter	winter
lente	spring
zomer	summer
herfst	autumn

Noodgevallen

help!	help!
politie	police
dokter	doctor
tandarts	dentist
apotheek	pharmacy
ziekenhuis	hospital
ongeval	accident
pijn	pain
autopech	breakdown
ambulance	ambulance
noodgeval	emergency

Overnachten

hotel	hotel
pension	guesthouse
eenpersoonskamer	single room

Toeristische woordenlijst

tweepersoonskamer	double room	duur	expensive
met twee bedden	with twin beds	goedkoop	cheap
met/zonder	with/without	maat	size
badkamer	bathroom	betalen	to pay
met toilet	ensuite		
toilet	toilet		

Getallen

douche	shower	1	one	17	seventeen
met ontbijt	with breakfast	2	two	18	eighteen
halfpension	half board	3	three	19	nineteen
bagage	luggage	4	four	20	twenty
rekening	check	5	five	21	twenty-one
		6	six	30	thirty

Winkelen

		7	seven	40	fourty
winkel	shop/store	8	eight	50	fifty
markt	market	9	nine	60	sixty
creditcard	credit card	10	ten	70	seventy
geld	money	11	eleven	80	eighty
geldautomaat	ATM	12	twelve	90	ninety
bakkerij	bakery	13	thirteen	100	one hundred
slagerij	butcher	14	fourteen	150	one hundred and fifty
levensmiddelen	groceries	15	fifteen		
drogist	drugstore	16	sixteen	1000	a thousand

Belangrijke zinnen

Algemeen

Ik begrijp het niet. — I don't understand.
Ik spreek geen Engels. — I don't speak English.
Ik heet ... — My name is ...
Hoe heet jij/u — What's your name?
Hoe gaat het? — How are you?
Goed, dankje/-u. — Thanks, fine.
Hoe laat is het? — What's the time?
Tot straks (later). — See you soon (later).

Onderweg

Hoe kom ik in ... — How do I get to ...?
Waar is ...? — Where is ...?
Zou u/je me ... kunnen tonen? — Could you please show me ...?
Hoe laat gaat de trein naar ...? — What time does the train to ... leave?
Kunt u een taxi voor me bellen? — Could you please get me a cab?

Noodgevallen

Kunt u me alstublieft helpen? — Could you please help me?
Ik heb een dokter nodig. — I need a doctor.
Hier doet het pijn. — It hurts here.

Overnachten

Hebt u een kamer beschikbaar? — Do you have any vacancies?
Hoeveel kost de kamer per nacht? — How much is a room per night?
Ik heb een kamer gereserveerd. — I have booked a room.

Winkelen

Hoeveel kost ...? — How much is ...?
Ik heb ... nodig — I need ...
Hoe laat opent/sluit ...? — When does ... open/... close?

Culinaire woordenlijst

Bereiding

baked	in de oven gebakken
broiled/grilled	gegrild
boiled/poached	gekookt
deep fried	gefrituurd (meestal gepaneerd, gebraden
fried	in vet gebakken, vaak gepaneerd
hot	pittig
rare/medium rare	'rauw'/rosé gebakken
steamed	gestoomd
stuffed	gevuld
well done	doorgebakken

Ontbijt

bacon	ontbijtspek
boiled egg	hardgekookt ei
cereals	ontbijtgranen
cooked breakfast	Engels ontbijt
fried egg (over easy)	spiegelei (aan twee kanten gebakken)
jam	jam (alle, op sinaasappelmarmelade na)
scrambled eggs	roereieren
cream	koffiemelk

Vis en zeevruchten

bass	baars
clam chowder	gebonden mosselsoep
cod	kabeljauw
crab	krab
crayfish	zeerotskreeft
flounder	platvis
haddock	schelvis
hake	stokvis
gamba	grote garnalen
kingklip	Zuid-Afrika's lekkerste vis, met stevig, wit vlees, meestal gegrild geserveerd
kob	kabeljaus
line fish	vangst van de dag
lobster	kreeft
mussel	mossel
oyster	oester
perlemon	abalone of zeeoren
prawn	reuzegarnalen
salmon	zalm
scallop	Sint-jakobsschelp
shellfish	schaaldieren
shrimp	garnalen
snoek	beroemde Zuid-Afrikaanse vis met stevig vlees, meestal gerookt verkocht
sole	zeetong
swordfish	zwaardvis
tuna	tonijn
yellowtail	toptonijn

Vlees en gevogelte

beef	rundvlees
biltong	gedroogd vlees, bijvoorbeeld van rund, springbok of struisvogel, vergelijkbaar met de Amerikaanse jerky, maar veel beter van smaak
bobotie	traditionele en zeer populaire gehaktschotel met specerijen en een ei-, melk- en kurkumalaag, geserveerd met kruidige gele rijst
boerewors	zeer pittige, spiraalvormig gedraaide braadworst, belangrijk onderdeel van elke Zuid-Afrikaanse braai (barbecue)
braaivleis	gegrild vlees
bredie	traditioneel Kaapgerecht, langzaam gegaarde stoofschotel met schapenvlees, aardappelen, uien en groenten
chicken	kip
frikkadel	gehaktstaaf

Culinaire woordenlijst

ostrich	struisvogel	waterblommetjie	soort lelie, wordt in het voorjaar geoogst en onder meer voor soepen gebruikt
poffade	worstje met ingewanden van wild en gedroogde vruchten, aan een houten spies gegrild	welbebloontjes	stokbrood, uitgerold deeg wordt om verse houten stokken gewikkeld en op de barbecue gebakken, als bijgerecht of met honing of suiker als onderdeel van een braai
russian sausage	grote rode worst, gebraden maar meestal koud geserveerd		
vienna sausage	kleinere versie van de russian sausage worstje		
sosatie	gemarineerd lamsvlees met gedroogde vruchten aan een houten spies, wordt vervolgens gegrild		

Fruit

apple	appel
apricot	abrikoos
blackberry	braambes
cape gooseberry	naar tomaat en aardbei smakende, kleine gele kruisbes
spare ribs	ribbetjes
turkey	kalkoen
veal	kalfsvlees
venison	hert

(continued)

cherry	kers
fig	vijg
grape	druif
grenadilla	passievrucht
lemon	citroen
melon	meloen
orange	sinaasappel
peach	perzik
pear	peer
pineapple	ananas
plum	pruim
raspberry	framboos
rhubarb	rabarber
strawberry	aardbei

Groente, bijgerechten, sauzen

brinjal	aubergine
cabbage	kool
carrot	wortel
cucumber	komkommer
chips	patates frites
garlic	knoflook
geelrys	gele rijst met rozijnen
ingera	Afrikaans flatbread
lentils	linzen
mealie	maiskolven
mealie pap	maisbrei, belangrijkste voedsel van de zwarte bevolking van Zuid-Afrika
mushroom	champignons
pap and sous	maisbrei met saus
pepper	paprika
peas	erwten
potatoe	aardappel
squash/pumpkin	pompoen
onion	ui
pickles	augurk, in zuur ingelegde groente

Nagerechten en gebak

brownie	chocoladekoekje
cinnamon roll	kaneelgebakje
french toast	wentelteefjes
koeksisters	extreem kleverig en zoet, populair gebak
maple sirup	ahornsiroop
malva pudding	traditioneel nagerecht van abrikozenjam en azijn
melktart	boerenkwarktaart in

	bladerdeeg, bestrooid met kaneel	milk	melk
		mineral water	mineraalwater
pancake	pannenkoek	red/white wine	rode/witte wijn
pastries	gebak	rooibos	lekkere en gezonde theesoort, gemaakt van de uiteinden van de rooibosplant
rusk	keihard koekje, kan alleen goed doordrenkt worden gegeten, wordt vaak bij het ontbijt geserveerd	soda water	mineraalwater
		sparkling wine	mousserende wijn
waffle	wafel	tea	thee
whipped cream	slagroom		

Drank

Typisch Zuid-Afrikaans

beer (on tap/draught)	bier (van de tap)	bottle store	winkel waar alcoholische dranken mogen worden verkocht
brandy	cognac		
coffee	koffie	braai	barbecue
(decaffeinated/decaf)	(cafeïnevrij)	dumpie	klein flesje bier
lemonade	limonade	farm stall	kraam, kiosk voor verse producten van de boerderij
icecube	ijsblokje		
juice	sap		
light beer	alcoholarm bier	padkos	picknick
liquor	sterkedrank		

In het restaurant

Ik wil graag een tafel reserveren.	I would like to book a table.	hoofdgerecht	entree/main course
		nagerecht	dessert
Wacht tot u een tafel wordt toegewezen alstublieft.	Please wait to be seated.	bijgerechten	side dishes
		dagschotel/-menu	dish/meal of the day
		mes	knife
Zoveel eten als u wilt voor één prijs.	all you can eat.	vork	fork
		lepel	spoon
De menukaart aub.	The menu, please.	glas	glass
wijnkaart	wine list	zout/peper	salt/pepper
De rekening aub.	The check, please.	suiker/zoetstof	sugar/sweetener (sweet and low)
ontbijt	breakfast		
lunch	lunch	ober/serveerster	waiter/waitress
avondeten	dinner	fooi	tip
voorgerecht	appetizer/starter	Waar is het toilet?	Where are the restrooms?
soep	soup		

Register

16 Mile Beach 200

Abdullah Kadi Abdus Salaam 75
abseilen 32
actieve vakantie 32
Afrikaans Language
  Museum 185
Agulhas National Park 229
Amalienstein 269
apartheid 68
apotheek 36
architectuur 79
Arniston 229
art-decoarchitectuur 80
Athlone 111
autorijden 26

Babylonstoren Wine
  Farm 174
Bain, Andrew Geddes 186, 210
Bain's Kloof Pass 187, 191
Bain, Thomas 187
barbecue 30
Barrydale 268
Bartolomeu Dias
  Museum 243
bavianen 56, 144
bed and breakfast 27
belastingteruggave 36
bergpassen 186, 267
bespaartips 39
bevolkingsgroepen 72
Bezuidenhout, Evita 82
Biedouwdal 215
Birds of Eden 259
Bloubergstrand 194
Bloukransbrug 260
Boeren 73
Boggoms Bay 247
Bo-Kaap 106
Boland Hiking Trail 170
Bontebok National Park
  236, 238
bosbranden 53
Boschendal Estate 176
Bosjesmannen 90, 210, 215,
  275, 276
Botlierskop Private Game
  Reserve 250
Boulders Beach 144
braai 30
Bredasdorp 228
bridge swinging 32
Britten 73

Buitenverwachting 165
bungeejumping 32, 260
Bushmans Kloof Private
  Game Reserve 215
Butterfly World 184

Calitzdorp 272
camper 25
campings 28
Cango Caves 275
canopy Tour 261
Cape Agulhas 229
Cape Agulhas
  Lighthouse 229
Cape Columbine 201
Cape Dutch 79
Cape Flats 111
Cape of Good Hope Nature
  Reserve 145, 148
Cape Point 145, 147
Cape St. Blaize 243
Cape-St.-Blaize-
  vuurtoren 247
Capetonians 88
Cape Town International
  Airport 23
Cape Town Stadium 81
Cederberg Cellar 213
Cederberg Wilderness
  Area 213
Cedergebergte 208, 212
Centenary Tree Canopy
  Walk 138
Ceres 210
Chapman's Peak Drive
  150, 153
Choo-Tjoe 245
christendom 74
Citrusdal 211
City Centre Visitor Centre 19
Clanwilliam 211
coloureds 73
Company's Garden 62
Constantia 162
Constantia Glen 165
consulaten 36
C. P. Nel Museum 273
Crossroads 112

Dana Bay 247
Danger Point 228
Darling 195
De Hoop Nature Reserve
  230, 232

De Kelders 227
Delaire Graff Estate 176
deltavliegen 33
De Oude Kerk
  Volksmuseum 190
De Rust 281
Die Hel 276, 278
Die Strandloper 200, 202
District Six 98
Donkergat 200
douane 23
Drostdy 236
druipsteengrotten 275
duiken 159, 274
Du Toitskloof Pass 187

Eat Out Awards 29
economie 65
Eerstewater River 276
Elands Bay 205
elektriciteit 36
Elephant Sanctuary 249, 260
Elim 228
eten en drinken 29
Evangelische Broeder-
  gemeente 76, 239
evenementen 34
Evita se Perron 195

False Bay 138
fauna 56
feestdagen 36
feesten 34
Fernkloof Nature
  Reserve 223
fietsen 32
film 66
fooi 37
fotograferen 37
Franschhoek 171
Franschhoek Pass 167,
  168, 187
fynbos 53

Gamkaskloof 276
Gansbaai 227
Garden Route 240
geld 37
Genadendal 76, 238
Genadendal Printing
  Works 239
General Post Office 80
George 250
geschiedenis 46

Register

gezondheid 37
Goede Hoop Citrus 211
Goedverwacht 78
Golden Acre Centre 80
golf 32
Gondwana Private Game Reserve 246
Gordon's Bay 220
Grabouw 167
Greyton 238
Grootbos Nature Reserve 226
Groot Constantia 163
Gugulethu 112
Gydo Pass 210

haaien 142, 227
Hamerkop 234
Harold Porter National Botanical Gardens 221
Haute Cabrière 173
heenreis 23
Hermanus 223
Highgate Ostrich Show Farm 273
hotels 27
Hout Bay 150, 157
hugenoten 172
Hugenoten-monument 172
Huguenot Memorial Museum 172
huurauto 25

informatie 18
informatie ter plekke 19
internet 18
islam 75

jazz 132

Kaap de Goede Hoop 145
Kaap-Hollandse stijl 79
Kaapse jan-van-gents 206
Kaaps Schiereiland 136
Kaapstad 86
– Athlone 111
– Belmond Mount Nelson Hotel 94
– Bertram House 91
– Bo-Kaap 106
– Bo-Kaap Museum 106
– Bree Street 104
– Cab of Good Hope 113
– Cape Archives 97
– Cape Flats 111
– Cape Peninsula University of Technology 101
– Cape Technikon 101
– Cape Town Holocaust Centre 95
– Castle of Good Hope 102
– Changing of the Guards 102
– Church Street 105
– City Hall 102
– City Sightseeing Cape Town 97
– Clock Tower 110
– Clocktower Precinct 110
– Crossroads 112
– De Tuynhuys 96
– District Six 98
– Dock Road Complex 109
– Dunkley Square 94
– festiviteiten 134
– Gardens 94
– Golden Acre Shopping Centre 103
– Grand Parade 102
– Great Synagogue 95
– Greenmarket Square 104
– Groote Kerk 97
– Gugulethu 112
– Heerengracht Street 103
– Houses of Parliament 96
– Iziko South African Museum 90
– Iziko South African National Gallery 95
– jazz 132
– Jewish Museum 95
– Khayelitsha 112
– koffie 123
– Koopmans-De Wet House 103
– Krotoa 103
– Lion's Head 112, 120
– Long Street 104
– Maritime Centre 108
– Market on the Wharf 109
– Namaqua Building 105
– Nelson Mandela Gateway 110
– Nobel Square 109
– Old Town House 105
– Penny Ferry 110
– Planetarium 90
– Port Captain's Building 109
– Rust en Vreugd Historic House and Garden 95
– Rylands 111
– Signal Hill 112, 116
– Silo District 111
– Slave Church Museum 104
– Slave Lodge 96
– stadsrondrit 97
– St. George's Cathedral 96
– St. Georges Mall 103
– Tafelbaai 112
– Tafelberg 112, 114
– The Gardens 90
– Townshiprestaurant 127
– townships 111
– Trafalgar Place 102
– Two Oceans Aquarium 108
– Victoria & Alfred Waterfront 106
– Victoria Wharf Shopping Centre 107
– Wandel Street 94
– Waterfront Marina 111
kaarten en plattegronden 19
Kalk Bay 139
kampeerterreinen 25
Karavelle 243
Karoo 264
Khayelitsha 112
Khoi 73
kinderen 38
Kirstenbosch Botanical Gardens 138
Klaarstrom 281
Klein Constantia 164
Kleinmond Coastal and Mountain Reserve 221
Klerk, Frederik Willem de 70
klimaat 21
kloofing 33
Knysna 252
Knysna Elephant Park 249, 255
Knysna Heads 253
Knysna Lagoon 252
Knysna Speed Festival 255
Kogelberg Biosphere Reserve 221
Koppie Alleen 234
krokodillen 274

Ladismith 269
Lambert's Bay 205
landbouw 65

Register

Langebaan 200
leestips 20, 70
Logan, Jimmy 282

Malgas 234
Malgas Ferry 235
Maltese Cross 213
Mamre 78, 194
Mandela, Nelson 45, 70, 196
Mandela-Rhodes-gebouw 80
Matjiesfontein 282, 284
maximumsnelheden 26
media 39
medische verzorging 39
Meisho Maru 229
Melkbosstrand 194
Miller's Point 144
missionarissen 76
Mission Museum 239
Monkeyland Primate
 Sanctuary 259
Montagu 267
Montagu Pass 267
moslims 75
Mossel Bay 242
motor 25
Muisbosskerm 205
Muizenberg 139
Muller & Sons
 Optometrists 80
Munroeshoek Cottages 243
muurschilderingen 215
MyCiti 24

Nama 73
nationale parken 28
Nature's Valley 258, 260
natuurreservaten 28
Nederburg 185
Nelson's Creek Wine
 Estate 185
Nobelprijs 109
Noetzie 234, 253
Noetzie Castles 253
noodgevallen 39
Noordhoek 149

Old Gaol Complex 236
Old Mutual Building 80
olifanten 248
Olifantsbos Bay 148
openingstijden 40
Orchard Elgin Country
 Market 167

Otter Trail 262
Oude Pastorie Museum 185
Oudtshoorn 272
Outeniqua Choo-Tjoe 244
Outeniqua Pass 267
Outeniqua Transport
 Museum 244
overnachten 27
Oyster Bay 247
Oystercatcher Trail 246

Paarl 184
Pakhuis Pass 214
Pantelis A Lemos 200
parachutespringen 33
paragliden 33, 223
Paternoster 201, 204
Pearly Beach 228
pinguïns 56
Plaisir de Merle 173
Plankies Bay 200
Plettenberg Bay 256
Point Village 247
Port Wine Festival 272
post 40
Postberg Mountain 200
Postberg Wildflower
 Trail 199
Post Office Tree 243
Prince Albert 281
Prince Alfred Hamlet 210
protea 53

racisme 68
Rastafari 73
regenboognatie 72
reisseizoen 21
reistijd 22
reizen met een handicap 40
reizen naar de Kaap 23
Riebeeck, Jan van 61, 89
Robbeneiland 110, 196
Rocher Pan Nature
 Reserve 201
roken 40
Roman Rock 147
Rondevlei Nature
 Reserve 139
Ronnie's Sex Shop 269
rooibosthee 217
rotstekeningen 212, 217
Route 62 266
Rylands 111

Safari Ostrich Farm 273
Saldanha 201
San 73
Sanbona Private Game
 Reserve 268
sandboarding 33
schaatsen 131
Seal Island 142
Seven Passes Road 251
Sevilla Trail 215
Sheikh Yusuf 75
Shipwreck Museum 228
Simon's Town 142
Sir Lowry's Pass 167
Slangkop 147
smalspoorbaan 244
Smitswinkelbay 144
Somerset West 166
souvenirs 40
Spice Route 188
sport 32
sportevenementen 35
stadsvervoer 24
Stanford 226
Steenberg Estate 162
Stellenbosch 177
– Alexander Street 180
– Bird Street 180
– Bloem Street 179
– Church Street 181
– Die Braak 179
– Dorpsdam 181
– Dorp Street 181
– D'Ouwe Werf 181
– Erfurt House 180
– Kanonkop Estate 177
– Kruithuis 179
– Lanzerac Wine Estate 182
– Leipoldt House 179
– Libertas Parva 182
– Market Street 179
– Meerlust 177
– Mulderbosch
 Vineyards 177
– Neil Ellis Wines 177
– Oom Samie Se Winkel
 181, 182
– Paul Cluver Estate 177
– Rhenish Church 179
– Rhenish Complex 178
– Rhenish Institute 179
– Rhenish School 179
– Sasol Art Museum 180
– Spier Wine Estate 182

Register

- stadswandeling 178
- Stellenbosch College 180
- St. Mary's Anglican Church 180
- Thelema Mountain Estate 177
- Toy and Miniature Museum 178
- Victoria Street 180
- Village Museum 180
- Waterford Estate 177
- wijnhuizen 177
- Zevenwacht 177

Stel, Simon van der 63
St. Helena Bay 205
St. James 139
stoomtrein 245
Storms River Mouth 261
stranden 140
struisvogelboerderijen 273
struisvogels 272
surfen 33
Swartberg Hiking Trail 276
Swartberg Pass 275, 276, 278
Swellendam 235

taal 40
Taal Monument 185
Tafelberg 89, 112
taxi 24
telefoon 40

Theewaterskloof Dam 167
The Gardens 62
tijd 41
toerisme 66
Tokara Wine Estate 177
Towerkop 269
Townships 111
trein 24
trouwen 147
Tsitsikamma 261
Tulbagh 190

uit eten 30
UNESCO 196, 221
Uys, Pieter-Dirk 82, 195

Vaalkrans 234
vakantiehuizen 28
veiligheid 41
Vergelegen Wine Estate 166
verkeersbureaus 19
verkeersregels 26
vervoer ter plekke 23
Victoria & Alfred Waterfront 106
Viljoens Pass 167
Vingerklippe 200
vliegtuig 23
Vogeleiland 206
voodoo 75
vuurtorens 146

Waenhuiskrans 229
Walker Bay 225
Walker Bay Nature Reserve 225
Walviskust 218
walvissen 58, 225
wandelen 33, 148, 170, 199, 212, 230, 246, 262, 276
weer en reisseizoen 21
West Coast National Park 195
westkust 192
Whale Trail 230
wijn 61
wijnbouw 61, 65, 162
wijngoederen 173, 182, 185
wijnlanden 160
wijnroute 63, 163
Wilderness 251
Wolfberg Arch 213
Wuppertal 78, 216

Xhosa 72

Yzerfontein 195

zwartvoetpinguïns 57, 144
zwemmen 191

Fotoverantwoording en colofon

Omslag: Camps Bay (iStock Photo)

Glow Images, München: blz. 192 li., blz. 206 (ImageBroker/Schulz)
Huber Images, Garmisch-Partenkirchen: blz. 5
laif, Köln: blz. 160 li., 181 (hemis.fr/Maisant)
Dieter Losskarn, Hout Bay, Zuid-Afrika: blz. 12 b. re., 12 o. re., 13 o. re., 22, 38, 81, 156/157, 264 li., 264 re., 269, 270/271, 284/285

Alle andere foto's: Archiv Lossis Words & Images, Hout Bay, Zuid-Afrika

Hulp gevraagd!
De informatie in deze reisgids is aan verandering onderhevig. Het kan dus wel eens gebeuren dat u ter plaatse een andere situatie aantreft dan de auteur.
Is de tekst niet meer helemaal correct, laat ons dat dan even weten. Ons adres is:

ANWB Media
Uitgeverij reisboeken
Postbus 93200
2509 BA Den Haag
anwbmedia@anwb.nl

Productie: ANWB Media
Coördinatie: Els Andriesse
Tekst: Dieter Losskarn
Vertaling: Amir Andriesse, Diemen
Eindredactie: Yvonne Schouten, Driebergen-Rijsenburg
Opmaak: Hubert Bredt, Amsterdam
Ontwerp binnenwerk: Jan Brand, Diemen
Ontwerp omslag: DPS, Amsterdam
Concept: DuMont Reiseverlag, Ostfildern
Grafisch concept: Groschwitz/Blachnierek, Hamburg
Cartografie: DuMont Reisekartografie, Fürstenfeldbruck

© 2016 DuMont Reiseverlag, Ostfildern
© 2016 ANWB bv, Den Haag
Eerste druk
ISBN: 978-90-18-04007-9

Alle rechten voorbehouden
Deze uitgave werd met de meeste zorg samengesteld. De juistheid van de gegevens is mede afhankelijk van informatie die ons werd verstrekt door derden. Indien die informatie onjuistheden blijkt te bevatten, kan de ANWB daarvoor geen aansprakelijkheid aanvaarden.